视野

公共阐释对话集

中国社会科学出版社重大项目出版中心 编

中国社会科学出版社

目　　录

第一编　中国传统下的公共阐释

第二编　外国思想中的公共阐释

第三编　公共阐释与当代文化思潮

第一编

中国传统下的公共阐释

阐释学视野下公羊学“三世说”的精彩演进*

陈其泰**

当前学界对于阐释学的热议有重要意义，推出了数量可观的论著，提出了许多具有创造性和启发性的观点。如张江教授在论文中首次提出了“公共阐释”与“强制阐释”理论。① 这些观点产生了很好的反响，有评论者认为：“不妨将‘强制阐释’‘公共阐释’拿来，结合历史学学科的特点，立足中国历史科学的历史与现实去探讨历史阐释。”② 其目标是要形成阐释学的中国学派，建构具有民族特色的现代阐释学体系。为此，不但要深入研究西方阐释学的学术成果，同时必须深入发掘和总结本国的资源。无论从所阐释经典的重要性、命题的深刻性与鲜明性方面，还是从传承发展时间的长远性、产生社会效果的强烈性等方面来看，《公羊传》对《春秋经》所作的阐释，都具有典型的意义。对其阐释的内容、成就和特征，值得进行深入剖析，从而为建构中国阐释学提供助力。本文即选取影响最大、特色最鲜明的公羊学“三世说”阐释史进行分析，期望引起同行的关注与讨论。

---

* 本书原刊于《探索与争鸣》2020 年第 9 期。

** 作者单位：北京师范大学历史学院、史学理论及史学史研究中心。

① 张江：《公共阐释论纲》，《学术研究》2017 年第 6 期；张江：《强制阐释论》，《文学评论》2014 年第 6 期。张江教授的文章作了提纲挈领的理论建构，他认为“强制阐释”的基本特征有四个，即场外征用、主观预设、非逻辑证明、混乱的认识路线。“公共阐释”是在反思和批判强制阐释过程中提炼和标识的，其基本特征有六个，即公共阐释是理性阐释、澄明性阐释、公度性阐释、建构性阐释、超越性阐释、反思性阐释。

② 于沛：《阐释学与历史阐释》，《历史研究》2018 年第 1 期。

大力发掘今文公羊学说中历史阐释学的珍贵遗产

在《春秋公羊传》中，“三世说”等主要命题都经历了长期的阐释、推演过程。《公羊传》特别具有阐释的特性，原因在于它与《春秋经》之间的关系。孔子所修《春秋经》，文字简略而精密，表达隐晦，评判极有分寸，通过运用褒贬之称，“微而显，志而晦”（《左传》成公十四年）。《春秋经》这种“重义”的特点，在儒学史上意义极为重大，如孟子所评论的，《春秋经》具有纲纪天下的作用，是“行天子之事”。孟子又说，孔子修成《春秋经》的功劳可与大禹和周公相媲美：“昔者禹抑洪水而天下平，周公兼夷狄驱猛兽而百姓宁，孔子成《春秋》而乱臣贼子惧。”（《孟子·滕文公下》）《春秋经》文字这么简略，内涵却这么重要而隐晦，这就必须专门加以阐释才能发挥其经典的力量。于是有以公羊高和谷梁赤为代表的孔门后人专门进行阐释，其成果分别是《公羊传》和《谷梁传》。公羊学派分析更加深刻，发挥更为透彻，远胜于谷梁学。

《春秋公羊传》的传承始于战国中晚期，原先是口说相传，至西汉景帝时才著于竹帛，署名的最初传授者即为公羊高。① 由此形成了一个推崇孔子为政治家、视《春秋经》为一部政治书的公羊学派；其与西汉末才流传、推崇孔子为史学家、视《春秋经》为一部历史书的《左传》学派，形成明显迥异的风格。②

《公羊传》使用问答体，凸显了阐释《春秋经》“微言大义”的独特品格。更为宝贵的是，它奠定了公羊学说这套命题和话语体系的

---

① 据陆德明《经典释文》，公羊高是孔子学生子夏的学生。徐彦为《春秋公羊解诂》作疏中云，孔子著《春秋》，“口授子夏”。又言，自公羊高始，经过六代口说相传，至汉景帝时由公羊寿及胡母子都写定，著于竹帛。

② 《公羊传》写定于汉景帝时，用西汉流行的隶书书写，称“今文”，其后《公羊传》便成为今文学派的主要代表。《左传》即《春秋左氏传》，西汉初经张苍、贾谊等传习。《左传》与《毛诗》《古文尚书》等因是经过秦焚书和秦末战乱之后，散落于民间或藏于屋壁而其后被发现，是用先秦文字书写，故称“古文经传”。《左传》《周礼》是古文学派的主要代表，以记载史实、名物训诂为特色，与专重阐释“微言大义”的今文学派形成不同的学术风格。

基础，堪称早期中国阐释学领域的成功展现，后代学者即可依据这些基本命题，包括“大一统”“三世异辞”“夷夏可变论”“拨乱反正，以俟后圣”等，根据本人的体会而一再加以阐释。此后在历史上对社会进程和学术变迁产生极大影响的“张三世”“通三统”“华夷一家”“以经议政”等命题均由此推演。为何能产生如此深远的影响呢？其奥秘在于《公羊传》所概括的基本论题乃关系到华夏民族发展的根本性问题，都有深刻的哲理蕴涵，与国家民族的前进方向有着密切关联。如“大一统”观念，《公羊传》将之置于开宗明义的地位，强调要高度重视统一的事业，这就是对《春秋经》“王正月”的解释：“元年者何？君之始年也。春者何？岁之始也。王者孰谓？谓文王也。曷为先言王而后言正月？王正月也。何言乎王正月？大一统也。”[①]经过《公羊传》的阐释，要求全体臣民和社会生活各个方面都应绝对服从“天子”，因此“大一统”便成为指导全中国范围内政治制度和社会生活、意识形态的理论。《公羊传》“大一统”观中还包含“夷夏可变论”的进步民族观。一些宋明儒者对此很不理解，误认为孔子始终持排斥“夷狄”的态度，凡儒者就必须固守“夷夏之大防”，实则违背了孔子学说的精义。而这恰恰是公羊学者坚持要阐明的原则问题，也是中国本土历史阐释学一项了不起的贡献。《公羊传》既讲“内诸夏而外夷狄”，同时又明确主张“夷夏可变论”，两者都是对孔子思想的继承。在古代，“诸夏”即中原地区处于较先进的社会阶段，应该阻止处于后进阶段的“夷狄”对中原地区的袭扰，故孔子推崇管仲能联合诸侯、保卫诸夏的功绩。但《公羊传》不是以种族来区分“诸夏”与“夷狄”，而是以文明或道德进化来区分，所以“夷狄”可以称“子”，可以受到赞许，而“诸夏”如在文明或道德上倒退了，可视为“新夷狄”。后世眼光远大的公羊学者对此继续推进，使公羊学“夷夏观”在促进民族间交融、团结方面起到重大作用，在世界文明史上也放射出独特的光辉。

《公羊传》宣公十二年：“夏，六月乙卯，晋荀林父帅师及楚子战于邲，楚师败绩。大夫不敌君，此其称名氏，以敌楚子何？不与

① 《春秋公羊解诂》隐公元年，《十三经注疏》本。

晋而与楚子为礼也。”楚当时因后进而被视为“夷狄”，此年楚伐郑，郑伯肉袒至楚师谢罪。楚庄王于是下令退师，称“君子笃于礼而薄于利”。而此时晋军主将荀林父恃强向楚请战，结果被打得大败。故《公羊传》赞楚王有礼，进爵为子，而对“诸夏”的晋加以贬责。又如，《公羊传》定公四年载：“吴何以称子？夷狄而忧中国。”“庚辰，吴入楚。吴何以不称子？反夷狄也。其反夷狄奈何？君舍于君室，大夫舍于大夫室，盖妻楚王之母也。”前因吴能忧中国，故进而称“子”；后因其倒退为“夷狄”之行，故又以“夷狄”视之。《公羊传》所持的观点，并不认为在“诸夏”与“夷狄”之间存在不可逾越的鸿沟，不以先天注定的“种族”或“血统”、后天不可改变的眼光来看待“夷狄”，而是以进化的、发展的、可变的眼光鼓励其前进、提升，因此放在人类文明史上同样是无比珍贵的思想遗产。“拨乱反正，以俟后圣”，则是公羊学派宣称《春秋经》表达了孔子的政治理想，要重新安排天下秩序，是政治书，“立一王之法”，即为汉代立法。故在全书终卷有力地点明：“君子曷为为《春秋》？拨乱世，反诸正，莫近诸《春秋》，制《春秋》之义，以俟后圣。”① 以上所论，意在概要地说明《公羊传》的性质是专门阐释《春秋经》，它所提炼的基本命题确实与华夏民族的演进方向紧密相关，这些论题包含着深邃的哲理和智慧，凸显出历史阐释的典型性。对于公羊学派的特点，笔者曾将之概括为政治性、变易性和解释性。② “三世说”即公羊学说基本命题和话语体系中的重要一项，本文特意选取“三世说”，剖析它在历史上所表现的理论活力和产生的深远影响，目的就在于展现公羊学说这一历史—哲学阐释体系所具有的深厚底蕴和鲜明的经世色彩。

公羊学“三世说”的精彩演进

（一）“三世说”命题的初蕾：《公羊传》中的“三世异辞”

由于今文公羊学说有其独特的解经路数，公羊学者曾自称“其中

① 《春秋公羊解诂》哀公十四年，《十三经注疏》本。
② 陈其泰：《清代公羊学》，东方出版社 1997 年版，第 53—55 页。

多非常异义可怪之论”[①]。若不把握其话语体系的内在实质，就会不得要领，甚至博学如顾炎武也感慨它“甚难而实非”[②]，既费事又不通。因此对于《公羊传》的独特旨趣和基本命题须作一番介绍。以上即为此作了必要的铺垫，往下我们就可以顺理成章地重点论述公羊三世说的演进和基本特征。首先论述这一命题的初期理论形态——“三世异辞”。

《公羊传》所讲的“三世异辞”共有三次表述：

> 公子益都卒。何以不日？远也。所见异辞，所闻异辞，所传闻异辞。（隐公元年）
>
> 三月，公会齐侯、陈侯、郑伯于稷，以成宋乱。内大恶讳，此其月言之何？远也。所见异辞，所闻异辞，所传闻异辞。（桓公二年）
>
> 《春秋》何以始乎隐？祖之所逮闻也。所见异辞，所闻异辞，所传闻异辞。何以终乎十四年？曰：备矣。（哀公十四年）

“异辞”指用辞不同。亲见的时代、亲闻的时代、传闻的时代，为何用辞不同？这是因为时代远近不同，史料掌握详略不同，文字处理因而不同。不仅如此，《公羊传》更有特别的解释：“定、哀多微辞，主人习其读而问其传，则未知己之有罪焉尔。”[③] 讲的是时代越近，孔子因惧祸而有忌讳，故多采用隐晦的说法。司马迁认同这一观点，他发挥说：“孔氏著《春秋》，隐、桓之间则章，至定、哀之际则微，为其切当世之文而罔褒，忌讳之辞也。”[④]《春秋》终于哀公十四年，《公羊传》也有特别的解释，曰：“备也。”至此已完备齐全。何休解释说，因西狩获麟，瑞明显现，见拨乱功成。[⑤] 以上说明两层意思：其一，孔子著《春秋》，因所见、所闻、所传闻这三个时代的

① 《春秋公羊解诂》序，《十三经注疏》本。

② 《日知录》卷四“所见异辞”条，《四部备要》本。

③ 《春秋公羊解诂》定公元年，《十三经注疏》本。

④ （汉）司马迁：《史记》，中华书局1959年版，第2919页。

⑤ 《春秋公羊解诂》哀公十四年，《十三经注疏》本。

不同特点，采取了不同的态度和书法；其二，孔子修这部《春秋》，起自隐公之时，最后到哀公十四年，才达到完备齐全。这样，《公羊传》再三强调“所见异辞，所闻异辞，所传闻异辞”，就包含着一个对待历史的很宝贵的观点：不把春秋时期视为凝固不变或混沌一团，而是看作可以按一定标准划分为各具特点的不同发展阶段。这种历史变易观点，在中国“述而不作”风气甚盛的文化氛围中，更显示独特的光彩和价值。

（二）董仲舒、何休对“三世说”的大力发展

到了两汉时期，经过董、何的阐释，“三世说”推演成为内涵丰富、具有突出进步意义的历史进化理论。董仲舒著《春秋繁露》，提出把春秋二百四十二年划分为“所传闻世”“所闻世”“所见世”三个阶段的理论，《楚庄王》篇说：“《春秋》分十二世以为三等：有见、有闻、有传闻；有见三世，有闻四世，有传闻五世。故哀、定、昭，君子之所见也；襄、成、文、宣，君子之所闻也；僖、闵、庄、桓、隐，君子之所传闻也。所见六十一年，所闻八十五年，所传闻九十六年。于所见微其辞，于所闻痛其祸，于传闻杀其恩。”所见世，记事使用什么书法忌讳多，因而用词隐晦；所闻世，对于事件造成的祸害感受真切，因此记载明确详细；所传闻世，恩惠和感情都减弱，因此记载简略。董仲舒的论述，由《公羊传》的“异辞”发展到比较明确地划分历史阶段的不同，这是历史认识和阐释层面的显著推进，从而为以后何休提出“三世说”历史哲学做了准备。

尤其有意义的是，董仲舒“张三世”的历史阶段进化观，是同“通三统”所阐释的新朝代建立必须实行改制的观点相结合的。《春秋繁露·三代改制质文》说：“王者必受命而后王。王者必改正朔，易服色，制礼乐，一统于天下，所以明易姓非继人，通以已受之于天也。王者受命而王，制此月以应变，故作科以奉天地。”意思是，当新王朝代替旧王朝兴起的时候，为了表示自己是“受命而后王”，是天命所归，就必须“改正朔，易服色，制礼乐”，以有效地实现“一统于天下”。董仲舒把“三世说”向前推进，是同他推阐的一整套《春秋经》的“微言大义”，如建构大一统、皇权神授、德刑并举、实行改制等理论体系互相贯通的。在他所处的西汉武帝时期，封建社会关系正在生成，国力强盛，武帝本人力求施展其宏大抱负，开拓边境，兴造制度，多所设施。董仲舒推阐的言进化、重改制的公羊学说，正与这一时代需要高度契合，因此公羊学大盛于世，俨然成为统一意识形态的官方哲学。“于是上因尊公羊家，诏太子受《公羊春秋》。由是公羊学大兴。”① 董仲舒因精通公羊学而拔任江都王相，“为群儒首”。公孙弘也因精于《公羊传》，起徒步而数年至丞相。其时，《公羊传》确实具有最高理论权威和法律标准双重作用，皇帝诏书策问和朝臣奏议常常引用其作为持论的根据，而当朝政大事遇到疑难不能解决时，也每每以《春秋公羊传》作为解决问题的准则。这就是以董仲舒为代表，成功地阐释以公羊“三世说”为中心的理论体系，而使公羊学在历史上第一次达到鼎盛。

《公羊传》、董仲舒的历史阐释基本命题和范式，被东汉末名儒、《春秋公羊解诂》作者何休继承发展。何休谙熟儒家学说和阐释学路径，将春秋公羊历史阐释学体系大力向前推进，深化了“三世说”等基本命题，形成了一套旗帜鲜明的思想体系，大大推进了中国古代言进化、重变革的历史理论。其主张有利于民族之间的和好、交融，也有利于促进全中国境内各民族共同向着更加美好的目标前进，因而《解诂》一书被誉为“比较完备的公羊学派义法的总结”②。

上述评价毫无夸大之处。公羊“三世说”经过《解诂》的精彩阐释，成为系统的历史哲学。何休在儒学史上第一次系统地用“据乱世—升平世—太平世”作为描述社会进化的理论。他在《春秋公羊解诂》隐公元年注文中，多层次地阐发公羊学派对于历史变易的见解。第一个层次，从孔子修《春秋》对“所传闻世”“所闻世”“所见世”采用不同的书法，证明历史是变化的，不同阶段有不同的特点。第二个层次，论述孔子对“所传闻世”“所闻世”“所见世”，还寄托了不同的政治态度和理想。《春秋》“始于粗粝，终于精微”，因此终篇有“西狩获麟”之笔，何休解释说：“上有圣明帝王，天下太平，

① （汉）班固：《汉书》，中华书局1962年版，第3617页。

② 杨向奎：《绎史斋学术文集》，上海人民出版社1983年版，第163页。

然后乃至。”“人事浃，王道备。”①孔子是以此表示拨乱功成，理想实现。第三个层次，何休提出了“据乱—升平—太平”的“三世”历史进化学说。他论述说：“于所传闻之世，见治起于衰乱之中，用心尚粗觕，故内其国而外诸夏，先详内而后治外……于所闻之世，见治升平，内诸夏而外夷狄……至所见之世，著治太平，夷狄进至于爵，天下远近小大若一。”②何休的“三世说”，包含有国家统一规模、文明程度和民族关系都越来越发展的丰富内涵，到太平世，则达到空前的大一统，并且实现民族之间平等、和好相处的理想，不再有民族歧视、压迫和战争。在阶级压迫、民族压迫不断的封建时代，何休却能提出这样美好的理想，说明他眼光远大、思想深刻。他总结了孔子、韩非、司马迁等人肯定历史向前进步的思想而加以发展，从具体的社会现象概括出历史由低级向高级进化的哲理，在理论思维上实现了升华。当代有的学者对此深有感受，认为何休阐发的“三世说”，与司马迁“通古今之变”的命题，同为中国古代历史理论最杰出的成就，是很有道理的。“三世说”历史哲学成为儒家今文学派宝贵的思想精华，并以其对历史本质的哲理概括和对未来社会的信心，深深启发了晚清进步的公羊学者，使他们各自结合本人的时代环境和迫切问题，发展了公羊学说。

（三）晚清公羊学者紧扣救亡图强时代主题的新“三世说”

自东汉末年至清中叶，公羊学说消沉了一千多年。至清朝嘉庆道光年间，由于社会矛盾的逐步激化，统治危机日益暴露，公羊学逐步重新受到重视。对公羊三世说实行革命性改造的主要代表人物是龚自珍。他是考证学大家段玉裁的外孙，但他没有按照外祖父的希望，走古文经学的道路，而是成为一个批判专制、讥议时政的今文经学家。原因是，他生活在嘉庆、道光年间，目睹清朝统治急剧地衰落，对于社会矛盾深重、危机四伏有着敏锐、深刻的感受，故选择用公羊学说唤醒世人，倡导变革。他和魏源一样，对公羊三世说实行革命性改

① 《春秋公羊解诂》哀公十四年，《十三经注疏》本。

② 《春秋公羊解诂》隐公元年，《十三经注疏》本。

造，论证封建统治的演变规律是治世—衰世—乱世，“吾闻深于《春秋》者，其论史也，曰：书契以降，世有三等……治世为一等，乱世为一等，衰世别为一等”①。他大声疾呼衰世已经到来，“乱亦将不远矣”。从此，公羊学说同晚清社会的脉搏相合，成为鼓吹变革、呼吁救亡图强的有力武器。龚氏写有一系列政论，尖锐地揭露专制统治的黑暗残酷，他有力地论证：“自古及今，法无不改，势无不积，事例无不变迁，风气无不移易。”② 他还警告统治者，不改革就要自取灭亡，并且形象地用“早时”“午时”“昏时”来描述三世，指出统治集团已经面临“日之将夕，悲风骤至，人思灯烛”，到了日暮途穷的境地，预言“山中之民，有大音声起”③，时代大变动就要发生了。龚自珍用公羊学来观察、分析清朝国内的危机。其挚友魏源则进而用公羊学说观察西方侵略者使中华民族生存面临严重威胁的新局势。他以前“变古愈尽，便民愈甚”④ 的除弊、变革思想，发展到了明确提出“师夷长技以制夷”⑤ 的主张。他又发挥公羊变易学说，提出了“气运说”，概括中国历史出现新变局，因而大力呼吁了解外国，学习外国技术，在沿海设厂造船、造枪炮，发展民用工业。这些都证明：公羊学说使龚、魏成为近代史开端时期站在时代潮流前面的人物，成为中国近代维新改革的先驱者。

康有为对公羊阐释学作出了更加重大的贡献，他将公羊“三世说”与西方近代政治理论相结合，构建了维新变法运动的理论纲领。其于 1891、1897 年先后著成《新学伪经考》《孔子改制考》，被梁启超誉为思想界之大飓风、火山大喷火、大地震。在《孔子改制考》卷十二《孔子改制法尧舜文王考》中，康有为提出：最得孔子改制精义的，是《春秋公羊传》和董仲舒、何休的书。孔子创立了“三统”“三世”诸义，处在“乱世”，向往“太平”。社会的发展，是远的、旧的必定败亡，近的、新的终将兴起。乱世之后进以升平，升

---

① 《龚自珍全集》，上海人民出版社 1975 年版，第 6 页。

② 《龚自珍全集》，上海人民出版社 1975 年版，第 319 页。

③ 《龚自珍全集》，上海人民出版社 1975 年版，第 87、88 页。

④ 《魏源集》，中华书局 1976 年版，第 48 页。

⑤ （清）魏源：《海国图志》，岳麓书社 1998 年版。

平之后进以太平，社会是越向前越进步，泥古守旧，注定失败。孔子的升平、太平理想同“民主”政治相通，人类社会的发展是朝向共同目标的。“康有为重新改塑了孔子的形象，六经成为主张改制之书，因时变革，甚至资产阶级的民主理想，都成为孔子早已树立的传统，那么实行维新变法，改革封建专制政治，就成为效法孔子的、完全正当的行动，这就进一步为变法运动提供了理论纲领。康有为还把公羊三世说与历史进化观以及资产阶级君主、民主学说都糅合起来。”“他以阐释公羊学的微言大义为途径，把所了解到的并且是中国社会所迫切需要的西方资产阶级民主思想容纳进去，把公羊三世说‘据乱世—升平世—太平世’，改造、发展成为由君主专制进为君主立宪、再进为民主共和的新学说，成为维新时期向封建专制政体和顽固势力进攻的思想武器。康有为阐释的公羊新学说，比起旧的传统思想具有重大进步意义，因而是近代哲学史上非常重要的理论成果。”①

正由于此，在戊戌维新运动高潮期间，公羊学说以“进化”“变革”“拨乱反正”的思想精髓，回答了列强环伺、民族危机深重形势下所面临的紧迫课题，叩响了爱国民众的心弦，因而公羊学三世说在历史上再度风靡于世，书写了晚清公羊学复兴的华彩篇章。

公羊学“三世说”成功推阐的深刻启示意义

儒家经典《春秋公羊传》在战国秦汉间提出的“三世异辞”的命题，因处于初始阶段而只具朴略的形态；到西汉武帝时期董仲舒大力推阐，将历史阶段明确划分为“所传闻世—所闻世—所见世”，彰显历史进化意识，并且与倡言“改制”的“通三统说”相结合；到东汉末何休著《春秋公羊解诂》，发展为系统的“据乱—升平—太平”历史进化观，内涵大大丰富，论证人类社会经过努力将向更加进步、更加合理的阶段前进，并且展现民族间交流融合、“天下远近小大若一”的美好前景；至晚清时期，龚自珍根据救亡图强的时代需

① 陈其泰：《经学史上的独特景观——论晚清公羊学的理论创造活力》，《中国文化》2019 年秋之卷。

要，对其进行革命性改造，阐释封建统治“治世—衰世—乱世”的新三世说，倡导变革，规划天下大计；康有为更把公羊三世说与近代西方政治学说相结合，论证历史应当经由君主专制—君主立宪—民主共和的道路，构建了戊戌维新运动的理论纲领，康有为也因此成为近代向西方学习的先进人物。“三世说”这一核心命题，在漫长的历史年代经由儒学思想家大胆而精心的持续阐释，竟在西汉和晚清两度风靡于世，对中国社会进程和学术演进产生了巨大而深远的影响，此岂非阐释学史上令人赞叹的成功篇章？岂非中华民族历史—哲学智慧的多彩绽放？

我们应当充分肯定今文公羊学说是具有典型意义的中国本土历史阐释学的珍贵遗产，对其政治性、变易性、解释性特点大力探讨，对其历史阐释的出色成就、丰富经验进行深入的发掘总结，从而为构建中国当代历史阐释学科体系、彰显其民族特色提供诸多宝贵启示。这里简要地论述以下几项。其一，“阐释”是读懂经典、传承文化、从事各门学科研究所必须具备的思维和理论创造的途径，是不可缺少的学识和方法，具有“元理论属性”① 的意义。而“阐释”要对学术和社会产生重要作用，并且有久远生命力，则必须依赖所阐释的命题、范畴与文化传承、民族发展、学术演进的基本方向和根本要求相关联。公羊学说在漫长历史时期内连续对“大一统”“张三世”“通三统”“夷夏关系”“拨乱反正，为后王立法”等作创造性阐释，为我们提供了极为成功的阐释经验。

其二，必须吸收不同时期的新鲜经验、智慧，回答新的时代课题，才能不断丰富、提升本领域阐释学的体系，使之具有活跃的生命力，推动社会和学术前进。如董仲舒的“阐释”适应了西汉时期兴造制度、加强中央集权、“强干弱枝”的需要，何休因汉代民族关系发展拓宽了视野，其构建的“三世说”展示了各民族间平等相处、融合发展的美好前景，龚自珍、康有为勇于回答晚清救亡图强的需要，使新三世说成为晚清时期倡导变革和向西方学习的有力武器：这

① 《历史研究》编辑部：《公共阐释与历史阐释》（笔谈）编者按，《历史研究》2018年第1期。

些宝贵经验和卓荦成就便是有力的证明。

其三，发掘传统阐释学遗产与运用当代学术成果结合起来，才能有更多的创获。如运用“公共阐释”与“强制阐释”的新观点来考察，清代公羊学存在风格迥异的“议政派”与“经注派”两派，前者（刘逢禄、龚自珍、康有为等）发扬了“公羊家法”，具有理论创造活力，出色地体现了理性的、符合逻辑发展的、建构性的“公共阐释”的要求，因此具有震动人心的力量，发挥了极大的社会作用；而后者（如孔广森、陈立、凌曙等）离开“公羊家法”，只从枝节问题着眼，恰恰陷入“强制阐释”的窠臼，其所为属于场外征用、主观预设、非逻辑证明之类，因此在理论上显得苍白无力。①

其四，一个学科、一个领域阐释学的发展，应有提出基本命题的经典著作奠定理论基础。要有敢于担当、具有理论创新活力的学者起到引领作用，还要造就本学科阐释学的骨干力量，如晚清刘逢禄大力奖掖龚自珍、魏源，使其成为今文公羊学派的健将，又如康有为在广州万木草堂培养人才，其后梁启超在湖南时务学堂讲授公羊学，为学说的传播大造声势。

① 参见陈其泰《晚清公羊学双轨演进及其哲理启示》，《济南大学学报》（社会科学版）2019 年第 5 期。

中国文化公共性与公共阐释论

——中国文化哲学的解释逻辑*

曹典顺**

伽达默尔认为，20 世纪最为伟大的哲学发现是对一切独断论所保持的批判和怀疑态度。实际上，基于唯物辩证法的唯物史观坚持的也是这一哲学的批判性本质特征和基本认知态度。从哲学逻辑和哲学发展的历史理解，无论是马克思，还是伽达默尔，他们都认识到了传统形而上学哲学中“精神具有终极意义”的唯心史观的弊端，当然，这丝毫没有否定精神在马克思哲学和伽达默尔哲学中的作用和价值。就中国道路发展逻辑中的中国文化哲学而言，也是如此，也就是说虽然唯物史观在中国文化哲学中具有不可忽视的指导意义，但中国文化哲学的理论逻辑——中国文化公共性，也必须以中国道路的社会实践作为理论根据。当然，虽然理论根据是客观存在，但要认识到这种客观存在却是需要发现科学的认知方法。为了吸取独断论哲学中强制阐释论的虚幻性或彼岸性的认知方法教训，中国学者们根据唯物史观的思维方式提出了公共阐释论的中国文化哲学认知逻辑。公共阐释论认为，可以通过公共理性的作用，在平等协商、交流的公共场域之下达成文化公共性的社会共识，即由以个人阐释为逻辑的强制阐释转化为由以集体阐释为逻辑的公共阐释。公共阐释论的发现，既是当代中国哲学发展水平

---

* 本文系国家社科基金重大项目“改革开放以来中国特色社会主义的发展逻辑研究”（项目编号：17ZDA003）的研究成果。本文原刊于《江苏师范大学学报》（哲学社会科学版）2020 年第 1 期。

** 作者单位：江苏师范大学哲学范式研究院。

不断提升的表现，也是中国道路发展逻辑进一步哲学化的实现，在中国文化哲学视域中理解，具有不可忽视的学术价值和现实意义。

一　中国文化公共性与中国文化哲学的建构逻辑

虽然每一个国家和民族都有属于自己的文化哲学，但文化哲学并不仅仅是政治性质的哲学话语，即它还具有社会性质的意蕴和个体性质的意蕴，所以，作为中国文化哲学建构逻辑的中国文化公共性本质上应该属于中国道路的发展逻辑，因为，中国道路的选择就是国家、社会和个人三个层面达成的合法性共识。所谓中国文化公共性，就是指中国文化中具有的公共性意识、公共性价值、公共性审美等的哲学观念。要准确地理解中国文化哲学的建构逻辑，就应该深度理解中国文化公共性，这不仅因为中国文化哲学中应该具有哲学意蕴的建构逻辑，还因为中国文化公共性体现了中国道路的发展逻辑，以及中国文化公共性的本质性特征表明了中国文化是全体中国人的文化，或者说，不是为某一部分人服务的文化。中国文化哲学的建构逻辑最为核心的问题就是中国文化哲学与作为其建构逻辑理论的中国文化公共性之间的内在关联问题。笔者拟就二者之间的内在逻辑作一剖析。

（一）中国文化公共性是中国文化哲学的建构逻辑

作为一种哲学理论的中国文化哲学，必然要遵循哲学的建构逻辑，也就是说，中国文化哲学中应该包含着哲学意蕴的建构逻辑。马克思指出，哲学是现世的智慧，是“文化的活的灵魂”①。基于“哲学总是人类文化精神或文化模式的外显”②，文化的发展离不开对文化现象及其文化活动的哲学反思。中国文化哲学正是对人类文化领域，尤其是对中国文化领域的文化现象和文化活动批判性反思的成果。这就意味着，在中国文化哲学发展过程中，已然内在地包含着哲学意蕴的中国文化哲学的建构逻辑。这种建构逻辑不仅反映为中国文

① 《马克思恩格斯全集》第 1 卷，人民出版社 1995 年版，第 220 页。

② 衣俊卿：《文化哲学》，云南人民出版社 2005 年版，第 20 页。

化哲学发展的内在运行方式，同时又对中国文化哲学的发展方向作出了进一步的矫正。

中国文化公共性作为文化视域中的哲学意蕴的理论逻辑，意味着它就是中国文化哲学的建构逻辑。文化既是社会历史发展的产物，又是人类实践的产物。人的本质在其现实性上是一切社会关系的总和①的认知逻辑表明，既然人是社会的存在，那么，作为人类实践产物的文化也必然具有社会性。社会性又可理解为公共性，中国文化的社会性就是哲学意蕴上的中国文化公共性。据此理解，中国文化公共性属于文化视域中的哲学逻辑理论，是对文化的发展历史进行哲学性批判和反思所形成的关于文化哲学发展的内在逻辑形式。中国文化公共性一方面反映了文化哲学的现实状况，即建立在公共领域的社会主义文化现状；另一方面又表征出文化发展的方向性，即中国文化公共性日益完善，名副其实地成为了中国文化哲学的建构逻辑。

中国文化公共性之所以可以成为中国文化哲学的建构逻辑，是因为中国文化公共性哲学地表征了中国文化哲学的现状。尽管中国的发展道路实现了对资本主义社会的跨越，但社会主义道路的文化发展仍然存在着由私人领域向公共领域转向的问题，即“公共性的建设和完善是当代中国和世界发展中的一个具有核心意义的问题”②。因此，对资本主义文化公共性理论的批判性发展符合中国道路的发展逻辑。这即是说，中国文化哲学的发展现状必然需要作为其建构逻辑的中国文化公共性给予哲学理论上的合理性概括。需要说明的是，由于发展道路不同，作为中国文化哲学建构逻辑的中国文化公共性必然与资本主义社会的文化公共性相区别，中国文化哲学需要构建符合中国道路发展逻辑的中国文化公共性。

（二）中国文化公共性的本质特征是人民的文化

中国文化的本质特征是人民的文化，而中国文化公共性的本质特

---

① 《马克思恩格斯选集》第1卷，人民出版社1995年版，第56页。

② 郭湛：《从主体性到公共性——当代中国马克思主义哲学的走向》，《中国社会科学》2008年第4期。

征就是中国文化的本质特征的哲学话语，即中国道路的人民的文化中蕴含着中国文化公共性的理论逻辑。所谓人民的文化，其主体首先是人民。人民并不是指单个的人，而是一个集体概念。人民的文化不仅是个人价值理念、个人价值精神的反映，而且也体现出以公共价值理念、公共价值精神为表征的价值共识。代表人民的文化的价值共识克服了复杂与多元的弊端，更加能够为人民所理解和遵循。文化公共性就是这种价值共识的哲学话语，即由个人价值理念与精神上升为公共的价值共识，进而成为全体中国人的文化组成的过程，实际上所表现出的正是文化公共性的理论逻辑。

既然中国文化公共性是人民的文化的哲学话语，那么，中国文化公共性就必然能够反映出中国文化哲学的实际状况。中国文化公共性，是指在中国文化的视域下，实现文化由私人领域向公共领域的转换。就中国的文化哲学发展历程而言，中国文化公共性所反映的是中国传统的以宗族为重要特征的封建文化向建立在公共空间基础上的人民的文化转换。这种转换符合中国文化道路的发展趋势，并为中国文化的未来发展指明了方向。中国文化公共性理论作为中国文化哲学的建构逻辑，意味着中国文化公共性是对人民的文化的合理性与现实性的哲学反思与表达，是在理论上对人民的文化的深化。

中国文化公共性的概念化不仅是中国文化哲学研究的需要，也是对人民的文化的理论性丰富。公共性成为哲学问题，始于西方哲学界，如哈贝马斯认为："公共领域说到底是公共舆论领域。"① 中国学术界对文化公共性的关注，尤其对中国文化公共的关注，虽然产生了一些理论成果，但依然处于理论学派建构的阶段。就中国文化公共性的社会实践意蕴理解，对中国文化公共性的理解应该置于中国发展道路的语境，以便对中国文化公共性进行理论逻辑和实践理解的概念化规范。规范文化公共性不仅有利于为人民的文化的丰富提供和谐、平等的公共场域（即促进新的文化形式的产生），有利于促进个人的价值理念与价值精神上升为公共的价值共识（即丰富人民的文化的内容），而且也有利于结合中国发展的具体实践，使文化更能够满足人

① 转引自郭湛《社会公共性研究》，人民出版社 2009 年版，第 52 页。

民的需求（即真正成为人民的文化）。

（三）中国文化公共性体现了中国道路的发展逻辑

就中国道路的经济发展逻辑，理解中国文化公共性与中国特色社会主义经济发展道路具有一致性。中国经济发展道路就是中国特色社会主义经济发展道路，即“以共同富裕为方向，坚持公有制为主体、多种所有制经济共同发展的经济制度，实行社会主义市场经济体制，坚持中国共产党的领导”①。就中国经济发展道路来说，无论是基本经济制度，还是社会主义市场经济体制，都蕴含着文化的公共性视域。从中国道路的基本经济制度的视角来看，坚持公有制为主体必然要求形成以“公有制”为特征的经济共同体，而经济共同体的形成又是基于包含着文化公共性等公共价值共识的理论逻辑。从中国道路的经济体制的视角来看，社会主义市场经济体制的合理运行，也必然要求更加合理、公正的公共场域的形成，而公共场域的形成离不开文化公共性作为理论前提。

就中国道路的政治发展逻辑理解，中国文化公共性与中国特色社会主义政治发展道路具有一致性。社会主义民主政治是中国特色社会主义政治发展道路的集中体现，“人民当家作主”则是社会主义民主政治的本质特征。社会主义民主政治的建设表现为对社会公共性的建构，是因为社会主义民主政治服务于人民，即“民心是最大的政治”②。民心是指能够代表广大人民共同价值诉求的共识，共识作为推动政治发展的强大动力，就要以文化的公共性作为条件。符合中国政治道路发展逻辑的民心，就是以中国文化公共性为存在条件。中国文化公共性一方面在政治领域中促进了政治共识的达成，另一方面又通过文化领域中价值共识的达成反作用于政治，促进政治的合理化发展。

---

① 武力：《中国道路与中国梦——第三届当代中国史国际高级论坛论文集》，当代中国出版社2015年版，第132页。

② 中共中央文献研究室编：《习近平关于全面从严治党论述摘编》，中央文献出版社2016年版，第190页。

就中国道路的文化发展逻辑理解，中国文化公共性与中国文化道路具有一致性。中国文化道路就是中国特色社会主义文化发展道路，即“面向现代化、面向世界、面向未来的，民族的科学的大众的社会主义文化”① 的发展道路。中国文化公共性与中国文化道路相符合，至少可以从以下三个方面来理解：其一，在经济全球化背景下，如何处理文化差异与冲突，是中国文化发展与世界文化发展所面临的共同难题。为文化的交流与沟通提供平等的交流场域，积极寻求文化之间的共通与共识，既是中国文化道路的发展逻辑，也是中国文化公共性的现实指向。其二，中国特色社会主义文化所要发展的是人民的、大众的文化，其目的在于满足人民对于文化的需求，而人民的文化蕴含着中国文化公共性的理论意蕴，中国文化公共性又是对人民文化的哲学理论表达。其三，中国文化道路旨在建立社会主义和谐社会，和谐社会的最大特征就是社会共同体，而社会共同体的基本指向是价值共识，可以说，社会主义和谐社会的建设呼唤着中国文化公共性逻辑在场。

二　中国特色唯物史观与中国文化公共性的哲学逻辑

虽然中国文化公共性是一种具有哲学意蕴的理论逻辑，但它本质上属于应用性质的哲学理论，也就是说，作为客观存在的中国文化公共性理论，还存在着自己的哲学逻辑。由于中国文化公共性本质上属于中国特色社会主义发展道路的发展逻辑，而中国特色社会主义发展道路的发展逻辑又属于中国特色唯物史观，所以，中国特色唯物史观也就是中国文化公共性的哲学逻辑。中国特色唯物史观是马克思主义基本原理与中国特色社会主义建设的实践及基本经验相结合而形成的马克思主义的哲学理论，它既属于马克思主义哲学中国化的理论成果，也属于马克思主义哲学的当代发展。既然中国特色唯物史观是一

① 《中国共产党第十五次全国代表大会文件汇编》，人民出版社 1997 年版，第 19—20 页。

种哲学理论，那么也就意味着，中国特色唯物史观不仅是中国文化公共性建构所需要的理论逻辑，而且还应该是中国文化公共性建构所需要的思维方式的哲学逻辑和指导思想的哲学逻辑。

（一）构筑中国文化公共性理论需要以中国特色唯物史观作为思想前提

就中国文化公共性理论的理论内涵构筑而言，中国文化公共性理论就是文化哲学领域中的中国道路理论，“所谓当下中国特色社会主义的实践就是‘中国道路’”①。当下中国道路的社会实践表明，文化软实力越来越成为综合国力的重要体现，所以，推进社会主义文化强国，发展中国特色社会主义先进文化，就应该成为中国特色社会主义文化建设的需要。由于“一个国家、一个民族的强盛，总是以文化兴盛为支撑的，中华民族伟大复兴需要以中华文化发展繁荣为条件”②，因此，以文化哲学的理论视域对中国道路的发展进行反思，既符合社会主义文化强国的建设需求，又是对中国发展道路的理论完善。我们正是从这种逻辑上认识到，中国文化公共性能够体现中国道路的发展逻辑，中国文化公共性理论属于文化哲学视域中的中国道路理论。

中国文化公共性理论属于文化哲学视域中的中国道路理论表明，只有认识到中国道路理论不能脱离中国特色唯物史观的指导，才能准确把握构筑中国文化公共性理论的思想前提。中国文化公共性理论，无论是在理论来源，还是在构筑逻辑上都要以唯物史观作为其合理性和合法性的基础。马克思认为：“全部社会生活在本质上是实践的”③，实践的观点是马克思唯物史观的重要观点，中国特色唯物史观又是马克思唯物史观与中国特色社会主义实践相结合的产物，那么，中国特色社会主义实践就是中国特色唯物史观的实践结果。中国道路是当下中国特色唯物史观的实践表明，中国道路理论必然需要中

---

① 曹典顺、卞伟伟：《中国道路实践中的中国政治经济学与中国特色经济逻辑——再论政治经济学与唯物史观的内在关联》，《理论探讨》2017 年第 6 期。

② 2013 年 11 月 26 日，习近平在山东曲阜考察孔府和孔子研究院时的讲话。

③ 《马克思恩格斯选集》第 1 卷，人民出版社 1995 年版，第 56 页。

国特色唯物史观的指导。在这种意义上可以认识到，中国特色唯物史观作为中国道路的理论保障，为中国道路提供了世界观和方法论根据。

既然中国特色唯物史观是中国文化公共性理论的思想前提，那么，中国特色唯物史观就应该能够为中国文化公共性理论构筑提供所需的基本原理。唯物史观认为，“不是人们的意识决定人们的存在，相反，是人们的社会存在决定人们的意识”①。文化作为社会意识的重要表征，具有相对独立性。文化的相对独立性无疑为中国文化公共性理论的确立带来了理论挑战，因为，各种意识形态的理论都能影响中国文化公共性理论的构筑。因此，为了强调建设社会主义文化强国对于中国发展道路的重要意义，就必须将中国特色唯物史观视为中国文化公共性的思想前提。无论是文化自信的树立，还是社会主义文化的繁荣兴盛，抑或是中国文化国际影响力的提高，都离不开中国特色唯物史观为中国文化公共性理论提供基本原理意蕴上的合法性依据。

（二）理解中国文化公共性理论需要以中国特色唯物史观作为思维方式

中国特色唯物史观既是理论逻辑也是认知逻辑，这即是说，中国特色唯物史观不仅为中国道路的理解提供了理论逻辑上的指导，同时也为中国发展道路提供了认知逻辑上的指导，就认知逻辑的思想根据理解，毛泽东思想、邓小平理论、“三个代表”重要思想、科学发展观，以及习近平新时代中国特色社会主义思想，都是唯物史观与中国特色社会主义实践相结合的方法论逻辑，是中国发展道路的认知根据。就认知逻辑的认知方法理解，解放思想、实事求是、与时俱进、求真务实作为中国发展道路的思想路线，亦是中国特色唯物史观的认知逻辑。只有将作为理论逻辑的中国特色唯物史观与作为认知逻辑的唯物史观有机结合，才能更好地认识、理解和发展中国文化公共性理论。

理解中国文化公共性理论是否具有合理性，必须以中国特色唯物

① 《马克思恩格斯全集》第2卷，人民出版社1995年版，第32页。

史观作为认知前提。虽然公共性理论来自西方学界，但公共性是所有文化的共有属性。理解中国文化公共性理论，应从中国特色唯物史观的认知逻辑出发，将“中国文化公共性”与“西方文化公共性”区分开来。具体而言，其一，两者的认知根据不同。中国文化公共性是从文化哲学的视域反思中国道路，立足于中国特色社会主义文化实践。西方文化公共性是对西方资本主义文化路径的反思，立足于西方资本主义文化实践。其二，两者的认知理论不同。中国文化公共性的认知理论是人民文化，其“人民”是“现实的人”。西方文化公共性虽然也提倡人民文化，但其“人民”是“抽象的人”。其三，两者的认知目的不同。中国文化公共性服务于中国特色社会主义实践，并以此推动中国道路的发展；西方文化公共性旨在推动西方公共文化的发展。这就是说，只有以中国特色唯物史观为认知前提，才能准确把握中国文化公共性理论。

因为中国文化公共性理论属于中国道路发展逻辑的组成部分，所以中国文化公共性理论就应该体现出中国特色唯物史观的认知逻辑。就认知方法而言，中国文化公共性理论的建构需要坚持“实事求是”的认知方法。这即是说，要理解中国文化公共性理论的建构，就要理解中国文化哲学服务于中国道路并推动中国特色社会主义建设持续发展的思维逻辑。就认知理论而言，中国文化公共性理论的建构要坚持“以人为本”的理论逻辑。中国道路的发展体现最广大人民的共同利益，中国文化公共性理论的建构也应该体现人民的共同诉求。就认知目的而言，中国文化公共性理论的建构要注重创新，与时俱进，把握时代精神。因为“任何真正的哲学都是自己时代的精神上的精华”①，作为哲学理论的中国文化公共性理论就应该反映时代精神，服务时代发展。

（三）发展中国文化公共性理论需要以中国特色唯物史观作为指导思想

中国文化公共性理论是与中国道路发展逻辑共同发展的理论，即

---

① 《马克思恩格斯全集》第1卷，人民出版社1995年版，第220页。

中国文化公共性理论的发展离不开中国特色唯物史观的指导。从中国文化公共性理论与中国特色唯物史观的内在关联而言，两者相互支持、辩证发展。其一，中国文化公共性理论的发展适应了中国特色唯物史观发展的需要。经济全球化的推进伴随着文化世界化进程的加速，如何在这种文化世界化进程中既发展世界文化，又维护文化的民族性，这不仅是中国文化发展的要求，也是整个时代文化发展的要求。为了体现时代发展要求，中国特色唯物史观必定要发展，中国文化公共性理论应与中国特色唯物史观发展相适应。其二，中国文化公共性理论的提出推动了唯物史观的发展。中国特色唯物史观包括文化等社会意识的相对独立性，意味着中国文化公共性理论的发展，亦是中国特色唯物史观发展的组成部分，中国文化公共性理论促进了中国特色唯物史观的发展。

从中国文化公共性理论的建构逻辑理解，中国特色唯物史观能够为中国文化公共性理论发展提供世界观的指导。中国特色唯物史观作为科学的世界观，能够为中国文化公共性理论提供强大的思想武器，使其在发展中不断保持理论的科学性与先进性，从而更好地服务实践。其一，中国特色唯物史观能够为中国文化公共性理论提供发展的社会实践根据。“人应该在实践中证明自己思维的真理性，即自己思维的现实性和力量，亦即自己思维的此岸性”①。据此理解，中国特色唯物史观能够在理论中体现相应的社会实践内容。其二，中国特色唯物史观能够为中国文化公共性理论指明理论发展方向。共产主义作为中国特色唯物史观的最高理想，不仅要求物质生产的公共性，也反映为文化的公共性，即中国文化公共性理论的目标是形成普遍高尚的精神境界。这就意味着，中国特色唯物史观可以为中国文化公共性理论提供科学的世界观指导。

从中国文化公共性理论的认知逻辑而言，中国特色唯物史观能够为中国文化公共性理论的发展提供方法论指导。中国特色唯物史观是世界观与方法论的统一体。作为世界观，它旨在回答中国道路是什么的问题；作为方法论，它旨在回答中国道路如何发展的问题。中国特

① 《马克思恩格斯选集》第1卷，人民出版社1995年版，第55页。

色唯物史观对中国文化公共性理论的方法论指导，就是要回答中国文化公共性理论如何适应中国道路的发展。从本质上说，中国特色唯物史观对中国文化公共性理论发展的认识论指导，就是要求中国文化公共性理论的发展必须坚持唯物辩证的认知逻辑。正如列宁所言："我们决不把马克思的理论看作某种一成不变的和神圣不可侵犯的东西。"[①] 这就是说，以中国特色唯物史观为指导的中国文化公共性理论应随着中国特色社会主义实践的发展不断丰富自身的理论内涵，从而更好地为中国道路发展助力。

三　中国文化公共性的解释原则与公共阐释论

虽然中国文化公共性的存在是一种客观性事实，但对于中国文化哲学的理解却众说纷纭。从中国文化哲学传播的效果来说，宏观上是允许人们对中国文化公共性理论产生差异性理解，但这一差异不应该是本质上的差别，而只能是具体问题上看法的不同。就当下传播意义上的对中国文化公共性的理解而言，公共阐释论越来越成为解释中国文化公共性何以成立、何以运行、何以发展的认知逻辑。之所以如此，从根源上来说是因为公共理性是中国文化公共性的理论逻辑。也就是说，传统阐释文化哲学的强制阐释论无法合理解释公共理性。从发生论的视角来说，公共阐释论的产生是因为它要克服强制阐释论在认知公共理性视域中遇到的理论困难。

（一）公共理性是中国文化公共性的理论逻辑

人类由以私人空间活动为主转向以公共空间生活为主的社会实践，催生了公共理性逻辑。"有意识的生命活动把人同动物的生命活动直接区分开来"[②]，理性，作为意识的重要性质是人本身就具有的认识能力。虽然人人都具有理性，但"并非所有的理性都是公共理性"[③]。罗尔斯

① 《列宁专题文集论马克思主义》，人民出版社 2009 年版，第 96 页。
② 《马克思恩格斯文集》第 1 卷，人民出版社 1995 年版，第 46 页。
③ ［美］罗尔斯：《政治自由主义》，万俊人译，译林出版社 2000 年版，第 225 页。

认为："公共理性是一个民主国家的基本特征。它是公民的理性，是那些共享平等公民身份的人的理性……公共理性便在三个方面是公共的：作为自身的理性，它是公共的理性；它的目标是公共的善和根本性的正义；它的本性和内容是公共的。"① 公共性是公共理性最大的特征。无论是作为公共理性对象的"公共"，还是作为公共理性目标的公共的善，抑或是其所作用的社会生活领域，都是伴随着私人领域向公共领域的转向而逐渐产生的。由此可知，公共空间的形成与扩大应该是公共理性得以产生的根本动因。

公共理性概念的提出，最初是基于政治哲学或社会哲学研究的需要，但公共理性只有发展为文化逻辑，才能更深刻地把握社会发展规律。不同于罗尔斯从政治领域的视角对公共理性的解读，本文从社会领域的文化视域考察公共理性问题，因为罗尔斯的公共理性缺乏公共道德的社会领域的研究视角，即"罗尔斯的公共理性说需要用一个哈贝马斯那样的商谈论辩的程序主义来补充"②。所谓公共道德视角，就是希望在社会领域中把握公共理性。政治在一定程度上也是文化的一种展现形式，将公共理性发展为文化逻辑既是对公共理性的超越，又符合公共理性自身的发展逻辑。

就中国文化逻辑而言，公共理性就是文化视域下的中国文化公共性。公共理性要想真正发展为文化逻辑，就必须从文化哲学的视角对其自身进行文化公共性视域的理论构筑。这就是说，文化公共性是文化视域中的哲学逻辑理论，或者说，公共理性就是中国文化公共性的理论逻辑。中国文化公共性需要公共理性作为逻辑前提。就中国文化公共性的社会价值而言，公共理性只有上升至文化逻辑，才能实现社会价值的最大化；只有上升至文化领域，才能拥有更高的理论视野。

（二）强制阐释论解释公共理性逻辑的理论困难

无论就思想还是就文本的解读，西方哲学的解释学或分析哲学一直是阐释的主流哲学逻辑，相关的阐释理论可以称为"强制阐释

① ［美］罗尔斯：《政治自由主义》，万俊人译，译林出版社2000年版，第225—226页。

② 龚群：《理性的公共性与公共理性》，《哲学研究》2009年第11期。

论”。强制阐释是指背离文本话语，消解文学指征，以前在立场和模式，对文本和文学作符合论者主观意图和结论的阐释”[①]。强制阐释论的提出不仅是对当代西方阐释学中存在问题的批判，也给中国当代阐释论的构建提供了启示性意见。就当代社会的公共理性问题而言，强制阐释论提出的理论意义并不局限于文本与文学的解读，它亦能深入到社会文化领域，对其中存在的强制阐释现象进行深刻的反思和批判。所以，本文有必要阐明强制阐释论在解释公共理性逻辑问题上遇到的理论困难。

就强制阐释论建构的理论前提视角理解，强制阐释论的阐释前提具有自我性。强制阐释论的最大特征或者说最大问题就在于对阐释前提的主观预设。“主观预设是强制阐释的核心因素和方法”[②]，在阐释活动发生之前，阐释者已经明确了自己的阐释立场，预设了阐释结果。这种阐释路径本身并没有太大问题，然而，强制阐释论过于强调阐释者本人的自我意识，从而导致了对公共理性思想和理论的背离。作为强制阐释论前提的主观预设，很大程度上是阐释者基于自己的知识背景而作出的主观性理解。当然，强制阐释论的阐释者们往往以公共理性的名义为其阐释论的自我性进行辩护，以掩盖其强加给他者的既定价值观。

就强制阐释论建构的思维方式视角理解，强制阐释论的思维方式具有独断性。强制阐释论的思维方式直接展现为从既有的理论观念出发，对被阐释内容进行合目的性的阐释。这种合目的性的阐释不可避免地具有排他性，即对于阐释过程中所有可能正确的其他阐释结果给予否定性的阐释。事实上，“阐释者从既定理论目的出发，利用文本证明理论，强制或暴力阐释成为必然，否则，难以实现阐释的目的”[③]。强制阐释论以思想强制或文化暴力的方式对被阐释内容进行独断的阐释，绝不可能合理地解释公共理性逻辑。

就强制阐释论建构的理论内涵视角理解，强制阐释论的理论内容

① 张江：《强制阐释论》，《文学评论》2014 年第 6 期。

② 张江：《强制阐释的主观预设问题》，《学术研究》2015 年第 4 期。

③ 张江：《强制阐释的独断论特征》，《文艺研究》2016 年第 8 期。

具有彼岸性。“人的思维是否具有客观的真理性，这不是一个理论的问题，而是一个实践的问题”①，理论的价值何在，归根结蒂要放到实践中去考察。强制阐释论的另一个缺陷就是忽视具体实践而空谈理论，从而导致理论内容缺乏操作性。一方面，强制阐释论忽视对作为阐释展开依据的理论的考察。强制阐释论以某种既有的理论为依据进行阐释活动，实际上就是以理论来解释理论。另一方面，强制阐释论缺乏实践基础。无论是强制阐释论的阐释对象、阐释方式，还是阐释结果，都缺乏现实性根据。强制阐释论既不以直接现实经验为依据，也不以间接现实经验为依据，缺乏其立论的现实根基。由此可见，强制阐释论只能是属于彼岸世界的理论逻辑，而不是对现实生活世界的理论概括。

（三）公共阐释论是解释公共理性理论的认知逻辑

公共阐释论是解释公共理性理论的认知逻辑，是对强制阐释论的自我性、独断性、彼岸性的消解。就公共阐释论的阐释前提视角理解，公共阐释论的阐释前提具有公共性。阐释的公共性就是阐释应该被公众所理解与认可，阐释行为本身就是一种公共行为。就阐释主体而言，阐释是人的活动，人的社会性决定阐释应体现社会意志。就阐释对象而言，被阐释者，或是某一具体的文本，或是某一特定的社会问题或现象，其本质都是社会实践的产物。就阐释目的而言，阐释是为了理解与表达。“阐释的生成和存在，是人类相互理解与交流的需要。阐释是在文本和话语不能被理解和交流时而居间说话”②，阐释是为公众活动提供服务。

就公共阐释论的思维方式视角理解，公共阐释论的思维方式具有共识性。“公共阐释不是纯粹的自我伸张，不强制对象以己意，而是在交流中不断省思和修正自身”③。公共阐释论主张通过公共理性的作用，在平等协商、交流的场域之中达成文化公共性的社会共识，从

① 《马克思恩格斯选集》第1卷，人民出版社1995年版，第55页。

② 张江：《公共阐释论纲》，《学术研究》2017年第6期。

③ 张江、［德］哈贝马斯：《关于公共阐释的对话》，《学术月刊》2018年第5期。

而使个人阐释上升为公共阐释。个人阐释与公共阐释最大的区别就在于，阐释的内容是否是公共理性的展现。需要说明的是，公共阐释不是抹煞个人阐释，而是在个人阐释的基础上达成一般性的共识，使得阐释更能成为公共理性的表征。

就公共阐释论的阐释内涵视角理解，公共阐释论的理论内容具有合法性。公共空间的形成与不断扩展是公共阐释论得以成立的合法性根据，因为，公共空间是人们的共识性行为。在资本逻辑的作用下，由私人领域向公共领域的转型越来越成为社会发展的必然趋势。就中国社会的共享经济发展而言，共享经济的崛起与发展正是公共性逻辑在中国社会的现实体现。就中国社会的文化差异状况而言，“公共不仅意味着一个处于家人与好友之外的社会生活领域，还意味着这个由熟人和陌生人构成的公共领域包括了一群相互之间差异比较大的人”①，这就使得如何处理因社会转型而带来的文化危机成为中国文化哲学发展面临的问题，即中国文化公共性理论越来越成为中国道路的发展逻辑。因为，公共阐释论作为中国文化公共性的解释原则，不仅与中国道路的发展逻辑相一致，而且也是对社会转型过程中文化转型问题的合理解决。

① ［美］桑内特：《公共人的衰落》，李继宏译，上海译文出版社2008年版，第21页。

儒家阐释学的理论特征及对于建构公共阐释论的意义*

泓　峻**

一

张江教授《公共阐释论纲》一文一方面对“公共阐释”这一概念的内涵进行了界定，另一方面也对可能为公共阐释论的建立提供支撑的理论资源进行了梳理。但文章作者所关注的主要是来自西方的理论资源。实际上，中国自身也有着十分悠久的人文学术传统，并形成了十分丰富的阐释学思想。对阐释的公共性的追求，在作为中国古代学术思想主流的儒家学者的阐释实践中，是一以贯之的。因此，中国本土的文本阐释实践以及在这一实践中形成的阐释学思想，同样可以为中国当代公共阐释学的建立提供重要的启迪。而且，在公共阐释论构建的过程中，中国本土阐释学思想的价值也是西方理论资源不可替代的，这表现在：其一，中国学者提出公共阐释论这一理论构想，目的在于参与到原本以西方学者为主体建立起来的当代阐释学的理论对话当中。这一对话是否有效，一方面与中国学者能否进入西方主流的理论话语体系之中，并提出自己的问题有关；另一方面，也与中国学者在面对西方学界进行发言时，能否带入自己的本土经验，为西方学

* 本文为作者主持的国家社科规划项目“传统文学观念对马克思主义文论中国化的影响”（项目编号：16BZW003）的阶段性成果。本文原刊于《当代文坛》2018 年第 2 期。

** 作者单位：山东大学马克思主义文艺理论研究中心。

术界提供他们之外的理论视界有关。从这种意义上讲，发掘与整理本土的阐释学思想资源，并把它吸收到当下的理论体系中，是中国学者以自己的阐释学立场与西方学者进行对话时必须要做的一项工作。汉语与西方语言在语言类型学上存在根本的差异，汉语表达的意义生成方式、修辞习惯以及语言使用者的世界观、人生观、审美理想都带有鲜明的民族特色。中国经典阐释学所使用的许多阐释路径，正是在汉语文本阐释实践中，结合汉语自身的表达特点以及中国特定的文化语境生成的，其中既有与西方阐释学相同或相似的地方，也存在一定的差异。这对于中国当代阐释学在对话中超越西方阐释学，以具有自身特点的理论形态参与当代阐释学的对话与理论的建构具有十分重要的借鉴意义。

其二，正如张江教授所说，公共阐释论这一概念的提出，意在纠正 20 世纪西方主流阐释学“以非理性、非实证、非确定性为总目标的理论话语”的偏颇，“以普遍的历史前提为基点，以文本为意义对象，以公共理性生产有边界约束，且可公度的有效阐释。”① 而在经典文本的解读与注疏基础上形成的儒家阐释学，作为中国阐释学的主流，正是在与老庄哲学、禅宗哲学、宋明心学等影响下形成的具有“非理性、非实证、非确定性”倾向的阐释学立场进行对话与斗争的过程中，逐渐丰富与发展起来的，在坚持以文本为意义对象，追求阐释的澄明性、公度性的前提下，对于言意之间的关系问题、阐释者的主观性与文本意义的客观性之间的关系问题、诗性文本意义的开放性及其边界问题等等，都有十分深入的思考。这些思考，对于中国当代公共阐释论建构过程中，校正西方 20 世纪阐释学中存在的极端相对主义与虚无主义倾向，也会提供许多有益的启示。

二

以文本意义为确定对象的阐释活动，建立在文本语言具有特定所指这一信念之上。而儒家学者在这一问题上，立场是很鲜明的。清代

① 张江：《公共阐释论纲》，《学术研究》2017 年第 6 期。

文论家叶燮在他的《原诗》中讲："自开辟以来，天地之大，古今之变，万汇之赜，日星河岳，赋物象形，兵刑礼乐，饮食男女，于以发为文章，形为诗赋，其道万千，余得以三语蔽之，曰理、曰事、曰情，不出乎此而已。"① 儒家倡导的包括文学在内的写作，追求"言之有物"，而按照叶燮的说法，文本阐释活动，就是追寻语言背后的理、事、情。

在中国古代文论家的概念体系里，"理"是一个涵盖极广的概念，既包括外在事物运行的客观规律，也包括覆盖人类社会的伦理原则，同时还与作为世界之本源的"道"相通。而在"言"与"道"的关系问题上，先秦的儒家学派就与道家学派存在着明显不同的立场。对道家而言，"道"是无，是虚，具有"不可言"的特征。老子所说的"道可道，非常道"，庄子所说的"可以言论者，物之粗也；可以意致者，物之精也；言之所不能论，意之所不能察者，不期精粗焉"②，都在强调当人们试图去接近变化无常、"不期精粗"的混沌之道时，语言的无能为力。而儒家哲学则一方面肯定道作为世界万物的本源，具有虚无的性质，另一方面又运无入有，由虚入实，让道贯通形而上与形而下两个世界，将无形的道与可以言说的日常生活经验打通。正如有学者总结的那样，在儒家学者那里，"人伦道德与'天道'是二而一的东西"，"合乎人伦道德也就是合乎'天道'"。③

因此，虽然对于语言在言说形而上的道时的局限性，孔子也有所认识，故有"四时行焉，百物生焉，天何言哉？"的感慨，但这并不妨碍孔子本人以及后来的儒家学者对道的言说，而且他们还把因文见道发展成为儒家阐释学的一条基本原则。儒家学者在对儒家的经典进行阐释时，就是把经典文本作为入口，沿着经——圣——道的路径、"披文以见道"的过程。

实际上，孔子尽管也试图以自己的立场回应老子提出的言与道的关系问题，但他关注的焦点却并非是这一问题，而是言与意的关系，

① （清）叶燮：《原诗·内篇》，《清诗话》，上海古籍出版社 1978 年版，第 574 页。
② （清）王先谦：《庄子集解》，上海古籍出版社 2009 年版，第 158 页。
③ 童庆炳：《中华古代文论的现代阐释》，中国人民大学出版社 2010 年版，第 16 页。

即语言表达与言说者主观思想情感的关系。或者说，在孔子那里，形而上的“道”与圣人之“意”，诗人之“志”，不过是二而一的东西，因此，言与道的关系最终还是要还原为言与意、言与志的关系。而且，尽管在这一问题上，孔子本人的态度表现出了深刻的矛盾，比如，他一方面说，“文以足言，言以足志，不言，谁知其志”，[①] 强调语言是主观思想得以显现的唯一的方式；另一方面，又十分推崇那种“讷于言，敏于行”的人格，主张“修辞立其诚”，有条件地认同“书不尽言，言不尽意”这样的说法。但是，对于将经典看成先王圣贤的思想的直接体现，将先王圣贤的思想看成是道的直接体现，以之作为修身、齐家、治国、平天下的最重要的理论资源的儒家学者而言，假若典籍中的语言不能直接呈现先王圣贤的思想的话，他们面对经典将无所适从。因此，孔子在表达了对“书不尽言，言不尽意”的担忧之后，马上意识到了这一否定性表述的致命危险，于是接着反问：“然则圣人之意，其不可见乎?”并提出了“圣人立象以尽意，设卦以尽情伪，系辞焉以尽其言，变而通之以尽利，鼓之舞之以尽神”的观点加以补救。[②] 在这一由“辞——卦——象——意”依次递进的图式中，虽然“意”最终是由“卦象”呈现出来的，但作为语言的“辞”并没有被抛弃，而是“卦象”得以被阐释的最直接的手段。

正因为如此，对于儒家阐释学而言，其第一原则就是回到文本，以文本意义为确定的对象。而强调文本意义相对于阐释者的独立性与确定性，也正是当代中国学者在建立公共阐释论时申明的一条重要原则。在儒家阐释学发展的历史上，不仅要面对老庄哲学的“语言糟粕”论，禅宗哲学的“不立文字”论等“歪理邪说”，而且还要面对儒家经典阐释学自身曾经出现的“断章取义”“阴阳谶纬”“六经注我”等阐释学的歧路，但以汉代古文经学、唐代经典注疏、宋代诗歌阐释学、清代朴学为代表的儒家阐释学的主流，仍然对文本意义的确定性，以及通过特定的学术方法还原古代文本的原始面貌保持着坚定

① 《论语·阳货》，载《十三经》，上海书店出版社1997年版，第1493页。

② 《周易·系辞》（上），载《十三经》，上海书店出版社1997年版，第47页。

的信心。清代学者戴震明确地讲，“经之至者，道也；所以明道者，词也；所以成词者，字也。由字以通其词，由词以通其道，必有渐求”。[①] 正是这种信念，使儒家阐释学能够在每次偏离正确的方向之后，很快重新做出调整，使阐释活动的重心落实在文本之上，并探索出了许多文本还原的切实可行的路径，从而形成了一整套极富民族个性的阐释学思想。

三

西方当代阐释学之所以会走向极端的相对主义，其中一个重要原因，是受到解构主义等后现代思潮的影响，失去了对历史的确定性以及还原历史真相的可能性的信仰。而对中国阐释学而言，人们也许会去怀疑用语言言说形而上的道的可能性，或者是怀疑用语言去表达幽渺的主观情志的可能性，但却很少有人怀疑用语言去记录真实的历史的可能性。坚信历史的确定性，并对用语言去记录历史，通过特定的方法还原历史充满信心，使得中国阐释学始终强调历史的维度。共同拥有的民族历史，成为中国古代不同学派不同立场的学者们之间可以达成共识的最理想的场域，还原历史成为一种阐释最终成为可公度的阐释的最为有效的方法。而在这方面，做得最为出色的，仍然是儒家学者。

儒家学者在文本阐释时的历史主义态度体现在以下四个方面，一是对文本作者的生平事迹进行广泛的搜集，二是对文本中涉及的典章制度进行周密的考证，三是对文本原初的状态进行最大限度的还原，四是对文本语言的原初意义进行深入的探究。

孟子提出的“知人论世”这一阐释学原则，是儒家阐释学遵循的一条最为基本的原则。在这一原则的引领下，儒家学者在进行文本阐释时，总是试图先弄清作者的生平，特别是写作特定的文本时作者的生活状态与思想状态，从而为文本的阐释寻求一种切实可靠的边界约

① （清）戴震：《与是仲明论学书》，汤志钧校点，《戴震集》，上海古籍出版社 1980 年版，第 183 页。

束。为此，他们不但参考正史上与作者有关的记录，而还要遍搜作者的书信、日记，以及各种文献上关于作者的十分零碎的记载。年谱学的方法，是儒家学者在知人论世这一阐释原则基础上的一项重要发明。它肇始于宋代学者的杜甫研究，被清代学者所继承并发扬光大，最终成为中国阐释学的一条基本路径。清代学者对年谱编撰在一个人的诗文解读中的作用十分看重，认为“名贤魁士一生从事于学问，论撰之间，其道德文章既与年俱进，而生平遭际之隆污夷险，又各随所遇而不同，非有谱以精考其年，无由得其详实”①。与年谱编撰相对应的，就是按时间的先后编纂作者的诗文集。日本学者浅见洋二在谈到中国学者创立的这些文本阐释路径时，曾这样评价：“由于诗的编年工作、年谱的制作工作，及其作为主导因素而应称之为‘年谱式思考方法’的促进和诱导，宋代文人们在‘诗作’中找到了‘历史’要素”。②

在本事的搜集、年谱的撰写、作品的编年之外，典章制度的考证，也是儒家阐释学通过历史还原的方式追求阐释的公共性的一条重要途径。后世的学者在谈论儒家的几部经典时，素有“六经皆史”的说法，这不仅是说后人从这几部经典中可以发现历史的真实过程，通过儒家经典了解重大历史事件与重要历史人物，从中吸取历史经验教训；而且还意味着后人可以通过儒家经典了解先王的礼乐制度，典章律令的真实状况，进而把它们作为统治者制礼作乐，建章立制时的重要参考。因此，从汉代开始，对经典文本中涉及的礼乐制度、典章律令的考证，就成为经学研究的一项重要内容。而到了清儒那里，又把典章制度的考证，当成理解经文的重要途径加以强调，认为不知古者宫室衣服等制，在治经时就会迷失其方，莫辨其用。他们甚至由文物制度的考证推及古代地理知识，器物百工知识的考证，试图通过历史细节的还原，使自己的经典阐释最大限度地切近文本的原意，达成

① （清）孙诒让：《冒巢民先生年谱序》，《籀庼述林》卷五，民国五年刻本，第98页。

② ［日］浅见洋二：《论“诗史”说——“诗史”说与宋代诗人年谱、编年诗文集编纂之关系》，《唐代文学研究》第9辑。

理解的共识。而宋人在解诗时，强调学问的重要作用，要求研究者“自六经诸子、历代之史，下及释老之藏、稗官之录，语所关涉，无不尽究”，[①] 追求的实际上也是类似的文本阐释境界。

当然，对中国阐释学而言，从儒家经典研究中发展起来的版本校勘与语义训诂，是其最具功力之处，也代表着其最高成就。在穿越漫长的时光隧道之后，经典文本的原始面貌会因为各种原因发生变化，文本内容出现局部的失落或增衍是常有的事。另外，在传抄复制时出现各种错误，遭到故意篡改的情况也比比皆是。更有甚者，某些经典文本在流传过程中散轶了，或者被伪书取代了。于是，对经典文本的校勘辑轶辨伪，成为儒家经典研究过程中必不可少的工作，并由儒家的经典研究推及包括诗文集在内的其它文本的研究。而随着语言文字自身的变化，对经典文本的理解会出现许多障碍，于是，以文字的字形与音韵变化为线索去寻找其在经典文本中的“古义”，就成为儒家经学研究中的一项重要工作，并最终发展为在清代学术中举足轻重的“小学”。实际上，无论是版本校勘，还是语义训诂，其最终目的，都是要为文本阐释寻找一个坚实可靠的基础。同时，凭借文字学、音韵学知识展开的语义训诂工作，还是中国阐释学中极具自身文化个性的部分，因为它直接建立在对汉字、汉语自身特征的准确把握之上。而清代学者在版本校勘、语义训诂中形成的许多经典阐释原则，如“于年代相近者求之”“凡立一义必凭证据”“举同文以互证”“孤证不为定说”等等，体现着中国阐释学实事求是的科学态度，对于当今中国的公共阐释学的理论建构，具有更为重要的借鉴意义。

四

显然，以汉代的古文经学、清代的朴学为代表的儒家经典阐释学，具有比较明显的实证主义色彩与知识主义倾向。考虑到古代中国不太注重自然科学知识的提炼这一情况，应该说在由汉代古文经学发

① （宋）钱文子：《芗室史氏注山谷外集诗注序》，（宋）任渊等：《黄庭坚诗集注》，中华书局2003年版，第715页。

其端，在清代朴学中发展完善起来的科学的思维及实证的研究方法，不仅在中国经学与文学研究中发挥了积极的作用，而且也为之后中国人接受西方近代科学思维方式与科学研究方法奠定了基础。

但是，建立在实证主义与知识主义基础上的儒家经典阐释学，也有其自身的局限性。西方阐释学作为人文学科的一般方法，是在19世纪建立起来的，在其建立的过程中，深受德国浪漫哲学思潮影响。在建立阐释学的过程中，施莱尔马赫、狄尔泰等人主要考虑的是人文知识与自然科学知识之间存在的差异。他们强调，自然没有意识，没有意志，没有理性或激情，因此在对自然现象进行研究时，只能用纯机械的因果术语进行说明；而人文现象是人创造的，人所创造的艺术、文学、宗教、哲学等等，都是精神的产物，需要从精神的层面去理解。因此，作为人文学科一般方法的阐释学，必须用理解的方法代替自然科学的因果解说方法。在被称为“西方阐释学之父”的狄尔泰看来，所谓理解，就是要用别人的眼光来看待事物，因此是建立在阐释者与被阐释者心灵相通的基础之上的。意大利哲学家贝蒂后来总结出了西方古典阐释学“四原则”，除了第一条“对象的阐释学自主性原则”之外，其它几条如“意义的整体性原则”“理解的现实性原则（即追溯创造过程并加以重建的原则）”“阐释者与阐释对象精神相符的原则”等等，都是从人文现象研究与自然现象研究的差异这一角度去立论的。因此，在以中国的阐释学话语体系与西方的阐释学话语体系进行对话时，只强调以清代朴学为代表的中国阐释学所持的知识主义立场与实证主义方法是远远不够的，还必须找到其与作为精神创造活动的结果的人文现象之间的关联。而在中国阐释学的体系中，能够在知识主义立场、实证主义方法与人文现象的阐释之间架起桥梁的，则是“以意逆志”这一命题。

在中国阐释学中，“以意逆志”是与“知人论世”并列的十分重要的命题。对于发明这两个命题的孟子而言，它们之间不但不相冲突，而且直接相关。对于其间的关联，王国维做了这样的说明：“顾意逆在我，志在古人，果何修而能使我之所意不失古人之志乎？此其术孟子亦言之曰：‘诵其诗，读其书，不知其人可乎？是以论其世也。’是故由其世以知其人，由其人以逆其志，则古诗虽有不能解者寡矣”。[①] 王国维认为，“知人论世”这一阐释学原则，是“以意逆志”这一阐释学原则得以应用的前提，这种理解是符合孟子的本意的。因为孟子的“以意逆志”这一命题是在探讨《诗经·小雅·北山》一诗时提出的，而他对《诗经》中这首诗本意的判断，就联系了诗人“劳于王事，不得养父母”这一具体情况。

然而，后世的诗论家在对以意逆志这一被称为“中国诗歌阐释学第一原则”的命题加以展开时，却出现了两种相反的理解，一是强调越过具体的语言形式，寻找作者隐藏在诗歌语言背后的本意，从而显示诗人之志；另一种意见则强调，在诗歌阐释的过程，解诗者需要以己之意，去揣度诗人之志。

就诗学原则来讲，持后一种观点的儒家学者，实际上并不否定追求作者原意的必要性。他们只是认为，作者诗歌创作时的精神过程，是可以在阐释者的内心重建的，重建的依据是人性的相通。比如，南宋学者姚勉在谈到孟子的“以意逆志”这一命题时，就这样讲道：“古今人殊，而人之所以为心则同也。心同，志斯同矣。是故以学诗者今日之意，逆作诗者昔日之志，吾意如此，则诗之志必如此矣。”[②] 这种说法，与施莱尔马赫所说的理解就是创造性地重建被理解者的心理过程有异曲同工之妙。值得注意的是，接下来，姚勉还特别强调，在以意逆志的过程中，阐释者需要超越自我，“不可以私意逆之”。就是“陆王心学”的代表性人物陆九渊，也强调“解书只是明他大义，不入已见于其间，伤其本旨，乃为善解书”[③]。这实际上意味着，虽然以意逆志的过程建立在己意与作者之意对接的基础上，但对接的前提是己意能够超越私人性，进入人类共同的思想平台之上。因此可以说，即使是强调“以己之意逆作者之志”的儒家学者，也并没有放弃对阐释的公共性的追求。这与西方古典阐释学的立场也是一致的。

---

① 王国维：《王观堂先生全集》第三册，文华出版公司1968年版，第141页。

② （宋）姚勉：《诗意序》，《雪坡舍人集》卷三七，景印文渊阁四库全书本1184册，第252页。

③ （宋）陆九渊：《陆九渊集》卷三六，中华书局1980年版，第503页。

然而，声明一种阐释学原则与立场是一回事，具体的文本阐释实践是另外一回事。尽管宋代与明代一些儒家学者在强调以己之意逆作者之志时，也探索了许多超越个人私见的方法，如引入上下文的语境理解作者本意、联系日常经验去揣度作者本意等等，但仍然难以避免以己意置换文本意义的误读。在许多“心学家”那里，作者之意实际上往往成为一个虚设，难以对阐释者阐释的主观性进行有效的规约，文本阐释成了一种没有边界的任意发挥。清代的学者之所以对宋、明理学家们“以己之意逆作者之志”的文本阐释路径十分不满，就是因为他们在进行文本阐释时，并没有真正找到超越个人私见，走向阐释的公共性的有效方法。

宋明理学家遭遇的这一阐释学困境，在西方学者的文本阐释实践中也曾经遇到过：一方面，阐释者声称是在进行文本意义的解读，另一方面，作者的阐释活动主要建立在个人理解的基础之上，而个人的理解实际上又很难超越阐释者自身的历史局限、知识局限与思想局限，因此许多阐释最终都变成了缺少公度性的无效阐释。所不同的是，当意识到这一问题时，现代西方阐释学放弃了对文本固有意义的追求，承认了阐释者创造文本意义的权力，最终使阐释的公共性也受到损害；而中国清代的学者则试图将阐释活动重新拉回到以文本为中心，以是否符合作者赋予文本的意义来判断阐释活动是否具有价值这一中国主流的阐释学传统中来。实际上，清代的学者也并不回避孟子的“以意逆志”这一命题，他们只是希望借助于对文本作者的生平事迹进行广泛的搜集，对文本中涉及的典章制度进行周密的考证，对文本原初的状态进行最大限度的还原，对文本语言的原初意义进行深入的探究等途径，为阐释者以意逆志的阐释活动划定边界，从而最大限度地保证阐释者与被阐释者思想的接近，使作者植入文本中的意义得到最大限度的显现，进而使阐释者的意见能够在不同的主体间取得最大程度的共识。

儒家经典诠释学的转型与重建*

杨天奇**

孔子曾谓老聃曰："丘治《诗》《书》《礼》《乐》《易》《春秋》六经自以为久矣，孰知其故矣：以奸者七十二君，论先王之道而明周、召之迹，一君无所钩用。甚矣夫！人之难说也，道之难明邪?"老子曰："幸矣，子之不遇治世之君也！夫六经，先王之陈迹也，岂其所以迹哉!"① 老子同样认为六经是先王留下的遗迹，可见"六经"起初并非只是儒家的"专利"。按照老子的观点，"迹"是"象"的表现，若想"迹"发挥现实功用，必须与自然变化相识为友。孔子据此得到启发，于是整理"六经"，删定了诗，编订了《礼》《乐》，"序彖、系、象、说卦、文言"以缮《易》，"序《书》传"并编次其事。孔子编订"六经"亦有准绳，绝非随意使然，概言之有三个原则，第一是尽量保持原来文辞，即"述而不作"；第二是"攻乎异端"，摒弃一切非议中庸之论；第三是"不语怪力乱神"，删除芜杂怪诞之章节②。至于"六经"功能，孔子本人也作了较为详细的论述，他说："入其国，其教可知也。其为人也温柔敦厚，《诗》教也；疏通知远，《书》教也；广博易良，《乐》教也；絜静精微，《易》教也；恭俭庄敬，《礼》教也；属辞比事，《春秋》教也。"③ 时至西汉，

* 本文为河北省社会科学基金项目（项目编号：HB19ZW007）阶段性成果。本文原刊于《海南大学学报》（人文社会科学版）2020 年第 1 期。

** 作者单位：南通大学文学院。

① 杨柳桥：《庄子译注》，上海古籍出版社 2012 年版，第 143 页。

② 范文澜：《中国通史》第一册，人民出版社 1978 年版，第 170 页。

③ 杨天宇：《礼记译注》下册，上海古籍出版社 2012 年版，第 650 页。

儒家“经”的地位进一步被抬高，其意义已远远超出“教化”层面，成了秉承天命、正人伦、匡衰乱的最高标准。正如《新语》所言：“礼义独行，纲纪不立，后世衰废，于是后圣乃定五经，明六艺，承天统地……以节奢侈，正风俗，通文雅。……故圣人防乱以经艺”。[①]此后，儒学经典不断增加，遂有“七经”“九经“十经”“十三经”等称，不但与诸子学并立，甚至成为世人眼中的“常道”，班固《白虎通义 · 五经篇》曰：“经者，常也，有五常之道，故曰五经。乐仁、书义、礼礼、易智、诗信，是也。”[②] 其他如许慎、郑玄、刘勰乃至清儒等皆将“经”视为万世不变的常道，其种种论说，意在强化经的权威性，扩大经的影响力。

不容否认，儒家经典与华夏文明的起源发展、“家国一体”的社会形态、“礼有别异”的宗法信条有着天然紧密的联系，故后世对其“诠释”，往往凝聚了诸多阐述血统关系和天然义务的共识性信息。对于诠释之法，南宋陆九渊曾提出“六经注我，我注六经”的命题，旨在强调通过对经的勘磨完善自我，以经书智慧浸润个体生命。迨至于清，汉学日盛，经学家杭世骏明确提出“诠释”之说，他说：“诠释之学，较古昔作者为尤难：语必溯原，一也；事必数典，二也；学必贯三才而穷七略，三也。”[③] 在杭世骏看来，诠释之学的难度远大于古昔作者，诠释者不仅要精熟典故，更要学贯天地人三学，但不管怎样，杭世骏所言之诠释学与我们今天从西方引入的诠释概念有着显著区别。至少，杭氏之诠释仍是在传统经学训诂、义例等规则下小心展开的。驯至清季，康有为借助《公羊传》之“非常异义可怪之论”，阐发经学的现代价值，一时影响尤剧。从严格意义上讲，康有为不是经师，而是政治家、思想家，他之所以治今文经学完全是以政治改制为主要目的的。但康有为对传统经学所作的解读，比起传统的“笺”“正义”“训纂”来说，无疑更具生命力。

① 陈志坚编：《诸子集成》第五册，北京燕山出版社 2008 年版，第 33 页。

② （清）陈立：《白虎通疏证》，中华书局 1994 年版，第 447 页。

③ （清）杭世骏：《杭世骏集》第一册，蔡锦芳，唐宸点校，浙江古籍出版社 2015 年版，第 118 页。

进入到21世纪，整个人类社会的思想愈加多元、开放、复杂，人们对经典的衡量标准也不尽相同，可谓人言人殊。如何站在现代人角度，激活传统经典的现实效能，是当前我们首先要解决的问题。但要想做到这一点，不仅需厘清整个经学史的发展脉络与演变轨迹，更得关注现有的经济、政治、文化等社会形势，进行权衡利弊。唯有如此，经学——这门诠释和研究儒家经典的学问，才不难成为真正意义上的实践之学、体验之学、经世之学。

一　政治立场下的“强制阐释”

近代以降，面对数千年未有之变局，不少有志之士采用“移花接木”之做法，力图将西方的政治、文化思想注入传统经学文本，康有为、章太炎便是此类经学异端的翘楚者。客观地讲，康有为、章太炎感兴趣的并非经学学术本身，其“孔子改制说”“六经皆史说”，表面上是在尊崇孔子、推崇儒学，却在无形中消解了孔子以及经学的权威性与神圣性，这一后果，或许连康、章本人也始料不及。

考察整个清代学术史，康有为的经学思想具有很强的“政治意味”，他撰写的《论语注》《中庸注》《春秋董氏学》《春秋考义》等一列今文经学著作，始终将改制变法、世界进化摆在十分重要的位置，这是大多经学家所不能及的。就其《中庸注》而言，主旨在于论说进化与变革是人类公理、世运之变为进化之法，而不是为了阐述“过犹不及”“中正平和”之道①。在《孟子微》中，康有为明确指出：“发平等同民之公理，著隶天独立之伟义，以拯普天生民于卑下钳制之中，莫如孟子矣。”② 在康有为看来，因荀子、刘歆之陋谬，未能使经学固有之平等、博爱、民主、自由之观念延续。因此，在其经学阐释中，康有为往往采用“移花接木”的做法，为经学蒙上了

① 《康有为全集》第五集，姜义华，张荣华编校，中国人民大学出版社2007年版，第369页。

② 《康有为全集》第五集，姜义华，张荣华编校，中国人民大学出版社2007年版，第412页。

一层西方政治学的外衣。

对于康有为的经学诠释，章太炎严厉驳斥道："野蛮人有自去其板齿，而反讥有齿者为犬类，长素之说，得无近于是耶？种种缪戾，由其高官厚禄之性素已养成，由是引犬羊为同种，奉豭尾为鸿宝，向之崇拜《公羊》，诵法《繁露》，以为一字一句皆神圣不可侵犯者，今则并其所谓复九世之仇而亦议之。"① 在章氏看来，康将六经全部看成是孔子"托古改制"之载体，此举实在荒谬，其实质是奉豭尾为鸿宝，主立宪而抵制革命。作为晚清国粹派的另一领袖——刘师培，也十分赞成章氏的观点，他说："考周秦以前，无有称孔子为素王者；以孔子为素王，盖始于纬书。"② 所谓孔子改制，其实是康有为杜撰的"谬说"。但平心而论，章太炎、刘师培等人在批评康有为的同时，亦怀有自己明确的政治目的，如章太炎曾多次重申《春秋》有"内诸夏而外夷狄""非我族类，其心必异"之要旨，其目的是借"以夏变夷"论发动反满革命。而刘师培倡言《左传》"责君特重而责民特轻""所载粹言，亦多合民权之说"，显然是借民权之说为"排满"蓄势。

"政治"一环是中国先进知识群体始终关注的重心。正如李泽厚《中国现代思想史论》所讲："这一环就是关于社会政治问题的讨论……把注意和力量大都集中投放在当前急迫的社会政治问题的研究讨论和实践活动中。"③ 章、刘以降，新儒家熊十力同样利用儒家经学论述了诸多关乎民主、自由、平等思想的开新之论。熊氏论六经，首推《周易》，在其看来，《易》乃"思想革命之宝典，开体用不二之洪宗"④。《彖辞》曰："首出庶物，万国咸宁"，其中的"万国"即"全世界"，"庶物"谓万国民众，"民众久受压迫，今乃万众同觉，首出而革命，合力而推翻旧的统治。本天下为公之道。"⑤ 又《乾卦》"五爻"曰："飞龙在天"，此意谓革命从艰难中飞跃成功，

① 章太炎：《章太炎全集》第四集，上海人民出版社1985年版，第174页。

② 刘师培：《刘申叔先生遗书·左庵外集》，江苏古籍出版社1997年版，第1398页。

③ 李泽厚：《中国现代思想史论》，安徽文艺出版社1994年版，第36页。

④ 熊十力：《乾坤衍》，上海书店出版社2008年版，第37页。

⑤ 熊十力：《乾坤衍》，上海书店出版社2008年版，第213页。

故一国之庶民需互相联合，共为其国之主人，“群起而担荷天下平之重任”①。熊十力进一步指出，考孔子之学，“其大变盖有早晚二期”，“早年思想，修明古圣王遗教而光大之，所谓小康礼教是也。晚年思想，则自五十岁读伏羲氏之易，神解焕发，其思想境界起根本变化，于是首作周易、春秋二经，立内圣外王之弘规”②。孔子五十岁以前主“小康”，五十岁以后主“大同”，故十力格外推崇“虚君共和”论，并希冀以此构建儒家社会主义。③

继熊十力后，港台及海外新儒家，如牟宗三、徐复观、唐君毅等赓续了前人观点，一致认为儒家经典中包含了德治、民本、民主等思想，并力图把这种思想精华与西方政治学说、文化理念融会贯通，以开出新的政治文化形态。

鉴于康德哲学的缺憾与不足，牟宗三试图以儒家学说构建康德生前未能完成的“道德的形上学”，并提出“良知坎陷”说，以消弭“内圣”与“新外王”的分界。在牟氏看来，“良知坎陷”，不但可以使道德主体引出认知主体，而且能够改善现代社会“心物”分离的现状。以“良知坎陷”说重构内在价值与外在现象的关系，其首要目的便是从道德理性中开出民主的新传统。换句话说，牟宗三关注的是“内圣”与“新外王”的关系，其着眼点在于“道统之肯定”“学统之开出”“政统之继续”，即“通三统”。海德格尔曾言：“良知向

① 熊十力：《乾坤衍》，上海书店出版社2008年版，第197页。

② 熊十力：《乾坤衍》，上海书店出版社2008年版，第33页。

③ 熊十力曾在《论六经》中指出：“《周官》建国之理想，在成立社会主义之民主国”。《熊十力全集》第五卷，湖北教育出版社2001年版，第691页。1951年，熊十力写信给董必武、林伯渠、郭沫若等中国共产党高级领导人，认为孔子六经中已蕴含了丰富的民主和平等的思想，儒学中本已具有社会主义的因素。“这封表达其儒家社会主义思想的长信以《论六经》为书名出版发行，虽然影响不是很大，但是它代表了新儒家试图对六经进行现代诠释的初步尝试。”具体见李长春《儒家思想勾勒》，广东人民出版社2009年版，第149—150页。陈来教授认为：“熊十力在新中国成立以后对社会主义的肯定，是因为社会主义的价值跟儒家的价值有内在的亲和性的东西在里面，所以这个与时俱进也不是违背传统的价值，这个与时俱进是连续的，根于本有而继续根据时代的变化来发展。”具体见《陈来讲谈录》，九州出版社2014年版，第260页。但亦有学者持相反态度，认为熊氏关于《周官》解读，“纯粹是民主共和政体和社会主义经济的论述，是典型的强人从己，是登峰造极的六经注我。”具体见邓新文《马一浮六艺一心论研究》，上海古籍出版社2008年版，第264页。

来是我的良知，这不仅意味着被召唤的向来是最本己的能在，而且也因为呼声来自我向来自身所是的那一存在者。”① 无论是海德格尔，还是在他之前的康德，他们都希望建立一种自身的“道德律令”，将群体“普遍性”转变为个体“本真性”。这虽然激发了人的自主性，但脱离历史的维度后，“此在”也必定成为“游魂”，找不到了明确的去向。

概言之，在港台新儒家那里，普遍希望通过一种“功夫论”，类似佛教的“因色悟空”，道家的“涤除玄览”，儒家的“知体明觉”去体认道德本体，其本质还是在用哲学语言来“宣扬一种特殊的信仰”②。这种做法，被余英时称为“良知的傲慢”，这是因为，新儒家倡言的“证悟”，不止掺杂着强烈续统意识的唯我独尊之心态，而且将政统与学统置于道统价值之下，忽视了主体在体认良知时相应的实践，难免陷入了一种泛道德主义。景海峰曾指出：“当代新儒家有着强烈的续统意识……是儒家道统观念的再现，这种自诩为承续慧命的道统观和他们自视甚高而又常怀悲苦的矛盾心境是极为吻合的”③。

而今，在中国大陆，以蒋庆、康晓光为代表的新儒家，从现代公羊学入手，力倡当代政治儒学；彭永捷教授则尝试从儒教体制化、儒教革新等角度构建“体制儒教”。上述论调，其本质还是一种站在政治立场上的“强制阐释”。赵法生教授认为，蒋庆的政治儒学其实是以其对儒家思想特定“诠释”为基础的，“如果这些诠释是合理的，那么，不管我们喜欢不喜欢，他的政治儒学都是可以成立的；相反，如果他对于儒家思想的诠释本身就存在误读的，则其政治儒学自然也就难以立足”④。

政治儒学，很容易走向儒学意识形态化，或者是政教合一的国教化，进入到现代社会，上述论调往往不是在复兴儒学，反而是在戕害儒学，“市场经济与科技的迅速发展，现代社会的利益关系高度复杂

① ［德］海德格尔：《存在与时间》，陈嘉映，王庆节译，生活·读书·新知三联书店1987年版，第332页。

② 余英时：《犹记风吹水上鳞》，台北：三民书局1991年版，第97页。

③ 封祖盛编：《当代新儒学》，生活·读书·新知三联书店1989年版，第22页。

④ 赵法生：《政治儒学的歧途》，《探索与争鸣》2016年第4期。

化且短期化，任何将儒学意识形态化和政治化的做法，只会损害儒家的公信力。”[①] 当然，我们并不是要彻底割裂政治和儒学的关系，只是反对那些站在个人已有政治立场上的强制阐释。如果阐释者对儒家经典做出的阐释是“理性”的、“澄明”的，具有广泛共识的公共理解、符合时代的潮流，那么这种阐释也是可供借鉴的。

二　“主实证”“疑古”对经学谱系的冲击及影响

胡适曾于《清代学者的治学方法》中明确指出：“只有清代的朴学确有科学的精神。”[②] 这一“科学的精神”后被其概括为：“大胆的假设”，“小心的求证”。在胡适眼中，朴学始终秉承“凡立一义，必凭证据”的实证精神，而这一精神与赫胥黎、杜威向来所强调的“拿出证据来”是一致的，故他又将朴学的治学方法称为“科学试验室的态度”。

在此基础上，胡适试图以实证路径“整理国故”，对固有文献予以价值重估，以找到“有机地联系现代欧美思想体系的合适的基础”，融合中西文化，进而“再造文明”。在这一理路影响下，胡适将传统的“经”与“史”等视为国故的重要组成部分，并重新检视了章学诚的“六经皆史”说，他说：“其实先生的本意只是说一切著作，都是史料。如此说法，便不难懂得了。先生的主张以为六经皆先王的政典；因为是政典，故皆有史料的价值。”[③] 从这段话不难看出，胡适将章学诚“六经皆史”理解成了“六经皆史料”，虽一字之差，却抹去了经所固有的神圣光环，只将其当作整理国故所需的平常史料。

胡适的观点很快成为众多学者的共识，中国新史学派领袖何炳松对其赞赏道：“承示足下对于适之先生解释章实斋，凡涉著作之林皆

---

① 赵法生：《政治儒学的歧途》，《探索与争鸣》2016 年第 4 期。

② 胡适：《胡适文集》第二册，欧阳哲生编，北京大学出版社 1998 年版，第288 页。

③ 胡适：《胡适文集》第七册，欧阳哲生编，北京大学出版社 1998 年版，第115 页。

是史学一语之未当，具微细心。……诚如刘氏之言，则一部二十四史，皆系整齐故事之书，即吾人所谓史料是也。”① 顾颉刚也赞成，他说：“然清之经学渐走向科学化的途径，脱离家派之纠缠，则经学遂成古史学，而经学之结束期至矣。”② 无论是胡适，还是何炳松、顾颉刚，他们之间其实形成了一个“共识”，那就是都主张从现代学科的角度入手打破经学固有的垄断地位，促使“史学”成为一门真正独立的学科门类。在“六经皆史料”观点的影响下，诸多经学材料很快转变成了史学研究的新材料，并衍生出了不同版本的思想史、哲学史、文学史和政治史，之所以能够迅速取得这一成绩，除了“内感民族文化之衰颓，外受世界思潮之激荡”这一客观原因外，主要在于其对“主实证”方法的吸收与应用。从这一点来讲，“整理国故运动”对人文“学科”的形成及现代学术的发展的确功不可没，诚如陈寅恪所言：“渐能脱除清代经师之旧染，有以合于今日史学之真谛”③。但让陈寅恪万万也想不到的是，力倡实证主义的国故运动很快导致了“疑古”思潮的泛滥，尤其对于经学，其冲击力是异常明显的。

论及“疑古”对经学体系的冲击，康有为无疑是“始作俑者”。康有为曾在《新学伪经考》中指出：“夫古学所以得名者，以诸经之出于孔壁、写以古文也。夫孔壁既虚，古文亦赝，伪而已矣，何古之云!”④ 在康氏看来，所谓的孔壁诸经根本不存在，古文经《周礼》《逸礼》《左传》《毛诗》等十四篇皆为刘歆伪造。后在《孔子改制考》中，康有为进一步指出：“六经皆孔子所作也，汉以前之说莫不然也”⑤。六经以前，无复书记，后世谓三代文教之盛，实为孔子之功。陈壁生曾指出，面对前所未有的文明危机，“经学自身也发生了一场内在的革命”⑥。至今看来，康有为等人发起的“经学革命”之

---

① 刘寅生等编：《何炳松论文集》，商务印书馆1990年版，第123—124页。

② 顾洪编：《顾颉刚学术文化随笔》，中国青年出版社1998年版，第295页。

③ 陈寅恪：《金明馆丛稿二编》，上海古籍出版社1980年版，第239页。

④ 《康有为全集》第一集，姜义华，张荣华编校，中国人民大学出版社2007年版，第356页。

⑤ 《康有为全集》第三集，姜义华，张荣华编校，中国人民大学出版社2007年版，第128页。

⑥ 陈壁生：《晚清的经学革命》，《哲学动态》2017年第12期。

影响的确不容小觑，就连现代“疑古”者钱玄同本人也不得不承认：“我对于经，……颇宗今文家言。我专宗今文，是从看了《新学伪经考》和《史记探源》而起。”[①] 康有为所践行的“经学革命”，首要目的显然是为了革新思想，这必然要走到传统经学的对立面，成为梁启超所说的“大飓风”“火山喷火”与“大地震”[②]。

民国以降，康有为的这一方法，很快被新型知识分子所吸纳，无论是胡适、顾颉刚还是钱玄同，他们倡言“疑古”，其目的亦是为了一扫陈旧的学术风气。但作为新型知识分子，他们与热衷于构建“儒教”的康有为又存有最本质的区别，即康的落脚点是要维护“孔子之道”，认为“夫孔子之道广矣博矣，邃矣奥矣，其条理密矣繁矣，又多不言之教，无声无臭，宜无得而称焉。请撢其涯，求其门”[③]；而胡适、顾颉刚等人则是要“驱除圣道”、为反封建蓄势张本，正如顾氏所言：“我近来颇有传道的冲动，我的道是打倒圣贤文化，表章民众文化，故无论作文或演说，总要说到这上去”[④]。客观地讲，胡适、顾颉刚等所倡导的“疑古”在“打倒圣贤文化”上的确效果显著，而在表章民众文化方面却收效有限。

“疑古”派的现代学人普遍认为，无论是古文经学、还是今文经学，都应予以否定，就连此前“颇宗今文家言”的钱玄同也最终站在了今文经学的对立面，明确指出：“古文家和今文家是一丘之貉，今文家攻击古文家是吃醋，如师丹、范升是，古文家攻击今文家是阴谋，如刘歆是，都够不上说怀疑”[⑤]。钱玄同认为解经应该破除师说、家法，以实事求是为鹄的。顾颉刚也十分赞成钱氏的观点，他说：“家派既已范围不住我们，那么今文古文的门户之见和我们再有什么关系”[⑥]。即便顾本人也承认“推翻古史的动机固是受了《孔子改制

---

① 钱玄同：《国学文稿》，中国画报出版社 2010 年版，第 162 页。

② 梁启超：《清代学术概论》，中华书局 2010 年版，第 89 页。

③ 《康有为全集》第六集，姜义华，张荣华编校，中国人民大学出版社 2007 年版，第 10 页。

④ 顾潮：《历劫终教志不灰 · 我的父亲顾颉刚》，华东师范大学出版社 1997 年版，第 122 页。

⑤ 顾颉刚编：《古史辨》第五册自序，上海古籍出版社 1982 年版，第 53 页。

⑥ 顾颉刚：《古史论文集》第一册，中华书局 2011 年版，第 245 页。

考》的明白指出上古茫昧无稽的启发的"[①]，但他表示对今文家的治学态度总不能佩服，因为在他看来，康有为等人的"辨伪"仅仅是改制的手段，而远非研究学问。所以说，顾虽赓续了康有为讲王莽、刘歆伪造群经的问题，但却早已跳出今文经学的旧门户。顾氏观点本身并无大碍，但由于太过强调"不当信"，"独能疑"，最终也难免陷入了一种极端。至今看来，这种极端所导致的缺陷主要表现为以下三点：

首先，由于过度推崇"疑而不信"，"疑古"派也同古文经学家一样，陷入了无休止的考证怪圈，甚至有过之而无不及。胡适曾希望："让后来的能者来做细致的工夫"[②]。在他眼中，这种"细致的工夫"不仅在研究哲学时尤为重要，在研究儒家经典时也同样适用。从1919年至1925年，《诗经》基本上是胡适整理国故的重头戏。1923年，胡适于《国学季刊发刊宣言》中明确讲到《诗经》研究史是"一笔糊涂账"，应该对其进行"一次清算"，"只因为二千年的《诗经》烂账至今不曾有一次总结算。……我们应该把《诗经》这笔烂账结算一遍一遍。"[③] 在胡适看来，传统的经学研究不能很好地将音韵研究、异文校勘与字句训诂有机地结合起来，终究陷入了"宋驳汉、清驳宋"的怪圈。不难看出，胡适"清算"《诗经》的初衷是好的，其目的也包含了表章民众文化的成分，但真正落实到具体研究上，胡适又特意强调"用小心的精密的科学的方法，来做一种新的来训诂工夫"[④]，这种研究主张所导致的结果便是把古书里的言、汝等字分析得详细清楚，但"如果碰到郡字、县字这些与制度史、社会史有关的字，他那套方法便不够用了"[⑤]。由于陷入了琐碎的考证，胡适等忽视了对经史的整体把握，这是其研究往往"只见树木不见森林"的最主要原因。随着研究实证化、碎片化之风愈演愈烈，一生力倡"六经皆史说"的章太炎，也对此告诫道："今之讲史学者，喜考

① 顾颉刚编：《古史辨》第一册自序，上海古籍出版社1982年版，第43页。
② 胡适：《胡适文集》第二册，欧阳哲生编，北京大学出版社1998年版，第469页。
③ 胡适：《胡适文集》第三册，欧阳哲生编，北京大学出版社1998年版，第13页。
④ 胡适：《胡适文集》第三册，欧阳哲生编，北京大学出版社1998年版，第472页。
⑤ 胡适：《胡适哲学思想资料选》下，华东师范大学出版社1981年版，第143页。

古史，有二十四史而不看，专在细致之外吹毛求疵，此大不可也。”①直至1948年年底，实证主义之风仍旧十分强劲实，清华中文系浦江清教授曾不禁感慨道：“为爱好文艺而进中国文学系，乃至弄到触处是训诂、考据，不免有误入的感觉，简直可以说是受骗。”② “古史辨派”对考证的痴迷近乎“入魔”，完全沉溺在了细致、繁琐的考证工作之中，当面对史料不足或是宏大的史学问题，它便不能给予正面、有效的回答，而至于“表彰大众文化”“再造新的文明”等远大学术构想，也就更无从谈起了。

其次，胡适、顾颉刚所奉行的实证主义，不仅给人一叶障目、体会肤浅之感，而且带有很深的“成见”。冯友兰曾言：“（胡适的书）长处是，对于文字的考证、训诂比较详细；短处是，对于文字所表示的义理的了解，体会比较肤浅。”③ 近代历史学家张荫麟则指出，过分地使用“默证法”是整个“古史辨派”的通病，特别是顾颉刚的推论完全违反了默证适用的限度。在张荫麟看来，“现存之载籍无某事之称述，此犹未足为证，更须从来未尝有之”，故典籍湮灭愈多时，“默证愈当少用”。他还引用了法国史家色诺波的论述，认为“必须所有事实均经见闻，均经记录，而所有记录均保完未失而后可”，而顾之论证则几乎全用“默证”，可谓“十九皆违反其适用之限度”。④“默证法”原本是西方实证主义史学研究的科学方法，但如果一再违反适用的限度，必然走向价值中立与科学研究的对立面。事实也最终证明，推崇实证主义的胡适和顾颉刚，其学术研究也并未做到真正的价值中立。胡适曾在《研究社会问题的方法》一文中指出：“我们研究一种问题，最要紧的就是把成见除掉。不然受它的障碍。”⑤ 但事实证明，胡适一贯奉行的是“美式学术”，始终未能除掉自己的成见，对此，金岳霖认为胡适之的《中国哲学史大纲》常常给人“一

---

① 马勇编：《章太炎讲演集》，河北人民出版社2004年版，第152页。

② 浦江清：《清华园日记·西行日记》，生活·读书·新知三联书店1999年版，第262页。

③ 冯友兰：《三松堂全集》第一卷，河南人民出版社2000年版，第190页。

④ 顾颉刚编：《古史辨》第二册，上海古籍出版社1982年版，第271—272页。

⑤ 胡适：《胡适文集》第十二册，欧阳哲生编，北京大学出版社1998年版，第4页。

种奇怪的印象”，“有的时候简直觉得那本书的作者是一个研究中国思想的美国人”，“不知不觉间所流露出来的成见，是多数美国人的成见”①。尤其在比较东西文化时，胡适的此种成见便表现得更为明显，他说：“各文化之地域的发展也与历史的发展差不多。东西文化之区别，就在于所用的器具不同。……至于东方虽然在古代发明了一些东西，然而没有继续努力”②。一再主张小心求证的胡适，在比较各文化之地域的发展时竟毫不犹豫地用了“差不多”一词，一反他往日的常态，可见胡适在宣扬其全盘西化思想时，已经顾不得“小心”了。

第三，“古史辨派”表面上是在科学名义下展开细致的研究工作，其实亦有其隐而不显的政治文化目的，除了上文提到的“打倒圣贤文化”外，主要目的在于以科学实证主义为方法宣扬西方中心主义乃至全盘西化思想，最终不可避免地倒向了历史虚无主义。胡适在撰写《中国哲学史》时，干脆抛开了三皇五帝及上古文化，直接从《诗经》、老子、孔子谈起，表面看是以科学和尊重客观的名义小心展开，实际上是对中国文化根基的罔顾与挑战。而顾颉刚在开展“辨伪”工作时，以“伪书上的事实自是全伪”的主张去判定一切古史，这就完全将伪书当作了伪史。事实上，中国古书的成书、流传过程极其复杂，考定书的真伪原本就是一件难上加难的事，更遑论以“伪书”辨别经史之真伪。在很多古史辨派学人的眼中，《尉缭子》《六韬》等书被考证为“伪书”，甚至还会以此轻易地否定诸多史实的存在，③但20世纪70年代银雀山汉墓最新出土的文献终究证明，上述古书并未皆伪，且大多与今本相合。这就足以表明将“伪书”作为考证的立足点，是绝不能成立的。1923年，顾颉刚在《与钱玄同先生论古史书》中写道：“禹从何来？我以为都是从九鼎上来的。禹，《说文》云虫也，……我以为禹或是九鼎上铸的一种动物。”④ 这种“疑禹为

---

① 金岳霖学术基金会学术委员会编：《金岳霖文集》第一卷，甘肃人民出版社1995年版，第628页。

② 胡适：《胡适文集》第十二册，欧阳哲生编，北京大学出版社2008年版，第123页。

③ 中华文化通志编委会编：《中华文化通志·诸子学志》，上海人民出版社2010年版，第324页。

④ 顾颉刚编：《古史辨》第一册，上海古籍出版社1982年版，第63页。

虫”的论断，让一向对中国文化持批判态度的鲁迅也看不下去了。在故事新编《理水》中，鲁迅曾这样反诘道：“禹是一条虫，虫虫会治水吗？……今日他疑禹为虫，我固可以疑他顾颉刚不是一个人，顾颉刚是一只鸟头，因为顾的古字拆开就是鸟头两个字”①。鲁迅的话虽颇具嘲讽意味，却从另一个视角道出了“古史辨派”极端举动的荒唐与荒谬。鲁迅在其晚年仍然认为：“他（顾颉刚），是有破坏而无建设的，只要看他的《古史辨》就知道，已将古史辨得没有了。”②随着大量简帛书籍的出土，“古史辨派”也开始意识到自己制造了很多“冤假错案”，为此，顾颉刚又搬出“一重科学实证方法”，认为只有依靠考古以及出土文献才能证明古史的真伪。但严格的说，对出土文献成书、流传的真实情况还不能完全确定的情况下，同样不能依据出土文献这一“一重证据”而简单地否定“伪史”。20 世纪 90 年代，李学勤先生明确指出疑古思潮对古书的怀疑“造成了古代历史文化的空白”，“过去说中国有五千年历史文化，一下子缩短了一半，以上部分统统成了空白”③。

侯外庐曾在《中国思想史》中说：“两汉之学，其弊也拘；魏晋至唐及宋初，其弊也杂；宋庆历至南宋，其弊也悍；宋末至元，其弊也党；明末之弊也肆；而清朝之弊也琐。”④ 至现代中国，推崇西方实证主义的“古史辨派”不但未能摆脱传统经学诠释或“拘”或“杂”或“琐”的弊端，反而变得愈来愈偏执臆断，与历史真相渐行渐远。我们知道，中国典籍乃至学术自古就有文史哲不分的传统，因此在阐释儒家经典时，必须将其置于大的历史脉络、大的文化背景之中，不但要弄清它和史学经典互补、互证的部分，而且要知道经史所共具的精神，有时甚至还需要借助子学来诠证其特定的历史与现实意义。儒家经典历经了很长时期的历史积淀，凝聚了中华民族的民族精神和民族情感，如果单纯以西方学术标准权衡其价值、评判其内容，

① 《鲁迅全集》第二卷，人民文学出版社 1981 年版，第 372 页。

② 《鲁迅全集》第二卷，人民文学出版社 1981 年版，第 477 页。

③ 李学勤：《出土文物与〈周易〉研究》，《齐鲁学刊》2005 年第 2 期。

④ 侯外庐：《中国思想通史》第五卷，人民出版社 1956 年版，第 393 页。

对其当中所蕴含的精神价值以及文化力量不屑一顾，那么这种诠释不但不能在今古文经学的基础上有新的创见，反而会轻易地陷入到史料学的窠臼之中，很难在精神境界方面取得实质性的进展。

三 走向“公共阐释”

在西学东渐的影响下，晚清今文经学家试图超越“夷夏之辨”“体用之辨”，以援西入中之方式促成文化转型，而古文经学家的“六经皆史”说，亦是对“经学即理学”这一传统命题的挑战。传统文化的转型，是横亘在现代中国社会面前的一个大难题，而经学作为传统文化的重头戏，自然成了晚清、五四两代学人重点关注的对象。五四以降，受现代学术体系的影响，经学被拆分、归类于文学、史学、哲学等学科。如果从阐释学的角度来看，有的其实是站在政治改制立场上的“强制阐释”，有的则是站在全盘西化立场上的“强制阐释”。这些阐释中亦有不少关于祈通中外、融贯古今的思考，为我们全幅呈现了本土文化在面对西方思潮猛烈冲击时积极寻求“自保”与“应对”的生动形态，但受时代所限，上述阐释并未能对价值传统重建这一严肃而迫切的问题，给予最直接、有效的回答。

改革开放四十年来，中外文化交流无论在规模上还是在深度上，都超过了以往，但受上述两个差异的影响，中国在引入、阐释西方专业术语时，仍免不了大量误读、偏差持续不断地产生。随着“东学西渐”不断加深，“西方学者将会不断增加其直面‘真实的中国问题’的比重”①。因此，作为中国学者的我们不仅要避免“食西不化”的闹剧再度上演，更要针对一些直接且现实问题大胆提出自己的“术语”与“构想”。近日，学者倡言用“世界的中国（China of the world)”，来代替“世界与中国（world and China)”②。表面看来，从

① 曾军：《“西方文论中的中国问题”的多维透视》，《文艺争鸣》2019 年第 6 期。

② 刘康：《西方理论的中国问题——以学术范式、方法、批评实践为切入点》，《南京师大学报》（社会科学版）2019 年第 1 期。

“世界与中国”到“世界的中国”只有一字之别，但与“of”相比侧重平行、对等关系的“and”来讲，强调把中国置于“核心”，而不再以普世的角度考虑、衡量中国问题。如何解决中国文论身患已久的“失语症”，解决理论在创新方面乏善可陈的现实弊病，关键还是要以中国问题为起点，开启“理论的中国问题”的新思路。

2017 年，也就是“强制阐释论”提出的第三个年头，张江教授又提出“公共阐释论”（Public Hermeneutics），相比前者，“公共阐释论”实际上是基于强制阐释问题解决的再探讨，不但对一些存在争议的事项给予了正面的回答，且提出了一套可供借鉴的有效方案。循名责实，“公共阐释”的重心在于“公共”，这就需要阐释者“以普遍的历史前提为基点，以文本为意义对象，以公共理性生产有边界约束”①。首先，就“阐释”的这个“阐”字而言，张江教授撰写了《“阐”“诠”辨》一文对其进行了深入分析。他先从字形上入手，指出许慎对“阐”和“诠”，以及诸多与此联属之字，都有精到的说明和解注，接着通过系统梳理历代古籍关于“阐”“诠”二字在义、形、声等方面的论说，推出“阐”的特征在于其向外、向显、向明，坚持对话、协商之基本诉求，闪耀着当代阐释学前沿之光；而“诠”在于实、细、全、证，面向事物本身，坚守由训而义与意，散发着民族求实精神之光②。“诠，具也”，具阐释学之坚实基础；“阐，开也”，启阐释学未来之道路。但比较而言，“阐”之公开性、公共性，决无疑义。③

而对于“公共”，张江先生也有十分精到的看法，除了上述所讲的“澄明”和“公度”外，他在一场和著名哲学家哈贝马斯长达三个多小时的讨论中，明确讲到“公共”并不等同于“公众”，这是因为“公众舆论，没有统一而真实的基础，它沦为众人的主观意见。”④

---

① 张江：《公共阐释论纲》，《学术研究》2017 年第 6 期。

② 张江：《“阐”“诠”辨——阐释的公共性讨论之一》，《哲学研究》2017 年第 12 期。

③ 张江：《“阐”“诠”辨——阐释的公共性讨论之一》，《哲学研究》2017 年第 12 期。

④ 张江、［德］哈贝马斯：《关于公共阐释的对话》，《学术月刊》2018 年第 5 期。

公共往往是社会交往的结果，“从而成为根据特定议题集束而成的公共意见或舆论。”① 其中的“交往”，不仅是一种公共行为，也是语言交流和理解的过程。这就意味着公共阐释必须是一种在交往关系中不断论证的公共行为，能够确保双方应该平等地进行交流，而不是某一方固执地站在自己的立场上去改变或修正别人的观点和意见。所以，这种阐释，蕴含着“彼此协商、相互借鉴、共同提高、达成共识的意思”②，如此才可集中体现不同地域、不同民族的社会各界公民坦率表达出的公共意见、愿望和情感。

公共阐释不仅是理性阐释、澄明性阐释、公度性阐释，而且是建构性阐释、超越性阐释、反思性阐释。其中，“理性”是为了保证阐释是经过逻辑选择、提纯的；“澄明”是为了保证阐释文本向公众敞开；“公度”是为了确保广泛共识的公共理解；“建构”是为了寻求阐释的最大公度以实现阐释的教化与实践意义；“超越”是为了使个体阐释最大限度地融合于公共理性和公共视域；“反思”是为了校准和增补自身进而生成新的公共阐释③。公共阐释论为中国阐释学乃至中国文论话语体系建设提供了很多建设性的思路和意见，就儒家经典而言，这一理论为我们下一步阐释的推进提供了以下几点启示：

第一，实现公共阐释首先须“以文本为意义对象”，以文本作为阐释的核心进行理性阐释。自20世纪三十年代后，西方主流阐释学，以反理性、反逻各斯中心主义为总基调，在这种“反理性”思潮的影响下，便有了以弗雷德里克·詹姆逊为代表的“符号矩阵”式分析，罗兰·巴尔特式的后结构主义批评，“文学解读演变成了理论符号的游戏。在后现代时代里，人类、社会、共同体这些大词汇被当作宏大叙事扔进了解构主义的粉碎机里的。”④ 20世纪中叶，美国学者埃兹拉·庞德曾试图借助“后殖民理论”“东方主义”等标签来解析

---

① ［德］哈贝马斯：《在事实与规范之间》，童世骏译，生活·读书·新知三联书店2003年版，第446页。

② 张江、［德］哈贝马斯：《关于公共阐释的对话》，《学术月刊》2018年第5期。

③ 张江：《公共阐释论纲》，《学术研究》2017年第6期。

④ 韩振江：《公共阐释与人文社科话语体系建构》，《求索》2017年第3期。

中国文化，并还时常根据自身的需要，对儒家经典进行随意篡改。此后不久，庞德彻底转向了墨索里尼法西斯主义，企图“从孔儒哲学中为法西斯主义寻找理论支撑”①。庞德的这一做法，其实也是站在主观预设的立场下对儒家经典进行的一场非理性阐释，其过程的强制，必定导致结论背离经典的初衷②。就儒家经典本身而言，成书年代久远，文字古奥，佶屈聱牙，艰深难懂，所以说，能够读通、理解其原意，本身就是一项十分艰巨的任务。历史上很多文人，数十载皓首穷经，把毕生精力埋在经书里，也未能成为真正的“通儒”。儒家十三经总字数不过六十万字，但对其解读的著作，总字数可高达三亿余，这还是不完全的统计数据。由此可见，古人为了疏通其义，的确耗费了无数心血。解释经典本义是阐发儒学思想的重要方式，因此当代学者在阐释经典本义时，首先应当最大程度地疏通它的本义。而传统经学诠释之“诠”的最大优势就在于实、细、全、证，这就是清代朴学为什么能够纠正宋明理学空谈心性、穿凿附会的弊端，在复原“本经”“本义”上做出巨大贡献的最主要原因。当代解经者也必须继承这一优良的学术传统，才可能地做到真正的复原“本义”，但这并不是说要重蹈前人的老路，而是需要当代阐释者既能摆脱“我注六经”式的繁琐、教条，又能防止“六经注我”式的随意、放任；既能具备一定的训诂学功底，又能充分熟练运用各种现代检索技术对各种注疏进行辨识、甄别、筛选；既能做到字义注释上的博采众长、简明精当，又能努力实现文句疏解上的信达流畅、通俗易懂；既能摆脱乾嘉学派、古史辨派那样因一字之义动辄数千言的弊病，又能避免像汉代谶纬学家、魏晋玄学家那样妄加穿凿、牵强附会，甚至掺杂一些心灵鸡汤以及毫无无史书依据的逸闻奇事而去误导大众。

第二，阐释者需关注现实问题，在公共理性的基础上促使阐释进入到公共领域，并产生公共效果。儒家经典不是象牙塔里的存在物，

① 许文茹：《埃兹拉·庞德对儒家经典文化误读与挪用之根源探究》，《宁夏社会科学》2013 年第 6 期。

② 近几年来，张江先生针对西方文艺批评中长期存在的弊端，提出“强制阐释”的观点。此论一出，犹如“一股强劲的旋风，猛烈地搅乱了中国文论界的一池春水。”参见谭好哲《“强制阐释论”系列研究的理论建构意义》，《文艺争鸣》2017 年第 11 期。

更不是丢到垃圾分类箱的废纸料。它里面所讲的内圣外王之道，经世济民之学，在今天仍有相当丰富的价值。荣格曾说："每一个原始意象都有着人类精神和命运的一块碎片，都有着我们祖先的历史中重复了无数次的欢乐和悲哀的一点残余。"① 而儒家经典乃至儒学作为我们祖先留下的精神遗产，随着历史的演进和积淀，也转化成了一种相同或相似的公共经验，即民族的集体无意识，集中体现了大多公众的观点和理想，儒家经典中所讲的"荡一六合"的大一统理想，"舍生取义"的爱国精神，"业广惟勤"的勤劳理念，"自强不息"的进取精神，"知恩图报"的孝道观念，"仁民爱物"的仁爱精神等，在很长时期内一直影响着百姓的人伦日用。如今，生活在大数据时代的我们，也不会轻易否认上述世代相沿的精神事件已完全消失，相反，这些被我们祖先反复体验的集体精神仍在影响着我们的心灵，且具有一定的普遍性。面对人工智能时代的到来，人类固有的道德体系受到前所未有的冲击，人文素质滑坡、道德沦丧的新闻早已屡见不鲜，不少民众为了寻找心灵寄托，误入各种迷信和邪教组织，致使文化安全受到严重威胁。富士康员工接二连三的跳楼事件，也再次告诫我们，在进行经济大发展的同时，绝不能忽视经典与传统的现实效用。这就需要我们激活留存的民族记忆和集体无意识，使其超出偶然暂时的意义，真正进入永恒的境界。"东亚儒学的建构总是与东亚儒者对经典的诠释密切相关且互为因果"，这就更加需要解经者"在建构并澄清解经者的存在的同时，也将经典的意义以普遍性的方式历史地展示出来，为人们不断赢得最新的当下"②。单从这点来讲，如何厘清经典与现代价值观相契合的要素，理出不同民族、不同阶层、不同观点者的共识与夙愿，恐怕是阐释者今后重点要思考、解决的问题。

第三，公共阐释需要从单向阐释转向双向互动模式，最终实现"自我"与"他者"的协同演进。"他者"（the other）和"自我"（Self）是一组相对概念，即将主体性"自我"以外的世界视为"他

---

① ［瑞士］荣格：《心理学与文学》，冯川，苏克译，译林出版社 2011 年版，第 85 页。

② 傅永军：《作为儒家经典诠释学的东亚儒学》，《中国社会科学评价》2017 年第 4 期。

者”，而“他者”的特质则表现为客体、异己。而作为当代阐释者，不能陷入“自我”的视野中而无视“他者”的存在，而应当加强向公众普及经典的意识，善于倾听来自公众理性合理的意见，作出相应的调整和改善。此外，阐释者还应积极争取到国家以及技术部门的支持，有效推进经典数据库、互动交流平台、精品网络课程的建设，使其成为公共阐释生成公共效果的主要途径。如此一来，阐释者不但能够在公共阐释的机制建设中及时获得来自普通民众、学界与国家层面的意见，还可以不断拓展阐释的适用性和可公度性。我们知道，“他者”是后殖民理论当中的学术术语，与“自我”相对，因此近代以来的殖民地乃至东方在西方人视野中，通常也是以“他者”的身份出现的，这就需要阐释者扩大视野，通过经典英译、儒学的应用传播等方式，促进民族国家间的多边对话。当今世界，西方社会长期倡导的自由、人权和个人主义，在面对恐怖主义、宗教冲突等问题危机时通常变得手无足措。随着日本、“亚洲四小龙”、中国大陆经济的相继崛起，人们逐渐意识到以世俗伦理为核心的儒家文明，“潜藏着人们尚未认识的巨大活力”①。而事实也一再证明，中国传统文化所提倡的同情、正义、礼教、责任、社群等观点的确能够为我们化解诸方矛盾提供很多智力上的支持②，这就更需要当代阐释者联合不同学科、不同专业、不同学校、不同国家的学者进行协作攻关，搭建文化基因、文化实力、文化转型、文化安全这四个研究平台③，有效推进一体化阐释，真正实现历史性突破。

四　申论

就全世界而言，公共阐释绝非要寻求一个单一的意识形态，而是希望在了解各个文明、各个国家的不同和分歧后，达成一个“最低限

---

① 陈炎：《问题与思路》，《光明日报》2015 年 4 月 14 日第 7 版。

② 杨天奇：《超越“经学”、“国学”的“古典学”新境》，《海南大学学报》（人文社会科学版）2017 年第 2 期。

③ 陈炎：《问题与思路》，《光明日报》2015 年 4 月 14 日第 7 版。

度共识”，以便更好解决人类所面临的共同问题。早在 1687 年，耶稣教会柏应理在巴黎正式出版了拉丁文本的《大学》《中庸》《论语》，儒家经典由此正式进入欧洲世界①。德国启蒙哲学的鼻祖莱布尼茨对儒学的“实践哲学”中提倡的政治伦理观极尽赞美，并希望以此弥补西方文化之不足，实现真正意义上的“和平主义”；法国启蒙思想家伏尔泰也十分推崇孔子，认为儒家政治理念的最大益处是能够使王权限制教权，特别是儒家伦理学说教会了世人理性、宽容与仁爱，可以使其在不陷入狂热基督教信仰的前提下，有序、幸福地生活。直至 1996 年，伦敦《金融时报》在刊登《孔子规则》一文时，仍旧指出：“如果鼓励美国人自愿地去采用一些孔子的教诲，其社会将会有莫大的受益”②。由此可见，儒学经典从过去到现在始终具有很强的世界性普遍影响。可以想象，如果有一天世人体认并参透了经典中“钓而不纲，弋不射宿”“斧斤以时入山林”“赞天地之化育”的生态智慧；理解并履行了经典中“以财发身”“信近于义”“义利合一”的儒商精神；领悟并践行了经典中“己所不欲，勿施于人”“和而不同”“道并行而不相悖”的文明理想，那么，一些国际人士非但不会对中国的崛起心存疑虑，或可还能积极投身于儒学经典学习、阐释、传播的事业中来。如此，人类学术共同体乃至命运共同体的构建与实现，也就指日可待了！

① ［法］贝尔纳·布里赛：《法兰西在中国 300 年》，丽泉等译，上海远东出版社 2014 年版，第69 页。

② 杨用成：《孔子传》，中国广播电视出版社 2005 年版，第 164 页。

语境原仁：关于仁概念的一次“公共阐释”实践*

崔　平**

由于“仁”在孔子之后获得了突出思想地位，使得在“推原仁字之说”① 即原仁问题上用力之人陡然增加，但由于一直没有清晰正确的原仁观念和方法论而难以成就正果，具有普遍接受度的论断付诸阙如，因此形成聚讼场面。本文试图以对原仁史的反思批判为基础，依据理性规划的原仁方法论展开一次与以往原仁活动判然有别的语境原仁，即在严格给定的历史思想范围内演绎仁概念的逻辑发生和普遍内涵，而非徒劳地试图在本来就不存在仁概念的历史文本②中去发现仁概念。这一诠释方法具有与当代主流诠释学理论直接对立的诠释理念，大胆追求仁概念的确定含义，并采用逻辑上具有普遍必然力量的分析方法为诠释的可公度性提供担保。这种对“仁”概念的诠释努力，构成对张江在《公共阐释论纲》③ 中提出的阐释确定性信念和阐释的公共性要求的某种呼应，为其提供某种支持性事例。

一　任务厘定：“原仁”观念批判

古往今来，只见人们着迷原仁而不见有人事先对“原仁”进行辨析以明确原仁的认识任务。仅此一点即可断言以往的原仁史在学术上

---

* 本文原刊于《天津社会科学》2018 年第 4 期。

** 作者单位：上海师范大学哲学与法政学院。

① 陈来仁：《学本体论》，生活 · 读书 · 新知三联书店 2014 年版，第 100 页。

② 参见崔平《仁说传统的方法论迷失》，《南国学术》2018 年第 3 期。

③ 参见张江《公共阐释论纲》，《学术研究》2017 年第 6 期。

具有盲目性。

“推原仁字之说”似乎已经对“原仁”的认识任务作出了明确规定。其实不然，关键在于，“推原”与“仁字之说”均有不同解释，一方面，所谓推原可以解释为：A. 根据特定材料寻求背后更深刻的东西；B. 重新发现某种陈埋的事物；C. 追问某种事物的存在根据，包括逻辑的和自然因果的；D. 创造性地认识某种事物的存在本质。在此，需要针对中外流行的一种认识谬误而强调指出，自然因果链条中的终极原因绝不是事物的存在本质。自然因果之间的联系是经验存在物间的外在生成关联，而本质所要描述的是特定事物存在的内在构成特征，二者南辕北辙。另一方面，所谓“仁字之说”具有如下解释空间：A_1. 仁字的原始含义和历史演变；B_1. 关于仁的真理性认识；C_1. 超出仁本身而扩展性地解释为以仁为核心的原始观念体系及其历史演变；D_1. 超出仁本身而扩展性地解释为以仁为核心的真理性认识体系。简单地从数学组合规律看，这两方面中一个方面的不同意义项中的任何一个与另一方面中的任一意义项相结合，可以形成16种组合。如果分析两方面中的不同意义之间结合的逻辑可能性，可以排除纯粹历史兴趣（B、A_1、C_1）与真理性认识（A、C、D、B_1、D_1）之间的组合（B－B_1、B－D_1、A－A_1、A－C_1、C－A_1、C－C_1、D－A_1、D－C_1），则剩下8种可能的结合方式。每一种结合方式都表明了特殊的认识任务，而特定的认识任务内在地要求特定的认识方式和方法以达到认识目标，不满足这种认识方法要求，就不可能有效地完成认识任务。因此，凡原仁者，必须首先明确自己的认识目的并科学策划相应的认识方式。

在可能结合的A－B_1、A－D_1、B－A_1、B－C_1、C－B_1、C－D_1、D－B_1、D－D_1中含有C_1、D_1项的组合仅仅是对含有A_1、B_1项的组合在探求内容上有所扩展，认识性质相同，因而从方法论设计角度可以合并，仅仅考虑剩余的4种组合。其中，（1）含有B项的组合均为纯粹文本研究，任务在于说明他人心中的“仁”观念，研究者并不对仁观念的真理性负责；（2）含有A项的组合均为从给定材料中分析确定“仁”概念，或者重新发现前人的仁观念，或者独立制定作为真理的仁概念；（3）含有C项的组合为追问仁的根据；（4）含有D项的组合为挖掘仁的本质。四者之间可根据“仁字之说”的意义选择而建立某种联系，因此有联合使用的可能。比如，以A为组合项的组合具有相对广泛的使用，在合适的给定材料条件下可以做A_1、B_1、C_1、D_1选项下的研究；而C组合项也可以在适当使用方法中辅助D组合项下的研究。而就确定同一所指来说，B组合项的研究正是所有研究的学术基础。

面对这些可能的原仁认识任务，本文选择重新发现陈埋的远古仁概念（$B-A_1$），也就是猜度古人之心（请注意，不是古人之书），求原始仁概念。所抱的态度是进行纯粹描述而不介入是非判断，把“仁”仅仅看成一个曾经存在于人们心中的主观事件。

之所以还原原始的仁概念成为优先选项，是因为原始的仁概念在原仁中占有基础地位，它是确认一切原仁活动和论断的所指同一性、言说正当性和话语意义的参照点，因为只有通过原始的仁概念的确定，才能评判后来诸说的印合、偏离和发展。

二　元原仁：筹划原初仁概念的逼问方法

选择重新发现原始的仁概念作为原仁的优先课题，不仅是因为对思想史发展进行描述和把握的逻辑需要，而且更是因为仁概念一直若隐若现，从来没有被确切地把握，甚至没有以真正恰当的方法提出关于仁概念的确定这个问题，而是始终处于推崇“会意”理解方式，放手让人人“得意”这种貌似把握而实为不确定的认识水平。根据《仁说传统的方法论迷失》对原仁史的批判可以判定，“仁”一直是每个人心中的私有观念，神秘而不可互识和印证地隐居于各个自我意识之内，只是虚弱地假借同一个外在的“仁”字而宣称它们之间的同一性。因此，历史文本中不可能存在可以供人们去发现的现成的仁概念。所谓发现原始的仁概念，不是一个简单的历史回忆问题，而是帮助古人把他们心中怀有却又模糊不清甚至无意识的观念萃取出来，其实质是说古人所未说，创造性地建构支配他们精神活动的普遍观念，使仁逃离私有隔绝和主观随意的昏暗而迎来社会流通的光明。在此目标下，原仁在本质上就不是一项简单的材料收集、整理和分析工作，不是把散落在古典文本中的现成仁概念搜索出来，而是要把历史文本中的“会意”所指之内在“得意”，另辟蹊径地加以构造并使之得到明确表达的过程。其中文本之“仁”字仅能抽象地提供仁概念存在的一般见证，从而以确认认识对象存在的方式使原仁者对自己的认识活动树立具有实在意义的信念。

“创建原始的仁概念”这一原仁任务表达本身已经透露出它的奇特性甚至字面上的矛盾性，因而必须说明这一任务的实质、完成它何以可能和解决问题的方法。

由于仁说史上一直在以“用仁”说仁①，所以原仁被错误的方法论误导而没有建立起有效的仁概念。但是，“用仁”本身恰恰说明人们心中有作为概念的“仁”，只不过始终处于问题状态。而问题意识表征某种领悟，其内在构成逻辑为抽象的“普遍概念”意识向具体经验存在运用②，其作用效果为产生如下提问：仁这种感受性判断的概念前提是什么？提问说明仁概念处于前意识水平，即潜在存在而混迹于具体意识体验中，没有获得专题性表达，而是以概念感受的方式达到自我意识。概念的感受与概念的定义性描述之间具有完全不同的认识性质，归属不同的认识范畴。感受与概念的存在相同一，即有概念内容的存在就会有对它的感触，一般性地确认其有，如影随形，因为普遍性概念必然作用于具体情境而生成现实意识经验，在其中保存着概念的力量。而概念的表达却需要专题性的抽象思维，将概念内容设置在专属于它产生的纯粹抽象概念领域，依靠纯粹抽象内容间的逻辑作用关系而显现。因此概念定义属于绝对的理性认识。它之所以困难重重，原因在于一个普遍概念必然要粘连相对特殊的内容而存在。它们散落在各种特殊的意识存在内容中，因而意识世界以特定经验内容表现出来，即便那些造就特定概念的普遍性抽象内容也采取这种方式存在。既然普遍概念在意识的自然活动状态下不能保持自身的纯粹独立存在，只有在特殊的逻辑思维意识条件下才能获得“人为”显

① 参见崔平《仁说传统的方法论迷失》，《南国学术》2018 年第 3 期。

② 参见崔平《原创法度：哲学原创的本质、方法和规范的逻辑分析》，《江海学刊》2003 年第 3、4 期。

现，那么要获得使理性认识得以可能的纯粹抽象世界，必须对思维加以严格的条件限制，甄别并剔除个别性经验内容的干扰，以清晰的逻辑思维发现和梳理普遍性的概念内容。没有清晰而成功的逻辑思维，就不能把握概念存在和概念世界。也就是说，意识存在的经常性表现是，那些概念构成内容以及决定概念生成的内容，都零散地现成存在于混杂的意识世界，但作为概念意识世界中的哪些内容归属于它们和如何构成，并没有显现于日常意识中，需要纯粹逻辑思维加以捕捉和补写。而达到这一目的的条件为，准确地甄别与被追问概念相关的观念内容和严格地进行纯粹逻辑思维的能力，前者是思维的合适的客观材料，后者是分析这些材料的主观力量。然而，普遍概念的向下作用方向具有多元性或多样性，因而虽然其作用结果表现出必然关联性，但并不能事先给定一个概念的特定关联内容。显然，这使得具有必然关联关系的意识内容间是否属于概念关联关系变得模糊不定，必须专题性地清理以确认哪些内容具有概念生成因果关系。这也是造成概念定义困难的原因。由此可以理解或者说接受概念存在的无意识性：概念内容以及决定概念内容的那些内容已经存在于意识世界，但是它们散落和混迹于各种特定意识内容整体中，没有严格的逻辑思维就不能让它们现身而展露原形。而这一认识过程及其结果在意识世界从未存在过，因而背负创造性思维的一切困难和偶然性。所以，尽管“仁”概念已经在古人的“会意”中而达到了心中“得意”，但当下尝试定义它仍是一场真正的思想创造活动，用“创立原始的仁概念”来表达原仁任务并无不妥。

至此，原仁这一认识课题的性质发生了根本改变，即由表面上的思想回忆转换为实质上的思想创造，认识活动从被封闭在故纸堆中的文本解释翻转为向一切可能概念涌现敞开机会的自由逻辑思维。经历如此剧变，那么被直观领会为诠释学问题的原初课题，还能否保留其解释身份而继续居留于诠释学领地？在新的问题领会下，就“仁”被视为已经存在的概念，而且决定其内涵的内容也保存在意识的历史内容中，认识的实质在于从原始观念群中寻找一种构造它的路径，以此说明远古先人的观念活动真相而言，它毫无疑问仍然是一个真正的诠释学问题。不过，其诠释对象已经具有令人惊异的非经典性，不是跟从耙梳文本显在章句间的意义联系，而是寻觅弥漫人们心中而自在发挥作用的概念幽灵，解释的任务是用纯粹逻辑思维逼迫它收敛飘散的要素而显现原形。质言之，现在，诠释的对象不再是固定的个别文本，而是超越文本而创造各种文本的心灵活动的逻辑结构。

上文通过对原仁任务的内容澄清，连带出完成这一任务的可能性问题，绽放出认识的挑战性和有利条件。“创建原始的仁概念”也就是要撇开古人的既成思想脉络，而直接切入尘封在古人心中的仁概念，以我心知重演他心知。表面上看，这直接遭遇现代诠释学哲学的意义流动法则即历史文本的意义不能重新复制的否定。按照这一法则，理解具有绝对的历史变异性，对同一文本不同的读者总是有不同的意义解释。这一诠释学定律建立在理解的内在时间性结构上，是针对认识的自然状态——放任已有意识内容自发涌现和相互作用——而言的，而且其训示对象为那些企图或者说主张理解所谓“原意”的天真读者。现在，这一诠释学定律的真理性不是本文所关心的问题，相反，重要的是，从知识社会学的角度考虑，必须解决它对本文已经确定的原仁任务是否适用的问题，从而在诠释学定律广泛流行的条件下，为本文的社会可接受性奠定基础。

本来，在胡塞尔那里，意识存在构建的时间性结构的确立和演示发生在感性认知区域，能否将其视为对意识世界普遍有效的法则值得商榷，因而诠释学哲学将之作为理解活动的基础模型这种做法的恰当性也陷入可怀疑境地。现在的问题是，姑且不去批判性地考察胡塞尔内在时间意识现象学的有效范围，从而不质疑这一意识存在构建结构对一般诠释学经验的有效性，也不质疑它对一般纯粹逻辑思维活动的有效性，本文的原仁目标能否在诠释学范围内得到辩护。对此，一个可行的技术性策略为，通过摆明这一目标的特殊认识条件而合理规避通常意义上的那种文本意义的历史漂移法则。

在伽达默尔对诠释学经验的哲学分析中，被他所采用的意识存在构建的时间模型无条件地向意识世界中自然存在的一切意识材料开放，即听凭意识主体所现实拥有的相关内容自由涌现，各个意识内容可以依据它们之间的相对的过去—现在—将来属性和关系，而随机地组合构建起一个当前的意识存在，从诠释学的主题看即为完成一种理解活动。把这种有限的时间性意识构建活动放置到无限可能的意识存在区域，必然发生理解经验的连续流动，从而把任何一种对历史文本的理解活动引向当前理解者的现实意识内容边界，必然超越文本作者包括以往解释者的意识视域，造成不同的意义构建结果。也就是说，他所关注的理解行为没有考虑参与理解活动的意识材料被自主施加选择和控制这种可能情况。但是，胡塞尔现象学方法本身所采取的本质还原、现象学（先验）还原，都说明现象学承认并进行着意识内容进入思维过程中的选择性控制操作。因此，完全可以设想带有反思控制条件的诠释学经验的可能性，即理解活动的时间性意识流动被自觉地调节而停驻于特定意识内容空间，并可能与历史文本作者所拥有的意识内容空间相吻合。根据诠释学经验建构的时间模型的纯粹内容性，理解不是主体的任意主观臆造，而是被给定的参与理解活动的内容特殊性所决定，具有意识内容方面的客观性。这为赋予同一的意识内容空间以理解的同一性确认功能奠定了合法性。换言之，接受思维内容控制的认识具有找回文本“原意”或重构某种观念的能力。

在扫除了由诠释学定律所可能招来的针对本文原仁任务的嘲笑之后，“创建原始的仁概念”的意义分析所显示出来的认识条件进一步支撑开展这一认识活动的成功可能性。就此言之，有两个方面的积极信息，即认识材料或内容的充分给与和给定认识形式携带有益的认识引导。

一方面，前文已阐明，原始仁概念的内容以及决定它们的意识内容已经存在于以往的意识世界中，这种情形给本文原仁既提供了认识支持，也作出了认识限制。所谓支持，是指从原理上为原仁作出了成功保证，因为既然相关内容已被判定为存在于既有意识内容中，原仁也就是从中重新发现它们，只要有适当的注意过程就可以达到目的。所谓限制，是指依此判定原仁认识活动必须把视野保持在历史上存在的相关意识内容内，不能超越历史的意识存在边界而自由添加意识内容，从而真正保证所得概念的原始性。也就是说，从思维内容上，原仁要保持严格的历史态度，以与“原始仁概念”的历史性相匹配的以往意识内容为合法认识材料。

另一方面，原仁的认识形式被确定为纯粹概念思维，逻辑约束是其唯一法则。这一思维形式规定所具有的认识意义不仅仅在于明确了思维材料类型为普遍概念，而且更在于含有关于思维方向的强制性信息。结合原仁任务的概念构造属性，在原仁认识过程中的思维展开就应该采取综合方向，即由相对较高级地位的普遍概念到相对较低级地位的概念。因为，在逻辑上，能够合法地为一个待确定概念设置内容的只有占有相对更高级地位的概念，它才能依据对下位概念的自然的规定权力而有效地干涉下位概念内容，沿此综合方向而逐次建构起来的概念才具有必然有效性。相反，由相对低级的概念开始的思维就不可能达到建构更高级地位新概念的目标，因为在逻辑上前者没有对后者的内容规定能力。而即使在纯粹认识发生的经验主义性质的认识论观点上审察这种思维，虽然可以说这是认识发生的可能方向，或者说在实际中这种认识方向可以被采纳而创生新概念，但由于沿此方向展开的思维具有展开方向的多元性而处于偶然状态。因为，一个下位概念可以关联多个上位概念，具体应该选择哪个概念既没有认识论准则，更没有逻辑规范。其自然结果是，无法保证任意选择性的思维展开方向会恰好切中期待建构的那个概念，而且即使幸运地碰巧走在通向期待建构的那个概念的道路上，也会由于下位概念没有对上位概念的规定力量，使得被期待建构的概念的现实建构仍处于疑问中，甚至无法判定该当着手建构这个概念的思维时机。因此，更为值得注意的是，沿着从下到上方向展开的概念思维，即使偶然地构造出了所期待的概念，也无法判定它与原始概念的同一性，因为概念建构本身的偶然性使得无法判定它恰好与原始概念重合。与此恰成对照，由上到下的综合方向具有相对原仁任务的认识论优越性，它不仅具有必然性，而且具有展开上的清晰性、单一性和简单性，因为其内在思维结构为由一个相对高级的概念面对可能的下位概念，思维发展方向当然地以确定而有限的上位概念内容为可能线索。

思维材料的历史存贮性和思维方法的现实收敛性共同见证使用纯粹逻辑思维方法达到把握原始仁概念的可行性。那么，应该如何实施这样一种原仁认识活动？在明确了原仁任务的实质、确认了其完成可能性之后，形成了以中国历史上曾经出现而同时至今保持着社会历史记忆或文化记忆的意识内容群为认识材料的认识处境。然而，有限理性不能无所选择地试验所有可能的认识道路。相反，应该理性地谋划具有合理方法论保障的认识起点，以确保原仁的认识可行性或者说能行性。

按照概念世界的逻辑秩序及其联系的内容渗透性，概念间的逻辑联系和作用必然造就它们之间的存在相关即某种同一性。反过来，存在相关也必然暗示着概念间的逻辑关联的存在。因此，面对杂乱的一群意识内容，为确保认识的有效性，原仁活动必须首先进行关于它们与“仁”之间的存在相关性的分析和判定，必须把认识指向那些已经甄别圈定的意识内容，并同时描绘出这一有限意识内容圈的内在等级秩序，建构仁概念的起点就是其中占据最高存在地位的意识内容。

进一步的问题是，这种存在相关分析应该如何进行，或者具体说，应该采用什么“存在相关”判据或标志为工具来推动以“仁”为起点的存在相关链条的追溯。逻辑上，在概念世界中，概念间的存在规定关系即存在相关表现为上位概念决定下位诸概念，形成放射性统摄系统，上位概念作为范畴标划出下位诸概念的同一性或归属性，自身则显现为一种存在种类。也就是说，在概念世界中，存在相关表现为范畴相关，即一个概念归属于哪一个概念之下或者说属于哪一类，具有从属关联关系的两个概念间就具有存在相关关系。因此，在庞大的意识群中甄别标划与“仁”具有存在相关关系的内容这一任务，就变得简单明了而易行，即确定“仁”的范畴归属并以同样方式继续追溯下一个概念的范畴归属，直到可判定的占据最高存在地位的意识内容。在这一倒退式的存在相关分析中，因为要求活动在历史上存在的已知意识内容区域，它们之间的范畴性质已经历史地给定，所以并不要求逗留于某一概念，专题进行关于这一概念内涵的具体分析和把握。这里须指出，虽然所可能涉及到的各个概念由于上文已经阐述的理由而在这一认识过程中表现出与“仁”同样情形的不确定性，但是它的范畴归属必然地表露在它们的历史使用中，因此不会妨碍存在相关的确认。范畴相关是概念间存在相关的最抽象表达，并不涉及概念内涵间的具体逻辑规定关系，因而是存在相关关系的最弱判定或最低判定，仅仅设立起概念间存在关联的一般现实性，敞开或提出了进一步描述概念的具体规定关系这一问题。可以说，存在相关甄别使用的是分析方法，而具体的概念间规定关系的揭示是从分析方法所确定的最高概念开始向相对低级概念运动，使用的是综合方法。

“仁”从上古文献开始，就与“德”连用，是“德”的一种表现。在《尚书》中，《商书·仲虺之诰》有“有夏昏德，民坠涂炭，天乃锡王勇智，表正万邦，缵禹旧服。……德懋懋官，功懋懋赏。用人惟己，改过不吝。克宽克仁，彰信兆民”。在这一语境中，“德”与“仁”间接地形成对待关系，“德”概括地指夏王朝末期全面败坏的各种政治品性，而“仁”是所列商汤诸多美好品性“宽”“仁”“信”之一，在这种对待中二者显然构成逻辑上的范畴从属关系，即仁下而德上。《商书·太甲下》有“惟天无亲，克敬惟亲。民罔常怀，怀于有仁。鬼神无常享，享于克诚。天位艰哉！德惟治，否德乱”。这里的“德”，显然不是可以用一种行为体现的品性，而是各种积极行为品性的总称，因为，一国之治乱，绝不是可以简单地由一种行为造就的，相反是多种行为共同作用的结果。而另一方面，“敬”“仁”“诚”是相互平行的行为品性。两相映衬，可以确定其中的“仁”是“德”之属，归附于德而为一德。《周书·泰誓中》有“受有亿兆夷人，离心离德。予有乱臣十人，同心同德。虽有周亲，不如仁人”。在此，“德”是对心之存在品性的统称或抽象称谓，中性而不偏属于某种表现；而“仁”（尊称）与“夷”（蔑称）呼应，表示“德”的一种分化。《周书·武成》中有“予小子既获仁人，敢祇承上帝，以遏乱略”。《周书·金縢》中有“予仁若考，能多材多艺，能事鬼神”。

在《尚书》对仁的这五次运用可以看出，其中三次显露了概念的范畴相关关系，“仁”从属于“德”，而后两次使用的意义与《泰誓中》的意义相同。“德”在《尚书》中的使用频次远远高于“仁”，这一现象也可以辅助说明“德”比“仁”出现的历史更早，内涵的普遍性也更高，因为越是普遍的概念其适用范围就越大。

而“德”在《尚书》中所显现的范畴相关概念为“天”，而且是最高存在“皇天”。关于“德”与“天”，如下的用法透露了这种范畴相关性：

§1“惟德动天，无远弗届。”（《虞夏书·大禹谟》）如果“德”与“天”没有关联，怎么能祈求和触动“天”？

§2“天难谌，命靡常。常厥德，保厥位。”（《商书·咸有一德》）天因德而给与和延续王位。

§3“皇天弗保，监于万方，启迪有命，眷求一德，俾作神主。”（《商书·咸有一德》）天只依据德来监管万物。

§4“王其德之用，祈天永命。”（《周书·召诰》）拥有王位是德的表现，只有用德才能祈求天保持他的赐予。

§5“皇天无亲，惟德是辅。”（《周书·蔡仲之命》）至高无上的天不会特殊地偏袒某人，仅仅施惠于有德的人。

§6“以荡陵德，实悖天道。”（《周书·毕命》）任意妄为而侵害应有的德性，这是完全违反天的规则的。

§7“惟克天德，自作元命，配享在下。”（《周书·吕刑》）这说明在远古先人那里，天亦有德。

§8“天监厥德，用集大命，抚绥万方。”（《商书·太甲上》）这显示着天的至高无上。在远古即已滥觞的巫史文化中，天被尊奉为神圣的最高存在。

这些“天”与“德”关系的应用，显示出“德”与“天”有着直接的存在关联，甚至就来自天，来自“天德”。人之德与天之德之间具有某种同一性，若非出于自己，天何以偏“德”？“天”有德这一观念被如下观念所证实：“天叙有典，敕我五典五惇哉！天秩有礼，自我五礼有庸哉！同寅协恭和衷哉！天命有德，五服五章哉！天讨有罪，五刑五用哉！政事懋哉懋哉！”“天聪明，自我民聪明。天明畏，自我民明威。达于上下，敬哉有土！”（《尚书·虞夏书·皋陶谟》）

通过分析方法所达到的对于仁、德、天三者在远古历史中的存在相关性的揭示，显露出原仁问题的求解路线为天—德—仁。在这一认识过程中，被纯粹概念思维的内容关联的必然限定性所决定，只要求达到对三者最抽象内容即概念构成内容的历史确认，不能贪恋炫耀博学而超过论证认识主题的逻辑需要去作过度判断。

三 天：为存在立仪与中国巫史文化

中国远古先民在生活和生产实践中很早就关注天的存在并形成了关于其存在形式和本质的观念。在有文字记载的传说和历史中，天在远古人们的思想中都占据重要地位。天在中国思想史上源远流长，但对本文所确定的原仁任务而言，有效的内容应该是在仁观念出现前的天观念。而且，出于论断的观念有效性考虑，只采用确凿的文献资料，而不使用所有具有推测性质的说法，比如考古资料、后人没有绝对确定性的研究成果等；在采用文献资料的历史广度上，也要有节制地停步于充分满足揭示远古先人天概念的必要要求界限内，控制探索中的好奇而把目光锁定于原仁要求之内，对天作最弱的也是最确实的观念规定。这种适度的考察可以提高原仁的认识效率，同时也规避了认识风险。除了给定的观念内容外，不牵连对该观念存在事实的其他解释，比如观念产生的根据和方式等。对本文认识任务而言，唯一有价值的是观念本身，一切围绕该观念的各种问题都对原仁没有认识相关性。

毫无争议的是，三皇五帝时代，人们就已经开始关注天文，发现了许多运动规律把天与人间世事联系起来，极其重视天文历法事务，尧帝还设立了“天官”以专司其职。《尚书·周书·吕刑》载，帝颛顼“乃命重黎，绝地天通，罔有降格”，《尚书·虞夏书·尧典》云，帝尧“乃命羲和，钦若昊天，历象日月星辰，敬授民时”。不论传说中的人物是否准确，可以肯定，远古时代人们就对天无比崇拜，奉为至高无上和支配一切的存在，这充分体现在远古的祭祀礼仪和决策占卜中。世界在远古先人眼中具有明确的存在秩序，各种事物在其中占有不同的地位，其中天居至高无上的首位，被称为“皇天”，比如《尚书·商书·说命下》言“佑我烈祖，格于皇天”。天就是那人人头顶的无限广袤的空间，其中群星点点，有周而复始地运动的太阳、月亮。在那时，把天看成一切存在的来源和决定者。《尚书》中就有如下记载：“俶扰天纪，遐弃厥司”（《夏书·胤征》）；“慎乃有位，敬修其可愿，四海困穷，天禄永终”（《虞书·大禹谟》）；“钦崇天道，永保天命”（《商书·仲虺之诰》）；“有夏多罪，天命殛之”（《商书·汤誓》）；“惟尹躬暨汤，咸有一德，克享天心，受天明命，以有九有之师，爰革夏正”（《商书·咸有一德》），“天有显道，厥类惟彰。今商王受，狎侮五常，荒怠弗敬”（《周书·泰誓下》）。

概言之，第一，天至大无限，自足圆满，独立存在，被称为“昊天”。在远古时代人们仰望日月星辰，浩渺无垠，以排除法把人和大地以外的存在都划为天的存在。因此，天具有抽象的吸收一切可能存在物的无限存在属性，天外无物。《尚书·洪范》描述了天的恒常运动形式，表明天轮转有序，生生不息，悠悠自在。《尚书·周书》之《泰誓上》和《康王之诰》篇载，“惟天地万物父母，惟人万物之灵”“皇天用训厥道，付畀四方”，这说明天孕育万物。《尚书·大诰》里说：“天命不易”，它是神圣而万能的存在“皇天上帝”（《尚书·召诰》）。

第二，天具有绝对意志，有关于万物存在的理想，被称为“天意”。在远古时代，天在人们心目中是一个具有人格力量和意志的神，称其为“上帝”。它有喜怒哀乐，能赏罚，神秘莫测。《尚书》中说，“有扈氏威侮五行，怠弃三正，天用剿绝其命，今予惟恭行天之罚”（《夏书·甘誓》）；“天难谌，命靡常。常厥德，保厥位”（《商书·咸有一德》）；“今予以尔有众，奉将天罚”（《夏书·胤征》）；“天吏逸德，烈于猛火”（《夏书·胤征》）；“故天弃我，不有康食。不虞天性，不迪率典”（《商书·西伯戡黎》）；“皇天震怒，命我文考，肃将天威，大勋未集”《周书·泰誓上》）。所以人们通过占卜以窥视天意，顺应天的意志，以致巫史成为专门询问和传达天意的特殊行业。

第三，天有存在法则和永恒秩序，被称为“天道”。远古尧舜甚至更早，人们就在天象观察中发现了许多天文现象，总结出天体构成的图式，尊崇特定的数字，比如五、十二等，按照数字寻找和确定事物存在的普遍规律。如《尚书·虞书·大禹谟》中记载，禹曰：“于！帝念哉！德惟善政，政在养民。水、火、金、木、土、谷，惟修；正德、利用、厚生、惟和。九功惟叙，九叙惟歌。戒之用休，董之用威，劝之以九歌俾勿坏”。人们认为天道是最高存在规范，违背它的秩序就会招致失败和灾祸。《尚书》有言曰：“满招损，谦受益，时乃天道”（《虞书·大禹谟》）。天道不变，永恒如常，循环往复。

“敕天之命，惟时惟几”（《虞书·益稷》）。“有扈氏威侮五行，怠弃三正，天用剿绝其命，今予惟恭行天之罚”（《夏书·甘誓》）。“俶扰天纪，遐弃厥司”（《夏书·胤征》）。“后胥戚鲜，以不浮于天时”（《商书·盘庚中》）。“箕子乃言曰：‘我闻在昔，鲧堙洪水，汨陈其五行。帝乃震怒，不畀《洪范》九畴，彝伦攸斁。鲧则殛死，禹乃嗣兴，天乃锡禹《洪范》九畴，彝伦攸叙’。”（《周书·洪范》）

逻辑地分析，天的这三种普遍属性直接形成天的存在的最高地位，“昊天”以养“天道”，而“天道”以生“天意”，“昊天”又因“天意”而自我维护，不减其大。试想，如果天无其大，则何以容天之道？因为有限的存在在想象上就不能提供道的运行场域，难以在任何情况下都为天道提供必要的显现内容；如果天无其道，又怎能有自己的意志？因为任何事物都只可能按照自己的存在规律提出存在要求，换言之，一个存在物不可能具有超出自己存在范围的存在要求意识；如果没有天意，天何以成就其大？因为缺少了存在的自我维护意识，一种存在的减损和毁灭就不出意外。天意把天道化成自我保存的行动，使“昊天”永远存在下去。

关于天的这种最高存在观念，使中国远古先人有了观察、认识和评价一切存在包括天本身的立场，因为在一种秩序差等的存在秩序内，最高存在必然支配下级存在，下级存在必然顺应它的存在图式。

四　德：最高存在从“是”到“应当”的纯粹评价使用

人的意识按照其活动规律，上位概念必然形成对可能的下位概念的内容规定关系，使之符合自己的特定要求，从而在先把自己变成针对可能的下位概念或者说存在内容的评价尺度。这一认知过程表现在判断形式中就是从“是”到“应当”，在其纯粹形态上，内容不变，只是内容的存在模态的转换，即把“是”之内容冠以“应当”限定①。

① 这种从“是”到“应当”的范畴过渡一直被冠以“休谟难题”而被否定，其可能性的理论揭示和辩护参见崔平《道德经验批判》第 5 节，江苏人民出版社 2015 年版。

概念中的最高存在依据其统摄地位而要求所有可能的存在内容和形式都符合它的本质规定性，把自己的存在规定性即“是”设立为其他所有存在内容的应然标准即“应当”。因此，所有现实的和可能的存在内容都成为它的评价对象。在这种评价中，使任何可能的存在内容显现出合存在要求与否。不过，这种评价意识并不依赖现实的评价活动而存在，而是可以抽象地以纯粹概念的形式确立起来，这就是“德”。它先验地确定了这样一种必然性，即任何存在内容都受到是否合最高存在的评价而有“德”。最高存在即天也会自然地在自身内进行这种评价而有“天德”，只不过在其中，“是”与“应当”同一，天德是绝对的德。

从纯粹概念形态上看，“德”仅仅指示着以某种存在标准而针对特殊存在内容进行合存在性与否的评价的可能性，任何特殊存在内容都无可避免地要承受评价而有德。但是，“德”的纯粹概念所敞开的是评价的不确定性，并不是单纯的合存在判定，而是包含不合存在要求的可能性。因此，德是一个中性判断之名，仅仅表达以最高存在规定性为标准的可能的存在评价结果。

由于德之评价标准内容由最高存在的规定性构成，而后者具有存在稳定性，所以可能的德必然具有普遍性和恒常性，只有事物存在中的那些普遍稳定内容才能承受德之评价。因为具有同一存在属性的事物间才可以比较。就此而言，那些变动不居的存在内容就不会落入德之范畴，除非把这种“变动不居”本身抽象地看作一种属性才能加以德之评价。

德之谓词体系就是据以进行评价的最高存在的规定性，因为德之评价在可能的被评价事物中去发现是否含有某种最高存在的存在规定性。就此而论，天道、天意、天序就是德之可能内容的显现维度，即德之目蕴含在最高存在的有限规定性中。德作为一个拟评价指向词而非作为一个普遍概念，可以接受各种特殊内容的德作为谓词。

德有两个分野即善和恶，或者反过来说，德可以接受两种限定即善和恶。因为被德所意指的评价活动只有两种结果，即合与不合，合者得到肯定性接受并伴有积极性情感，为善；不合者遭到评价主体的否定并伴有消极性情感，为恶。德无所偏斜地包含善恶而敞开了一切可能的特殊存在的两种存在效用。作为普遍概念，其谓词只有两个即善和恶。

善恶是基于存在概念的价值判断概念，而德是基于最高存在的比较性事实描述，二者属于不同类别的概念。但是从逻辑上看，最高存在的评价性权力要以存在概念为根据，因此善恶这一价值判断在意识世界中的存在层次高于德概念所表达的内容。所以，善恶可以合乎逻辑地以普遍概念身份作为德的谓词，并且可以把各种德目纳入自己的范畴而加以价值界定。

需要指出，在德概念本身之内并无适用上的特定对象限定，可以说万物有德，人可以有德，草木亦可以有德；有心者可以有德，无心者亦可以有德。

五　仁：天道图式对事物的存在要求

有了对万物进行合存在性与否的评价概念“德”，就奠定了针对个别事物进行具体评价的基础，使评价活动获得逻辑可能性，也就是说，形成面对个别事物能够提出“它的德是什么?”这个问题的意识格局。就德之追问所关心的核心为存在之构成和维持而言，关于个别事物的德之问必为一个处于整体关联中的个别事物的存在，是否以合乎最高存在原理的方式拥有自己的存在，并以合乎最高存在原理的方式与其他存在相关联。这是“德”问中的第一问，发问直接以抽象的存在为内容，关切的是个别事物相对存在总体或绝对存在的价值。这就是“仁”。仁是德在其现实化的过程中的第一环节，是切中现实评价对象时的第一个成果，因为其评价准则直接照搬了最高的存在，所以在可能的诸德中是第一德，占据最高逻辑地位。因为，天道万千，但其最终宗旨是创立和维护存在。

仁概念的内涵应该出自天道的最基本存在图式。中国远古先人在长期的观象历法活动所形成的巫史文化中，明确表达了这种天道图式，具体体现在从河图、洛书到五行的天文地理观中，即整体关联、整齐有序、流转不息。

按照最高存在的图式，万物于整体中关联存在，具有特定的合存在秩序，各个事物在其中占据特定位置而参与存在的构成。因此，从抽象的存在要求出发，一物必须充分担当起自己的特定存在，按照整体存在对自己的要求而营造自身并坚守自己的存在，发挥积极的存在构建和维持作用。

按照天道的存在关联规律，一个事物必须恰当地与相邻存在事物发生关联关系，从而积极地推动存在整体的存在。冲突还是和谐视存在大势而定。

按照天道的流转变迁生灭规律，一个事物必须顺应整体存在的当下演化形势对自己所提出的存在状态要求，适宜地对待自己的存在，应时而生，顺势而为，当盛则争，当满则守，当损则退，当灭则毁。

仁概念不仅仅是一个评价概念，因为它是向具体个别事物的应用，是整体存在对个别事物的存在要求，带有规范性，所以在它自身之内没有容纳否定存在的空间，不能有平行对等而相反的评价结果，因而只有单纯的仁，其下没有善恶之分。相反，在“德”那里，因为作为可能评价标准的是最高存在，而最高存在之下包含了一切可能的存在内容，其中包括对整体存在具有消极破坏作用的个别事物，所以它可以接受善恶评价。个别事物或仁，或不仁，但仁下无恶。也就是说，仁不是一个中性概念，而是在其评价标准中包含了单纯的善选择。德是可能的个别事物拟接受最高存在的评价，而仁则是最高存在原理去规范和评价个别事物，体现了强有力的应然性。德为事后针对既成现实存在的评价，仁则既可事后也可事先。故前者可以有善恶之别，而后者则不可能容恶于自身。仁的先验具体性过滤掉了评价标准的负面内容。

仁概念的使用对象为存在，指向具体事物，关心存在片段的合整体存在性即存在作用效果，而不要求是否具有存在稳定性或普遍性。这似乎显得矛盾，在要求应用对象具有普遍存在性的“德”之下的“仁”，能合乎逻辑地可以拥有不具有存在普遍性的适用对象？其中的机要在于，“仁”的评价对象指向了现实的特殊个别事物，特殊性已经是必须考虑和参与作用的因素。

正因如此，仁概念的使用必须以对个别事物的具体存在关系的正确把握为条件。无智慧不足以近仁，无意志不能够达仁“德”可以无条件地适用于一切存在物。但是，与“德”形成对照的是，仁概念是要求个别事物按照天道去把握和调节自己的存在，因而需要具有自我意识、自主意志和体道认知这三个存在属性。只有一个事物被拟制为同时包含这三种能力，才能接受仁概念评价。人字的甲骨文写法已经透露出远古先人对仁概念实施对象的这种条件性限定的领会。

仁概念的内涵具有纯粹抽象性和普遍性，它们可以随着对最高存在规律认识的深化而充实实在内容作为经验显现的检验标准，比如直观共存、阴阳相生相克、五行流转等；同时它们也可以包容各种特殊对象，随着指向对象的不同而有不同的具体显现，比如“恰当地与相邻事物发生关联”就可以为“爱人”“义”“孝悌”等。因此，仁概念本身是固定的，但在经验使用维度上，它逻辑地具有对象开放性和自身解释即意义填充的开放性。对象域和概念意义解释的双重变动造成二者之间组合即仁判断模式的无限开放性，能够衍生出繁多的“仁”观念。在仁概念下，“生生”是仁，杀身亦可成仁；利他为仁，自爱亦可为仁。后世以“用仁”说仁的仁说的历史证明了这种逻辑。同时，这一历史充分见证了本文所刻画的仁概念的纯粹性。

需要特别注意，在获得仁概念之后而确认的特殊仁说，比如“爱人”，与获得仁概念之前的“爱人”相比，具有更准确的意义和更纯粹的真理性。因为，在获得仁概念后，通过归属关系而对某种后世仁说的确认，并非简单地重申一个历史观念，而是显现了它的特殊性和限制性适用条件，这时的“爱人”是仁在个体事物之间关系上的一种表现，但在逻辑上自动地被补充了有效性条件，即必须符合最高存在的利益，而不是随便怎样的一个“爱人”即对其他个体存在的维护都是“仁”，关爱一个贫弱的人是仁，但包庇一个罪犯这一孤立地看具有爱人性质的行为，放在仁概念之下加以审视就不是仁。如此，“爱人”不再是一个简单的成仁公式，而是必须具体地考察“爱人”的整体存在效应，需要携带智慧和批判性反思。这一限制使得“爱人”作为仁更加契合日常对“爱人”为仁的感悟，即仁不是爱人，爱人不是仁概念本身，而是有些“爱人”行为并非“仁”。

在置身于上古文化语境之后，利用逻辑上可能参与仁概念生成的远古观念，通过综合演绎使仁概念在纯粹而不掺杂特殊经验内容的抽象概念思维中显露出来，其普遍有效性得到了方法论保障，而且可以听凭后世仁说历史的冲击而岿然不动，尽收之并显现它们的特殊性和有效条件。原仁至此，可以终讼否？君其思之。

先秦易学阐释“共同体”对中国阐释学建构的范式意义*

窦可阳**

中国自古便有阐释的传统，这是学界的共识。从20世纪90年代以来，建构“中国阐释学”或者筹建“中国现代诠释学”的探讨就已在学界兴起，或以经学视域下的训诂学为基础展开，或背靠始自施莱尔马赫的哲学解释学传统，在中国阐释学的理论建构和现代转型、典范文本解释的方法论等问题上都做了深入的阐发。

不过，真正让阐释学成为近年来“大热”话题的，则是张江“强制阐释论”等一系列问题的提出。2014年张江发表《强制阐释论》①，此后，他以“强制阐释论”为理论核心，陆续提出“理论中心论”“本体阐释论”“公共阐释论”等观点，对前论做了进一步的补充和调整，掀起学界对阐释学诸问题的强烈兴趣和广泛回应。在以上话题中，张江尤其对阐释的“公共性”用力最勤，接连发表了《公共阐释论纲》②、《“阐”“诠”辨》③ 等文章，当代中国阐释学建构的思路日益清晰：

---

* 本文为北京市教委社科基金项目“先秦至唐代经学史上的舞蹈思想研究”（项目编号：SM201910051005）、中央高校基本科研业务费专项资金资助项目“北美易学研究”（项目编号：415010300036）的阶段性研究成果。本文原刊于《江西社会科学》2019年第7期。

** 作者单位：吉林大学文学院。

① 张江：《强制阐释论》，《文学评论》2015年第6期。

② 张江：《公共阐释论纲》，《学术研究》2017年第6期。

③ 张江：《“阐”“诠”辨》，《哲学研究》2017年第12期。

> 以中国话语为主干，以古典阐释学为资源，以当代西方阐释学为借鉴，假以对照、选择、确义，由概念起，而范畴、而命题、而图式，以至体系，最终实现传统阐释学观点、学说之现代转义，建立彰显中国概念、中国思维、中国理论的当代中国阐释学。①

在这一建构过程中，阐释的“公共性”至关重要，因为它是“阐释生成及存在之基本要素”②。而对于公共阐释而言，理解的“共同体”（community）为阐释提供了公共阐释的历史前提，它是阐释的共同体成员之间共同认可的规则和尺度，阐释的有效性都建立在这一基础上。值得一提的是，在西方阐释学史上，“共同体”早已是一个广为接受的概念，不论是德国阐释学界，还是北美“新批评”，都以“共同体”这一概念来承载某一限定时代内阐释的有效性。不过，斯坦利·费史将“共同体”限定为决定文本意义的集体观念，曾备受攻讦。在中国，“共同体”的理念刚刚经过梳理，它是正在建构的中国阐释学中的一环，其开拓性的意义不可否认。这是因为，在当代中国的阐释学架构中，理解的“共同体”是作为文本意义的阐释者和接受者出现的，它的阐发完全基于文本，并在反思和建构中推动着阐释的演变。在这一点上，中国的阐释“共同体”并不会如费史那样，陷入主观的虚无，反倒可为中国阐释学提供历史性的维度。在中国自古以来的阐释传统尤其是经学传统中，对文本的经义训诂始终是主流形态，对“先圣”的描述、对文字的训诂，总会忽视不同历史时期阐释者形成的意义的“公度”，做出跨越时代、捏合古今的“共时性”理解。基于此，理解或阐释的“共同体”恰可在“历时”的维度上补旧学之不足，实现我们对阐释传统的历史性理解。

然而，“阐释的共同体”如何寻绎？这是当下学界面临的新挑战。其难度倒不在于史料的稀缺和难解，更难解的是，如何从这些流衍既久的材料中梳理出一个共同认可的“界限”来，进而，“聚拢”起一

---

① 张江：《“阐”“诠”辨》，《哲学研究》2017 年第 12 期。

② 张江：《“阐”“诠”辨》，《哲学研究》2017 年第 12 期。

个阐释学意义上的“共同体”。李春青先后归纳了“经学文学共同体”“辞赋文学共同体”和“自律的文学共同体”等群体，并指出：“一种共同体代表着一种趣味，一种审美理想，要求共同体成员接受，具有某种强制性与排他性。其背后所隐含的则是一种身份意识、权力意识，曲折地发挥着某种政治功能。所以，从文学共同体与文学阐释的公共性角度审视文学思想的历史生成与演变，就可以揭示许多被一般的文学史叙事所遮蔽的意义与意蕴。”① 在此，阐释学共同体并不是单纯的旧学文献的再整合，而是对融入了主观阐释观念的阐释公共维度的寻绎，这种基于文本的观念梳理不但可以避免陷入文本而忽视阐释的主观性，更可以在个体阐释行为之上勾画出一个极富时代性和公约力的范式，使之成为建构当代中国阐释学最重要的理论基础。这便是此研究的范式意义所在。

一　中国阐释学的建构与先秦易学阐释的“共同体”

在“历时”维度上重新梳理阐释的“共同体”，确实可以揭示许多被文学史叙事所遮蔽的意义与意蕴，为中国阐释学提供历史性的观照，《周易》经传阐释的“共同体”就是最佳的范例。《周易》经传阐释在中国阐释学的建构中，极具典范意义，基于如下三点理由。

首先，《周易》经传文本的研究材料极为丰赡。中国自古即有一个严整、完备的经学传统。在经学的学理体系中，不论是训诂之学、考据之学还是义理之学，都可看作今日中国阐释学的早期范本。因为经学在中国学术史中的重要地位，汤一介才强调：“我们只有在对中国注释经典的历史有充分了解后，才有可能讨论能否建立中国阐释学的问题。”② 而易学作为中国传统经学中最重要的一部，其重要意义是显而易见的。自孔门易学始，历代均有数量庞大的易学家和研易

---

① 李春青：《论中国古代文学共同体的形成机制及其阐释学意义》，《西北大学学报》（哲学社会科学版）2018 年第 1 期。

② 汤一介：《再论创建中国阐释学问题》，《中国社会科学》2000 年第 1 期。

者，他们“居则观其象而玩其辞，动则观其变而玩其占”（《周易·系辞上》），并且有大量的易学研究论著传世。如此丰厚的文献积淀，自然为易学阐释学的铺展提供了极其充足的“养料”。在易学阐释学的视域中，《周易》经传阐释又处于最核心的地位。《易传》对《易经》的阐释不但被看成是中国易学传统的起点，《易传》对象数与义理的阐发，更为后世易学提供了最重要的范本，尤其是自汉代以后，易学的讨论无不是牵经合传的。

其次，《周易》经传阐释学不但文献富赡，而且立论角度非常完整。《四库总目提要·易类》中所谓“两派六宗”之说，其研究内容涵盖了上古卜筮、术数之学、谶纬图学、史事考据、哲学理念。在思想上，也囊括了儒家礼法和老庄道家。实际上，历代易学的研究对象、研究思路和研究方法远比以上内容广泛、丰富，正如“总目提要”所云：“易道广大，无所不包，旁及天文、地理、乐律、兵法、韵学、算术，以逮方外之炉火，皆可援易以为说，而好易者又援以入易，故易说至繁。”① 以上两段虽然只言未及《易传》，但不论象数之学，还是义理之学，均源自《周易》经传阐释。《易传》各篇，有的描摹象数，如《象传》《说卦》各篇；有的条贯义理，如《彖传》《文言》等篇，但更多时候，“十翼”都是由象数而义理，以上各篇都是如此，《系辞传》更是其中之典范。更重要的是，《易传》在经历了春秋时期易学演化的大变革之后，很好地整合了先秦诸家哲学，使其呈现出多家思想杂糅的面貌。

最后，也是最主要的，《周易》经传文本的存在状态也使其成了特殊的阐释文本。目前学界已普遍认可，《周易》文本经历了一个长时间的编纂、修订过程。从可见的出土文献来看，上古的筮算材料，如“数字卦”，早在殷代就已非常普遍；依照周代文献中所显示的不同筮法，也可以推测上古传说中的“三易之法”也确实存在。对此，传世文献的证明就更多了，最知名的莫过于《周礼·太卜》所说的“太卜掌三易之法”一说。不过，易学如何从纷纭的上古筮算沉淀为后人所熟知的、周代文献中的《易经》？这是一个耐人寻味的问题。

① （清）纪昀：《四库总目提要》，中华书局1965年版，第1页。

《周礼·春官》云：“凡卜筮，既事，则系币以比其命。岁终，则计其占之中否。”① 因此，卦爻辞的编选，已体现出人为编纂的痕迹，则《易经》中反映出的象辞关系，甚至人文理性的意蕴就不足为怪了。正是这一人为编纂的过程，使得《易经》卦爻符号和卦爻辞之间蕴含着完整的内部逻辑，此中必然体现着从符号向理念的超越。而《易传》对《易经》文本的阐释，尤其是被《易传》奉为阐释前提的“阴阳”说、“取象”说、“四德”说，既紧紧围绕着《易经》文本，又实现了思维的超越。可以说，这一阐释模式渗透在《周易》经传所有文本中，也使得后世易学自觉或不自觉地遵循此范式，任何一家易学都未曾须臾离开《周易》经传阐释的文本。这也使得易学成为一个几千年来历久弥新、魅力非常的阐释现象。而这一点，又可与前所提到的两点互为因果，让《周易》经传阐释成为中国阐释学建构中最值得研究的阐释现象。

依照《周易》经传阐释的历时性脉络和共时性特征，我们可以将之归结为三个前后相继、并且存在一定时期重叠的“共同体”：第一，《周易》古经文本形成期的“易筮的共同体”，大约在殷代中晚期至春秋早期；第二，筮法发生转变、人文理性开始勃兴的“‘士’易学的共同体”，大约跨越了整个春秋时期；第三，《易传》各篇逐渐形成，易学哲学得到系统整理的“儒家易学共同体”，囊括了从春秋末期到秦汉早期的各个时代。

二　易筮的共同体

依照传统易学的看法，先秦易学有所谓“易筮”的时代，高怀民先生就曾把这一时期限定为“文王重卦”到“孔门易学”兴起之间。② 如此说来，“易筮易学”当跨越殷末到春秋晚期的时段。然而，当我们寻绎先秦易学“共同体”的社会属性和思维特征时，都会注意到，春秋时期易学阐释的主体——“士”这一阶层与殷周时期掌握

① 杨天宇：《周礼译注》，上海古籍出版社 2007 年版，第 356 页。

② 高怀民：《先秦易学史》，广西师范大学出版社 2007 年版，第 24—31 页。

易筮操作与解释的“巫史”有着本质的不同。因此，本文所论的“易筮的共同体”，或者说，作为易筮文献的《易经》，其阐释的有效性，是由殷周时期、尤其是西周时期垄断着卜筮的“巫史”等贵族群体决定的。具体来说，他们就是殷周时期贵族群体中具体从事“祝、卜、宗、史、巫”等职业的先民。我们知道，《周礼》清楚地记载了“太卜掌三易之法”，而在太卜统辖之下，还有“卜师”“龟人”“菙氏”“占人”“筮人”“占梦”“视祲”等“大卜诸官”，都是殷周时期卜筮活动的直接操作者。如《周礼·春官·筮人》：“筮人掌三《易》，以辨九筮之名”；“凡国之大事，先筮而后卜”。[①] 因为殷周时期贵族对教育和文化的垄断，“祝、卜、宗、史、巫”等职业的从业群体相当集中和稳定，他们在庠序中受到了同样的教育，因此，卜筮作为殷周时期生活的重要内容，易筮的文献在贵族群体内是共同具有的专业知识。此时期上至君、大夫，下至史、卜、均通卜筮；值得一提的是，作为周人王族的文王、周公，其精通易筮文献是不足为怪的。且不论司马迁的“西伯拘羑里演《周易》”之说，或《系辞传》的“《易》之兴也……当文王与纣之事邪”——这些素材尚属于上古的传说，而清华简《保训》篇中“戊子，自演”[②] 则是明确的史事记录。这些素材并不能证实“文王重卦”说，却可证实殷周“易筮共同体”的存在：他们受到了大体一致的教育，对于卜筮也有基本相通的操作，在对卜筮结果的阐释上也极富一致性，这是由西周时期稳定的周礼所制约和维护着的，反过来，他们也是“周礼”的推行者和维护者。正是在这个“共同体”成员之中，《易经》文献逐渐编纂形成。值得一提的是，尽管学界认定《周易》卦爻辞、即《易经》文本约在西周初即已写成，但整个西周时期，《易经》仍然经过了多人的编订、修整。此中不但有文字的改写、疏通，也包含对个别卦爻辞的调整。

那么，如何追索这个“易筮共同体”所共通的思想呢？传统易学

---

① 杨天宇：《周礼译注》，上海古籍出版社 2007 年版，第 356—357 页。

② 清华大学出土文献研究与保护中心：《清华大学藏战国竹简〈保训〉释文》，《文物》2009 年第 6 期。

秉持“四圣一揆”的说法，始终认为《周易》文本是按照“伏羲画八卦—文王重卦—周公系辞—孔子作易传”的历史/逻辑顺序演进的。然而，回到《易经》文本本身时，我们却发现，《易经》卦爻辞中，并没有对“八卦”的自觉——从卦爻辞中，除了个别由八经卦两两相重的卦[①]，我们极少可以见到卦爻辞中提到八卦的卦名，更难以找到编纂者对八卦的自觉体认。在先秦易学文献中，比较普遍地以“八卦取象”说来解卦，至春秋时期的“《左》《国》二十二筮例”始出现。[②] 在出土的殷周时期各类写有“数字卦”的陶片、器物中，也只见六爻卦，几乎从未见过单独的三爻卦。有学者对“重卦说”的“原生性”提出了质疑，认为在早期易筮“二者择一”（阳/阴）运算过程中，六十四卦反倒是卦爻符号最原初的存在状态，至于说“四象”或“八卦”则是后世易学推算出来的。[③] 实际上，在卦爻辞中，我们几乎也看不到对“阴阳”的自觉。在传世《易经》文本所有64条卦辞和386条爻辞中，并无“阳”字（帛书《易》中《夬》卦卦辞有“阳于王庭”句，但此中的“阳”只能看作文字的假借，不能显示对“阳”这一概念的自觉）。“阴”字也只一见，即《中孚·九二》：“鸣鹤在阴，其子和之。”此中的“阴”也没有鲜明的“阴阳”概念的自觉。然而，通过对此时期存在的理解的“共同体”的分析，却可以得出另一结论。在殷周之际，尤其是“小邦周”克商之后，存在一个重建意识形态的过程。周公制周礼，更提出“敬德保民”“引德入礼”，不可能不会影响周代贵族群体的思想理念，也包括了“大卜诸官”。林忠军在谈及《易传》解释学的三个转向时，首先就提到“由卜筮解释转向德义解释”[④]，看来，此一过程在西周就已开

① 如《坎》卦、《离》卦、《震》卦、《艮》卦、《巽》卦、《兑》卦的卦辞或爻辞中，常可见相应的“八经卦”卦名，但是，与其说这是对八卦理念的阐发，不如说这是对本卦卦象的描述。至于说《乾·九三》所说的“君子终日乾乾，夕惕若，厉无咎”句，更不能看出此处编纂者对八卦的自觉。

② 即记载于《左传》和《国语》中的二十余个《周易》筮算的案例，它们构成了春秋易学研究中最重要的原始文献。

③ 韩仲民：《帛书六十四卦浅说——兼论易传的编纂》，《周易研究》1988年第4期。

④ 林忠军：《中国早期解释学：〈易传〉解释学的三个转向》，《学术月刊》2007年第7期。

始。此外，周代对卜筮的秩序化，也必然会引向人们对天地宇宙的理性认识，如葛兆光所言："在他们这里，时间与空间的意识渐渐滋生和膨胀，在祭神祀祖的仪式中，他们很可能会逐渐体会到宇宙、社会、人类的起源与发展。"① 在《周易》经传阐释中，德义思想的萌芽如何寻绎？在《易经》文本中，卦爻象数和卦爻辞的对比研究即是一个最佳的切入点。对比卦爻象、卦名、卦爻辞，尤其是卦爻辞中的"断占辞"——后者即"吉、凶、悔、吝、厉"等断语，我们可以发现，不论是依据后世的"八卦取象"说还是"爻位"说来解卦，它们对吉凶的判断相差无多，而后者则是明确建构在德义理念基础上的。也就是说，在《易经》编纂的过程中，"易筮的共同体"内部，筮算者已经对卦爻象体现出的吉凶关系有了朴素的认知。更为重要的是，尽管在"易筮的共同体"中，存在"蓍短龟长"的认知，然而，如王夫之所说，龟卜只有"鬼谋"，而无"人谋"；而《周易》的"大衍之数"则在鬼谋之外，参与了人谋。这既是上古先民因卜问时对生存疑难的求问所形成的心态的延展，更是周代新意识形态建构之后，对人的"德性"的认知、对历史的忧患意识的体现。对此，朱伯崑赞道："周族的农业生产力的提高，多少增强了人的自信心，其统治者在殷周之际的社会政治变革中，又重视了人的因素。这些情况反映在占卜的迷信中，于'鬼谋'之外，又参与了'人谋'。一个时代意识形态的发展，包括宗教迷信在内，总是那个时代的历史产物。"② 而这一认知显然与后世易学关系密切，甚至可以看作春秋易学的先导。

三　"士"的易学共同体

如前所述，传统易学往往将春秋易学看作西周"易筮"时代的延续，因为此时期《易传》尚未成型，而筮占仍然是易学应用的主流。然而，在阐释学的视域中，相对于易筮时代，春秋易学已经发生了巨

① 葛兆光：《中国思想史》，复旦大学出版社 2003 年版，第 385 页。

② 朱伯崑：《易学哲学史》，昆仑出版社 2005 年版，第 9 页。

大变化，最昭著者便是“士”的崛起。约当春秋早期，随着周王室控制力的削弱，出现了“天子失官，学在四夷”的现象，也就是《史记·历书》所载的“幽厉之后，周室微，陪臣执政，史不记时，君不告朔，故畴人子弟分散，或在诸夏，或在夷狄，是以其禨祥废而不统”。[①] 此后，各诸侯国中执掌卜问、解释吉凶的士人逐渐增多。对于“士”，顾颉刚曾将之界定为“低级之贵族”，余英时进一步指出，春秋时崛起的士介于大夫与庶人之间，是一个特殊的阶层。[②] 他们不再是由周天子直接控制的贵族群体，其中很多人更是从贵族降为“士”，如《左传·昭公三年》叔向言晋国公室：“吾虽公室，今亦季世也。戎马不驾，卿无军行，公乘无人，卒列无长，庶民罢敝……栾、郤、胥、原、狐、续、庆、伯，降在皂隶。”[③] 他们接受过正式的、规范的教育，但又没有了“祝、卜、宗、史”的特权，阶级地位的下降使他们出仕于春秋诸国，凭借自身的文化优势，成为春秋时期主流文化尤其是易筮文化的传承者和操作者。在春秋末叶，士庶之分进一步模糊，很多庶民，即“民之秀者”也凭着耕战和学业升为有职有分、参与戎祀的“士”。正是这一群体，因其多为各国执事者，其心态自然不同于巫史贵族。在春秋这个“礼崩乐坏”的时代，他们失去周礼宗法制度的庇佑，更多地依靠个人的努力；对于卜筮的阐释，则更多地信从“人谋”，对冥冥天意不再盲从。也正是在这个群体之间，易学的解释权逐渐从卜官手中解放了出来，易学悄然发生了变化。

最值得注意的变化是，从西周晚期开始，《易》文本已经基本定型，在整个春秋时期，实现了统一、稳定的传播和接受。春秋易学最重要的原始材料是记于《左传》《国语》的22条筮例。学界很多学者将“《左》《国》二十二例”引卦爻辞与传世《易经》做了对比，发现：两者文字基本相同者有14例，文义相通者4例，仅有4例文义相差悬殊。[④] 在“二十二例”中，最早的筮例记于鲁庄公二十二

---

① （汉）司马迁：《史记》，中华书局1982年版，第1258—1259页。

② 余英时：《士与中国文化》，上海人民出版社1987年版，第9—11页。

③ 李梦生：《左传译注》，上海古籍出版社1998年版，第940页。

④ 吴前衡：《传前易学》，湖北人民出版社2008年版，第195—202页。

年，最晚的记录见于鲁哀公九年，时间越两百年、地跨数千里而文本却呈现出惊人的一致性；对比帛书《易》与传世《易》，除了通假字写法的差异，两者文本是基本相同的。可见，在此“共同体”中，《易经》文本是相当稳定的。尽管此时仍然存在“三易共筮”的现象，但春秋士人共同选择了周《易》，不仅仅因为它是周人筮法，更主要的，恐怕还是其中人文理性的蕴藉。此外，春秋易学的筮法也出现了巨大的变化，那就是“八卦取象”说。如果说周幽王二年伯阳父解说“阴阳”概念时已经隐含着对“震卦”卦形的意识，在“二十二例”中，几乎全部解卦原则都是依照八卦之间的象数关系来阐释的。而《易传》中常见的爻位说却从未提及，甚至标示爻位的爻题都以“A 之 B”来表示。另一个伟大变化是“吉凶由人”说，最典型的筮例就是《左传・襄公九年》鲁国穆姜“迁于东宫”。在这个筮例里，穆姜从自己的“德行”出发，判断自己凶多吉少。这种注重德行的解卦理念在《左传》所记的其他筮例中也得到体现，《易经》文本中的吉凶判断已经失去了权威，这也影响了易学本身的存在状态。孔子云“不占而已矣”（《论语・子路》），荀子云“善为易者不占”（《荀子・大略》），大概都是这种思想的体现。在易学阐释学的历史中，这一变化意义重大。由于易学共同体的变化，对易筮的阐释逐渐开始应用新的规则，它不但带来了新的筮法，更开启了《易传》哲学。春秋晚期，孔子正是以“士”的易学入手，重新梳理了儒门易学。

四　儒门易学的共同体

先秦易学最后一个共同体是“儒门易学”的共同体。此共同体的形成始自春秋末年，殆无疑义。然而，这一时期的易学阐释共同体是否等同于孔门儒士？以往易学曾有“四圣一揆”的说法，以伏羲、文王、周公、孔子为《周易》的四位作者，其中，以孔子为《易传》的作者争议最为激烈，而前三者大约都归于传说，并不可信。这是因为，前三“圣”确实难以成为卦爻象和卦爻辞的独立作者，但《易传》则鲜明呈现出了孔子易学的思想体系，各篇中引孔子言论也特别多。从这些引文出发，再参以帛书《二三子问》《要》《易之义》等篇，我们也可看到，孔子解易几乎不覃及卦爻象，完全是以义理来阐释卦爻，甚至不讲卦爻辞，直接阐述《易》之德义。因此，虽然孔子创作《易传》全篇似无可能，但以孔子易学为《易传》时代的开创者概无疑义。在《史记·仲尼弟子列传》中，孔门传易的谱系是非常清晰的：“孔子传易于瞿，瞿传楚人馯臂子弘，弘传江东人矫子庸疵，疵传燕人周子家竖，竖传淳于人光子乘羽，羽传齐人田子庄何，何传东武人王子中同，同传菑川人杨何。”①实际上，这只是孔子传易的一派而已，孔子的“有教无类”，使大量平民子弟得授六经，在战国时代易学中，儒门易学是绝对的主流，《易传》就是最好的代表。当然，道家、法家思想对《易传》和儒家易学的影响是不能否认的，高怀民更以“道家易”“筮术易”和儒门易并列成三家。虽然孔子曾问学于老子是有待考证的传说，但《易传》的阴阳哲学与老庄哲学颇有相通之处，帛书《易》各篇更可看出黄老的思想；《大象传》中“君子以明罚敕法”（《噬嗑·象》）“君子以赦过宥罪”（《解·象》）“君子以议狱缓死”（《中孚·象》）等多条都显现了法家思想的痕迹。然而，从战国时代易学文献的“效果史”来看，不论是道家易还是筮术易，都处于隐遁不显的状态，其影响均融入了儒门易之中。综观《易传》各篇，继承孔子义理解易的思路成为主流：《文言》《系辞》等篇自不待言，如《象传》虽然着力于“象”，但解卦时依然力图回归义理的轨道；《序卦传》《杂卦传》等篇，分别对卦序做了系统解说，虽然很多阐释显得牵强但是义理易学的倾向就更为明显。从近年来出土的战国简帛尤其是各类楚简来看，其文本体系均与《易传》有着密切的联系，在学理上一脉相承。

“儒门易学”因其材料的丰富，尤其是传世《易传》和诸多出土简帛的参照，学界对《易传》的研究，包括《易传》各篇的成书年代、《易传》义理的梳理、《易传》解经研究等，已非常深入和完善。不过，在阐释学的视域下，“儒门易学共同体”的还原，对易学文本的研究、易学思想史的研究，乃至中国阐释学的建构都有重要的启示

---

① （汉）司马迁：《史记》，中华书局1982年版，第2211页。

意义。概言之，儒门易学“共同体”之阐释意义，在以下三点。

首先，启发性。在传世和出土诸文献中，最具启发性者当然是《易传》。相对于春秋易学，《易传》又分别在哲学和筮法两个层面上做出了启发性阐释，尤以筮法的启发意义最昭著。《易传》各篇，除《彖传》《大象》《说卦》承继了“士”易学八卦取象说外，《彖》《小象》等传又新创了爻位说，朱伯崑概括了六说：1. 当位说；2. 应位说；3. 中位说；4. 趋时说；5. 承乘说；6. 往来说。在解卦爻时，往往“哪种说得通，就用哪种方法”。[①] 在《系辞传》阐发“大衍之数”时，更在筮法的基础上联系宇宙观和人生观，使得这一卦爻体系更具上联下达的启发性，后世的汉易和宋易便是在《易传》的启发下不断生发这一卦爻体系，使易学阐释共同体不断演进。

其次，整合性。战国诸子均或多或少呈现出整合各家的倾向，这也是春秋末期士庶而儒门易整合了齐、晋、楚诸地儒道诸家，对后世的易学阐释影响深远。具体来说，《易传》分别在两个维度实现了整合。在共时维度，它以易道为核心，将“阴阳”“乾坤”“元亨利贞”等范畴本体化，从宇宙观、世界观，再到人生观，建构了一套完整的《周易》哲学。在历时维度，它生发了《周易》的“时”义，在“生生”之易的统照下，整合六十四卦序和每卦六爻的升降往来之变化，此中，春秋易学的取象和取义说都得到了动态的整合。

最后，开放性。“开放性”是阐释学最重要的概念。[②] 虽然易学阐释的“共同体”总有清晰的公约性和边界，但他们也总以建构开放性的易学体系为旨归。一方面，《易传》强调“易与天地准”，将卦爻体系和易道推到中国哲学最核心的地位，其包容性也因“同归殊途”而达到无以复加的程度。另一方面，《易传》不断强调观象系辞的重要意义，“穷神知化，德之盛也”，“通神明之德，类万物之情”，更启示人们“见仁见智”，使易学不断向后学开放。

---

① 朱伯崑：《易学哲学史》，昆仑出版社 2005 年版，第 63—67 页。

② 窦可阳：《论接受美学的开放性》，《社会科学战线》2014 年第 3 期。

宋代绘画艺术的阐释观*

刘桂荣**

宋代的绘画阐释异常丰富，其生成于博广深厚的文化境域，阐释者包括皇族贵戚、文人士大夫和绘画史论家、绘画创作者，阐释对象包括画家、作品、创作对象、鉴赏者、媒材等，阐释方式除了画论还有大量的题画诗、题跋、画记等，阐释活动也成为文人们的博观雅好，或者说是一种生活方式。纵观宋代的绘画阐释思想，始终贯穿着文人的问题意识和精神气质，这种精神特质甚至超越绘画本身。

一 “自在之我”的自我阐释

宋代的绘画批评中彰显着强烈而鲜活的自我意识，这种意识贯穿于“心”“意”“自得”“自适”“自娱”“自作宗祖”“创新”思致等阐释观中，这些观念的生成有着深厚的哲学思想渊源，呈现并建构着阐释者内在的文化心理结构及其精神旨趣。

宋代绘画阐释者以“心”为基底论画，提出“心画”观念。“心画”出自汉代扬雄，曰：“故言，心声也；书，心画也。”① 这里的“书”并非指书法，而是指书辞文章，宋代阐释者承继了“心画”之说，朱长文以“心画”论书法，后《宣和书谱》多次使用“心画”

---

* 本文为国家社科基金后期资助项目“宋代艺术哲学思想研究”（项目编号：17FZX007）的阶段性成果。本文原刊于《西北大学学报》（哲学社会科学版）2020年第4期。

** 作者单位：中国艺术研究院艺术学研究所。

① 王荣宝：《法言义疏》，中华书局1987年版，第160页。

论书，南宋朱熹也有“谛玩心画，如见其人”的书评；郭若虚以之阐释绘画，曰：“夫画犹书也。杨子曰：‘言，心声也。书，心画也。’”[①] 这应该是最早以“心画”论及绘画的思想。米芾之子米友仁更加明确，曰：“子云以字为心画，非穷理者其语不能至是。画之为说，亦心画也。上古莫非一世之英，乃悉为此，岂市井庸工所能晓?”[②] 米友仁将“心画”之说上升到“穷理者”“一世之英”的高度，并以此区分“市井庸工”，因此，“心画”观念就成为精英与工匠相区隔的阐释标准。邓椿的《画继》中言李石之画，“风调远俗，盖其人品既高，虽游戏间而心画形矣”[③]。邓椿不仅以此将心画和雅俗、人品观念相关联，且“游戏”一词强调了创作主体对技术的超越，呈现出创作的状态，而“心画”则将“游戏”归根于“心”之支撑。

郭若虚在《图画见闻志》中以“心印”“心源”阐释“气韵”之说，认为“气韵必在生知”，得自天机，出于灵府，“且如世之相押字之术，谓之心印，本自心源，想成形迹，迹与心合，是之谓印。爰及万法，缘虑施为，随心所合，皆得名印。矧乎书画发之于情思，契之于绡楮，则非印而何?”[④] 所谓“生知”便将画之品归为作者主体自我，进而落实到自我之心源，书画作品便是“心印”，“本自心源”进一步确定了书画之本体，而“心印”明晰了主体自我和作品之间的决定与被决定的关系，实为“作者中心论”的观点，意义在于改变了赏鉴品评绘画的标准，确立了自我之主体意义。米芾提出“心匠”观，曰：“大抵牛马人物，一模便似，山水摹皆不成。山水心匠自得处高也。”[⑤] 在米芾看来，牛马人物画可摹写，而山水不可摹，缘由在于一个是形似，一个是心匠，形似的评价标准在于外在的物象，而心匠之作只属于自我。米芾还强调“好艺心灵自不凡”，凸

① （宋）郭若虚：《图画见闻志》，《景印文渊阁四库全书》第 812 册，台北：商务印书馆 1983 年版，第 514 页。

② （明）朱存理：《铁网珊瑚》，广陵书社 2012 年版，第 697 页。

③ （宋）邓椿：《画继》，《景印文渊阁四库全书》第 813 册，台北：商务印书馆 1983 年版，第 516 页。

④ （宋）郭若虚：《图画见闻志》，《景印文渊阁四库全书》第 812 册，台北：商务印书馆 1983 年版，第 514 页。

⑤ 卢辅圣：《中国书画全书》，上海书画出版社 1993 年版，第 979 页。

显心灵的独特性。沈括同样以“心匠”观阐释相国寺之弹琵琶的壁画，并“以心造，以境求”彰明心之创造性。《宣和画谱》也以此评画，如“肃心匠甚巧，不特善画山水，凡创物足以惊世绝人”[①]。揭示出燕肃“心匠”之创造意。

“心”是本体论上的概念，而“意”则是心之发动者。董仲舒认为“心之所之谓意”[②]。朱熹曰：“心者，身之所主也。诚，实也。意者，心之所发也。”[③] 意，从心之所发，可为志、为思、为趣、为情等，是一个主体性范畴。在宋代绘画阐释中，“意”的使用成为显著特征，可谓是一种文化景观，其阐释对象包括创作者、作品和创作对象，这样就有了“我意”“画意”和“物意”，而“意”的内涵也体现出多种层面，但“自我”指涉是其核心思想。

欧阳修在对《盘车图》的阐释中提出“得意”观；“古画画意不画形，梅诗咏物无隐情。忘形得意知者寡，不若见诗如见画。”[④] 欧阳修此言虽着墨不多，但意涵丰富，这里可谓有三个“借”：其一，借好友梅尧臣的诗意来阐释画意，提供的是诗画融合的场域，也成为苏轼“诗画一律”观的前言；其二，借古言今，所谓“古画画意”不过是今之理想画意；其三，借画言说自我，其“忘形得意”之形意观是落实到“自得”上，“画意”成为自我之投射，这里的“自我”涵纳创作者和鉴赏者，“知者寡”意在批评重形忘意之观念。这种阐释在沟通古、今作者读者和诗画中确立自我。

“得意”观被诸多阐释者接受，如黄庭坚言道：“惠崇与宝觉同出于长沙，而觉妙于生物之情态，优于崇。至崇得意于荒寒平远，亦翰墨之秀也。”[⑤] 黄庭坚指出二者的区别一个是在物之情态，一个是得于己意，并指出“荒寒平远”之意趣，以此评价惠崇之作为“翰墨之秀”，显示出其阐释趣向。米芾赞米友仁之戏作为其得意作也；郭思记载其父郭熙的创作每乘兴得意而万事俱忘；沈括认为宋迪“天

① （宋）赵佶：《宣和画谱》，王群栗校注，浙江人民美术出版社2012年版，第123页。
② （清）苏舆：《春秋繁露义证》，钟哲点校，中华书局1992年版，第314页。
③ （宋）朱熹：《四书章句集注》，中华书局1983年版，第3页。
④ （宋）欧阳修：《欧阳修全集》，中华书局2001年版，第99—100页。
⑤ （宋）黄庭坚：《山谷题跋》，上海远东出版社2011年版，第79页。

趣”“活笔”之潇湘八景为其得意之作。

“意”在自得，阐释者在画作、画事中强调“我”之心性，“自得”“自适”“自娱”都指向生命之“自在”。苏轼在《书朱象先画后》中提出“文以达吾心，画以适吾意”的“适意”观，揭示出“无心而适意”的创作理念；在《跋文与可墨竹》中通过阐释文同之画竹提出“意有所不适”而创作则为病矣；《雪堂记》中通过阐释自家雪堂四壁之雪图提出“散人之道”，这是潇洒放旷、自得自适的生命归家之道；其《赠写真何充秀才》曰：“问君何苦写我真，君言好之聊自适。”① 苏轼质疑写真，在他看来，自身同“写真”最终不过是空幻无物，何如生命本真之自适；《高邮陈直躬处士画雁二首》云：“野雁见人时，未起意先改。君从何处看，得此无人态。无乃槁木形，人禽两自在。……众禽事纷争，野雁独闲洁。徐行意自得，俯仰若有节。”② 苏轼的阐释透过“形”而着“意”，融入物象之中同其“自在”；郭若虚《图画见闻志》承继张彦远“自娱”之说，用“高尚其事，以画自娱”阐发李成、陶守立、袁仁厚等；《宣和画谱》以“荒远闲暇，亦自有得意处”阐释宗室赵令穰，以“雅以丹青自娱”评赵宗汉。这种思想在书法、音乐、园林等艺术中都有体现。

“创意”与“游戏”到宋代成为新的阐释向度，如郭若虚之“自成一体”“别是风规”；刘道醇之“创意自我”“自发新意”；韩拙之“自立家法”；黄休复之“创意立体”；程俱赞米芾为不蹈袭前人“皆自我作”之“千载”人；楼钥言米元晖“自成一家”；《宣和画谱》之“自是一家”等。苏轼释画曰：“游戏得自在”③，“适意无异逍遥游”④，正如惠洪赞其创作是“游戏翰墨”；米氏父子“放笔一戏空”，打破王维画坛宗祖地位，“观其笔意，但付一笑耳”⑤，“余墨戏颇不凡”⑥；《宣

① （宋）苏轼：《苏轼诗集》，（清）王文诰辑注，中华书局 1982 年版，第 587 页。

② （宋）苏轼：《苏轼诗集》，（清）王文诰辑注，中华书局 1982 年版，第 1286—1287 页。

③ （宋）苏轼：《苏轼诗集》，（清）王文诰辑注，中华书局 1982 年版，第 1439 页。

④ （宋）苏轼：《苏轼诗集》，（清）王文诰辑注，中华书局 1982 年版，第 236 页。

⑤ （明）朱存理：《铁网珊瑚》，广陵书社 2012 年版，第 697 页。

⑥ 俞剑华：《中国画论类编》，人民美术出版社 1986 年版，第 684 页。

和画谱》言居宁“好为戏墨”，童贯“弄翰游戏”，赵令穰“游心经史，戏弄翰墨”等，“创意”与“游戏”的阐释成为一种症候，意在破除笔墨媒材和规约的限制而舒展畅达自我之心性，将“我”放之于天地之间识取并昂扬生命的自在和意义，这区别于西方阐释学的“游戏”，也异于西方汉学家政治隐喻的诠释。

绘画中的“自我”诠释生成于别样之文化场域，文人士大夫等对生命的穷究、对生存状态的感悟、对天地万物的认识都强化着自我生命之思，从思想渊源上讲，禅宗“自心自性”的影响无疑是重要的维度。《五灯会元》中有云：“茫茫宇宙人无数，一个个鼻孔辽天。”[①]所谓“鼻孔辽天”即是识得自性而为一自在人。宋代禅宗典籍中多有“主人公”“直须认取主人翁”“独坐大雄峰”“拄杖子”等公案，大慧宗杲论“疑”倡“破”，德山、义玄、马祖、赵州等狂禅思想意趣都是在倡扬自我之本来面目。苏轼曾有《钱道人有诗云“主人翁”，作两绝戏之》云：“首断故应无断者，冰销那复有冰知。主人若苦令侬认，认主人人竟是谁。有主还须更有宾，不如无镜自无尘。只从半夜安心后，失却当前觉痛人。”[②] 自为宗祖，自作主人，消解主宾，为一透脱人。“自我”之阐释是阐释者自我意识的觉醒，也是在理解他者中确证自身，根深处便是对生命意义的省思，这在中国艺术思想史中都是一独特的风景。

二　文人士夫的身份建构

在绘画的阐释中，读者往往会更加关注阐释的对象，将阐释对象及其承载的东西作为对象之真而接受，而阐释者为谁？阐释为何？阐释者如何将自身嵌入或融入到阐释对象中？阐释的境域以及效果如何等问题往往被忽视，这其中一个重要的问题便是身份问题。在宋代绘画阐释中，阐释者的主体是文人士大夫，在这些人中，自然存在着同一时空中的文化场域以及前后相继不同时空的文化场域，文化场域建

---

① （宋）普济：《五灯会元》，中华书局1984年版，第1045页。

② （宋）苏轼：《苏轼诗集》，（清）王文诰辑注，中华书局1982年版，第2525页。

构并影响着身份，而身份在绘画领域中的出场也是一种建构和被建构的过程。作为绘画阐释者的宋代文人士大夫在阐释的过程中，有种自我身份阐释和建构的现象，这也是宋代所特有。

“文人”和“士夫”身份的强调及其与画工的分别，一直是绘画阐释思想的重点和节点，始终贯穿在两宋的相关阐释中。苏轼曾言：“文人之盛，莫如近世。”① 文人阐释绘画既是个人鉴赏之雅好、群体风气之推动，同时也是问题意识之自觉。中国“文人画”观念的确立必自苏轼阐释宋子房画作始：

> 观士人画，如阅天下马，取其意气所到。乃若画工，往往只取鞭策皮毛槽枥刍秣，无一点俊发，看数尺许便卷。②

苏轼这里以阅马而言说观画，便揭示出“形意”问题，那何以要注重马之“意气”？因为是“士人画”，这便由作品视界转移到创作者，这即是“士人”与“画工”的区隔，那“意气”便成为区分身份的表征。所谓“意气”，对苏轼而言，便是儒家之浩然刚正之气、道家之萧散超然之气、禅家之清明空无之气，彰显的是文人士夫的生命质地和精神趣向。苏轼这里的“观”是从读者而入，从作者而出，实际是打通二者的主体身份，从中也可见出强烈的自我身份及其画作身份的问题意识。

这种观念非苏轼所独有，郭若虚《图画见闻志》除了按时代和题材对绘画进行阐释，还以身份区别创作主体，单列“王公士夫一十三人”，并谈到僧德符一壁画，“观者如市，贤士大夫留题凡百余篇，其为时推重如此”③。可见士大夫参与阐释的盛况及其身份所承载的权威性，而且这种情况并非特例，“窃观自古奇迹，多是轩冕才贤岩穴上士，依仁游艺，探赜钩深，高雅之情，一寄于画”④ 所谓“轩冕

① （宋）苏轼：《苏轼文集》，（清）王文诰辑注，中华书局1986年版，第1793页。

② （宋）苏轼：《苏轼文集》，（清）王文诰辑注，中华书局1986年版，第2216页。

③ （宋）郭若虚：《图画见闻志》，《景印文渊阁四库全书》第812册，台北：商务印书馆1983年版，第530页。

④ （宋）郭若虚：《图画见闻志》，《景印文渊阁四库全书》第812册，台北：商务印书馆1983年版，第514页。

才贤岩穴上士”指称文人士大夫中品性才情高洁超拔之人，显然，郭若虚这里有明晰的身份意识，并指出这种身份之于绘画的理想意义。郭熙《林泉高致集》中也论到这种身份问题，“而今为士大夫之宝，则世之俗工下吏，务眩细巧，又岂知古人于画事别有意旨哉!”① 郭熙以批评的视角指出士大夫应有的绘画意旨，“世之俗工下吏，务眩细巧”，显然不符合士夫的身份。韩拙曰：“今有名卿士大夫之画，自得优游闲适之余，握管濡毫，落笔有意，多求简易而取清逸，出于自然之性，无一点俗气，以世之格法，在所勿识也。”② 明确指出士大夫的审美旨趣，并依此为评价标准，且批评当时鉴赏者并未有足够的认识。刘道醇曰：“士大夫议为花果者，往往崇尚黄筌、赵昌之辈。”③ 批评士大夫宗尚黄筌、赵昌，可以看出围绕黄筌、徐熙二人风格的争议在文人士大夫间的反映，最终徐熙野逸风格被接受有赖于文人士夫群体的参与。

到宣和时期，《宣和画谱》虽说代表画院的观点，但“文人才士”“士大夫”之观念趣味却频频出现并成为阐释的支撑。《山水叙论》言道：“其非胸中自有丘壑，发而见诸形容，未必知此。且自唐至本朝，以画山水得名者，类非画家者流，而多出于缙绅士大夫。”④ 指出山水画的创作身份及其心性本根，从而将山水画区别于“画家者流”。《画谱》作者多从士大夫的维度阐释画家的作品，如言贯休流布士大夫间；李公麟得四方士大夫称赏；宗室仲儞与士大夫游观并随意作画，率有佳趣；巨然每下笔乃如文人才士；文臣刘采颇为士人所推誉等。

北宋末至南宋时期的邓椿考究唐宋两朝名臣文集和图画纪咏著成《画继》，按照“圣艺”“侯王贵戚”“轩冕才贤”等身份之别和题材类型进行阐释，“文人”立场非常明确：

---

① 俞剑华：《中国画论类编》，人民美术出版社 1986 年版，第 648 页。

② 俞剑华：《中国画论类编》，人民美术出版社 1986 年版，第 676 页。

③ （宋）刘道醇：《圣朝名画评》，《印文渊阁四库全书》第 812 册，台北：商务印书馆 1983 年版，第 469 页。

④ （宋）赵佶：《宣和画谱》，王群栗校注，浙江人民美术出版社 2012 年版，第 98 页。

> 画者，文之极也。故古今之人，颇多著意。张彦远所次历代画人，冠裳太半。唐则少陵题咏，曲尽形容。昌黎作记，不遗毫发。本朝文忠欧公、三苏父子、两晁兄弟、山谷、后山、宛丘、淮海、月岩，以至漫仕、龙眠，或评品精高，或挥染超拔。然则画者，岂独艺之云乎？难者以为自古文人，何止数公？有不能且不好者，将应之曰："其为人也多文，虽有不晓画者寡矣；其为人也无文，虽有晓画者寡矣。"①

邓椿将绘画作为"文之极"来立论，阐释出以文人身份为主导的唐宋绘画谱系，并扩充到"自古文人"之绘画，这种观点可以说是北宋以来文人身份在绘画领域建构的总结性陈词，虽然有将绘画史定义为文人画史之偏颇，但也足以说明文人的绘画观念在宋代的接受盛况。

文人士大夫身份在绘画阐释中可谓是群体出场，但这种出场绝不仅是社会身份认同的标签，应该说更为根本的是文化身份的出场，其底色是文人的，是文人在绘画领域话语权的建构，其展现的是文人自身内在的精神诉求，这种诉求是立体的整体性存在，其中"主体"形象的塑造是一以贯之的，包含着诸多层面：其一是个性的、独立的"自我"，如文同、朱象先等"能文而不求举，善画而不求售"，米芾"颠狂"，米友仁"墨戏"，李成自称儒者而弄笔自适，凸显这些人不趋附豪贵为人役使的"士气"；其二是博学富藏、雅鉴游艺，如李公麟之博学精识、喜藏书画，王诜耕猎文史、精通善鉴，韩拙"论古今学者"一篇，从天性、人性而释学进而释画，将画之学养提升到天性本体高度，如此等等，将创作者和鉴赏者博通经史、富藏书画和崇雅绝俗的雅集赏鉴等作为主体文化身份的表征；其三是诗画一律、书画本同，这种观念的阐释者往往也是创作者和鉴赏者，如欧阳修、苏轼等文人群体以及画论家，诗画酬答、题跋等阐释方式也体现着这种观念，画院以诗书画博通的"博士"主管以及以诗入试的艺术机制等

---

① （宋）邓椿：《画继》，《景印文渊阁四库全书》第813册，台北：商务印书馆1983年版，第546页。

共同营建了“通艺”的主体形象；其四，胸次洒落、胸中君德之心性主宰，一方面是艺品即人品、画中有苍生的儒家伦理，一方面是庄禅的超拔萧散、平淡天真之心性，是天地万物大生命下的“主体”存在。因此，宋代绘画阐释中的主体性“身份”是基于自身宇宙生存和心性根植的身份建构，应在“大生命”视域下识取。

三　物通为一的大生命视域

在中国哲学视域中，“道”为天地之本，天下万物交感遂通而归为本体之“道”。中国艺术建基于此，从而成就了“大生命”的艺术世界。所谓“大生命”即是广大之宇宙生命，博大之精神文化生命；所谓“一”，即“惟初大极，道立于一，造分天地，化成万物，凡一之属皆从一”①。“一”即“道”，即宋代理学之“理”；所谓“物”，“凡可见者，皆物也”②。苏轼认为：“易将明乎一，未有不用变化、晦明、寒暑、往来、屈信者也。此皆二也，而以明一者，惟通二为一，然后其一可必。”③ 这样，天人、人人、人物之生命自然以“通”，天然以“合”。

中国艺术哲学中自古就有追问绘画本质的思想，从伏羲画八卦、庄子之解衣磅礴、孔子之“绘事后素”，到顾恺之的“悟对通神”，王微的“图画与《易》象同体”，谢赫之“明劝诫、著升沉”等，从伦理之功、圣人之意、天性自然维度探究画之真理。唐代符载在论张璪所画松石时提出“艺道”问题，“观夫张公之艺非画也，真道也。”④ 明确“艺”即“道”，而“真道”便是以虚静之心为主体，心与万物通达之创作。宋代对“画道”的讨论更加明晰且更加哲学化。

苏轼以理学论画道，曰：“天地与人一理也”⑤，“物一理也，通

① （汉）许慎：《说文解字》，上海古籍出版社1981年版，第1页。
② 曾枣庄、舒大纲主编：《三苏全书》，语文出版社2001年版，第351页。
③ 曾枣庄、舒大纲主编：《三苏全书》，语文出版社2001年版，第351页。
④ 俞剑华：《中国画论类编》，人民美术出版社1986年版，第20页。
⑤ 曾枣庄、舒大纲主编：《三苏全书》，语文出版社2001年版，第350页。

其意，则无适而不可。分科而医，医之衰也；占色而画，画之陋也。和、缓之医，不别老少，曹、吴之画，不择人物。谓彼长于是则可也，曰能是不能是则不可。”① 天地万物“一理”因而意可通，从而则“无适而不可”，因此，画不别人物，不以色分。以“医”来阐释，是从生命的整体相通性而言，画相通，且诗书画等“艺”相通，“艺”与天地万物通而为“一”。苏轼主张“有道有艺，心手相应”，这样，人之画就能与万物交。韩拙论道：“夫画者，肇自伏羲氏画卦象之后，以通天地之德，以类万物之情。”② 以本体释画，画之为物在于沟通万物之生命。《宣和画谱·道释叙论》以孔子“志于道，据于德，依于仁，游于艺”而阐释“艺道”：“艺也者，虽志道之士所不能忘；然特游之而已。画亦艺也，进乎妙，则不知艺之为道，道之为艺。”③ 这可谓宋代最为明确的艺道观的阐释了，在“道”本的基础上言“艺道为一”，虽有伦理的向度，但其视域也是通向天地宇宙的，理学之“浑然天地万物一体”“放下身来与万物一例看”的观念支撑着绘画的哲学阐释，体现出天地大生命的视域。

宋代以“理”论画成为普遍的现象，如苏轼的“常形常理”“形既不可失，而理更当知”的“形理”，“要以人理考之”的“人理”；韩拙的“明乎物理，度乎人事”；刘道醇的“变异合理，狂怪求理”等，这些“画理”包涵着物理、生理、自然之性理和宇宙万物之天理。西方汉学家如高居翰和国内一些学者将“理”偏向“物理”之“写实”“格物”等形象和认知层面的阐释，排斥文人倾向的解读，这未免偏颇，宋代理学视域下的绘画阐释也是在“天理”而“人理”“物理”的思想框架下进行的，“物一理也”，即便是“物理”之认知也涵纳身心对万物的体验领悟，人与物通而为一，因此，阐释者往往会将“物理”与“生理”“性理”“情理”“天理”打通，如对花鸟虫鱼、枯木怪石、寒林雪景、云山烟雨等意象的阐释，都会由“物理”“生理”而至天意奥理之生命维度。

---

① （宋）苏轼：《苏轼文集》，（清）王文诰辑注，中华书局 1986 年版，第 2181 页。

② 俞剑华：《中国画论类编》，人民美术出版社 1986 年版，第 659 页。

③ （宋）赵佶：《宣和画谱》，王群栗校注，浙江人民美术出版社 2012 年版，第 6 页。

倡导物化、物趣而又超越于物，宋人的绘画阐释中始终体现着超越之思。这种超越可从如下方面悟解：

其一，不为“物”役，复归本心。苏轼在《宝绘堂记》中有“寓意于物”与“留意于物”的详细阐释，提出“君子可以寓意于物，而不可以留意于物”，因为“寓意于物，虽微物足以为乐，虽尤物不足以为病”，而“留意于物，虽微物足以为病，虽尤物不足以为乐”，认为这是颠倒错谬失其本心所然①。苏轼此论是反省自己，也是针对当时文人士大夫书画交游中为物所累的现实而言。郭若虚释宋澥姿度高洁，不乐仕进，善画山水林石，与物冥通。张怀提出“人为万物之最灵者也，故合于画”，批评“心为绪使，性为物迁，汩于尘坌，扰于利役，徒为笔墨之所使耳，安得语天地之真哉！”② 将画作为万物之灵的体现，而灵在于心要超越物役，不被驱使，从而得天地之真。苏轼和张怀所言，意即不论是作为物之“画”，还是画所描绘之物，都要保持人之自在之心灵。

其二，“物外形、画外意”的意外之趣。宋代阐释者不仅提出“写意”观，且追求画外之意趣，如欧阳修之“含不尽之意，见于言外”，苏轼之“萧然有意于笔墨之外”等思想。郭熙曰：“春山烟云连绵人欣欣，夏山嘉木繁阴人坦坦，秋山明净摇落人肃肃，冬山昏霾翳塞人寂寂。看此画令人生此意，如真在此山中，此画之景外意也。……看此画令人起此心，如将真即其处，此画之意外妙也。”③“景外意”“意外妙”是超越画之形象而如入真境，体悟到了与山川悠游之妙谛。这种意外之趣，是“言象意”观念的扩展，画面中的物象代表着尘纷和有限，超越有限便是彼岸的理想世界。意外趣是文人“意造”的世界，有隐逸的情思，但“何以隐”？归根到底，还是心性的游艺，是由对现实的省思而通达天地万物，是由物而非物，由艺术之真而至生命之真的性灵追求。

其三，归家与无家。郭熙在《林泉高致·山水训》中阐释了“君

① （宋）苏轼：《苏轼文集》，（清）王文诰辑注，中华书局1986年版，第356—357页。
② 俞剑华：《中国画论类编》，人民美术出版社1986年版，第680页。
③ 俞剑华：《中国画论类编》，人民美术出版社1986年版，第635页。

子之所以爱夫山水之旨”，以及“世之所以贵夫画山水之本意”①，将所常处、常乐、常适之林泉之志、快意人心安放于山水画中，这样，山水画所构建的“即物非物”的世界就成为君子之精神家园。进而郭熙又提出“可行、可望、可游、可居”之“四可论”，认为“可行可望不如可居可游”，主张“画者当以此意造，而鉴者又当以此意穷之，此之谓不失本意。”② 四可中，“可居可游”是理想的诉求，是“本意”，因为“可居可游”是身心所安所适所乐之地。正如苏辙《墨竹赋》言文同将所好之道放乎于竹，朝与竹游，暮与竹为朋，饮食乎竹间，偃息乎竹荫，如此，竹的世界便是文同身心放达适意的世界。

苏轼画赞云：“先生养生如牧羊，放之无何有之乡。止者自止行者行，先生超然坐其旁。”③ 画中的“无何有之乡”便是文人超越现实存在的理想居所。在题王晋卿画作中云：“毫端偶集一微尘，何处溪山非此身。狂客思归便归去，更求敕赐枉天真”。“斜风细雨到来时，我本无家何处归。仰看云天真箬笠，旋收江海入蓑衣。”④ 苏辙也有诗相和。苏轼兄弟在友人的画中看到的是自身生命的现世存在：身如溪山具微尘，扁舟漂泊难系身；归家亦无家，寻家与归家中，家即是生命的旨归，要超越现实的种种局限，找寻生命的意义支撑，这是文人的精神企盼，彰显着对现世生命存在意义的终极追问，但同时悟到“无家”才是根本，无家便天地为家，“仰看云天真箬笠，旋收江海入蓑衣”，这是真正的大自在大解脱。

宋代绘画阐释中贯穿着自我主体的醒悟和高扬、文人身份的理解和建构，以及天地万物大生命的物通为一、艺道为一，从中彰显着对生命意义的探问和理想的诉求，其思想具有足够的穿透力，可照彻当下的生存。

① 俞剑华：《中国画论类编》，人民美术出版社 1986 年版，第 632 页。

② 俞剑华：《中国画论类编》，人民美术出版社 1986 年版，第 632—633 页。

③ （宋）苏轼：《苏轼文集》，（清）王文诰辑注，中华书局 1986 年版，第 608 页。

④ （宋）苏轼：《苏轼诗集》，（清）王文诰辑注，中华书局 1982 年版，第 1774 页。

“典”的运用：一种文学阐释公共性的生成与嬗变*

刘　欣　李　立**

用典是中国具有鲜明民族色彩的诗文创作方式，胡适就曾指出：“自中古到近代，中国诗文简直是典故的天下。”① 事实上，“典”的运用对中国古典诗文的接受与阐释产生了重大影响，作为中国古典文学阐释机制的重要生发环节，其对我们理解中国古典文学阐释的公共性内涵、进而建立文学阐释学的中国理论话语具有重要启示意义。

一

在西方，“典”肇造于古希腊时期浓厚的论辩氛围，在其时致力于“说服的论证”的修辞学中，“典”的运用被认为有利于论者在演说与论辩中增强自身观点的可信性。西方文学史上的用典现象也时有发生，但这种用典并未形成通行的艺术法则。与西方相较，中国则具有十分显著而悠久的诗文用典传统，在此传统下，“典”不但具有立论有据的论辩功能，而且还具有含蓄其意、凝练形式、美化词句等更为丰富的审美效应。尤其值得注意的是，作为中国文学阐释学的重要一环，“典”还突出体现着中国传统诗文中意义生发、传递与接受的

---

* 本文为陕西省社会科学基金项目“新时期陕西文学的空间意识研究”（项目编号：2016J009）阶段性成果。本文原刊于《中华文化论坛》2021年第6期。

** 作者单位：西安外国语大学中文学院；西北大学文学院。

① 欧阳哲生编：《胡适文集》(1)，北京大学出版社1998年版，第319页。

独特性，鉴于不同效应的“典”所具有的这种独特的阐释学关联，其内在的意义理解机制因此不能不辨。

从词源来看，“典”字意谓以文本形态呈现、有待人们遵从的国家典制与成例，如许慎《说文解字》中讲：“典，五帝之书也。从册在丌上，尊阁之也。”① 与作为国家制度之“典”的先天权威赋予不同，作为修辞的文学用事之“典”，既非绝对、也非天然。尽管文学用典多源自古代的典籍名篇，其内容、意义往往具有一定的普遍价值，但在文学史上，这一普遍价值不是既成和自足的，而是逐渐形成的，这种形成与“典”的运用密切相关，从某种意义上说，文学修辞层面的“典”始于运用、成于运用、终于不用，文学作品既是“典”之运用的积极成果，同时更是揭示“典”之存在的唯一载体，校验“典”之有效性的唯一确证。

问题在于，在这种运用中，何以产生文学之“典”？从阐释学看，文学之“典”的产生，概因文学之“典”是展现文本意义公共性的媒介，并非作为文本意义参照物的法则，而文学之“典”所传达出的文本意义公共性，正是在对“典”本身的不断运用过程中形成的。

首先，“典”的形成起于其作为一种“意义原型”的形成。文学之“典”，就其源出而言，是自在自为地陈言旧事，其意义本来是开放而丰富的，具有多种释读的路径。只是在不断的运用与阐释过程中，由于人们对“典”所代表的思想与情感的公共性的逐步认同与主动营建，使得“典”的意义不断趋同和聚焦，形成相对明确、稳定的内涵，即“意义原型”，典故至此才趋于成熟。可以说，“意义原型”的形成对“典”的运用十分关键，中国古人用典讲“切意”，强调“用巧无斧凿痕，用典无填砌痕”②，“事词为一，莫见其安排斗凑之迹”③，在这里，“切意”的用典效果的达成，便离不开“典”作为“意义原型”的塑造，因为只有作为一种内涵相对明确、稳定的

① （汉）许慎：《说文解字》，中华书局1963年版，第99页。

② （清）袁枚：《随园诗话》卷六，凤凰出版社2000年版，第132页。

③ （宋）叶梦得：《石林诗话》，何文焕辑，《历代诗话》，中华书局1981年版，第411页。

“意义原型”，“典”才有可能成为文学创作者有效掌控、准确传递自己真切感受的媒介，并由此具备替代性意义表达的公共价值。诚如黄侃所说：“意皆相类，不必语出于我；事苟可信，不必义起乎今；引事引言，凡以达吾之思而已。”①

“典”作为“意义原型”形成，既是“典”趋于成熟的标志，又是后世文人进一步用“典”的起点。事实上，作为一种意义原型，“典”的每次使用都会介入并重组文本意义，赋予文本更为丰富的历史蕴涵。陈寅恪在其《读〈哀江南赋〉》一文中就曾指出：“古事今情，虽不同物，若于异中求同，同中见异，融会异同，混合古今，别造一同异俱冥，今古合流之幻境，斯实文章之绝诣，而作者之能事也。”② 可以说，正是这种富于时间感的意义传递，最终使“典”的运用形成了一个围绕特定意象、原型不断涵化、丰富的审美空间，在此审美空间中，时间上的“过去”不断融入“现在”，使得“过去”与作家所置身其中的“现在”获得一种“同时性”，这样，“过去”因“现在”而被激活，“现在”则因“过去”的参与而具有一种古今对话的性质，二者互动生成，共同造就了一种思想与情感层面的集体意识，并由此赋予中国古典诗文以更为开阔、高远的审美境界。

也正是因此，文学用典就不仅是为了获取一种替代性的意义表达，更是要跨越时间间距，建立一种横贯古今的意义共通性、共享性。这同时也意味着，与依典行事、不可修改的制度之“典”不同，文学之“典”是可超越、可修改、可延伸的，在实际使用的过程中，其必然是个体当下经验与群体历史经验的辩证融合。如元好问《壬辰十二月车驾东狩后即事》：“秋风不用吹华发，沧海横流要此身”，句中“沧海横流”源自范宁《春秋谷梁传序》中“孔子观沧海之横流，乃喟然而叹曰：‘文王即没，文不在兹乎?’”③ 在这里，元氏之用“沧海横流”，同样展现出一种礼乐崩坏、社会紊乱的紧促感，但其

① 黄侃：《文心雕龙札记》，中华书局1962年版，第188页。

② 陈寅恪：《金明馆丛稿初编》，生活·读书·新知三联书店2001年版，第234页。

③（东晋）范宁：《春秋谷梁传序》，阮元校刻，《十三经注疏》，中华书局1980年版，第2359页。

诗句整体所营造的老而弥坚的气度、高超的人生境界，已远胜范宁直叙之句、孔子哀婉之语。又如李白《陪从祖济南太守泛鹊山湖》："初谓鹊山近，宁知湖水遥。此行殊访戴，自可缓归桡。"此诗引用《世说新语》中"子猷访戴"的典故，却反其本意"造门不前而返"用之，极写朋友相会之乐，使得该诗呈现出与原典截然不同的另一番情调。由此便可见出，典故作为意义原型，既是一种限定，同时也是一种意义生发的起点，而原典作为意义原型的公共性本身，就已经隐含了在其运用中各类阐释的多元共存。事实上，正是在"典"的频繁使用中，个体当下感受不断融入并丰富了群体的历史经验，而群体的历史经验则借助个体当下感受而不断活化，由此获得持久的生命力。正如苏轼《题柳子厚诗》所言："用事当以故为新"，宋代魏泰亦有此类见解："诗恶蹈袭古人之意，亦有袭而愈工，若出于已者，盖思之愈精，则造语愈深也。"①

从文化角度审视，中国古代诗文用典，是中国古人借由作者与作者、作者与读者之间的修辞互动，寻求建立一种情感共同体的成熟艺术手法。这种情感共同体的形成，有赖于创作与接受主体对其共有文化基础的认同。正如国内学者张江所指出的："阐释的起点由传统和认知的前见所决定"②，在这里，共有文化及其集体记忆构成创作者、读者所共有的"前理解"，作家的用典即与这种"前理解"相关，而由"典"所生发的这种意义原型的公共性，正根源于共有文化所构成的"前理解"的公共性。当然，需要注意的是，由于"典"的运用从来就不是一种简约化的复制或替代行为，而是始终有着关照个体真实处境的创造性维度。因此集体经验只构造了个体阐释的原初形态，"典"作为意义原型的公共性最终仍须落实为作者的个人经验与自我理解，以个体化的鲜活面貌展现出来。这就意味着，在"典"的运用中始终存在一种既"回溯"又"生发"的意义阐释的辩证关系，这种辩证关系使得"典"的运用既能传达个人真切的所思所感，同时又能将这种所思所感融汇于历史与文化的广阔视野，使其成为更

---

① （宋）魏泰：《临汉隐居诗话》，何文焕辑，《历代诗话》，中华书局 1981 年版，第 328 页。

② 张江：《公共阐释论纲》，《学术研究》2017 年第 6 期。

大的意义事件的一部分。也正是基于此，“典”的运用实际上彰显了中国古代诗文阐释的文化维度，其为相关文本的意义传递和理解也提供了一种审美机制上的保证。

二

“典”的运用所造就的意义阐释的公共性，给作品带来了丰厚的文化底蕴与独特的审美价值。然而，由于这种意义阐释的公共性牵涉群体历史经验与个体当下经验的辩证融合，因此，对“典”的运用仍需警惕两种不良倾向：一则用典过度，二则用典失当，前者以群体经验掩盖个体经验的鲜活表达，“典”的运用最终沦为圈内文人的语言游戏；后者则直接造成群体经验与个体经验的错位。而无论是前者还是后者，其结果均使得个体思想情感走向封闭与矫饰，作品的实际意义晦暗不彰，“典”的运用由此丧失了其本应具有的意义阐释的公共性效度。这不啻是一种严重的阐释学危机！也正是因此，即使在用典日盛的南朝，钟嵘也曾对其时过度用典的形式主义文风提出过批评，强调“吟咏性情，亦何贵于用事”，“观古今胜语，多非补假，皆由直寻。”① 及至清初，袁枚痛陈诗流三弊，其一即为“填书塞典，满纸死气，自矜淹博”②，基于此，袁枚一方面倡导创作者广泛学习古人语事，以增广见闻、提升学养，另一方面又强调诗文务求清新自然、绝少用典，认为“人有典而不用，犹之有权势而不逞也”③。到了清末，王国维强调写真景物、真感情者谓之有境界，指出大家之作唯在“不隔”，“其词脱口而出，无矫揉妆束之态”④，由此出发，王氏也坚决反对转托他人之语以抒己意的用典，并将“不使隶事之句”⑤

---

① 曹旭：《诗品集注》（增订本），上海古籍出版社2011年版，第220页。

② （清）袁枚：《随园诗话》补遗卷三，凤凰出版社2000年版，第469页。

③ （清）袁枚：《随园诗话》卷一，凤凰出版社2000年版，第15页。

④ 王国维：《人间词话汇编汇校汇评》，周锡山编校，生活·读书·新知三联书店2013年版，第226页。

⑤ 王国维：《人间词话汇编汇校汇评》，周锡山编校，生活·读书·新知三联书店2013年版，第228页。

作为作品“不隔”的重要标准。

值得注意的是，尽管对诗文用典的诸多弊病有所指摘，但总体来说，古人对诗文用典的积极意义仍较为肯定，用典本身也构成中国富有鲜明民族特色的文学创作传统。相比之下，对诗文用典进行深切反思和广泛讨论，由此引发诗文写作的质性变革，则是在五四新文学时期。五四时期，以胡适为代表的一大批作家学者，对诗文中“典”的运用的合法性提出质疑。胡适在1916年8月21日写给陈独秀的信中谈到文学革新的“八事”，将“不用典”列为第一事，他指出：“适尝谓凡人用典或用陈套语者，大抵皆因自己无才力，不能自铸新辞，故用古典套语，转一弯子，含糊过去，其避难趋易，最可鄙薄！在古大家集中，其最可传之作，皆其最不用典者也。”① 1917年2月1日，在《新青年》发表的《文学改良刍议》一文中，胡适对“不用典”主张的论述则更为详尽。胡适的这一“不用典”主张，很快也得到钱玄同、刘半农、曾毅等众多知识分子的响应，其中支持最为激进和热烈的是钱玄同，钱氏在1917年2月25日给陈独秀的信中说：“胡君‘不用典’之论最精，实足袪千年来腐臭文学之积弊”②，“后世文人无铸造新词之材，乃力竞趋于用典，以欺世人，不学者从而震惊之。以渊博相称誉，于是习非成是，一若文不用典，即为俭学之征，此实文学窳败之一大原因”③，而在其后，他还曾对胡适本人说：“玄同之反对用典，与先生最有同情”④。

历史地看，新文化运动时期的“不用典”倡议，使得文学创作与阐释呈现出双向革命态势：一方面，随着个体意识的普遍觉醒，作家更加重视文艺创作的独立性与意义表达的直接性，在现代文学观念的倡扬下，“典”的运用失去其原有的合法性效度；另一方面，随着创作观念的变革，以旧“典”为媒介、限缩于旧式文人圈的传统文学阐释公共性的文化基底渐趋瓦解，以大众心性结构为根基的现代主体

① 欧阳哲生编：《胡适文集》（2），北京大学出版社2008年版，第3—4页。
② 钱玄同：《钱玄同五四时期言论集》，沈永宝编，东方出版中心1998年版，第3—4页。
③ 钱玄同：《钱玄同五四时期言论集》，沈永宝编，东方出版中心1998年版，第3页。
④ 钱玄同：《钱玄同五四时期言论集》，沈永宝编，东方出版中心1998年版，第32页。

阐释机制及其公共性要求由此生成。

事实上，新的文学诉诸以新文化为基础的阐释公共性的建立，其核心任务就是斩断旧有典故赖以生存的文化基础，这充分体现在新文学运动中以“不用典”为首要口号的语言变革上。众所周知，文学文本以语言展现自身，而语言内在于主体，语言所及之疆域即构成主体的“前理解”和文化传统，语言的性质则强烈而深远地影响着主体的思维和认知，正如有国内学者所指出的：“阐释是语言的阐释，有效的理解和阐释，以公共语言为载体和内容。”① 而这，正是新文化、新文学倡导者的认知起点。在胡适等人看来，白话与文言因其意义传递范围的不同而具有不同的文学表现力，由于文言作为已死的语言代表着封闭、守旧，因此尽管“典”的运用的原初意图并非以生涩文言刻意实现理解的阻滞，但因语言的隔离，对“典”的熟知者势必不断减少，其意义阐释的公共效度就会大为降低。正如胡适自己所说：“那些用死文言的人，有了意思，却须把这意思翻成几千年前的典故。有了感情，却须把这感情译为几千年前的文言”②，刘大白在《旧诗新话》中更是认为“隶事和用替代字，不是力量不足，要借别种东西来帮忙；就是自己无话可说，要请别人来替自己说话。如此作诗，哪里会有真境界呢？”③ 而相比之下，白话是普罗民众文化心理的承载物，其“言文一致”的属性也代表着通向一种更具情感真实、同时充满现代心理质素的文学主体的可能。也正是因此，新文化的倡导者将大众惯用的白话称为“活的语言”，并积极将这种“活的语言”运用于文学创作实践之中。陈独秀指出：“改良中国文学，当以白话为文学正宗之说，其是非甚明”④，胡适也指出要“打倒古文学的正统而建立白话文学为中国文学的正宗”⑤，而这种对白话的推崇，将白话视为文学之正途，就势必将因袭旧语、晦涩难懂的用典

---

① 张江：《公共阐释论纲》，《学术研究》2017 年第 6 期。

② 欧阳哲生编：《胡适文集》（2），北京大学出版社 2008 年版，第 46 页。

③ 刘大白：《旧诗新话》，开明书店 1928 年版，第 140 页。

④ 陈独秀：《答胡适之》，《中国新文学大系·建设理论集》，上海文艺出版社 2003 年版，第 56 页。

⑤ 欧阳哲生编：《胡适文集》（2），北京大学出版社 2008 年版，第 133 页。

问题推向文学革命的前台，使其成为文学革命的首要对象。

上述对文学用典的批评，集中展现了新旧文化更替过程中，先进知识分子对现实文学中语言表达与情感体验相错节的深重焦虑。在文学改良与革命的吁求下，语言表达所必需的情感真实重归文学创作的第一要义。诚如胡适强调“有什么话，说什么话，话怎么说，就怎么说”①，由此力避“学问有余，性情不足”的作诗方式，新文化运动的倡导者正是力图用“活的语言”的情感真实性来代替旧典因袭中的虚伪与造作，而“不用典”，与这一目标显然息息相关，作为回归现实语言、表达真实情感的鲜明口号，一种达致目标的有效策略，“不用典”的最大理论效应就是其有效攻破了旧文人长期固化的语言堡垒，并最终指向基于大众语言的阐释公共性以及由之导致的美感范式的巨大变革。正如胡适自己所指出的：“历史进化的文学观用白话正统代替了古文正统，就使那‘宇宙古今之至美’从那七层宝座上倒栽下来，变成了‘选学妖孽，桐城谬种’！（这两个名词是玄同创的），从‘正宗’变成了‘谬种’，从‘宇宙古今之至美’变成了‘妖魔’‘妖孽’，这是我们的‘哥白尼革命’。”②

当然，需要注意的是，就胡适本人而言，“不用典”口号的提出有着十分特殊的时代背景，并有其特殊的指向：“吾所谓用‘典’者，谓文人词客不能自己铸词造句以写眼前之景，胸中之意，故借用或不全切，或全不切之故事陈言以代之，以图含混过去：是谓‘用典’”，事实上，就创作实践来看，胡适并没有对用典一概排斥，而是具体区分用典的“工拙”之别，由此对所谓“用典之拙者”进行了极具针对性的批判：“用典之拙者，大抵皆懒惰之人，不知造词，故以此为躲懒藏拙之计。惟其不能造词，故亦不能用典”③，其“反客为主，使读者迷于使事用典之繁，而转忘其所为设譬之事物”④。在此基础上，胡适甚至进一步将拙典细分为五类：其一、“比例泛而

① 欧阳哲生编：《胡适文集》（2），北京大学出版社2008年版，第128页。
② 欧阳哲生编：《胡适文集》（2），北京大学出版社2008年版，第45页。
③ 欧阳哲生编：《胡适文集》（2），北京大学出版社2008年版，第11页。
④ 欧阳哲生编：《胡适文集》（2），北京大学出版社2008年版，第12页。

不切，可作几种解释，无确定之根据”；其二、“僻典使人不解”；其三、“刻削古典成语，不合文法”；其四、“用典而失其原意”；其五、“古事之实有所指，不可移用者，今往乱用作普通事实”[①]。这些错误的用典方式，是胡适根据当时文坛守旧派的实际创作状况所做的反思与总结，也正是在此反思与总结的基础上，胡适提出最终的相对持中的意见：“其工者偶一用之，未为不可，其拙者则当痛绝之”。[②]

由上便可见出，以胡适为代表的新文学倡导者，其所刻意强调的“不用典”虽为“白话”与“文言”尖锐对立的重要表征，但其阐释学的终极意图并非取消传统文学所赋予的文学意义世界的公共性，而是去除沉疴，在倡扬白话语言的背景下对文学阐释的主体范围与质素进行重构，由此努力扩大文学意义世界的公共性。而这，也就造就了其看似矛盾的理论处境：一方面，其极度排斥旧典的因袭，尖锐批判虚伪、造作的传统文学用典，试图通过思维空前解放来彰显“自我”存在的独有价值，展现出与传统文学创作的决绝之态；另一方面，其又在这种批判中，从一种更高的层面回应着传统用典的阐释学诉求，实现着对古典文学中“用典”的至高理想的复归，即：通过“典”向现实人生、当下经验开放，恢复“典”作为意义原型的牵引作用，彰显“典”作为思想与情感认同的纽带的普遍性，由此造就文学阐释中真正的“用旧合机”。

三

从“典”的传统运用到新文化运动中“不用典”的倡议，体现出时序变迁中文学意义阐释主体及其公共性诉求的差异性。问题在于，“典”的运用是否真会因阐释主体时代际遇的迁转而不断衰变，乃至归于没落？

有趣的是，对于这一问题，恰恰有西方学者给予了乐观而应时的回应。英国理论家理查兹在其 1928 年写的《文学批评原理》中谈到

① 欧阳哲生编：《胡适文集》（2），北京大学出版社 2008 年版，第 12—13 页。
② 欧阳哲生编：《胡适文集》（2），北京大学出版社 2008 年版，第 11 页。

“用典”时，就曾对这一修辞手法和表现方式在文学上的前景进行了大胆预测，他指出：“鉴于目前的状况和过去二百年变化所表明方向的未来发展，极可能的情形是，诗人将更多地而非更少地运用典故。”[①] 理查兹的这一观点，在20世纪中后期出现的后结构主义“互文性”概念中得到了某种程度的确证。“互文性”概念的提出者、法国学者茱莉亚·克里斯蒂娃就曾指出：“任何作品的文本都是像许多引文的镶嵌品那样构成的，任何文本都是其他文本的吸收和转化。”[②] 其后，学者索莱尔斯也对这一概念作出界定，他指出，从来就没有孤立存在的文本，“每一篇文本都联系着若干篇文本，并且对这些文本起着复读、强调、浓缩、转移和深化的作用”[③]。后结构主义的“互文性”概念表明，作者个人的主体性及其独创性总是相对的，文本从来就不是一个主体可经由理性进行究极阐释的自主、自足的意义客体，而是始终与其它文本处于动态关联、意义也由之产生、流动、衍化的动态过程，从某种意义上说，“典”的运用正是对这种文本间关系的彰显与认同。

也正是因此，尽管新文化运动时期的众多文人学者，张扬文学的自我意识，贬抑旧文学的崇古倾向，进而对文学用典多有质疑，但“不用典”的实际成效，却只是限制了古典文学中用典的过度与腐坏。相比之下，“典”本身的运用不但并未隐退，反而以更加繁复多样的形式和面貌展现出来：第一，古典新用。废除传统用典虽是中国新诗诞生时的一个明确目标，但在新诗创作实践中，古代典故并未彻底隐退，众多现代诗人仍对古代典故葆有热情。例如郭沫若、闻一多等诗人对中国传统宗教故事、古典神话、英雄传说的引入，戴望舒、卞之琳、废名等诗人对中国古典诗词的化用。戴望舒在其《诗论零札》中对这种新诗用旧典的现象做过解释，他指出：“旧的古典的应

---

① ［英］瑞恰兹：《文学批评原理》，杨自伍译，百花洲文艺出版社1997年版，第198—199页。

② ［法］茱丽娅·克里斯蒂娃：《符号学：意义分析研究》，载朱立元《现代西方美学史》，上海文艺出版社1996年版，第947页。

③ 转引自［法］蒂费纳·萨莫瓦约《互文性研究》，邵炜译，天津人民出版社2003年版，第5页。

用是无可反对的，在它给予我们一个新情绪的时候。”① 可见，在新诗创作中，古代典故的引用已有质的变化，其已不再驻足于作者对传统诗学与审美精神的程式化因袭，而是以个体新的心理质素与情感体验为基底，努力实现着旧典的活化，由此完成集体经验与个体经验的新的对接。第二，西典中用。新文化运动时期，那些呈现现代思维与体验特征的西方典故，随着西方文化的引入而广泛传播，其大量活跃在中国现代作家群体的作品中。例如郭沫若对惠特曼、冯至对里尔克、穆旦对奥登等西方诗人作品的语典运用，又如缪斯、潘多拉、爱神、盗火者等古希腊神话传说，西方重要作家、作品乃至重大历史事件，均成为新诗用典的重要来源。梁实秋曾对该景象的产生根源进行过分析：“盖从浪漫主义者的眼光看来，凡是模仿本国的古典则为模仿，为陈腐；凡是模仿外国作品，则为新颖，为创造。”② 事实也是如此，在白话新诗的创作中，这些对西典的引入、崇尚和运用将新诗与传统诗歌进一步区隔开来，其不但有助于新思想与真情感的表达，同时也给新诗带来了不同以往的新气象，赋予其独特的审美意蕴。第三，今典的运用。与传统用典在古人典籍中寻章摘句不同，新式用典多引用当代典籍，力求在较短的时间间距下，让大多数普通读者都能深解其意，例如当代文学史上诗歌对领袖话语的运用、对现代史上重大事件的运用等，与旧典运用时常具有的晦涩难懂明显不同，今典大多通俗浅近，能够覆盖更为广泛的接受群体，同时具有更为鲜活生动的时代气息。

“典”在新文学语境下的多种运用充分表明：“典”的功能在于唤起一种阐释的公共性，而“典”的更替与嬗变，征兆的乃是作品意义世界的文化变迁及其阐释公共性的流转，在此过程中，无论是创作者还是接受者，其对阐释公共性本身的要求并未改变。时至今日，“典”的运用仍未消歇，大到国家文件的厘定，小至市井街巷、店铺、百姓的命名艺术，“典”甚至不断超出文学范畴，作为刻写民族记忆的传统形式，展现出民族文化的丰富历史内涵与勃勃生机。正如

① 戴望舒：《望舒诗稿》，中国文联出版公司 1998 年版，第 87 页。

② 杨迅文主编：《梁实秋文集》（1），鹭江出版社 2002 年版，第 38 页。

中共中央总书记习近平同志所指出的："一个民族、一个国家，必须知道自己是谁，是从哪里来的，要到哪里去，想明白了、想对了，就要坚定不移朝着目标前进。"[①] 有鉴于此，习总书记十分重视对"典"的运用[②]，在这里，运用作为传统智慧结晶的"典"，不仅有助于树立政治讲话的权威性，更有助于将国家治理的传统经验运用于当下实践，从而在一种新的意义关联域下，使传统文化生发出鲜活的当代价值。当然，这也充分表明，"典"的运用不仅是文学层面的一种修辞，更是凝结意义公共性的一种普适方式，作为新时代中华民族实现文化复兴、民族自我认同的有效手段，其重要意义有待我们继续加以阐扬。

① 习近平：《青年要自觉践行社会主义核心价值观——在北京大学师生座谈会上的讲话》，《人民日报》2014 年 5 月 5 日第 2 版。

② 参见人民日报评论部编《习近平用典》，人民日报出版社 2015 年版。

文学接受史视角下的公共阐释论略议

——以东晋陶渊明的诗文接受史为例*

张楚楚　李淑岩**

“公共阐释论”是张江教授为应对20世纪以来西方主流阐释学所面临的诸多日益明显的漏洞与裂痕而提出的理论，与西方当代阐释学所秉持的“反理性、反基础、反逻各斯中心主义”的总基调以及所迈向的“非理性、非实证、非确定性”的总目标相反，其致力于对阐释学的元理论做出理性的分析与反思，找出阐释行为本身所包含的公共理性本质，以指导对包括历史文本与当下实践文本在内的既定对象的理解和说明，在文本和个体阐释话语之间重新找到一条“具有相对确定意义，且为理解共同体所认可和接受，为深度反思和构建开拓广阔空间”① 的新的阐释之路。从本质上言之，是对人类的公共理性和认知的真理性的捍卫和追寻。本文拟从中国古代诗文鉴赏的场域出发，沿着“公共阐释”理论的逻辑体系，对魏晋南北朝以来最具个性和影响力的诗人之一陶渊明在不同时代的审美接受做重新的查考和研究，以发现其中隐含的某些接受美学原理和阐释学规律。

一　公共语境的边界约束

“公共阐释”的概念本身是指“阐释者以普遍的历史前提为基

---

* 本文原刊于《求是学刊》2018年第5期。

** 作者单位：江苏理工学院中文系；哈尔滨师范大学文学院。

① 张江：《公共阐释论纲》，《学术研究》2017年第6期。

点，以文本为意义对象，以公共理性生产有边界约束，且可公度的有效阐释"，可见阐释者并非从来就是"公共"意义上的，而是以"有创造性意义的个体阐释"为产生前提和"原生动力"，只是由于无处不在的"公共约束"，让"个体阐释"本身自动地带有了"公共性"。张江认为，这于两个方面有突出的体现：一是被共在约束的此在，即私人的此在不仅"建立于确定的物质和经济关系基础之上"，而且"集合于确定的心理、文化与精神关系之上"；二是由集体经验所构造的个体阐释，"集体经验"是关乎"各民族为生存和繁衍而奋斗的历程"以及由之决定的"文化心理与态度"，这种不为意识把握的"前见"，在阐释文本中发挥着至关重要的起始性作用。①

南朝时接受并推崇陶渊明的第一人是颜延之，其以著名的《陶征士诔》篇对渊明的隐逸人格给予了深挚热烈的褒奖，然对渊明的诗文创作却仅以"文取指达"② 四字带过，为后世诸多研究者所不解和惋惜。即使此评价本身在孔子和苏轼的笔下都是高度赞赏之言，对于渊明的文学才华而言也不免显得平淡和轻率了。这应当从时代的审美风尚与颜延之个人的思想、个性和经历出发来探寻原因。作为元嘉文坛的重要人物，颜延之提出了"文""笔""言"三者并存的文学思想，其中的"言"指的是语言和形式，可见颜氏对于文学创作的辞采雕琢已有相当的重视，这一点在钟嵘的《诗品》和刘勰的《文心雕龙·总述篇》中都有明确的佐证。颜延之的诗歌语言藻丽多饰、崇尚巧似，重视形式的雕琢与典故的运用，这与渊明平淡天然、真淳至朴的诗文风格实在相背，故颜氏无法对渊明的诗文才华给以高度评价，《陶征士诔》"对陶渊明的文学成就是缺乏足够认识的，这正符合晋宋之际文学风尚的时代特征"。③

60 年后，南朝的文坛领袖沈约在《宋书·隐逸传》里以专章记陶，通过引录《五柳先生传》《归去来兮辞并序》《与子书》和《命

① 张江：《公共阐释论纲》，《学术研究》2017 年第 6 期。

② 臧励和：《汉魏六朝文》，崇文书局 2014 年版，第 183 页。

③ 莫砺锋：《颜延之〈陶征士诔并序〉在陶渊明接受史上的地位》，《学术月刊》2012 年第 1 期。

子诗》四篇作品来构建陶渊明的真实形象，实际是以“实录”的方式突显渊明仁厚慈爱、质性自然的人格光辉，在此，沈约对陶渊明的诗文风格及成就不置一语，虽然对陶氏诗人形象的最终确立有不可磨灭的铺垫之功，但其对陶渊明文学造诣的忽视和淡化是不言自明的。稍后在南朝文学批评史上大放异彩的《文心雕龙》也对渊明采取了回避的态度，刘勰几乎论及了在其之前的所有重要诗人，却无一字提及陶渊明，可以说，因隐名之显而知音其稀，陶渊明的文学命运到此时为止是十分黯淡的。直到梁代钟嵘与萧统的努力发掘，陶渊明的文学地位才日益提升。前者在著名的《诗品》中将之推为“隐逸诗人之宗”，并第一次切中肯綮地指出了陶诗“文体省净，殆无长语”的语言风格和“笃意真古”的思想内容，在品第归置上，陶诗被列于“中品”①，颇为后世论者所争议。萧统则以太子之尊，为陶渊明编专集，作《陶渊明集序》，且于《文选》中收录其代表作八首，让渊明真正以重要诗人的面目出现在文学批评史上，完成了其文运的切实升格。

加拿大著名的批评家弗莱强调“诗人不是不知道他要说什么，而是他不能说他所知道的”②，换言之，文学作品只有借助阐释作为中介，才能直接地诉诸读者。陶渊明的诗文创作在南朝的读者接受状况与历代阐释者的择选、品评、概括和探究是相辅相成的，尽管各个具有代表性的个体阐释关注的重点不尽一致，但从整体上览之，陶渊明最打动后世读者的天然质朴并未在南朝批评史上引起回响，最重要的原因正是其独辟蹊径的诗文创作风格超越了当时批评家的鉴赏视野，从钟嵘所录的“世叹其质直”“田家语”③ 等评价中可以推想，当时错彩镂金的唯美主义风尚已深入接受者的审美意识内层，成为集体的心理、文化与精神印迹，在这一意识“前见”的公共约束之下，陶渊明任何的诗文作品皆“没有满足包括颜延之在内的同时代人的审美期待视野，甚至与他们的审美期待视野相抵触”，④ 这在南朝的共时

① （梁）钟嵘：《诗品注》，陈延杰注，人民文学出版社 1961 年版，第 41 页。

② ［加］诺斯罗普·弗莱：《批评的剖析》，陈慧等译，百花文艺出版社 1998 年版，第 4 页。

③ （梁）钟嵘：《诗品注》，人民文学出版社 1961 年版，陈延杰注，第 41 页。

④ 李剑锋：《元前陶渊明接受史》，齐鲁书社 2002 年版，第 54 页。

性背景之下鲜明地体现了阐释的公共约束理论。

二　杰出个体的理性洞见

接受美学倡导和坚持无定解阐释的意见，“坚决拒斥共同阐释的可能性”，将读者个体众说纷纭的文本阐释地位无限拔高，主张这些“无限不同且相互抵触的解读”是位置平等的，文本中没有确定性，“文本中的一切都依靠读者的任意构建”，[①] 这无疑是对后现代主义语境下的西方主流阐释学以非理性、非实证、非确定性为总目标的一种呼应。就读者的个体阐释而言，各异的理性和洞察力水准将在相当程度上决定个体阐释的成就和去路，或者说，杰出的个体阐释更有可能凭其精准的精神性体验和情感意志为群体理解和接受，最大限度地融合于公共理性和公共视域中，最终升华为公共阐释，以其公共效果进入历史，成为既定文本阐释历程中的关键坐标。

陶渊明的诗文接受在北宋时达到极盛，将其一举推上了一流诗人和文学家的位置，从此熠熠生辉，在地位上基本不再有剧烈的动摇。对之有奠基之功的是北宋诗人梅尧臣，他第一次发掘出了渊明诗歌平淡深邃的美学价值，以敏锐的感受力和深刻的洞察力开拓出了陶渊明接受的新局面。梅尧臣本人开宋诗的平淡天然一派，被誉为“变晚唐卑陋之习，启盛宋和平之音”，[②] 其一生对渊明人格与诗文才华的景慕从未停止。从“方闻理平淡，昏晓在渊明”（《答中道小疾见寄》）、“中作渊明诗，平淡可拟伦”（《寄宋次道中道》）、“方同陶渊明，苦语近田舍”（《晚坐北轩望昭亭山》）等语可以推知梅尧臣诗文创作的艺术追求，用他自己的概括便为“作诗无古今，唯造平淡难”（《读邵不疑学士诗卷杜挺之忽来因出示之且伏高致辄书一时之语以奉呈》）。[③] 在《林和靖先生诗集序》中，梅尧臣以“平淡邃

① 张江：《公共阐释论纲》，《学术研究》2017 年第 6 期。

② 李剑锋：《元前陶渊明接受史》，齐鲁书社 2002 年版，第 220 页。

③ （宋）梅尧臣：《梅尧臣集编年校注》，朱东润编年校注，上海古籍出版社 1980 年版，第 293、304、531、845 页。

美，读之令人忘百事也”和“主乎静正，不主乎刺讥”① 分别形容林逋的诗词品格，实则是对源自陶氏的淡泊质直之风的另一种宣扬。可以说，梅尧臣一生的诗歌写作都在孜孜不倦地学习、模拟陶氏的语言、技巧和精神，从浅入深，从风貌到灵魂，最终炉火纯青，令人读之难辨，甚至超越陶氏，形成了梅氏自我“古”“适”“疏越”与“静正”的风味。这在北宋诗坛引起了热烈的回响，见于《王直方诗话》《六一诗话》等多种诗话对陶氏诗风的重新重视，也见于梅尧臣周围的诗人群体对陶诗的极力推尊和模拟，在陶渊明诗文的接受史上留下了重要的印迹。

将陶诗真正推向一流诗作位置的第一人是北宋的苏轼。作为一代诗坛领袖，他以超越同时代鉴赏者的先见卓识，抓住了陶诗的脉搏和精粹，无论是从审美范式还是从思想深度上，都将渊明的诗史地位推向了空前的高度，自苏轼始，陶诗平淡隽永的诗文风格作为造语之极境遂成定论，成为历代文人追随而无法超越的永恒典范。苏轼的独到发现，首先是隐藏在渊明空静之语背后的深情，他于《与二郎侄书》中云：“凡文字，少小时须令气象峥嵘，采色绚烂，渐老渐熟，乃造平淡。其实不是平淡，绚烂之极也。”② 已流露出对平淡之语的审美推崇。又于评诗散论中提道：“所贵乎枯澹者，谓其外枯而中膏，似澹而实美，渊明、子厚之流是也。”③“渊明作诗不多，然其诗质而实绮，癯而实腴。自曹、刘、鲍、谢、李、杜诸人皆莫及也。”④ 正是对“枯”与“膏”、“质”与“绮”、“癯”与“腴”的辩证审美关系的精当论述，亦是对渊明诗文造诣的绝高赞誉。另有“初不用意，而景与意会”⑤ 等语以推崇陶氏真率天然、毫无雕饰的率性之美，这来

---

① 四川大学古籍整理研究所编：《全宋文》第14册，巴蜀书社1991年版，第518页。

② （宋）苏轼：《苏轼文集编年笺注》第10册，李之亮注，巴蜀书社2011年版，第509页。

③ （宋）苏轼：《苏轼文集编年笺注》第9册，李之亮注，巴蜀书社2011年版，第237页。

④ （宋）苏轼：《苏轼文集编年笺注》第11册，李之亮注，巴蜀书社2011年版，第580页。

⑤ （宋）苏轼：《苏轼文集编年笺注》第9册，李之亮注，巴蜀书社2011年版，第175页。

自苏轼本人个性之中与陶渊明追求的深度契合。超脱俗累的旷达情怀和拒绝为外物所挟的独立精神，使苏轼能够真正感同身受地理解陶渊明，并用卓越的审美理性对之做出创造性的阐释。更进一步说，陶与苏的精神内核皆指向一种“真我”之境，即驱除所有干扰生命力自然流淌的矛盾，“寻求一种没有阻碍生命自然自由发展的理想极境”,① 成为中国传统士人的修身之途。

伟大的文学作品往往以深刻而优美的形式表现一种文化传统的精神价值，而文学批评和阐释就可以深入那种文化传统，清楚地揭示那些价值。杰出的阐释个体依凭精准的直觉和卓越的理性辨识文本，把握实证，并能够通过恰当且生动的语言选择、提纯并建构自己的阐释体系，具有更大的概率历经公共理性的审阅和淘洗，最终进入公共意义领域，成为既定文本研究不可跨越的经典话语。在《真理与方法》里，伽达默尔提出的“经典”概念正可以合理地解释这一点，其认为：“关于经典这个概念最重要的就是规范的意义（而且无论在古代还是在现代使用的经典这个词，情形都是如此）。”② 经典的个体阐释文本，具有文本意义相对稳定的基础，可以自我解释并适应不断演进的时代，故可在文化传统中长久存在，产生持久的影响，随之获得应有的权威。这也与杰出阐释个体在文学批评领域自带的学术引导性和感染力密切相关，梅尧臣之于宋初文坛与苏轼，苏轼之于苏门六学士以及更广阔的文学接受群体，都在人生哲学和审美取向上发生过方向性的影响，由此，对象与接受、接受与接受之间的共通性得以无限扩大，杰出人物首提的理论成为接受者的基本共识、上升为公共阐释便成为应有之义了。

三　公共理性的审阅修正

张江教授在《公共阐释论纲》中指出，“公共阐释是建构性的阐

① 李剑锋：《元前陶渊明接受史》，齐鲁书社2002年版，第306页。
② ［德］伽达默尔：《真理与方法》，纽约：十字路口出版社1989年版，第288页。

释”，对公众理解及视域展开的“修正、统合与引申”是其价值所在。[①] 个体阐释的内容和水平有高下优劣之分，甚至有明显的误解掺杂于其中，如何辨识需依凭接受者的审美直觉和逻辑思辨能力。真正高明的、可升华为公共认知的阐释对文本的分析必须符合理性的规则和历史的真实，各部分意义一致，可以把文本意义的总体解释得最为完满，切忌相互矛盾、以偏概全。文学文本因其意义的多元，往往不局限于从文字本身寻求意旨，而走向字面之外，这经常会引起不合其度的、脱离文本容许范围的理解和阐释。一旦被置于公共视域之中，将会因其与公共理性的冲突而被拒于公共阐释之外，或受到共时的质疑和驳斥，或在新的历史语境中得到重审和修正，此现象在古往今来的文本解读中屡见不鲜，公共阐释因其建构性与可对话性得以保持自身与真理的无限接近，获得了留存于历史的合法性和鲜活的生命力。

在陶渊明的接受史上，两宋时代崇陶与和陶的风尚最盛，因人生阅历和心境的契合，渊明真率自然的人格与清淡的文风收获了宋人长久的认可和赞誉，几乎举世追陶，渊明在文学史上的经典地位也正是在此时期得到确立的。然而在南宋初年，一些文人在对陶渊明的评价问题上却有过激烈的争论，论争围绕胡安国所撰杨时的墓志铭展开，胡安国撰写的初稿中有“差监常州市易务，不就”的说法，文末还有“果何求哉！心则远矣”[②] 的感叹，欲以陶渊明的高远情怀比附杨时之贤，此举引起时人陈渊的激烈反对，后争辩规模进一步扩大，议论的中心转向对陶渊明为人的褒贬评价上。陈渊认为，以陶氏之风来形容杨时的贤德并不合适，不是褒奖反有降品之嫌，其于给胡宁、胡宏的书信中评述云：“陶公于此，功名富贵诚不足以累其心，然于道其几矣，于义则未也，岂可与行义以达其道者同日语哉！……仕为令尹，乃曰徒为五斗米而已。一束带见督邮，便弃官而归，其去就果何义乎？”[③] 实则是对渊明辞官归隐一事持批评的态度，认为其“合于

① 张江：《公共阐释论纲》，《学术研究》2017 年第 6 期。

② 王建生：《宋代陶渊明接受史上的别调》，《郑州大学学报》（哲学社会科学版）2013 年第 4 期。

③ 陈渊：《答胡宁和仲郎中书》，《默堂先生文集》卷十七，四部丛刊三编本。

道，却不合于义”，与“圣学”不符。此“别调”出现在南渡初年，是发生在特定历史语境下的一次阐释颠覆，在根本上可以看作是南渡文人在对北宋亡国进行反思时“希图重新确立精神导向”[①] 的相应结果。基于空言误国、士风颓靡的现实刺激，当时士风建设最为迫切的任务是引导士大夫以天下为己任，在国家危难之时坚定地站出来投入现实政治之中，故越来越多的士人黜空言而务实用，推崇融“道”于“事”与“行义以达道”，在为国家分忧解难中实现救亡之举，同时完成“寻道”的最高精神目标。在特定的文化语境下，这一“别调”的存在顺应了新的政治文化导向，但作为一种阐释的声音，其必须面对不同民族、不同时代、不同地域和不同政治文化的接受者的理性审阅，人性的共同性让认识与情感能够相通，相互的理解和共识由此达成，在这个过程中，违背人性共有的认知判断、道德准则和历史传统的阐释行为也会得到修正和过滤。回顾陈渊对陶渊明的人格评述，可以看到其缺乏对渊明身处历史环境和思想体系的整体考量。渊明之疏离仕宦生活，是在透彻了解当时政治体制的复杂污浊之后艰难明智的选择，指引其生命历程的“新自然说”超越了儒家伦理道德和法纪规范层面的“善”“礼”“名”“刑”，能够“超然于形骸之上”，又保持着关怀现实人生的热肠，其“志在圣贤”而物我兼得，将积极入世与高洁自守巧妙地联结起来，实为一种全新人生道路的开辟。简单地将其人生轨迹归为弃国事而不顾、拂袖而去是牵强和粗疏的，无法获得接受者共有理性判断的支持。在共时与历时的公共视野选择之下，这一阐释潮流很快便走向式微，正体现出公共理性在文学艺术阐释领域的淘洗和规范作用。

另一例是关于陶诗思想的“儒道”之辨。自清代乾嘉年间以来，经学的发展呈蓬勃之势，其治学方法与思维模式渗透到了各个研究领域，包括文学批评与阐释。关于陶氏思想的源流问题，此阶段出现了儒大于道的倾向，即受到经学强大势力的引导，陶渊明被更多地视为具有鲜明儒家思想特征的人物，是难得的儒士。沈德潜在《古诗源》

---

① 王建生：《宋代陶渊明接受史上的别调》，《郑州大学学报》（哲学社会科学版）2013 年第 4 期。

中指出："晋人诗，旷达者征引《老》《庄》，繁缛者征引班、扬，而陶公专用《论语》。汉人以下，宋儒以前，可推圣门弟子者，渊明也。"[①] 甚至将陶渊明置于儒家正统传承者的地位，类似的阐释多以陶氏诗文中出现的"游好在六经"（《饮酒》十六）、"忧道不忧贫"（《癸卯岁始春怀古田舍二首》）[②] 等语为依据，认为六经为儒家典籍，固穷也是儒家精神，一时引起许多的赞同。多年以后，朱自清由古直的《陶靖节诗笺定本》、吴瞻泰的《陶诗汇注》和陶澍注本出发，细心加以梳理和统计，发现陶诗中引用或参用前人之典，"《庄子》最多，共四十九次，《论语》第二，共三十七次，《列子》第三，共二十一次"，[③]《庄子》和《列子》都可归于道家思想的范畴，沈德潜的"陶公专用《论语》"缺乏文本的依据，无法在后世的驳斥中立足，其"圣门弟子者，渊明也"的推论自然就值得商榷了。朱自清另对陶诗语句中出现的"道""真""纯""抱朴"等词语进行了出处的检索，佐证了"陶诗里主要思想实在还是道家"[④] 的说法，这从阐释过程上来看是细致的、有说服力的，体现了其勤勉严谨的阐释风格。朱自清对沈德潜的质疑，是以另一个接受者的立场具体地与一种先在的阐释结论相碰撞，可以视为公共理性声音的个体代言，因为"公共"不是从来就有的，是以无数个体的阐释行为为基础的，接受与接受之间的公度性决定着个体阐释是否能够上升为公共意见，朱自清的阐释同样需要经受后世公共理性的审阅，才能最终获得自身的合法性。

所有的理解和阐释都不是凭空而来的，总是"植根于我们预先已有的东西，即先有（fore-having）之中"，[⑤] 这是海德格尔首先提出的"理解的先结构"理论，意味着阐释者的经历、立场、知识背景、思维方式等要素均会对阐释结果产生影响，故需要依据文本本身随时调

---

① （清）沈德潜：《古诗源》，中华书局 1963 年版，第 204 页。

② 袁行霈：《陶渊明集笺注》，中华书局 2011 年版，第 189、144 页。

③ 朱自清：《陶诗的深度》，《陶渊明资料汇编》，中华书局 1962 年版，第 288 页。

④ 朱自清：《陶诗的深度》，《陶渊明资料汇编》，中华书局 1962 年版，第 289 页。

⑤ ［德］马丁·海德格尔：《存在与时间》，纽约：哈珀与罗出版公司 1962 年版，第 191 页。

整这些先结构，否则阐释易陷入非逻辑的、想当然的或流行成见的陷阱。公共阐释的任务正在于通过共时的和历时的公众审视，反复叠加公众的理性和视野，寻求阐释的最大公度，从而在最大程度上摒弃误解和偏见，并将不完善、不成熟的解释扬弃或修正为可以为公共认知接受的文本，实现向公共阐释的转换，以求达于科学的认识。南渡初年特定文人群体对陶渊明诗文与人格的反思式阐释，与其亡国的时代背景之下的心境和思维方式有密切的联系，虽然在一定的历史阶段获得了个别的回馈和接纳，但就其深层的思想逻辑来看，对陶渊明人格与诗文创作中捍卫真淳与自由的诗性审美精神的忽视，以及对其处逆若顺、超越悲情的人生情怀的偏差性解读，决定此阐释方向必然无法在公共理性的审视下走得更远，会很快消融于文学批评史的烟尘深处。乾嘉年间对陶氏的儒学化解读，则是一种思想渊源上的简单化处理，是先构思维和立场对文本阐释的不恰当引导造成的。

四 研究方法的积淀提升

公共阐释在“统合与引申”公众理解和视域的过程中逐步实现着其教化与实践意义，这不仅依赖于知识性的概念和结论，更以方法论层面上的引导与规约为重要支点。沈德潜在《唐诗别裁集·凡例》中概述道：“古人之言包含无尽，后人读之，随其性情浅深高下，各有会心。如好《晨风》而慈父感悟，讲《鹿鸣》而兄弟同食，斯为得之。董子云：‘诗无达诂。’此物此志也，评点笺释，皆后人方隅之见。”[①] 这种现象之所以产生，与阐释者主观选取的分析方法和路径密切相关。而不同的学科背景和知识体系会对阐释者的思维方式和研究视角产生直接的影响，在历经公共理性和公共视域的审阅和检验之后，这些方法和视角会随着经典的阐释结论共同沉淀下来，成为公共阐释中不可或缺的一部分，为最大限度地接近文本真相提供创造性的认知范式。

在近现代的陶渊明阐释中，以各具体的批评者为轴心，涌现出了

① （清）沈德潜：《唐诗别裁集》，中华书局1975年版，第3页。

异彩纷呈的视角和方法论。首先值得注意的是王国维的陶渊明批评，他在康德与叔本华之古典美学理论的影响下提出了影响深远的“境界”理论，并以此来切入对陶诗文本的分析。其云：“有有我之境，有无我之境。……‘采菊东篱下，悠然见南山’‘寒波澹澹起，白鸟悠悠下’，无我之境也。有我之境，以我观物，故物皆著我之色彩。无我之境，以物观物，故不知何者为我，何者为物。”① 此为以全新的理论视角来观照和阐释诗歌章句。王国维于《人间词话》第四则中补充解释“有我”与“无我”云：“无我之境，人惟于静中得之。有我之境，于由动之静时得之。故一优美，一宏壮也。”②“优美”与“壮美”两大范畴乃是渊源于康德及叔本华美学的概念体系，被王国维加以继承和本土化，形成了对应而生的两种境界。“无我之境”或“优美”范畴的基本特征在《叔本华哲学及其教育学说》一文中有所述及，是指当“我”泯灭了自我之意志，因而与外物消解了利害关系相对立的境界。陶诗之所以被作为这一境界之佐证，在他所秉持的哲学思辨体系中可以找到相关的依据。钱志熙指出，在《形影神》组诗中可以清晰地看到其“神辨自然”哲学理念的生成。“神”是陶渊明所提出的最有创造性的哲学范畴，指“一种主体精神与最高理性”，可以独立于运化的束缚之外，保持宁静、澄明的本体性质。③陶诗中的“行迹凭化往，灵府长独闲”（《戊申岁六月中遇火一首》）、“迁化或夷险，肆志无窊隆”（《五月旦作和戴主簿一首》）④ 和“形骸久已化，心在复何言”（《连雨独饮一首》）诸句，皆与《神》诗的意旨一致，基于此，渊明找到了独立于形影之上的真正的自我所在，故转移至文学表达中，能够达到康德及叔本华所述的“优美”标准，这一点是王国维首先体察到的。虽然“意境”一语取自中国传统文论的表达体系，而德国古典美学观念和路径的有机融入是“意境”阐释理论最终得以建构的依托，由此，陶渊明研究呈现出从传统

① 王国维：《人间词话》，上海古籍出版社 1998 年版，第 1 页。
② 王国维：《人间词话》，上海古籍出版社 1998 年版，第 2 页。
③ 钱志熙：《陶渊明“神辨自然”生命哲学再探讨》，《求是学刊》2018 年第 1 期。
④ 袁行霈：《陶渊明集笺注》，中华书局 2011 年版，第 154、85、88 页。

形态向现代形态的转变，在方法论意义上具有极为重要的启导价值。

美学家朱光潜对陶渊明诗文创作的考察与阐释则采取了情感论美学的路径，他在《诗论·陶渊明》一文中首先提出："诗人与哲学家究竟不同，他固然不能没有思想，但是他的思想未必是有方法系统的逻辑的推理，而是从生活中领悟出来，与感情打成一片，蕴藏在他的心灵的深处，到时机到来，忽然迸发，如灵光一现，所以诗人的思想不能离开他的情感生活去研究。"① 他以敏锐的鉴赏直觉发现了诗人于创作过程中表现出的特殊秉性，即诗歌作品的形成更多的是以"情感"的流动而非逻辑的思考为动力。朱光潜致力于深入渊明的情感生活，对其抒情感慨之语细加体味，结合他的生平往事，分析渊明心灵深处的种种矛盾和冲突，包括极端的物质贫困带来的艰辛之感、江山易姓带来的极端忧愤以及众叛亲离的寂寞无奈——这些都成为他作为一个平凡士人具有的情感底色。朱光潜对于"情感"的把握是以文艺心理学为基础的，在此，"情感是一种心理范畴，一种心情，充盈着一种严格理智性质的活动"，② 其以《陶渊明》篇中的情感分析为《诗论》中不可或缺的一部分，以完善将西方文艺心理学运用于中国传统诗歌之解释的理论建构。

另一类对陶渊明诗文的阐释倾向于从他文学创作背后深广的社会历史语境出发，分析诸外部因素与作品内蕴之间的对应关联。梁启超在《陶渊明之文艺及其品格》一篇中已率先涉及此研究方法。具体言之，其采取的是"知人论世"的传记式批评方法。梁启超在此文的开头即言："批评文艺有两个着眼点，一是时代心理，二是作者个性。"③ 其分别论及渊明之家世、乡土、时代政治与时代思潮，诸如认为渊明从其曾祖父陶侃和外祖父孟嘉那里获得"功遂辞归""好酣饮"的遗传，先天有着高尚的人格；其与慧远为方外至交，受到当时玄学和慧远一班佛教徒的影响，故形成了他自己独特的人生见解，并反映于文学作品之中。再如于庐山山麓的西南角，"一路上都是'沟

① 朱光潜：《诗论》，生活·读书·新知三联书店1984年版，第265页。

② 《外国学者论朱光潜与克罗齐美学》，《读书》1981年第3期。

③ 梁启超：《梁启超古典文学论著》，上海书店出版社2013年版，第289页。

塍刻镂，原隰龙鳞，五谷垂颖，桑麻铺菜’。三里五里一个小村庄，那么庄家人老的少的、村的俏的，早出晚归做他的工作，像十分感觉人生的甜美”①，则为探讨渊明生长、钓游、永藏的外部地理环境了。梁启超的研究进路被称为“由史入文”，即出入于史学，然从本质上言之是将作家作品由特定的时空中解放出来，以今人的眼光去欣赏、评论，并加以人格的投射。

这一方法到了陈寅恪的陶渊明研究中转化为从纯粹的“史”的角度，即从历史材料的角度去把握文学，将作家与作品放置到具体的历史环境当中，看重的是传统文学在它自己时代的价值和意义。陈寅恪所撰《陶渊明之思想与清谈之关系》以“以史证诗”的路径切入，考察了陶渊明的文学创作背后具体的社会历史变迁，包括政权更迭、权力斗争、生存危机、宗教信仰、家族承续等因素的制约和影响。他在论文中反复重申：“治魏晋南北朝思想史，而不究家世信仰问题，则其所言恐不免皮相。”② 在对中古士大夫言行出处的研究中，陈寅恪始终贯彻了这一原则。一为追溯陶渊明崇尚的“自然”之精神理想的来源，乃是陶渊明所属溪族世奉之天师道传统，其既不与“名教”对立，也不同于道教“自然”说的“别求腾化之术”，对佛教则采取回避的态度，陈寅恪将之命名为“新自然说”，指出其要旨为“委运任化”，云：“夫运化亦自然也，既随顺自然，与自然混同，则认己身亦自然之一部。”③ 以此来解释渊明的《形影神并序》中提到的“我无腾化术，必尔不复疑”“应尽便须尽，无复独多虑”的语义，实为抓住了根本。二为体察到陶渊明的文学思想是在复杂的政治条件之下衍生出来的，魏晋南北朝时期新的社会结构变动与南方各民族文化的冲突交融是其深层的存在背景。陈寅恪细致地考察了被陶渊明奉为曾祖的陶侃的生平经历，看到身为江南土族人士的陶侃虽然凭借显赫的战功身跻显贵的行列，但在两晋时代社会积习影响之下，一直深受北方世家门阀的轻慢和侮辱。这种寒门文化基因在铸就陶渊明

① 梁启超：《梁启超古典文学论著》，上海书店出版社 2013 年版，第 292 页。
② 陈寅恪：《金明馆丛稿初编》，上海古籍出版社 1980 年版，第 200 页。
③ 陈寅恪：《金明馆丛稿初编》，上海古籍出版社 1980 年版，第 202 页。

的文学创作形态和文化人格特质的道路上发挥了至关重要的作用。陈寅恪的阐释成果在陶渊明的诗文接受史上亦开启了一条别有开创性的道路。

与严谨、质实的历史学考量相异，王国维与朱光潜的研究方向皆执着于抓住文本的文学特质。梁启超与陈寅恪作为文史学者，则坚持认为文学研究和历史研究是紧密相连的，“文学同样产生于具体的复杂环境中；如果不经由历史的目光，考察清楚这个特定时空的各个方面，那么对文学作品的解读只能局限于阅读者的诠释视界，而无法通达写作者的想象空间”。[①] 从方法论上来看，他们的目光同样深邃，“直逼其根系究竟扎在何等思想土壤”，[②] 故其结论是贯通、结实与深刻的。无论是基于“诗史互证”的意识与方法，还是回归到文学本身的直观研究，都因阐释者清晰且有说服力的诠释和说明，最大限度地获得了学术话语共同体的接受和认同，并在方法论的意义上得到了沉淀和发扬。无论是《形影神》《饮酒》《述酒》诸篇，还是《归去来兮辞》与《桃花源记》等散文作品，只有经过综合的解读路径加以考量，方能获得全面的和科学的视角。可以推知，阐释公共性的实现不完全以确定性的知识形式呈现，能够在理性和实践的框架下推进认知的真理性的方法与路径，或许可以在更大的可能上成为可共享的精神场域的构建支撑。

与“强制阐释”理论相比较，“公共阐释”理论更多地将目光投向公共理性和公共视域，即接受者之间的交流和共鸣，以此来重新对文本阐释的理性原则、实证原则和确当性原则给予重视，这对建构当下中国的马克思主义文论话语体系、防止文学阐释领域内部出现各执一端的非理性混乱局面具有深远的意义。

---

① 田晋芳：《中外现代陶渊明接受之研究》，博士学位论文，复旦大学，2010 年。

② 夏中义：《朱光潜美学十辨》，商务印书馆 2011 年版，第 211 页。

第二编

外国思想中的公共阐释

公共阐释及其感知生成

——一个现象学—阐释学的增补*

金惠敏　陈晓彤**

“公共阐释”是张江教授基于中国现实与理论语境同西方思想展开对话和论争所形成的理论成果，其中阐释的公共性与构建公共阐释可能性的问题居于核心地位。其在诸多关键论述中强调，公共阐释的目的在于对自然、社会、人类精神现象存有确当的理解和认识，要达成认知真理性与阐释确定性涉及对公共阐释本质的分析，而这需要回落于阐释和理解活动中人类理性的公共性，并且该理性超越于表层的感性、印象等诸多非理性范畴①。建基于公共理性之上的公共阐释在面对普遍性与共通性问题时具有强大的解释效力，但为了更深刻地剖析其理论潜力，需要辩证分析通达共识之途中感性在理解活动中的位置问题，以及与之相关联的公共阐释感知生成的问题。本文将在现象学—阐释学自身内部的裂变与发展中探查解决这一问题的契机。

一　生活体验与此在知觉：对理解二元分离的突围

现代阐释学的发生与现象学紧密纠缠，狄尔泰和胡塞尔的相互对话，

---

* 本文为国家社会科学基金重大项目“德国早期诠释学关键文本翻译与研究”（项目编号：19ZDA268）阶段性成果。本文原刊于《学习与探索》2021 年第 7 期。

** 作者单位：四川大学文学与新闻学院；四川大学文学与新闻学院。

① 张江：《公共阐释论纲》，《学术研究》2017 年第 6 期；张江：《不确定关系的确定性：阐释的边界讨论》，《学术月刊》2017 年第 6 期。

以及从两者对话中深受启发的海德格尔，再之后伽达默尔哲学阐释学基本思想的确立，现象学对意向、理解的分析等等，都贯穿于阐释学始终，其中，现象学—阐释学力图突破的就是理解活动中感性与理性的二分模式。

狄尔泰试图从施莱尔马赫理解艺术的阐释学①中，为一切阐释人类内在生命表达的学科也即为精神科学寻找基础，这种关注促成了现代阐释学的发生，并使阐释学、生命哲学与现象学以更为内在的方式深刻连接起来。狄尔泰阐释学所要批判的除了人文研究中的自然科学思维模式，亦指向学院派观念论的思辨传统。狄尔泰指出，要使阐释学成为一种“科学”方法，首要地在于克服阐释学中的相对主义，从而使其具备认识论要求的客观性。19 世纪初德国所流行的历史主义思潮为精神科学与自然科学的分野提供依据，强调每一时代的文化精神有其自己的判断与评价标准，但在狄尔泰看来，这将导致精神科学限于特殊性并滑向相对主义，其以此通过“历史理性批判”发展出一种更为“科学”化的历史观念，从而建构“自我阐释”的范畴以理解人的问题。这个问题关涉狄尔泰阐释学理解的生命哲学面相，即理解意味着恢复人自身存在的历史性之意识，这种意识是人在生活中对生命的诸种体验，该体验不在机械范畴之中，而是存在于“意义”——对整体生命的个体直接体验的复杂因素中，可以说是在特殊性之中对真实的把握。理解从而成为一种重建活动，聚焦于内在经验世界，并在重构中再行体验。狄尔泰以此通过“体验—表达—理解”构建其阐释学模式②，其中，体验和理解因为表达这一机制紧密联系在一起。但狄尔泰的表达并不指向情感的流溢状态，而是意指一种更深刻的、涵盖范围更广泛的东西。帕尔默指出，或许狄尔泰的“表达”恰切说来，可译之为人类的心的“客观化”（objectification）③，

① 学界在 hermeneutics（阐释学、诠释学、解释学）的翻译及三者问题指向的殊异上有诸多争议，本文讨论的问题缘起于“公共阐释”，行文多用阐释，但在涉及具体哲学家与思想家的观点时，以其通行翻译展开分析，不作统一。

② Wilhelm Dilthey, *Selected Works*, *Volume III*: *The Formation of the Historical World in the Human Sciences*, RudolfA. Makkreel & Frithjof Rodi eds, Princeton, NJ: Princeton University Press, 2002, p. 213.

③ ［美］理查德·E. 帕尔默：《诠释学》，潘德荣译，商务印书馆 2014 年版，第 146 页。

“心”其实就是生命，是人类的一切知识、情感和意志。在狄尔泰“表达”的客观化基质中，可见胡塞尔具体体验的“意识活动”与该体验中的“客观的观念意义”，以及黑格尔客观精神对之所产生的显著影响：促成其“精神构成物/精神对象”概念的形成。在狄尔泰这里，“精神客观物”主要指诸种精神科学对象因一种内部规律结合在一起的东西，但往往只有体验到人类状态，将这种状态在生命表现中表达出来，并且理解这些表达，人才成为精神科学的对象。也即是说，精神科学的存在奠基于生命、体验与理解的关联总体。

在通达阐释与理解的客观性之途中，狄尔泰以对生活体验的强调试图冲破理解的理性与感性的二元发生论，其方式主要是通过描述和分析的心理学（descriptive and analytical psychology）来反对孔德实证主义、新康德主义以及经验主义中对理解与意识活动的心理学分析，并以此走向胡塞尔的先验现象学。孔德实证主义直接以无法运用外部观察证实而否认心理学的有效性；新康德主义以追求普遍规律为标准将心理学划分至自然科学的视域内；经验主义在心理学的科学性上与新康德主义一致，但不同在于是否认可存在某种自然科学无法揭示的精神现实。狄尔泰认为心理学具有科学性，但必须放在精神科学的视域内才能理解其客观性与普遍性。因此对传统心理学核心特质，即构建与说明性做出转换，这标志着狄尔泰对体验与理解做出认识论与方法论上的结合①，从而试图突破理解非理性因素的阈限。生活体验作为精神科学的内在事实，不同于自然科学的客观事实，并且客观事实并非我们生活的全部事实，描述和分析的心理学关注内在事实，也就是“意识事实”（the facts of conscious）。

也是在这个层面上，狄尔泰和胡塞尔走到了一起，但胡塞尔显然不同于狄尔泰将意识事实定位于描述心理学的层面②。现象学所要研

① ［德］狄尔泰：《精神科学引论》第1卷，童奇志、王海鸥译，中国城市出版社2002年版，第59页。

② Makkreel，R. A. and J. Scanlon eds，*Dilthey and Phenomenology*，Center for Advanced Research in Phenomenology and University Press of America，1987.

究的是本质的关系，对意识的分析立足于现象学的本质直观，从一开始就悬置事实的经验世界，而受事物本质结构可预见的指引。通过现象学还原的直观表象在胡塞尔这里既是感知性的，也是范畴性的，两者互为补充构成意向对象的充实直观。虽然狄尔泰和胡塞尔对意识事实的侧重有本质不同，但后期胡塞尔重返生活世界，赋予意向性更为实际的内容，以期淡化其超验主体性所体现的唯我论倾向。胡塞尔强调生活世界涵括个人、社会与感性的实际经验，具有不掺杂任何理性思维的直接的感性体认，这种直接性说明生活世界是一个明证性领域。这与狄尔泰对生活体验的分析相互应和，“在我周围的万物中，我重新体验我本人曾经体验过的事物”[①]，万物和周围的这种生活内涵构成生活价值，并且有别于现实给予它们的价值。狄尔泰与胡塞尔在相互对话中使现象学—阐释学在面对感性和理解生成的问题上显现出共通之处：作为生活关联总体的体验和生活世界感觉材料的意向统一都说明在理解过程中感性与理性的复杂纠缠，不管是在认识论的层面还是在方法论的维度，感性均参与到阐释、理解活动的展开之中。

两者对话亦启发海德格尔从“实际性的解释学”层面对理解问题做出推进。海德格尔对狄尔泰从生命本身理解、揭示生命的观点十分赞许，指出其对此在历史性的领会探查到生存论的源头，但未能更进一步[②]。而海德格尔自身避免一切认识论的二分观点，其从胡塞尔已经开启的理解现象的前概念领域中，看到存在在生命体验中对自身的揭示，并拒绝胡塞尔悬置此在的方法，而以现象指向存在的显现。海德格尔的这种综合与超越恰是分析知觉与领会、解释关系的核心所在。前期海德格尔指出，现象学的本真维度使其已然成为解释学的，并且是关涉此在实际性的解释学，即是说，唯有以此在的在世活动才可阐明存在，而解释学的根本任务就是将被遮蔽的存在带入到现象，

---

① ［德］狄尔泰：《体验与诗：莱辛·歌德·诺瓦利斯·荷尔德林》，胡其鼎译，生活·读书·新知三联书店2003年版，第149页。

② Robert C. Schaff, *Heidegger Becoming Phenomenological*: *Interpreting Husserl through Dilthey*, 1916—1925, Rowman & Littlefield, 2019.

但解释的这种展开功能常遭误解。海德格尔指出，“解释并非把一种‘含义’抛到赤裸裸的现成事物头上，并不是给它贴上一种价值”①，从知觉和上手用具之间的“作为”结构中就可以体察出解释的生存性，任何知觉已然有所领会与有所解释，这种解释在于道出随世内照面的东西在领会世界中所展开的因缘。但海德格尔的“知觉”（Vernehmen）既不是传统哲学中知觉的先验性向，也非通常心理学意义上的主体对客体的知觉，而是指向人的开敞和对存在指令的接受。知觉即所感，与事物相关，但这种相关性并没有褫夺实有的独立性，反而在去蔽中揭示了其独立性。这同胡塞尔有一致的地方。在胡塞尔看来，现象学的中心是对象在意识中的构造与显现问题，其兴趣在于知觉或者体验的实在内容的领域，但两者分歧依然突出，海德格尔认为类似于感觉材料的东西都经过知性的抽象构造，并非本源性的东西。就知觉而言，其本身就是对事物的感知，并且这种感知指向超越事物本身的更为深刻的事物联络：知觉从所感中为自己定调，从而唤醒一种基本情绪。这种情绪揭示出此在所具有的内在生成结构，并以其生成揭示存在者整体②，即是说，在对象化之前，人已然与事物照面。因此，“现象学描述的方法论就是解释”，而“此在的现象学就是解释学”③。在这个层面上，知觉、领会与解释使此在具有超越性的同时而整全的在存在之中。

二　感性知觉的具身性与技术性：理解意识的客观化

无论是狄尔泰的生活体验，还是海德格尔的此在知觉，两者均尝试突围理解中感性与理性的二元论模式。理解作为阐释学的核心范

---

① ［德］海德格尔：《存在与时间》，陈嘉映、王庆节译，商务印书馆 2019 年版，第 214 页。

② David Kleinberg-Levin, *Heidegger's Phenomenology of Perception: An Introduction, Volume I*, Rowman & Littlefield International Ltd, 2020, p. 128.

③ ［德］海德格尔：《存在与时间》，陈嘉映、王庆节译，商务印书馆 2019 年版，第 214 页。

畴，贯通整个西方哲学思潮。现代阐释学的发生同现象学密切纠缠，海德格尔对理解的存在之思为伽达默尔的哲学阐释学奠基，保罗·利科则通过接合现象学与阐释学，提出一种不再以描述意识现象为核心的阐释学的现象学，其后，唐·伊德（Don Ihde）以“物的阐释学”对利科的文本阐释学做出推进。但值得注意的是，唐·伊德将这种进路称之为“后现象学”的，其所聚焦的问题是物（技术）在感觉认知与意义生产活动中所起的特殊作用。可见，理解中的感知问题一直贯穿阐释学的发展，而对现象学、新现象学到后现象进路中的感知问题展开探查可以进一步明晰理解意识的生成。

胡塞尔的先验现象学通过悬置实在信念，以本质直观将现象学的根本任务规定为对纯粹意识的分析，以此作为哲学奠定严格的科学基础。认识活动成为一种意识行为，是事物在意识现象中对自身的显现。这里的事物并非日常经验到达的外部世界的事物，而是一种事物的本质，此处的意识也并非心理学上纯然的心理活动，而是意识的本质，因此，胡塞尔的现象学力图将现象或者说“自身显现者”如其所是地显示出来。在这样一种现象学的总体思路中，胡塞尔探查一切意识活动的基础，即知觉（Wahrnehmung/perception）。[①]但从一开始，胡塞尔对知觉的分析就已经是一种“纯化”的知觉。作为意向性体验，知觉有其知觉的对象，但知觉与其对象之间的意识关系不是事实性的，而是纯粹观念性的，是“与在观念作用中作为纯粹观念被把握的纯粹本质相关”[②]。可以说，胡塞尔知觉的意向对象是一个空无的对象，虽然胡塞尔后期返回生活世界以丰实意向的内容，但其超验取向贯通其对知觉的分析。在这个层面上，胡塞尔不断

① 在现象学的发展过程中，感知、知觉这个范畴由于面对问题的不同而有诸多衍生形式。在胡塞尔这里，Wahrnehmung 通常对应 perception，倪梁康译之为“感知”，李幼蒸译之为“知觉”。在海德格尔这里，“知觉”对应的是“Vernehmen”，从其词根出发，海德格尔强调感知过程中探查、检视与聆听的向度。本文由于涉及现象学在德法之间的双向互动与新变，以梅洛－庞蒂为核心节点，因此选择通行译法，即“知觉”，当然也有论者从诸多层面指出，梅洛－庞蒂的 perception 更适合译之为“感知”。参见［法］莫里斯·梅洛－庞蒂《〈知觉现象学·前言〉》，王士盛译，《中国现象学与哲学评论》2018 年第 1 期。

② ［德］胡塞尔：《纯粹现象学通论》第 1 卷，李幼蒸译，中国人民大学出版社 2013 年版，第 64 页。

从各种维度对知觉作出区分。其中最基本的是以所感对象的不同来划分：对实在对象的知觉是“感性知觉”，对观念对象的知觉则是“范畴知觉”。感性知觉在胡塞尔这里是狭义的知觉，是一种单纯的知觉，也就是对表象的知觉，这里的感性（Sinnlichkeit/sensibility）是通常所说的外感知通过感官中介提供的东西，胡塞尔其后通常用素材和材料指代感性。在意识活动中，胡塞尔重视的是内在的知觉，但胡塞尔对此的分析不同于传统哲学中的内外感知之分，与胡塞尔内在的知觉相区分的是超验的知觉。内在的知觉以明见性为核心特征，是意识本身对知觉对象的直接给予，被知觉的对象在意识之中获得完满性，“知觉和被知觉者在本质上构成了一种直接的统一体”[①]。但是超验的知觉则是指向意识之外的物或者一般现实的、其他自我体验的行为。较之于超验的知觉，内在的知觉是一种自足的“我思”，因而更具有认识论的地位。

毫无疑问，胡塞尔对知觉的先验分析是其现象学思想的核心，但继之而起的现象学，无论是梅洛-庞蒂还是赫尔曼·施密茨（Hermann Schmitz），首先批判的就是胡塞尔意向性中意向对象的空无，并指出胡塞尔意向性过于二元论，其对意向活动和意向对象的明确区分使得意识与外部世界、身体与心灵进一步被割裂。但是，两人也指出，胡塞尔现象学“返回事物本身”的这种方法依然具有重要意义。梅洛-庞蒂从一开始就对胡塞尔的现象学进行了创造性的解读，认为现象学不是一种教条，而是一种“描述”。世界的真实或者本质是可以描述的，而非建构或构成性的，一种真正的现象学就在于寻找与世界的自然联系。梅洛-庞蒂以此通过身体性将知觉拉回到感性世界。施密茨同样在这个层面上强调现象学方法的出发点——探索现象。通过对梅洛-庞蒂的再度拓展，施密茨体察到在传统心物对立的思维之间存有一个模糊地带，其中知觉所关涉的各种现象就存在于这个模糊地带，存在于生活世界，是最原初意义上的自然而然的日常经验。现象世界并不能被归结为一系列的二元结构，但是传统认识论的知觉分析仅对此作出逻辑上的简化处理，这种处理在胡塞尔意识现象的分析

① ［德］胡塞尔：《纯粹现象学通论》第1卷，李幼蒸译，中国人民大学出版社2013年版，第67页。

中达到顶点。此外，施密茨在批判胡塞尔身心二分的本体论知觉的同时，认为胡塞尔诉诸于明见性以确立现象学合法领域是难以成功的。

新现象学试图揭示性和理解性地去接近无意识的生活体验，施密茨指出，这种体验指向的是对人的日常生活起决定作用的、有关基本生存经验的现象领域，而“一个现象就是某人在某一时刻所遭际的一种事态”[①]，该事态首先是身体与情感的一种基本震颤关系，而这也是主体性的所在。施密茨以“身体知觉”（leibliches Spüren）[②] 为线索，认为在传统精神—肉体二元论模式之外，存在着各个身体感受的巨大对象领域，“我们不借助视觉和触觉就能亲身感受到的一切，诸如，畏惧、疼痛、饥饿、干渴、压抑、惊吓等都属于这个领域。这类感觉无疑具有空间性，甚至是局部性扩展、不可分割、并且是可穿透的，就像一个身体”[③]。这不是某种特定感觉器官的知觉，而是一种自发出现于身体的感觉，这样，个体存在的整体就是“身体”（Leib/felt body），它的结构不同于可以看到和触摸的“肉体、躯体”（Körper/corps/body），躯体由一切生物性的因素维系，其空间属性和位置边界是可以明确的，诸如感官有自己特定的位置，其直接地与环境相互作用。但身体不同，身体的空间更为广阔[④]，不仅仅局限于通过感官系统感知，而是不断地在宽度、方向、位置的三重空间中展开宽广和狭窄的对抗性竞争，这是主体接触的最基本形式，甚至知觉也是在这种驱动中适应或者反应，而情感就在驱动震颤的身体空间中成

---

① ［德］赫尔曼·施密茨：《新现象学》，庞学铨、李张林译，上海译文出版社 1997 年版，第 11 页。

② 施密茨以“leibliches Spüren”意图强调的是“身体感”，其中 leiblich 强调 bodily/embodied，而 Spüren 则有 feel，sense，experience 等意涵。施密茨以此说明，身体知觉是一种无需特别借助感官（senses）就能感觉（feel）属于自己的东西，它并不总是在身体界限的范围内，比如视觉、触觉以及知觉的身体图式（perceptual body schema），已然是一种感官经验的衍生与溢出。参见 Hermann Schmitz, *New Phenomenology: A Brief Introduction*, trans. Rudolf Owen Müllan, Mimesis International, 2019。

③ ［德］赫尔曼·施密茨：《新现象学》，庞学铨、李张林译，上海译文出版社 1997 年版，第 8 页。

④ Hermann Schmitz & Rudolf Owen Müllan & Jan Slaby, “Emotions Outside the Box: The New Phenome-nology of Feeling and Corporeality”, *Phenomenology and the Cognitive Sciences*, Vol. 10, 2011, pp. 241 – 259.

为一种氛围而被感知。施密茨从根本上取消了“内心世界”，情感不是内在的，而是在空间上可感知的，这种开放而动态的情感空间清楚地表明，主体并非一个封闭自足的内部世界，而是一个向周围和他人开放的世界。这也促成施密茨对理解的一种更为深刻的形式的发现，即“肉身交流”（corporeal communication），其所要强调的核心在于这是一种不同于任何语言型交流的情动型交流。在克里斯蒂娜·朱尔米看来，它是先于语言和非语言交流的一种力量，并且预先决定了任何处在前反思阶段上的反应①。可以说，施密茨超越语言的情感交流为主体间、甚至是任何事物的相互理解提供了直接性接触的空间。

不管是梅洛－庞蒂还是施密茨，其现象学对感性知觉意向内容的扩展与充实已然超越了胡塞尔的先验知觉，这同时启发了以唐·伊德为代表的后现象学的发展。后现象学的特殊性在于其体现了施皮格伯格所言的现象学的动态特征，该动态性使现象学可同其他领域在结构上相容②，这除了取决于现象学内部固有的原则，也取决于所遇到的“事物”以及领域的结构。伊德的后现象学不仅融合了实用主义，同时还是一种扩展了的“物的阐释学”，其所要解决的问题是知觉经验与技术、工具之间的理解关系，所要揭示的核心是物在感知活动中所起的特殊作用。伊德经由梅洛－庞蒂的具身分析，结合利科现象学—解释学对解释文本阈限的突破，认为物在人与世界中的居间与调节关系既是具身性，也是解释性的，人类经验经由技术对世界作出了解释性的转换。这种理解不仅关涉对切己之物的理解，同时也是物和知觉一同在场，生产世界的意义、使意义向前推进的活动。伊德延续梅洛－庞蒂对知觉具身性的分析，在区分微观知觉与宏观知觉的基础上，通过技术中介物扩展出身体一（bodyone）和身体二（bodytwo）的分析③。其中，微观知觉强调身体感官，宏观知觉则是在文化—解

---

① Christian Julmi，“A Theory of Affective Communica-tion：On the Phenomenological Foundations of Per-spective Taking”，*Human Studies*，Vol. 41，2018，pp. 623－641.

② ［美］赫伯特·施皮格伯格：《现象学运动》，王炳文、张金言译，商务印书馆2011年版，第34页。

③ DonIhde，*Bodies in Technology*，*Minneapolis*，MN：The University of Minnesota Press，2002，p. xi.

释学的层面上考察身体，与之对应，身体一表示能动的、知觉的和情感的在世界之中的存在，身体二则是文化所建构的具身性。在具体的实践层面，上述两者的确有所分别，但它们均体现出知觉具身性的行为与文化层面。但伊德同时指出，穿透上述两个维度的身体的第三维度，指向技术的身体，这里的技术指一切人造物、工具，这种技术贯穿历史与人类的一切生存与实践活动。伊德试图用该身体说明在历史和实践中如何忽视了知觉与物之间更深刻的一种具身性关系，而这种忽视制约了阐释学自身对意义与表达的理解。伊德指出，阐释学的范围不应再限于仅对“文本”做出理解，更需要的是一种可以对切己之物的阐释，“使事物说话”，因为它们以具身的方式贯穿于我们的理解活动，这是伊德后现象学更为深层的目的。从纯粹知觉到知觉感性内容的丰厚，现象学超越知觉的先验向度后体现出其自身的发展活力，并促进了阐释学对理解问题的思考。

无论是施密茨身体化情感空间对日常经验与情境多样性在理解过程中的关注，还是伊德三种维度的知觉身体对技术与理解问题的穿透，都体现出现象学独特的思维方式，并且表明知觉的本质是一种经过调节的意识现象，在这种调节中，身体感官同社会、文化、技术紧密纠缠，理解意识因此也是一种客观化的、充满质性内容的丰厚意识。在这种情况下，我们需要思考在感知持续在场的情况下，一种可共通的阐释应该以何种形式呈现。

三 艺术表达与当代感的捕获：公共阐释的感性实施

理解与解释并非作为手段存在，也不是人类借以把握对象的框架，任何一种理解不纯然是达至客观性的一种努力，而是对自身视域的扩展。如伽达默尔所指，这意味着内在认知（innerawareness）的增长，而这种认知又成为新的经验汇入我们的经验结构之中，其中美学与诗学的阐释学实施为捕捉这种经验结构提供了一条路径，而这与现象学在理解和表达的问题上同声相应。就公共阐释的形成来说，其需要一种可以恰当处理感性与理性的表达形式，从而以面对当代经验结构所发生的新变。孙周兴分析指出，“一种总体阐释学”的可能性在于追问当代阐释学如何在综合“哲学与方法、科学与人文、艺术与哲学”的同时，可以成为一种“直面技术统治的新生活世界”的基础学问和思维方式①。而无论是阐释学、现象学，还是激进思想中的现象学进路，它们都在其发展过程中聚焦于艺术与审美活动对知觉共通性的塑造，从而达至“理解的真理”。即是说，这种经由艺术与审美中介化的知觉具有生成可共通的理解的潜能。其中，梅洛－庞蒂对艺术表达与知觉世界的分析贯通辩证法思想，为理解与阐释确立了原初存在之基，而保罗·维利里奥（Paul Virilio）则在此基础上以激进的理论姿态对当代艺术与感知之间的关系做出分析，从技术对艺术的发展与知觉改写中捕获当代感知的新质，即速度感。而公共阐释无论作为基础方法论、思维方式，还是阐释的规范价值指向，都需要一种对当下生活世界中主体感知的深刻理解与捕捉，并以此检验其阐释效度。

艺术表达与知觉的共通性在于对原初存在的领会，梅洛－庞蒂的这种观点与其现象学新范式相关。在他看来，现象学就像巴尔扎克、普鲁斯特、瓦莱里、塞尚的作品一样，有着同样的惊奇、对意识的要求、对把握世界或历史原初状态意义的愿望。这意味着哲学探究方式的转变，意味着艺术与审美活动同样具备去蔽的潜能。除了从知觉出发不带任何知识的增减去掌握世界以外，在梅洛－庞蒂这里，主要是通过艺术领会原初存在，这种存在是一切表达活动的源泉，而一种新哲学或者说艺术、文化，就是沉默的存在对自身的表达。具体来说，梅洛－庞蒂所主张的艺术领会的原初存在其实就是现象世界。从谢林到柏格森，梅洛－庞蒂看到自然的原初未分性：谢林通过理智直观来把握自然的发展过程与机制，保证人与自然之间的内在联系；柏格森则通过设定原初统一性来弥合实存与表象之间的分裂，自然生命就是一种绵延与流动，而我们能够直觉性地把握与体验到这种绵延。以此为基点，梅洛－庞蒂以不同于胡塞尔的方式重新理解“现象学的态度”和“自然态度”。在胡塞尔的区分中，“自然态度”专注于世界

① 孙周兴：《试论一种总体阐释学的任务》，《哲学研究》2020年第4期。

中的事物，“现象学态度”则反思在自然态度中起作用的意向以及客观的意向相关项，我们通过悬搁我们对事物和世界之实在性信念的自然态度来实现先验的观点。但梅洛－庞蒂指出，“我们最自然的人类生命指向一种存在论领域，它有别于自在的领域，它也因此在构成的秩序中不可能从自在派生出来。甚至通过接触事物，在自然的态度中比起在理论的态度中我们更知道事物”①。正是因为我们完全由我们与世界的关系构成，所以对我们来讲，自然态度具有一种先在性，先于我们对世界的反思，是一种无法被超越的态度。

当然，梅洛－庞蒂并非要说明原初自然是一种无意义的存在，相反，其包孕着意义生产的可能性。可感世界恰是因为其内在的意义与结构才比思想世界更为原初，即是说，可感世界是可见与可延续的，而思想世界却是不可见与断裂的。可感世界自成整体，而思想世界却不能，并且其意义往往依靠他人的“标准结构”。也是在这个层面，梅洛－庞蒂接续了青年马克思意义上的实践辩证法②，认为“马克思的新颖之处”不是将系统的理论意义塞进历史，而是将人类生活及其实践作为概念意义的构成场所。对梅洛－庞蒂来说，实践意味着普遍存在和普遍精神依赖于我们所生存的世界，即是说，感性现象并非妨碍整体存在，而是存在的必经之途。

艺术表达为这种非系统的哲学实践及存在意义的领会提供了下降的通道，这首先在于艺术的语言性。在分析身体习惯时，梅洛－庞蒂就细致地描述了音乐表演与身体构成的“存在—表达”关系，即体验到我们呈现的东西与指向的东西——意向和实现——之间的一致性。梅洛－庞蒂因此主张应该赋予艺术形式以语言（间接语言）的性质，因为它们的目光都聚焦于那些被窒息的在世界中的联系，意图解除加于世界之上的覆盖并解放它们。同时艺术和语言都揭示了细微的生活经验，并且这种分散的经验导向意义的多元与嬗变，因此在语言基础上考虑艺术以及在艺术基础上考虑语言都将成为可能。而艺术表达活动最终将意义导向身体，使意义在身体与世界的前意识交流中产生。

---

① ［法］梅洛－庞蒂：《哲学赞词》，杨大春译，商务印书馆2003年版，第147页。
② ［法］梅洛－庞蒂：《哲学赞词》，杨大春译，商务印书馆2003年版，第38页。

就每一种理性反省来说，无论是科学的还是哲学的，都植根于对世界的前反思意识，这恰是知觉的特征。反省预设了意义的存在且无法摆脱它，在这种情况下，真理总是出现于意义之后，充满模糊性和匿名性，这在艺术中尤为明显。艺术让我们体验到身体与世界之间的弹性关系。一幅画、一尊雕塑或一段音乐，其所呈现的是体现在具体事物上的存在真理，真理不能脱离意义，它只能以显在或者说明确的方式表达意义。就绘画而言，梅洛-庞蒂指出，塞尚开启的“透视变形”拒绝那种几何视角的、分析式的对物的认识，而是想要重新融入并以知觉的经验方式展开艺术的行动，尤其是塞尚的艺术试图描绘“前世界”，即事物在自然中毫不费力地出现时的感性形态。无论是塞尚、布拉克，还是毕加索，他们的艺术使我们以不同的方式遭遇物，这些物脱离其自然意义，不再是一种我们所惯熟的物件，而是“止住我们的目光，拷问我们的目光，以一种奇特的方式向我们的目光透露着它们的秘密本质以及它们的物性形式本身”①。因此，艺术对世界的显现就在于其不是作为再现，而是作为生产的整个表现过程，在这个过程中，生活世界的真理受意义的推动，接受意义，并以新的方式予以表达。可以说，梅洛-庞蒂的知觉—艺术——存在处于一种处境性的双向生成的表达模式之中：对作为表达的艺术的阐释，以及在表达现象的处境中展开知觉的描述，而表达行为最终指向存在。作为梅洛-庞蒂的学生，保罗·维利里奥在考察20世纪以来的技术变革对知觉模式的塑造和对艺术边界的扩展后，认为速度感是当代社会的核心知觉体验。无论是在理解过程还是阐释行为中，捕获当下技术发展对主体经验的塑造所催生的感知新质，可以说是公共阐释通达共识的题中之义。维利里奥对速度感的分析以及由此催生的“电传微叙事”的危机，都为当代诠释学的实施提供了向度上的参考。可以说，“技术生活世界”是对当下时代的准确描摹，技术的进步与升级不仅广泛渗透于我们的日常生活，同时也参与进审美活动的生产中。维利里奥指出，过去的艺术是一种物质的艺术，建筑、音乐、雕塑、绘画是其标

① ［法］梅洛-庞蒂：《知觉的世界：论哲学、文学与艺术》，江苏人民出版社2019年版，第75页。

志，而当代的艺术是一种技术的艺术，因为与众多艺术的突飞猛进伴随着的是“摄影电影技术、无线电话技术、更重要的是（视听）电视技术”，维利里奥认为这些技术动摇了艺术再现的所有形式，是一种“出人意料”的表现手法。

意外在于其后所蕴藏的观念是“现实加速”的观念，在维利里奥看来，技术变革其实是速度的一种表象，这突出地表现在速度—距离（distance-vitesse）取代了传统空间—距离（distance-espace）和时间—距离（distance-temps）的二元范式，距离在空间与时间上的消弭说明速度的本体论意义，即现代社会的整体演进本质是一种“竞速学”（Dromology）。维利里奥吸纳胡塞尔与梅洛－庞蒂的现象学还原，认可事物最终在知觉中显现，在这个层面上，维利里奥指出，速度不纯然只为我们提供更舒适快捷的移动，而是用于听、感觉，用于更加强烈地领会当前的世界，并且以此改变我们的知觉方式，从而改变我们观看与构思世界的方式①。可以说，当代的知觉体验在技术加速的过程中鲜明地表现为对“速度”的经受。

在维利里奥的分析中，不同技术所带来的速度感是不同的。远程通信技术催生的是一种恐慌感，首先在于其删除了空间的距离，世界在光电的速度之间从原始地球的参照轴数中被解放出来，或者说被它吞噬；紧随其后的是时间距离的消弭，传统意义上的线性时间被即时性突然割裂，绵延的历史时间与意识生产在这种即时性中行将消失，因为即时性只有反应。在时空距离的双重消失中，远程通信技术为我们提供了一种远程客观性（téléobjectivité）。维利里奥如此描述我们身处此种客观性时的场景：“我们的双眼不仅因电视屏幕而紧闭，而且也不做观察的努力，不在观察四周，甚至不在观察我们的前方，而只观察表象视野之外的东西。”② 这种状态是“可见与不可见”之间的一种张力，从而造成的是一种对意外的等待。在维利里奥看来，这是

---

① ［法］保罗·维利里奥：《消失的美学》，杨凯麟译，河南大学出版社 2018 年版，第 9 页。

② ［法］保罗·维利里奥：《无边的艺术》，张新木、李露露译，南京大学出版社 2014 年版，第 6 页。

一种反常的等待，其是由恐慌与焦虑构成的。

当下对速度的追求同样表现在技术升级上，比如电脑、手机、视听设备等，其不断延伸、改写我们的感官知觉，维利里奥称之为“技术义肢”（prosthesis），经由技术义肢，我们获得了“失神”（absence）的体验。失神原本是儿童最为常见的精神与意识状态，是一种突如其来的经验上的脱节与空白，但儿童可以随时接续与粘合断裂的时间，重新描绘之前的场景，维利里奥将这种过程称之为“去同步性”（desynchronizing），并认为失神的再度捕获与重建是同时间的自由游戏，因而带来一种沉浸式的愉悦感。然而，成年人往往丧失了这种掌控失神的能力。但是技术义肢的发展为我们重拟了种种“去同步性”的知觉环境，电影是最为典型的视觉义肢，其之所以具备构境的功能，在于电影马达每秒 24 帧以上的高速运转超越了人类的视觉暂留，从而生产出连续动态的错觉，电影既带来一种失神的体验又将我们的感知汇聚于时间的流动之中。除此之外，与照明技术的发展相伴生的是眩晕感。当代都市的主要特点就是黑夜的永久缺席，城市的巨大玻璃已然不再是镜子，在维利里奥看来，它们是令人头晕目眩的“光的反射器”。光无处不在，似乎为人们提供了一种照明的民主，但人们努力地寻求更多亮光以扩展视线范围，人们将目光聚焦于屏幕，在光的显示和跃动中，对资讯的热望超过了感觉，“电子资讯的重点已不再是储藏，而是显示”。无储藏是意识的透明化与消失，最终徒留眩晕。

无论是在存在层面，还是表达层面，维利里奥都认为我们面临一种危机。速度感知的背后其实是身体的消失，速度暴力的消除了原本“处境性”的、运动性的身体，身体的“完形”不再是梅洛-庞蒂意义上的持续实现和涌现，技术加速中的身体只是一种“电传存在”，而非“实体存在”。身体的消失意味着意识的绵延性自此丧失，这导致我们的知觉与理解意识的生成更加分裂。同时对速度感的体验带来表达上的危机，维利里奥指出，这种危机不同于现代大叙事的危机，也不是后现代的小叙事的危机。因为“随着实际空间与间差时间的消逝，无数建立于不同空间与不同时间的小叙事也将会消失。取而代之的是正在不断扩张的电传‘微叙事’（misro-récits）。微叙事不再是文字、话语或论述的叙事，而是声音、影像乃至触觉的电传叙事”[①]。在维利里奥这里，电传微叙事的核心显然不是重新回到现代性理念或理论的普世化。因此，就公共阐释的当代发展而言，面对技术发展以及由此催生的危机，其如何捕获且表达这种感知新质，以及在阐释中如何处理这种分裂感所带来的理解意识上的断裂，的确成为其核心问题。

结　语

通过现象学—阐释学内部对感知和理解问题的讨论，我们可以辨析不同维度的感知在意识活动中的地位与作用，同时也可以更为深刻地体察张江教授公共阐释理论所言明的一种复杂性，这种复杂性尤其体现在强制阐释的一些核心争议中，即阐释活动如何才能克服主观动机带来的谬误。张江教授指出：“坚持从现象本身出发，坚持阐释的整体性观点，坚持阐释的多重多向循环，是合理规范阐释强制性的有效方式。”[②] 的确，从现象出发做出整体性的阐释是解决强制阐释从而通达公共阐释的一条有效路径。同样，理解活动中的感知问题也需要在所关涉的现象视域中得到充分的检视。毫无疑问，心理学在此向度上提供了一种阐释机制的分析，但需要注意的是，感知主体并非心理学上的客观对象，其涵纳、负载着日常生活中的意义和价值，而对这些意义的探查与捕捉深刻地体现在现象学—阐释学的发展之中。此外，在阐释逻辑的规范性与主体的历史社会意识中寻求一种可通约的基础，从而形成一种互补性的反思规范，同样是现象学—阐释学所关注的问题，该视域中对感知的分析超越了理性感性二分的传统理解，而在此基础上展开探索才能通向阐释的多元共通，一种建基于情感的“阐释共同体”或许更能促成主体间的对话与意义的生成[③]。一句话，“间性”须有“间在”而达成。

---

① ［法］保罗·维利里奥：《消失的美学》，杨凯麟译，河南大学出版社 2018 年版，第 37 页。

② 张江：《再论强制阐释》，《中国社会科学》2021 年第 2 期。

③ 金惠敏：《没有文学的文学理论》，四川大学出版社 2020 年版，第 9—27 页。

阿格妮丝·赫勒阐释学思想与公共阐释*

傅其林**

张江先生的公共阐释论及其对“阐”“诠”“理”“性”“解”“释”等概念的辨析①激活了阐释学新一轮讨论的可能，这是新的时代语境和人类新的历史意识所引发的可能。公共阐释论倘若具有理论上新的可能性，就必须经受理论本身的检验，与阐释学本身展开对话。阐释学的思想和形态是复杂而多元的，本文主要立足于卢卡奇引领的布达佩斯学派的主要代表阿格妮丝·赫勒（Agnes Heller）的阐释学思想来对话公共阐释论，以期寻觅公共阐释论发展的可能性机制。作为当代著名的思想家，赫勒的阐释学思想涉及对海德格尔、伽达默尔、哈贝马斯、罗蒂、卢曼等理论家的深入考量，在学科上涵盖了文艺批评、美学、伦理哲学、政治哲学、社会哲学等众多领域，提出了“存在主义阐释学”“激进阐释学”等概念，她所关注的阐释的规范性基础、共识命题、价值交往等问题域，是张江的公共阐释论必须要面对的。比较二者，可以发现中西阐释学的异同及各自和共同面对的困惑。

---

* 本文为国家社会科学基金重大项目（项目编号：15ZDB022）阶段性成果。本文原刊于《社会科学战线》2019 年第 12 期。

** 作者单位：四川大学文学与新闻学院。

① 相关系列论文主要有：张江：《公共阐释论纲》，《学术研究》2017 年第 6 期；张江：《“阐”“诠”辨——阐释的公共性讨论之一》，《哲学研究》2017 年第 12 期；张江：《“理”“性”辨》，《中国社会科学》2018 年第 9 期；张江：《“解”“释”辨》，《社会科学战线》2019 年第 1 期。

一　阐释的规范性基础

阐释学的合法性需要确定规范性基础，这种规范性基础在张江的系列论文中得到较为深入的考察。张江主要从公共理性的人性基础来思考，更多是从共时性角度切入，而赫勒的阐释学立足于现代性的理性原则，在一定程度上奠定了意义阐释的规范性基础。她对这种规范性基础的思考主要来自韦伯的现代文化分化理论，即由于社会分化形成科学、伦理道德、文化等各自相对独立的领域，各学科遵循着各自的规范与规则，这些规范与规则就是各学科阐释问题。譬如，我们不能以经济学的规范性基础去讨论美学问题，也不能以美学的规范性基础讨论经济学的核心问题。赫勒指出，在现代文化不断进步区分的过程中，政治、法律、美学、经济、宗教、色情等领域形成彼此独立的相对自律，“每一个领域包含着其自己内在的规范和规则，这些规范和规则与其他领域的规范和规则是不同的”[①]，各个领域的规范与规则确保其领域内的活动合法化，不仅是知识生产活动而且接受理解活动都遵循规范与规则，从而取得科学的地位，创造各自的意义并对现代人的自我认知做出贡献。在这种意义上，赫勒关于现代社会科学的分析是基于阐释学意义上的合法性分析。

这种合法性分析的基本点在于自律的规范与规则的形成。究竟何为规范与规则，赫勒借助于社会学意义的群体认同来把握，即科学共同体的认同。这种认同不是超越时空的虚假认同，而是基于现代性的历史意识的表达，即用黑格尔所说的时代精神来表达，或者说处于时间的牢笼之中。这种历史意识不是神话中神秘化的历史意识，不是古希腊在有限性中探索一般性的历史意识，也不是中世纪普遍神学的历史意识，而是源自启蒙运动在法国大革命以来占据主导地位的反思的普遍的历史意识：“西方男女们开始理解他们的时代是世界—历史进步的产物，每一个阶段包含自己的可能性与局限性，它也要被另一个

① Agnes Heller, *Can Modernity Survive?*, Cambridge: Polity Press, 1990, p. 13.

阶段所取代。”[①] 这种反思的普遍主义催生了歌德笔下的浮士德似的人物，这些人物颠覆所有禁忌与束缚，渴求知道一切，渴求实现一切愿望，但不能摆脱时代的限制，因此包含着内在的悖论。赫勒指出，寻求理解和自我理解涉及对当下历史或者说对历史的当下或者说对我们自己的社会的认知，但是如何确定我们的认识是真实的呢？赫勒认为，为了克服这种悖论，必须要寻找一个阿基米德点。社会科学作为一种语言游戏试图克服这种不可能克服的悖论，试图确证这种悖论纯粹是一个假象。在赫勒看来，社会科学所提供的这个阿基米德点有两种不同的类型，即通则解说社会科学和阐释社会科学（nomothetic and hermeneutic social sciences）。通则解说社会科学认为，只要我们能够发现某种普遍的历史—社会规律，就能够运用到所有历史和社会，我们自己的历史、社会、制度就能够得到充分而真正的解说和理解。这样，我们就能够运用自己的历史意识的潜能克服历史意识的束缚。阐释社会科学也具有类似功能，它设想我们能够与过去的人或者陌生文化的人交流，能够真正读懂他们及其文本，这样，我们能够以陌生的眼光，从他者的文化语境来审视我们自身。赫勒认为：“只有我们能够让这些‘他者’提出他们的问题，从他们的角度即他们的历史意识来评估并判断其历史和制度，我们才会在我们自己的文化之外建立一个阿基米德点。”[②] 这种超越历史意识的束缚和通则解说模式一样，都表达了历史意识，是我们的历史意识的产物。赫勒的论述表明，阐释学是现代社会科学的基本范式，然而超越历史的阐释则又是历史意识的产物，仍然无法摆脱悖论。

赫勒关于历史意识与阐释学的思想触及公共阐释的可能性，这是历经了解构主义之后的阐释学再思考，显然避免了前现代的天真性、自发性，也避免了宗教的普遍主义或现代反思普遍主义的救赎性和宏大叙事。这意味着，在后现代的历史意识中，阐释的公共性仍然具有可能性基础，学科自律的规范与规则确保了阐释公共性的形式框架，现在与过去的对话、自我与他者的对话的可能性仍然存在。但这种形

---

① Agnes Heller, *Can Modernity Survive*?, Cambridge: Polity Press, 1990, p. 11.

② Agnes Heller, *Can Modernity Survive*?, Cambridge: Polity Press, 1990, p. 12.

式框架本身具有无法根除的悖论性，并不存在一个放之四海而皆准的普遍规范，只能是有限度的公共阐释，这个限度的具体延伸或者拓展的时空仍然取决于阐释共同体达成共识的可能性。

二　共识达成的限度

公共阐释力求体现最大范围人群的共识。张江在与哈贝马斯的对话中认为："实现公共阐释需要相互倾听，彼此协商，平等交流，以达成共识。"① 对此，哈贝马斯的理想的交往共同体思想是一个不错的理论基础。赫勒长期与哈贝马斯的交往理论纠结在一起，2017 年《论题十一》（Thesis Eleven）上专门刊登了两位思想家彼此回应的文章。哈贝马斯坚持普遍的共识的追求，尽管他首先承认交往中异议的重要性以及解释的多元性。② 赫勒认为，哈贝马斯基于话语基础上的交往共同体理论存在着超验的普遍主义与经验实践的断裂，"普遍的一致性在经验意义上是不可能的"③，而赫勒通过对日常生活的此在分析（Daseins-analysis），认为现实交往的共识是有限度的。

赫勒认为，哈贝马斯提出通过话语讨论形成参与者的共识来建构交往共同体，从而提出规范的普遍化和规范程序的普遍化："哈贝马斯为了所谓的普遍化的基本原则（理论）的接受而展开论证，把这种原则视为唯一的，同时也是形式的道德原则。他把话语伦理学视为人们借以能够遵从道德原则必然律的程序。"④ 赫勒对他的话语伦理学所形成的道德哲学进行了批判，主要集中于规范及其程序的普遍化。哈贝马斯试图从康德的道德律令范畴的必然性，从指定性的普遍法则转向参与者讨论认可的共识规则，从而建构新型的道德必然性。

---

① 张江、［德］哈贝马斯：《关于公共阐释的对话》，《学术月刊》2018 年第 5 期。

② Jürgen Habermas, "Response to Agnes Heller", *Thesis Eleven*, Vol. 143, No. 1, 2017, pp. 15 - 17.

③ Agnes Heller, "On Habermas: Old times", *Thesis Eleven*, Vol. 143, No. 1, 2017, pp. 8 - 14.

④ Agnes Heller, "The Discourse Ethics of Habermas: Critique and Appraisal", in Agnes Heller, Ferenc Feher, *The Grandeur and Twilight of Radical Universalism*, New Brunswick, N. J.: Transaction Publishers, 1991, p. 477.

在赫勒看来，这种思想的局限性至少有四点：一是哈贝马斯所设想的道德必然性的普遍化在实际行动中的错位，也就是理想的普遍的规范性在实践行为中是无效的。譬如一个人在公共领域的讨论群体中被迫表达违心的观点，在这种情况下形成的共识规范或者话语伦理学是有问题的。二是道德哲学中的普遍化原则根本不重要。例如，“要有人的尊严”可以作为普遍的标准，但是这个标准具有有效性吗？这里以孟子的话来印证赫勒对哈贝马斯的批判。孟子注重规则与法则，认为“男女授受不亲”是普遍意义的“礼”。但是“嫂溺不援，是豺狼也”，所以孟子解释说，“嫂溺援之以手者，权也”[①]。何者为“权”，宋代孙奭疏为：“权之为道”在于“所以济变事也，有时乎然，有时乎不然，反经而善，是谓权道也”[②]。事实上这出现了道与礼的错位，出现了礼的规范性和实际行为的错位。赫勒认为，哈贝马斯的普遍化的道德必然性束缚了人们的理智直觉，所谓的普遍化规范“要有人的尊严”事实上不能满足每一个话语参与者的兴趣。三是规范程序的普遍性问题。哈贝马斯试图建构一个普遍的公正的程序，以确保共识的达成或者规范的普遍性。赫勒认为这同样面临着困境或者悖论，因为公正的程序在对称性互惠的环境中可以作为调节性的实际观念，在非对称性互惠的环境中仍然可以适用，这种程序只是涉及判断而不涉及行为本身。如此，要通过程序正义来形成规范共识，两者之间并没有必然联系，“普遍程序导致的结果不是能够具有普遍有效性的规范”[③]。四是哈贝马斯混淆了道德规范和社会政治规范，因为社会政治规范的有效性等同于合法性，规范的选择奠基于合理性。道德规范涉及价值，如果一个人选择价值 x，另一个人选择价值 y，他们的道德规范是不同的。道德规范通常不是通过合理性选择确定的，它也不是借助于话语来获得有效性的。虽然道德规范的选择可以进行话语论证，但是这种论证程序不能等同于对规范的合理性奠基，一个人选择

---

① 阮元：《十三经注疏》，上海古籍出版社 1997 年版，第 2722 页。

② 阮元：《十三经注疏》，上海古籍出版社 1997 年版，第 2722 页。

③ Agnes Heller, "The Discourse Ethics of Habermas: Critique and Appraisal", in Agnes Heller, Ferenc Feher, *The Grandeur and Twilight of Radical Universalism*, New Brunswick, N. J.: Transaction Publishers, 1991, p. 481.

某种规范而反对另外的规范，其原因是复杂的，还包括“倾向性、需要、趣味、人格结构、习俗等”①。可以看到，哈贝马斯以普遍语用学或者言语行为理论来确定交往共识的达成是有问题的，具有内在矛盾性。哈贝马斯一方面强有力地拒绝绝对的文化相对主义，主张普遍性规范的共识追求，另一方面又陷入了绝对的文化相对主义，所有参与者的自由的共识达成只是一个抽象的形式设定，是缺乏实质价值的语言游戏。当然，这种话语游戏又是扎根于西方文化传统和现代历史意识之中的。赫勒的批判表明，通过哈贝马斯的交往共同体来构建公共阐释是走不远的学术路径。如果公共阐释仅仅在于设定一种阐释所到达的公认度，而不是自说自话，那么这仍然在哈贝马斯所设想的抽象形式的层面，还处于形式框架的论述中。不过，赫勒认为虽然哈贝马斯的普遍化原则与道德规范的合法性建构没有相关性，但是其话语伦理值得重视，因为话语伦理涉及规范的解释，在一定程度上是必要的。

赫勒认为共识达成是一种理想的言语情境的规范。这种规范要求参与对话者是对称互惠的，彼此相互理解。这需要一个基本的实现标准，即参与者使用的语言必须可以相互转换，如果没有这个基础，作为相互理解的交往就不可能发生，也就不能达成共识。社会科学的阐释追求对社会与自我的认知，也需要理解与解释，追求客观性与可行性，也需要理论的奠基，但是仍然达不到相互理解的程度。虽然这种阐释学形成了独特的语言样式与学科规范，体现出理解与解释的平衡，运用解说与解释的恰当比例，操纵核心维度与边缘维度的结构模式，阐释者在实践智慧的审慎判断下可以充分解释文本与现象，误解的可能性较少，但是仍然涉及误解与错误，甚至一些解释即使遵循客观性标准仍被人们彻底摒弃，因为其陈述是错误的。因此，赫勒认为，社会科学的解释仍然是误解。这样，对话参与者的解释就成为误解的汇聚，形成维特根斯坦所谓的家族相似的状态，这种状态不是共

---

① Agnes Heller, “The Discourse Ethics of Habermas: Critique and Appraisal”, in Agnes Heller, Ferenc Feher, *The Grandeur and Twilight of Radical Universalism*, *New Brunswick*, N. J.: Transaction Publishers, 1991, p. 483.

识。而且，社会科学的解释规范与共识达成的理想言语情境构成错位。赫勒认为："社会科学家能够接受理想言语情境的规范，就其而言能够进行对话，好像这种规范是构成性的。然而，由于研究的对象是客观精神的领域，这里理想的言语情境的规范是反事实的，因此社会科学要么必须放弃对真实知识的追求，只要上述规范是反事实的，要么它必须承受共识主张的限制。"①

赫勒认为，社会科学家之间达成共识是困难的，也是不必要的。原因在于，第一，最伟大的社会科学家通常对其研究成果的重要方面和次要方面进行区别，与最重要方面达成一致，就是他们追求的共识，而次要方面是需要修正的。第二，有的社会科学家更相信科学的进步，期望其解释进一步完善。特别是视角主义社会科学家，一种视角难以与其他视角的解释达成共识。第三，面对同一文本采用不同的方法进行解释，文本愈加重要，解释的不一致就更明确。即使许多学者认为一个理论是真实的，他们也会通过突出某个方面而进行不同的理论描述。因此赫勒指出："即使存在一个共识'理论 X 真实而正确'，但是就理论 X 究竟完全是关于什么的，就理论 X 真正的意思是什么，绝对不存在着共识。"② 社会科学具有文化、价值、群体视角、传记的差异性，组织事实材料的无限可能性，特有范式的个体性，这些决定了研究主题的差异。

赫勒没有走向总体相对主义，认为存在着共识。赫勒所主张的视角主义认为社会科学家要按照社会科学学科的语言游戏样式进行游戏，要遵循其规范和规则，要通过同行认同去探索真实的知识，要努力遵循客观性规范，这是一种形式共识。可以想见如果形式共识都不可能达成的话，那么实质性的共识则更难以达到。因此，如果共识意味着完全一致的话，那么共识是不可能达到的，因为所有的理解和解释都是一种新的理解和新的解释，或者说都是误解。

张江的公共阐释论则与之不同，不在于对误解的探索，而在于对阐释的内在机制的探索，试图通过中国传统的阐释学思想与当代文学

---

① Agnes Heller, *Can Modernity Survive?*, Cambridge: Polity Press, 1990, p. 32.

② Agnes Heller, *Can Modernity Survive?*, Cambridge: Polity Press, 1990, p. 35.

活动的分析来寻觅共识的理论基础。尽管张江也涉及阐释的多元性，但是他的问题意识与现实语境具有中国特色，对共识的追求也具有学理建构的宏大旨趣。其对阐、诠的辨析，显然具有厚重的历史积淀，也揭示了中国传统学者对意义明晰性和透彻性的追求，尽管其审美特性表现为“含蓄蕴藉”“言外之旨”“韵外之致”等。正是因为中国传统文化悠久、文化符号复杂、实践积淀的体悟的意义深刻，阐释成为中国文化的重要传统，理、性也成为具有共识基础的概念。应该说，张江的共识建构具有合法性基础。但是对意义共识达成的复杂性、悖论性的探索仍然需要推进，共识的达成需要从理论上和实践上进一步求证。

三　价值交往的可能性

张江认为，公共阐释得以形成，在于人类的公共理性的存在，而阐释本身是理性的。这是对公共阐释的存在本体论的奠基，也是人类历史不断确证的事实。他进一步探索公共阐释的逻辑规则，确立“阐释逻辑的正当意义”，认为：“作为理性行为，阐释的基本思维过程，必须符合普遍适用的逻辑公理化规定。”① 而且阐释，作为协商行为，还要受到符合协商要求的特殊逻辑的约束。应该说，逻辑公理与特殊逻辑确定了公共阐释的逻辑合法性。但是，这种逻辑合法性需要价值交往的讨论来充实，就此而言，赫勒对价值交往的分析将有助于公共阐释理论的深化。价值交往是赫勒话语哲学的重要部分，其思想的核心是关注价值讨论的可能性与条件，也就是价值共识达成的可能性问题。

赫勒认为两个人的价值讨论的结果有四种方式：“第一，一个参与者受到另一个参与者的论据的影响，接受了这些论据所支持的价值，并采纳了这种价值的立场；第二，一个参与者接受另一个参与者提出的作为可能的价值并决定去进行检验；第三，其中一个参与者诉诸另一个参与者所提供的不可争论的权威；第四，讨论毫无结果。”②

---

① 张江：《阐释逻辑的正当意义》，《学术研究》2019 年第 6 期。

② Agnes Heller, *A Radical Philosophy*, trans. by James Wickham, Oxford: Basil Blackwell, 1987, p. 109.

价值交往中的参与者关系可以是对称性关系，对赫勒来说，哈贝马斯的“理想的言语情境”就属于这种关系，“就对称性关系而言，参与者作为平等人——作为同样有理性的存在物彼此面对，他们在讨论中履行平等的言语行为。哈贝马斯把这种关系称之为‘理想的言语情境’”①。赫勒认为，这种关系不能保证在讨论中使用合理的证据，仍然能够诉诸某种权威，因而哈贝马斯的模式不能等同于价值讨论中的理想设定。为此，赫勒把价值讨论视为哲学价值讨论进行探索，可以说，哲学价值讨论的交往可能性就是价值阐释交往的可能性。

与哈贝马斯不同，赫勒思考的是权力关系中的价值交往问题。这种权力关系不是哈贝马斯所设想的平等的对称性关系，而是处于历史情境中的从属关系、非对称性关系、个人性的依赖关系。在从属性社会中，虽然也存在对称性关系，譬如同样处于不平等关系中的人们彼此交往，但是这种对称性关系不是普遍存在的。在这种非对称性社会关系中，真正意义的哲学价值讨论也不是普遍存在的。但是赫勒还是设想了一种哲学价值讨论的可能性，从而构成了难以消除的悖论。哲学价值讨论不同于日常价值讨论。日常价值讨论是无意识地选择价值，这些价值系统和等级可能是潜在的，参与日常价值讨论不一定必须有真实的价值，参与者不会从价值中消除个人特有的动机，这种价值也许是特有的愿望和关怀的合理化，然而也必须包括某些共识价值，否则价值讨论不可能发生。哲学价值讨论有意识地选择价值，参与者致力于真实的价值，价值系统和价值等级应该是明确的。赫勒认为，每一个理性的人应该努力在哲学价值讨论的层面坚持价值讨论，这种讨论是所有价值讨论的调节性观念。因此哲学价值交往的分析具有典型的意义。

在哲学价值讨论中，价值真理是不用进行争论的，因为参与者都认可他人的价值真理，讨论更多关注的是价值等级，关注哪一种价值应该成为社会与行为的主导价值。赫勒认为，价值讨论得以可能的条件在于以下几个方面。一是涉及价值观念，价值观念是相同的，但是

① Agnes Heller, *A Radical Philosophy*, trans. by James Wickham, Oxford: Basil Blackwell, 1987, p. 109.

价值的解释是不同的；价值中有一些具有相同解释的价值；价值中有一些类似解释的价值；价值系统的差异主要来自于价值等级的差异。二是所有参与者渴求价值讨论。三是没有权力干预，如果权力直接或间接地质疑论证，那么就不可能进行价值讨论。赫勒认为，对于可能进行哲学价值讨论的人来说，一个具体的价值讨论可以上升为哲学价值讨论，从而获得价值交往的共识。赫勒把卢卡奇和托马斯·曼的交往事件作为成功的价值交往的典型例子。卢卡奇说，在匈牙利共产主义者佐尔坦·山托（Zoltán Szántó）及其同伴遭受审判期间，他给托马斯·曼写信，请他抗议这场错误的审判。托马斯·曼回信说，作家不应该干预政治事件，因为对他来说这是一个政治审判，作为一个作家不应该牵连此事，因此他不会去抗议。卢卡奇回信说，托马斯·曼最近访问了毕苏斯基（Piłsudski）的波兰并做了演讲，这难道不是政治吗？卢卡奇当时想，“交往弄僵了”。事实上卢卡奇弄错了，几天后传来了托马斯·曼的电报：“我已经给霍尔斯（Horthy）打电报去了。”这个例子说明，卢卡奇与托马斯·曼之间达成了成功的价值讨论，卢卡奇证明在托马斯·曼的价值与行为之间存在着差异，而托马斯·曼摆脱了个人动机和被羞辱的感受，毫不犹豫地消除了这种差异。他们之间价值讨论的成功在于某种价值观念的共识，尽管各自赋予这种价值观念不同的解释意义。赫勒对这种共同的价值观念十分看重，可以说是价值阐释得以可能的关键点，因为“如果一种价值观念与另一种价值观念相互敌对，那么价值讨论始终回到关于价值的讨论，那么两个世界就彼此敌对……当世界历史上主导价值观念相互排斥时，通常不可能设想，这时会产生有关不同代表者的价值观念的价值讨论”①。他们各自根据价值理性思考和行动，都坚持认为自己的价值是真实的，但是双方都不相信对方的价值真理，因为相互矛盾、彼此排斥的价值观念不可能在同一时刻、同一地点和同一对话关系中都是真实的。这显然是一种没有希望的价值讨论。而且一种价值观念是人们用身体加以保护、用鲜血加以滋养的，与参与者的社会实践、

---

① Agnes Heller, *A Radical Philosophy*, trans. by James Wickham, Oxford: Basil Blackwell, 1987, p. 118.

生命以及作为人的个体性紧密联系在一起，事实就是证据，经验和事件也是证据。因此，倘若参与价值讨论的双方没有共同的价值观念，就难以进行价值交往。赫勒设想了一种哲学价值讨论或者说价值交往的理想状态来解决从属社会中的价值讨论的悖论：“在从属关系的社会，哲学价值讨论是不可能进行的，然而在这些社会又应该产生哲学价值讨论。此外，哲学价值讨论不仅必须是一个调节性的想法，而且不得不是一种构成性的想法。倘若不是如此，从属的社会将是永久不改变的。”① 赫勒把从属社会的价值讨论的悖论分为两个层面，第一个层面是，在从属社会中，哲学价值讨论不可能普遍化，然而任何一个理性的人应该参与哲学价值讨论。第二个层面是，在从属社会中，哲学价值讨论是不可能进行的，然而如果这个社会需要被消灭或被改变，那么哲学价值讨论就必须成为一种构成性的想法。赫勒认为，第一个层面的悖论是不可能根除的，而第二个层面的悖论可以消除，而且这种消除会导致整个悖论本身的消除。为了消解第二层面的悖论，赫勒在价值讨论中引入了人类或人性概念（humankind 或者 humanity）作为参与讨论的最高级的社会实体或者说最高级的价值观念：“如果在价值讨论中，每一个参与者坚持把人类作为最高的社会实体，那么这种讨论就能够到达哲学层面。即使每一个参与者以具体而各自不同的价值的形式表达各自的价值和设想，透视出与他们各自特有的实体、阶层、阶级等的密切联系，也能够到达这种情况。”② 赫勒对此补充了三个主要的前提条件，一是参与者所设想的特有价值都应该同时有效，都与人类观念相关联；二是参与者要清楚地知道他们的价值阐释与具体社会实体的密切联系，与具体的阶级、阶层、民族、文化等的关联，要始终意识到各自价值的意识形态维度，一个参与者的任务因而是有意识地不断消除他们各自价值解释的意识形态维度；三是参与者要接受哲学价值讨论，把它视为一种调节性的想法，他们要

---

① Agnes Heller, *A Radical Philosophy*, trans. by James Wickham, Oxford: Basil Blackwell, 1987, p. 118.

② Agnes Heller, *A Radical Philosophy*, trans. by James Wickham, Oxford: Basil Blackwell, 1987, p. 126.

认识到，所有人都是理性的存在，哲学价值讨论能够普遍化。如果具备了这些条件，一种成功的哲学价值讨论就可以进行，从而形成一个以人性概念为最高价值的讨论共同体，构建起价值交往的公共领域。这种从参与者个体出发而形成的价值讨论或者价值阐释的对话共同体，不同于哈贝马斯基于对称性关系而形成的理想的交往共同体。它既考虑了从属社会的历史语境，也考虑了日常个体的起源基础，同时涉及马克思试图改变从属社会的可能性。赫勒认为，这种哲学价值讨论是在从属社会中得以可能或者应该进行的价值讨论，这种讨论作为言语行为，不是赋予一个已有世界以规范，而是以人性的价值观念构建价值共识，形成新的规范，而这种新的规范要有一个新的世界。马克思说："哲学家们只是用不同的方式解释世界，问题在于改变世界。"① 赫勒的价值讨论沿着康德的哲学思想的转型，即从法国大革命之前赋予世界以规范的哲学到后来的"如何为规范创造一个世界"，走向了马克思所谓的改变世界的可能性的交往理论。因而赫勒认为，马克思清楚地知道，"只有人们给这个规范以世界，才能够给这个世界以规范"②。也就是说，只有价值规范创造了世界，改变了世界，形成了新的世界，才能够很好地理解当下这个世界的价值规范。这赋予了价值讨论以实践的力量，使哲学成为改变世界的实践的一个组成部分。价值讨论也是一种改变世界的革命，可以称之为"话语革命"。这种基于哲学价值讨论的思想被赫勒名之为"激进哲学"，与其提出的"激进阐释学"是相互联系的。

可以看到，与张江的阐释学类似，赫勒提出的价值交往理论也是价值达成共识的可能性理论，是意义阐释如何获得共识的公共阐释理论。但是这种共识达成是很有限度的，尤其在从属社会中，这种价值讨论很难发生，虽然也必须或者应该发生。赫勒以人类或者人性作为最高的实体，事实上也是预设了一种共同的价值理想，如果这样，那么中国传统的大同理想或者宗教意义的拯救概念都可以成为价值讨论

---

① 《马克思恩格斯文集》第1卷，人民出版社2009年版，第502页。

② Agnes Heller, *A Radical Philosophy*, trans. by James Wickham, Oxford: Basil Blackwell, 1987, p. 126.

的共识基础。倘若如此，价值解释或者讨论又有什么意义呢？共识已经在那里，讨论又去达成共识，这同样陷入了赫勒批判哈贝马斯的循环怪圈之中。再者，赫勒设想的价值交往是摆脱个人利益和意识形态偏见的理想化交往，“从理想存在的人类角度打开理性交往的路径”①，即使其所设想的最高的价值观念是所谓西方现代的自由价值，也难以在解释中获得共识，她的价值交往犹如康德的审美交往一样纯粹非功利，不食人间烟火。倘若如此，她所设想的交往共同体不是虚幻的空中楼阁吗？尽管如此，赫勒提出了比哈贝马斯更为审慎的交往共识的条件和可能性，卢卡奇和托马斯·曼的成功交往，体现了以相互理解为基础的共识形成。日常交往中的友谊、情爱在某种程度上可以进行相互理解的价值交往和意义阐释的共享。从这个意义上说，张江提出的公共阐释概念在理论上和实践上仍然是可能的。但是赫勒并不赞同具有普遍意义的交往，而是认为交往是基于有限参与者的交往，我们不妨称之为“有限度的公共阐释论”。这种阐释论事实上与张江的阐释学有异曲同工之妙：“阐释是开放的，但非无限离散；阐释是收敛的，但非唯一；阐释的有效性由公共理性的接受程度所决定，但非阐释的完成。阐释过程中的具体规则，约束阐释以合逻辑的形式展开。”② 赫勒与费赫尔在20世纪70年代就看到了美学现代性阐释的有限规范性：“每一个趣味判断再现了某个趣味共同体，在此意义上被扩展成一个规范……在具体既定媒介的框架中，扩展成为规范的趣味判断的潜在组合是可以数清楚的，现有趣味共同体的数量也是能够进行计算的。”③

通过赫勒的阐释学思想中的公共阐释思想的讨论，我们可以更为清楚地审视张江阐释学的理论价值与未来可能性，更为准确地辨识这两种阐释学的共同性与差异性。虽然两者都强调规范性建构，但是张江不论是讨论作者、文本、读者的关系，还是追溯中国阐释学的原初

---

① Agnes Heller, *A Theory of History*, London: Routeledge& Kegan Paul, 1982, p. 115.

② 张江：《阐释逻辑的正当意义》，《学术研究》2019 年第 6 期。

③ Ferenc Feher and Agnes Heller, “The Necessity and Irreformaility of Aesthetics”, *The Philosophical Forum*, Vol. 7, No. 1, 1977, pp. 1 – 21.

性概念范畴，他更多的是进行阐释逻辑的规范性考察，而赫勒侧重于现代性、主体历史意识、存在条件的哲学反思，在现代性与后现代历史意识中推进共识价值规范的反思，因而在一定程度上两者具有互补性。只有在批判性互鉴的基础上，中国当代阐释学才能找到话语的合法性根据与阐释现实的可能性，才能构建具有多元共识的意义生产与接受机制。

保罗·利科的研究取向与科学的历史阐释学的建构*

吕一民**

如同公共阐释需要有历史之维，历史阐释亦应尽量直面公众普遍关注的重要问题，并在可能的范围里让自身具有更多的“公共性”，惟其如此，史学研究才能在更为广泛的领域里发挥好自己的社会功能。进一步深入探究阐释学与历史学的关系，无论对于让公共阐释学更好地具有其必不可少的历史之维，还是对于建构科学的历史阐释学，均具有不容低估的必要性。有鉴于此，史学工作者不妨从一定的理论自觉出发，有意识地关注阐释学的研究方法与成果，并从中获取对历史阐释有所助益的内容。毋庸讳言，人们在谈及阐释学时，每每会不无道理地把目光主要投向德国的海德格尔、伽达默尔等人。不过，笔者以为，在这一过程中，似乎也很有必要适当关注法国的阐释学及其像保罗·利科这样具有代表性的法国学者，特别是对于阐释学和历史学之间的关系而言，尤当如此。

一　备受法国史学界推崇的保罗·利科

法国是一个史学高度发达的国度，因而在法国学界有一个颇有意思的现象，那就是虽然近现代法国涌现许多极为出色的哲学家出身的

* 本文是国家社科基金项目“近现代法国公民权利与实践的历史考察”（项目编号：13BSS030）的阶段性成果。本文原刊于《历史研究》2018 年第 1 期。

** 作者单位：浙江大学历史系。

思想家，但因为法国的史学向来发展态势颇佳，且一直在整个法国学界乃至更大范围内的总体地位甚高，故历史学家们对哲学家出身的思想家们的一些观点，特别是后者就历史研究发表的一些观点往往不以为然。

在这一点上，年鉴学派的两大开创者之一吕西安·费弗尔可谓一个突出的例子。他在法兰西公学所做的首场讲座中公开宣称，历史学家“不太需要哲学”。为此，费弗尔还特意援引夏尔·佩居伊在《论现代历史学与社会学中的既成处境》一文里“揶揄”历史学家的言辞来支持自己的观点：“历史学家在研究历史时通常不考虑历史学的局限与条件，他们这样做也许有其道理，还是各司其职为好。一般而言，历史学家在开始研究历史时最好不要那么好高骛远，否则，他将永远一事无成!”① 即便如米歇尔·福柯这样不仅是极为深刻的哲学家出身的思想家，也可说是半路出家的历史学家——福柯曾执掌过法兰西公学的思想体系史讲席，在法国实际上也并不太受绝大多数历史学家待见。② 不过，就20世纪而言，如果人们意欲找出一位对当代法国史学影响最大的哲学家出身的思想家的话，那么，此人当非保罗·利科莫属。众所周知，利科是位声名隆隆的当代法国思想家，虽然他主要是一位哲学家，但其著述涉及面很广，包括宗教神学、文学批评、语言学、修辞学、心理分析、法律研究、政治学和历史学等在内的许多领域。而且更难能可贵的是，只要是他所写的东西，都能得到相关学科的高度重视。人们普遍认为，在当代法国思想家当中，就深刻性而言，利科或许难坐第一把交椅，但在思想的广博方面，利科则可谓无出其右。对此，国内曾有有识之士对利科作出如下恰如其分的评价：“在当代法国哲学的趋势中，利科不是最激进的一个，但却是基础最扎实、最为博学慎思的一个。”③

作为哲学家的利科首先是一位享誉国际学界的阐释学学者。而作

① Antoine Prost, *Douze leçons sur l'histoire*, Paris, Edition du Seuil, 1996, p. 2.

② 参见吕一民《作为历史学家的米歇尔·福柯》,《世界历史》1995年第1期。

③ 参见叶秀山《利科的魅力》，载杜小真编《利科北大讲演录》，北京大学出版社2000年版，第109—113页。

为阐释学学者的利科，诚如一些长期从事当代西方哲学研究的学者普遍认为的那样，在这一领域中最大的功绩是博采众长，批判借鉴，将阐释学传统和现象学、存在主义之类的东西进行嫁接、改造后，提出了一些具有原创性的理论观点和学说。当92岁高龄的利科在2005年5月20日撒手人寰之后，法国的不少著名报刊以整版篇幅介绍其生平和成就，并将其誉为战后法国人文和社会科学领域最重要的思想家之一。时任总理拉法兰还发表声明："我们失去的不仅是一位哲学家，整个法国都在为失去这样一位人文传统的卓越阐释者而悲悼。"①

如前所述，著作等身的利科也有不少著述和历史学或曰历史研究的关系极为密切，而且对当代法国史学有过不容低估的影响。笔者以为，这类著作中特别值得我们关注的主要有：《历史与真理》《记忆、历史与遗忘》以及《法国史学对史学理论的贡献》《时间与叙事》3卷本等。

关于利科以阐释学为主的研究及其成果对当代法国史学的具体影响，因篇幅所限，暂无法在此加以详细地梳理和展开。但法国著名史学家安托万·普罗斯特所写的在法国历史学界影响深远的《历史学十二讲》，以及由德拉克鲁瓦等人撰写、在法国一版再版的法国史学史名著《19—20世纪法国史学思潮》，都有相当的篇幅提及利科的相关观点及其产生的影响，就是例证。在《历史学十二讲》当中，安托万·普罗斯特如是写道："如果时间有限，那么在哲学家中，最好读读保罗·利科的《时间与叙事》。这三卷书有点难度，但却激动人心，利科下了大工夫认真地阅读历史学家的作品，他的话因此更具有说服力。"② 而在《19—20世纪法国史学思潮》一书当中，作者指出：利科和《论历史知识》一书的作者亨利-伊雷内·马鲁一样，很早就出现在历史学家的"工地"上，以便证明历史学家的工地究竟在何种程度上处在了其研究对象的必要的客观性和他自身的主观性之间的紧张状态之中。支配着历史学家的技艺的规则支持了他的论

① 参见［法］保罗·利科《爱与公正》，韩梅译，华东师范大学出版社2016年版，"译序"，第5—6页。

② Antoine Prost, *Douze leçons sur l'histoire*, pp. 309 - 310.

证，况且这一论证主要是以马克·布洛赫就此提出的定义作为支撑物的。[1] 此外，利科的《记忆、历史与遗忘》出版之际，更是得到不少法国史学家的高度重视，以《记忆之场》等佳作享誉史坛的皮埃尔·诺拉创办的法国著名思想刊物《争鸣》杂志，甚至开设专栏围绕《记忆、历史与遗忘》进行讨论，相关文章的撰稿者多为当时的史学名家。

不过，在肯定和凸显利科的研究对于历史研究的重要性方面，最为活跃者当推以《碎片化的历史学——从〈年鉴〉到新史学》一书在当代法国乃至西方史坛广受关注的法国史学家弗朗索瓦·多斯。多斯不仅专门写过一本厚达789页、书名《保罗·利科：一生的多重意义》的传记，而且还不时在法国著名学术刊物中发表文章，强调面临危机、亟待革新的法国史学界极有必要同像利科这样的对关乎历史的许多问题富有研究并充满洞见的哲学家对话。例如，早在1996年，多斯就在《社会学研究手册》中发表题为《保罗·利科和历史书写，或曰利科如何引发史学革命》的文章，围绕利科的《时间与叙事》一书对相关问题进行探讨并提出类似主张。而在利科的《记忆、历史与遗忘》一书出版之后，他又在法国著名的新锐史学刊物《20世纪》欢呼到，利科的这一扛鼎之作的出版终于为历史学界与哲学界展开真正的对话提供了良机。更有甚者，多斯还把此文题为《历史编纂活动中的“利科时刻”》。[2]

以上可见，与其他哲学家出身的思想家不同，保罗·利科在20世纪晚期已经得到越来越多的历史学家的关注、认可甚至好感。

二　保罗·利科的研究取向

哲学家出身，尤其以阐释学蜚声学界的保罗·利科之所以得到史

---

① ［法］克里斯蒂昂·德拉克鲁瓦、［法］弗朗索瓦·多斯、［法］帕特里克·加西亚：《19—20世纪法国史学思潮》，顾杭、吕一民、高毅译，商务印书馆2016年版，第316页。

② François Dosse, Le moment Ricoeur de l'opération historiographique, *Vingtième siècle, revue d'histoire*, n°69, janvier-mars 2001, pp. 137－152.

学家的关注、认可甚至好感，一方面固然是因为对时间、记忆、叙事等怀有研究兴趣的利科很早就已出现在历史学家的“工地”上，不仅怀有同历史学家交流、对话的意愿，而且还曾经花费大量的时间与精力认真研读过许多历史学家的著作，遂使史学家们觉得值得和他一谈，而在之前，法国历史学家们一般不屑于与哲学家对话，甚至将此类对话视为毫无意义的“聋子对话”。而另一方面，在笔者看来甚至是更为重要的一面，则是20世纪晚期的法国史学在经历巅峰阶段之后日益面临新的局势、问题和挑战，迫切需要反省和变革，而利科的研究特点或曰研究取向以及相关研究成果，无疑有望让历史学家从中得到启迪和借鉴。

在此，笔者不揣浅陋，试从史学研究者的角度出发，梳理利科思想中值得我们关注乃至借鉴的若干研究取向。

1. 恪守人文主义传统。

利科是一位不折不扣的人文主义者。无论是从他自己写的著述还是别人写的关于他的传记中所提及的一些情况，都说明利科始终是一个对人类怀有大爱的人。人们甚至可以这么说，他的阐释学思想之所以如此广博，主要可归因于他对于人的生存以及人的文化的极度关怀。换言之，正是因为对人的生存状况和人类命运的极度关注，以及出于对相关问题进行深入研究的需要，促使利科在其学术生涯中不断扩大自己的研究领域，并由此成为涉猎面广博之极的思想家。

同样令人印象深刻的是，利科曾经把历史学家的职责、历史学家的事业存在的理由定为对人性的研究。为此，利科“曾致力于揭露某些历史学家倾向于把人的维度从其学科剥离出来，以便在可以重复的现象中，以及在固定的巨大的结构性底座中，找到更具科学价值的客观化道路”。① 他的这种研究取向和大力倡导“重新把人拉回到历史研究领域”，在一定程度上推进了法国史学从年鉴学派到“新史学”转变的过程中，更加注重对人的研究。

① ［法］克里斯蒂昂·德拉克鲁瓦、［法］弗朗索瓦·多斯、［法］帕特里克·加西亚：《19—20世纪法国史学思潮》，顾杭、吕一民、高毅译，商务印书馆2016年版，第318页。

在此，我们不妨以勒华拉杜里为例。众所周知，年鉴学派第二代风头最劲的时候，法国史学在社会科学化方面迈出的步子极大（甚至以社会科学自居）。与此相应，当时的史家不仅比较注重长时段和结构之类的研究，而且喜欢以数字化、符号化的东西来反映历史，故此，图表、统计数字之类的内容，充斥法国史学著作。人，特别是具体的活生生的人或群体，在历史著作中占据的位置不是那么突出。当时的勒华拉杜里写了《公元1000年以来的气候史》（1967年出版），人类在此书中既不是研究对象，也不拥有中心或周边地区。气候史在人类身上落下的痕迹可谓“微不足道”。因此，经常有人把此书作为“没有人的历史”的典型来举例。随着“重新把人拉回到历史研究领域”出现的新变化，及至后来，就连勒华拉杜里本人也把目光投向了普通人的日常生活史，成功撰写并出版了好评如潮的《蒙塔尤》。

2．责任意识或社会责任感。

作为一个有信念的哲学家或思想家，利科在责任意识或社会责任感方面的表现也很突出。而且，正是在这种责任意识的驱使下，利科在漫长的学术生涯中始终表现得富有“现实关怀”，他有一本题为《从文本到行动》的论文集，可谓比较集中地反映了他在这方面的看法与追求。此外还值得注意的是，他在晚年还致力于政治哲学和正义理论方面的研究，写下了包括《论正义》在内的一系列相关著作。

不过，笔者以为，对具有现实关怀的历史学家来说，利科在这方面最富有启迪意义并更易引起共鸣的是，利科不只是单纯地关怀正在发生的现实社会现象，而且试图进一步更深入地探讨造成这些现实状况的历史原因。他的这一观点主要体现在《历史与真理》一书当中。

概而言之，利科的上述观点与表现，得到许多当代法国史学家的认同。人们可以在一些现当代法国的著名报刊和一些重要历史学家的回忆录中看到，不少法国史学家以自己的史学研究及其成果作为“介入社会”的方式或手段，以求推进社会的良性发展，其中有些人曾提及利科的主张及其对他们的影响。

3．在历史研究的主、客观问题上有着清醒认识，并具有极为重视“他者”的研究取向。

诚然，利科早在1952年首次涉及历史研究问题时，就已表明自己对历史学家的客观性的不完备有着清醒的认识，[①] 然而，他在肯定历史与叙述不可分离的同时，非常明确地捍卫历史学的客观性和真实目的。其间，利科对当时法国历史编纂活动中越来越明显的在客观化的境域和主观主义的视野之间进行选择很不以为然，认为这是一种虚假的选择。他明确指出，历史学家的实践，是一种始终处在客观性和主观性的张力之中的实践。[②] 他还强调，历史从属于一种混合的认识论，从属于一种客观性与主观性、解释与理解的相互交错。[③] 他的这些主张，对20世纪90年代法国史学界出现的新情况，即坚持历史客观真实性的共识的形成，产生一定的影响。[④]

在此还需强调的是，利科在研究过程中极为重视“他者”的取向，曾写过《作为他者的自身》（或译《作为“他者”的“自我”》），甚至宣称“从自身到自身的最近道路就是通过他者”。正如已有学者指出的那样，利科还强调，自身为了能够发现自己、认识自己和发展自己，就必须永远地超出自己而注意、寻找、发现和理解由“他者”所发出的各种含有意义的信息和信号，必须通过对于尽可能多的“他者”的绕道，同各种各样的他者进行交流、沟通、相互理解和相互转化，然后再返回自身。[⑤] 可以说，他的这一取向也对当代法国史家产生过一定的影响。

---

① Christian Delacroix, François Dosse, Patrick Garcia, dir., *Paul Ricoeur et les sciences humaines*, Paris, Editions La Découverte, 2007, p. 25.

② ［法］克里斯蒂昂·德拉克鲁瓦、［法］弗朗索瓦·多斯、［法］帕特里克·加西亚：《19—20世纪法国史学思潮》，顾杭、吕一民、高毅译，商务印书馆2016年版，第316页。

③ ［法］克里斯蒂昂·德拉克鲁瓦、［法］弗朗索瓦·多斯、［法］帕特里克·加西亚：《19—20世纪法国史学思潮》，顾杭、吕一民、高毅译，商务印书馆2016年版，第315页。

④ ［法］克里斯蒂昂·德拉克鲁瓦、［法］弗朗索瓦·多斯、［法］帕特里克·加西亚：《19—20世纪法国史学思潮》，顾杭、吕一民、高毅译，商务印书馆2016年版，第472—475页。

⑤ 参见高宣扬《当代法国思想五十年》下，中国人民大学出版社2005年版，第541页。

4. 重视历史学家的实践特性以及对时间性和叙事性的探讨。

在当代法国哲学家出身的思想家当中，利科是少有的潜心研读过大量历史学家的著作，认真思考过历史学家的实践特性，并撰写出版过《法国史学对史学理论的贡献》之类著作的学者。事实上，为了证明历史学家的“工地”究竟在何种程度上处在了其研究对象的必要的客观性和他自身的主观性之间的紧张状态之中，利科不仅很早，而且多次出现在历史学家的“工地”上。也正是凭借这种“亲临其境”的经历或曰经验，利科得以就历史研究断言，历史学家的实践是一种始终处在客观性与主观性的张力中的实践。需要指出的是，利科还清楚地意识到在历史学家的这种实践当中，其客观性永远不会完整，“而这里的主观性则应是一种具有批判眼光的主观性，它应当通过划分出好的主观性，即‘探求中的自我’和不好的主观性，即‘哀怨动人的自我’，抛弃一部分自身的因素”。①

“时间性”堪称是利科长期予以关注和思考的重大问题，而由于在他看来，“人类经验的共同性——它通过叙述行为以各种形式得到标记、阐述和表明——就是它的时间性。凡是我们叙述的都要进入时间，占有时间，时间性的展开；而且凡是在时间里发生的都是可以叙述的”。② 为此，利科非常重视对这方面的研究，并从 1983 年起以每年一本的进度出版了 3 卷本的《时间与叙事》。此后，他又在收入到《从文本到行动》的长篇文章《论诠释》中对时间性和叙述性的问题展开进一步研究。此外，他还在《诠释学与人文科学》的第十一章《叙事的功能》中对叙事性和历史性等问题展开专门研究。③ 他在这些著述中提出的不少相关观点日益在一些法国历史学家当中产生影响。

---

① ［法］克里斯蒂昂·德拉克鲁瓦、［法］弗朗索瓦·多斯、［法］帕特里克·加西亚：《19—20 世纪法国史学思潮》，顾杭、吕一民、高毅译，商务印书馆 2016 年版，第 316 页。

② ［法］保罗·利科：《从文本到行动》，夏小燕译，华东师范大学出版社 2015 年版，第 8—9 页。

③ 参见［法］保罗·利科《诠释学与人文科学：语言、行为、解释文集》，孔明安、张剑、李西祥译，中国人民大学出版社 2012 年版，第 237—260 页。

5. 通过倡导注重叙事来推进法国史学的“叙事的回归”。

对当代西方史学有所了解的人都知道，战后一段时间史学的“社会科学化”的势头很猛，特别是在年鉴学派第二代当道的法国史学界更是如此。由此，利科在《时间与叙事》一书中曾回忆到：在20世纪60年代，叙事在年鉴派史学中似乎消失了。对于这种状况，利科很不以为然，因为在他看来，“历史和叙事的联系是不可能断开的，除非历史丧失了它在人文科学中的特性”。[①] 由此，他深感有必要探讨这样一个问题，即叙述及其通俗易懂的特性对于史学的价值。利科就此提出的一些观点，开始时影响有限，但逐渐地得到越来越多史学家的关注与重视。及至20世纪80年代末尤其是在20世纪90年代，随着《时间与叙事》（1983—1985）出版后的影响逐渐增大，他的这类主张已为法国史学家所普遍接受。因而，这一时期出版的法国史学著作大多较为重视叙事，而且可读性普遍较强，销路也颇佳。

当然，这里所说的情况也并非是法国的特例，实际上在此一时期的其他西方史学界，特别是英国，也出现了所谓的叙事的回归，而英国史学家劳伦斯·斯通在《过去与现在》杂志上发表的题为《叙事史复兴：反思一种新的旧史学》的文章的影响，更是不容低估。

三 保罗·利科与历史阐释学

以上纯属初步的梳理，难免挂一漏万。毋庸置疑，在建构中国当代阐释学，包括公共阐释学和具有中国特色的历史阐释学的过程中，我们应当尽可能多地致力于中国本土化的理论建构，大力彰显中国话语，但这绝非意味着需将此举与吸收、借鉴国外的优秀文化成果对立起来。笔者以为，仅从以上几个方面来看，利科就是一个我们在建构公共阐释学的过程中，特别是历史阐释学过程中很值得关注、借鉴的阐释学家和思想家。其中，对我们的启迪除了上述所梳理的几方面之外，还有以下三点值得特别强调。

---

① ［法］保罗·利科：《从文本到行动》，夏小燕译，华东师范大学出版社2015年版，第12页。

其一是公共性。

诚如学界中已有人指出的那样，“阐释是一种公共行为”,[①] 而任何一种阐释活动都必然是在具体的历史语境中进行的，因此，即便是公共阐释，也一定具有历史的维度，与此同时，历史阐释也同样会有而且也应该具有公共性。有鉴于此，面对日益复杂多变的当今世界，以及面对社会公众越来越希望从包括历史学、哲学等在内的诸多学科的研究进展及其成果中获得知识与启迪，以期有助于他们更好地认识和理解当今世界的现状和演进，在历史研究似乎显得日趋“专业化”的当下，史学工作者尤其应当避免一味自我陶醉于象牙之塔，而是应当着力探究如何消除史学界与公众之间的隔阂，让“历史”更多更好地回归到公共领域和公众生活中。要而言之，史学工作者无论是在公共阐释历史之维的建构，还是让历史阐释具有更多的公共性方面，均不仅应当有所作为，而且也能够大有作为。就此而言，利科可谓为我们树立了很好的榜样，以至于在他去世之际，时任总统希拉克在表达悼念之情时说道：“利科留下的著作，以其广度和深度，将会继续让那些寻求理解我们时代的人进行思考。”[②] 此外，由在记忆和历史研究方面受到过利科影响并以《记忆之场》声名隆隆的皮埃尔·诺拉创办的思想刊物《争鸣》杂志也在一定程度上为我们做出了表率。作为一份向“有助于人们更好地理解当今世界的各种演进的各种分析和讨论开放”的刊物，其完整刊名还包括“历史、政治、社会”等字眼。有必要指出的是，该刊不仅在刊名中把“历史”放在了前面，而且历史学家们在其中起的作用也是最大的。

其二是反思性。

利科的阐释学因其极为强调反思性而被称为“反思性阐释学”。与此同时，保罗·利科在法国得到史学家的关注、认可甚至好感的阶段，恰逢在战后法国史坛长期称雄，甚至对全世界的历史学和社会科学研究产生过重大影响的年鉴学派在经历了从兴旺到逐渐衰落的过程

① 参见张江《公共阐释论纲》,《学术研究》2017 年第 6 期。

② 参见［法］保罗·利科《爱与公正》，韩梅译，华东师范大学出版社 2016 年版，第 5 页。

后面临危机，不少法国史学家觉得有必要好好反思的时期。大名鼎鼎的史学家乔治·杜比甚至宣称："我们走到了尽头……我有一种力不从心的感觉。"[①] 然而，如果说年鉴学派在《碎片化的历史学》第一版于 1987 年问世时还断然否定史学危机的存在，并把该书提出的问题视为无端的攻击，那么，在其后几年问世的《年鉴》中则不得不承认有必要重新确定史学发展的新方向，并在这一过程中把阐释学作为理论的本源。其间，时任编辑部秘书长的历史学家贝尔纳·勒珀蒂甚至声称，他为史学家构建了一种有效的时间模式，从而使这种职业"有益地具备了当今历史意识阐释学的性质"。[②] 但正如多斯指出的那样，勒珀蒂在定义这种阐释学时显然参照了《时间与叙事》一书中的分析，这也表明保罗·利科的著作对于历史写作具有新的重要意义。

其三是包容性。

如前所述，利科不仅在思想的广博方面可谓无出其右，而且还在诸多不同学科的研究中洞见迭出。之所以如此，与利科甚为注重与传统的接续，在研究中坚信从启蒙时代以来的"理性"传统仍须继续研究、不可废弃大有关系。但更关键的是，他还总是以"一种纯净的宽容、兼蓄之心对待各种不同甚至对立的思想倾向和流派"。正如有学者指出的那样，"他在法国现象学、存在主义、人格主义、结构主义、解释学、语言学、文学批评、基督神学、叙事理论、甚至让许多法国人感到陌生的盎格鲁—撒克逊思想等领域都有极深刻的研究和创见。但他却从来不愿把任何倾向推向极致，而是追求一种多种智慧的融通与和谐。"事实上，"这样的融通与和谐本身就体现着一种博大精深的智慧"。[③] 应当说，利科的上述特点也值得我们关注和借鉴。

---

① ［法］弗朗索瓦·多斯：《碎片化的历史学：从〈年鉴〉到"新史学"》，北京大学出版社 2008 年版，"再版序言"。

② ［法］弗朗索瓦·多斯：《碎片化的历史学：从〈年鉴〉到"新史学"》，北京大学出版社 2008 年版，"再版序言"。

③ 参见杜小真编《利科北大讲演录》，北京大学出版社 2000 年版，第 116 页。

所说、言说、正义的所说：列维纳斯哲学的公共阐释意义*

隋晓荻　柴一凡**

阐释是语言的阐释。历经二十世纪语言学转向浪潮，经由胡塞尔、海德格尔及伽达默尔等人的理解与解释，语言阐释的意义确定性逐渐走向相对主义倾向。以胡塞尔为代表的现象学家，重视的是一种完全“于意识之内”的对文本的理解，文本本身被缩减为一种纯作者意识的体现；①海德格尔也指出，艺术作品一定不能只停留在纯作者意识和观看的层面，艺术作品之所是与艺术作品之所不是的争执与张力才更为本真，而作为争执与张力的真理设置其身于作品中也就有了理解与解释的必要；伽达默尔则更明确地指出，对文学作品的理解永远不会被其作者的意图穷尽，而理解的实现方式正是通过语言而达成。巴塔耶将含糊不清的喧闹本身作为语言文字存在的基本形式和基本结构，② 将含混与不确定性进一步带入语言的阐释之中；德里达为克服海德格尔的存在论诠释学的不彻底性，提出了颠覆“同一性”及“概念化”的“非概念”、“延异”以及“痕迹”等，以不受中心管制的手段和形式为创作和阐释文本的意义确定性带来了极大挑战。③

---

* 本文原刊于《学术探索》2020 年第 2 期。

** 作者单位：大连理工大学外国语学院；大连理工大学人文与社会科学学部。

① ［英］特里·伊格尔顿：《现象学，阐释学，接受理论——当代西方文艺理论》，王逢振译，江苏教育出版社 2006 年版，第 57 页。

② 高宣扬、冯俊等：《乔治·巴塔耶对语言的批判和对生死的探索》，《后现代主义哲学演讲录》，陈喜贵等译，商务印书馆 2003 年版，第 157 页。

③ 高宣扬、冯俊等：《德里达的“延异”和“解构”》，《后现代主义哲学演讲录》，陈喜贵等译，商务印书馆 2003 年版，第 303—304 页。

师承胡塞尔与海德格尔，并保持与德里达等人的长久对话，列维纳斯深谙传统哲学中由语言带来的阐释的同一性基础，为克服被长久等同于“所说”的同一性和独断性的阐释语言，并力图从语言与伦理的层面探讨主体与他人和世界的关系，列维纳斯将伦理的“言说”置入语言之中。然而，经由对言说先于所说的区分所实现的他者对同一有张力的并存固然能促使列维纳斯达成其伦理诉求，但要继续追问的是，此种有张力的并存能否化解它同样面临的相对主义的疑难？或者，言说与所说有张力的并存是否就走向了列维纳斯伦理诉求的最终目的？其伦理诉求的最终目的究竟是什么？它如何在公共阐释语言的层面化解相对主义的疑难？

一　所说：独断的非公共性阐释

列维纳斯认为，“我们逃不脱存在论阴影的最大原因在于语言，是语言把我们紧紧拴在存在的层面上，使我们超不出去。任何描述‘超越’的努力都会回复到存在的所说语言中”①。所说的语言，强调内容和信息的传达，是作为可理解、可把握、可主题化的语言，它具有同一性特征，是西方哲学的寓居之所。理解所说，势必要求理解列维纳斯哲学思想下西方哲学对同一的追求。

对列维纳斯而言，西方哲学的特质在于追求同一，压制他者。在巴门尼德《论自然》的残篇中，便有“能被思考的和能存在的是在那里的同一事物”以及“在存在者之外，其他东西〈或者〉无物存在，或者将不存在”的论述，② 以说明同一对他者的压制。笛卡尔则首次将同一的问题坐落在自我之上，以我思开启了从自我出发寻找知识之路。自笛卡尔以降的近代哲学，其基本特征便是以主客体二分为前提，以强调主体性、建构自我为己任，同一的目标在近代以自我主体的面目出现了。康德以先验自我突出认识的主体性特征，去除了自

① 孙向晨：《面对他者：莱维纳斯哲学思想研究》，上海三联书店 2015 年版，第 202 页。

② ［古希腊］巴门尼德：《巴门尼德著作残篇》，［加］大卫·盖洛普英译，李静滢汉译，广西师范大学出版社 2011 年版，第 75、89 页。

我被当做物的传统，但先验自我依旧是担当着同一的统摄作用。胡塞尔从意向活动和意向对象的关系中探讨认识对象的构成，自我的主体性对于世界的统摄得到了彻底的贯彻。[①] 与胡塞尔屈从自我的主体观不同，海德格尔将西方哲学遗忘的存在重新置于幕前，区分了存在与存在者的差异，断言存在相对于存在者具有优先性，也就对哲学的本质做出了决定，也就是使与作为一个存在者的某人的关系（伦理关系）从属于与存在者之存在的关系。[②] 但在列维纳斯看来，这种存在观却构成了对存在者的压迫。对列维纳斯而言，西方哲学对作为自我主义而产生的同一的追求，必然会导致自我的暴力特权，因此重估主体，重估他者的地位，重思我与他者的关系是其走出本体论走向伦理学的重要开端。

对于列维纳斯而言，本体论的诞生地正是在所说之中。只有通过所说，词语才能禁锢意义，主体世界才能得以形成。阐释，正是以所说作为其呈现形式，通过选择与限制，将固定在艺术或文本中的世界重新呈现在我们的智性世界之中。[③] 当代艺术或文本本身的晦涩、异质性是对澄明阐释迫切需要的重要原因之一。面对晦暗艺术或文本，阐释需要将这些公众难以理解和接受的晦暗文本，加以解释、说明，使文本向公众敞开，为公众所理解。[④] 列维纳斯认为，艺术或文本，尤其是公众难以接受和理解的晦涩艺术或文本，并不是对真实世界的再现，甚至与可理解的知识相对立，它是一个晦暗的事件，是夜的降临、阴影的侵蚀。这一艺术或文本的阴影，可以理解为列维纳斯对柏拉图洞穴预言中光影的反思性解读。列维纳斯指出，在洞穴这则寓言中，现实不再指向现实本身，而是指向了它的阴影。晦涩艺术或文本的作用正在于此，它不再是对世界单纯的模仿或揭蔽，而是使被表

---

① 孙向晨：《面对他者：莱维纳斯哲学思想研究》，上海三联书店 2015 年版，第 24—26 页。

② ［法］伊曼纽尔·列维纳斯：《从存在到存在者》，吴蕙仪译，江苏教育出版社 2006 年版，第 17 页。

③ Levinas, Emmanuel. *The Levinas Reader*. Ed. Sean Hand. Oxford: Basil Blackwell Ltd, 1989. p. 142.

④ 张江：《公共阐释论纲》，《学术期刊》2017 年第 6 期。

象、被认识之物脱离世界的媒介，它传达着被表现客体即便属于世界的一部分，即便与世界发生关系，却也脱离世界的异质性。这也就是说，艺术作品或文本所传达的现实往往比现实更加现实，它是现实与阴影的双重叠加。当代艺术与文本表达被认识之物，表达现实，却也言说与被认识之物、与客体的间接关系，一种同样作为艺术与文本组成部分的异域感，一种使之成为经典艺术作品、文学作品的陌异性，如同列维纳斯所说，“我们是这样来理解当时诗歌和绘画研究的：在艺术真实中力图保存其异域感，从中驱除可见形式所依存的灵魂，解除被再现的客体的为表述服务的宿命。”① 同样，文学作为语言的艺术，其异域的存在方式正是在它的语言现象中实现的，譬如当代艺术家或作家通过典故、暗示、含混等方式言说迷雾、言说异域感，以拆解形式与再现，而这充满异域感、迷幻和陌生的事实则迫切需要注解或澄明阐释语言的参与，需要可理解与可接受的所说语言的参与。

但将注解与阐释的所说语言带入到晦涩艺术与文本的理解中，无法避免的便是自我主义的独断论的形成。张江教授曾指出，“所谓独断论，作为一种思维方式，自有哲学以来，就始终伴随其生长和发育，深深植根于人类认知理性中。从古代希腊的赫拉克利特把‘逻各斯’引入认识论，强调理性的绝对作用，到近代莱布尼茨——沃尔夫哲学，力图以抽象、片面、孤立的思维规定认知客观对象，尽管期间几经反复，独断论始终占据主导地位，从根本上决定了西方哲学发展的基本走向”。② 因此，为避免独断性阐释发生的可能，阐释在一开始便不能作为某种排他的绝对真理而存在，而是出于对可能混淆的不同视角的现实的担忧而带来的对阐释主体的挑战，即阐释主体的阐释语言在一开始便不再只是面向自我的阐释，而是包含着对他者思想参考的阐释。包含着对他者思想参考的阐释语言，不再只是以同一、所说的形式再现艺术或文本世界中对现实的模仿，而是使他者的言说也参与其中，使更多理解的主体参与其中，更加有效和确当地说明艺术作品和

① ［法］伊曼纽尔·列维纳斯：《总体与无限：论外在性》，朱刚译，北京大学出版社2016年版，第59页。

② 张江：《强制阐释的独断论特征》，《文艺研究》2016年第8期。

文本中最为真实的现实，也就是包含着现实阴影的现实，并借此克服某些包含独断论特征的阐释行为。对于列维纳斯伦理哲学来说，其本质意图正是克服西方传统哲学所蕴含的总体、暴力和独断，其实现途径也正是通过将对他者的思考引入到同一之中，将言说引入语言之中。

然而，这种基于言说、基于开放性的阐释无疑会给阐释意义的稳定性和澄明性带来不确定因素，因此如何使阐释立基于开放性又不为开放性抵制和消除稳定性，成为列维纳斯哲学中阐释的公共意义需要解决的主要问题之一。

二　从所说到言说：我与他者层面的公共性阐释

在列维纳斯哲学中，言说先于所有所说，无法被呈现和主题化，它是对他者的亲近和回应，是构成所说的条件。[①] 从所说还原到言说，是列维纳斯超越本体论的同一性特征的重要环节。列维纳斯认为，如同海德格尔所讲的语言是存在之家，语言在获得与存在同等地位的同时，也同样获得了存在的特权，并以自身为尺度而衡量万事万物。为避免将阐释的同一性理解落入固持于自身的本体论所说语言中，以及更彻底地与本体论所说语言做出区分，列维纳斯将言说的伦理姿态，即言说作为对他者的亲近与回应，引入到语言中。

理解列维纳斯由所说还原到言说的过程，就必须超越本体论来理解，这个领域与其主体观念相关联，[②] 并建立在列维纳斯好客的新型主体观念中。列维纳斯认为，在西方哲学传统中，主体性只能是存在的一种样态，他们把主体还原为存在，主体只是存在的功能。[③] 不同于西方哲学传统作为认识、作为意识或作为存在样态的主体性，列维纳斯对主体性的辩护立足于无限观念却又不为无限观念所抵制与消除。在《总体与无限：论外在性》一书中，列维纳斯就明确表示，

① Levians, Emmanuel. *Otherwise Than Being or Beyond Essence*. Trans. Alphonso Lingis, Dordrecht: Kluwer Academic Publishers, 1991. p. 159.

② 孙向晨：《面对他者：莱维纳斯哲学思想研究》，上海三联书店 2015 年版，第 204 页。

③ 孙向晨：《面对他者：莱维纳斯哲学思想研究》，上海三联书店 2015 年版，第 213 页。

“本书将表现为对主体性的捍卫”，然而此种捍卫“将不在其对总体的单纯自我主义的抗议的层次上来理解主体性，也不在主体性面临死亡时的焦虑中来理解主体性，”① 而是把它理解为奠基在无限观念中的主体性。奠基在无限观念中的主体性，实际上来源于列维纳斯对笛卡尔无限观念的反思。列维纳斯认为，在我的有限思想中呈现的无限观念，并不意味着我思对无限观念的建构和客体化，它不是思，不是认识。尽管笛卡尔未指明此种不是思的无限观念究竟是什么，但列维纳斯认为依旧可以明见的是此种无限观念实则具有双重结构，即它既向有限呈现自身但又在有限之外。无限观念向有限我思呈现自身，并不是我思对无限观念的简单的主题化，无限观念也因此并不是客体，而是他者。同时，作为他者的无限观念并不能脱离、抵制和消除我思而单独存在，因为他者思想并不是被表象而是被强加到我思之上，在我思中已然包含了对他者思想的参考。② 简要来说，列维纳斯所捍卫的主体性将不再拘泥于单纯固持于其同一性中的自我主义层面，而是一种作为对他人的迎接、作为好客的主体性。

在《别样于存在或本质之外》一书中，列维纳斯又进一步对主体性做了规定，主体性以对他者的责任作为基本结构，这种责任正是一种我与他者、与他异性的亲近，也是真正的人性之所是。对于主体性此种伦理结构的发现，列维纳斯认为并不是从某些依旧具有本体论意味的伦理经验中寻找，而是要通过批评性的、理性的语言，尤其是哲学阐释语言，一种源于言说的具有批评意味的语言。换言之，语言蕴含的所说与言说、同一与他者的双重层面确立了主体性是作为好客的主体性，作为不完整的同一性，这也就确立了一个令人震惊的事实：主体性是作为能包含其自身同一性不能包含、不能接受的东西的主体性，是包含了比它能包含的东西更多的东西的主体性。③ 言说，作为

---

① ［法］伊曼纽尔·列维纳斯：《从存在到存在者》，吴蕙仪译，江苏教育出版社2006年版，第7页。

② ［法］伊曼纽尔·列维纳斯：《从存在到存在者》，吴蕙仪译，江苏教育出版社2006年版，第194—198页。

③ ［法］伊曼纽尔·列维纳斯：《从存在到存在者》，吴蕙仪译，江苏教育出版社2006年版，第8页。

所说的条件，作为对他者的亲近，对他者的回应以及对他者的责任，其不可呈现、不可主题化正是作为主体性的好客之所在，也是作为同一性的不完整之所在。

言说作为列维纳斯哲学中立足于无限观念的主体性的主要表现，为阐释的澄明性丰富了原生动力，奠定了开放性的基础，但同时也引起了对基于言说、基于开放性的阐释的合法性以及阐释的真理问题的质疑与讨论。阐释在其澄明性的同一理解中既已蕴含对他者思想的参考，那么如何确保在开放意义上的有效阐释的合法地位，如何确保在与他者的关联中激发一场“真理”性与“公共”性阐释话语则显得尤为重要。

对真理问题的探究贯穿于西方思想史的演变进程中。柏拉图将真理把握为真实的存在；亚里士多德将真理定义为思想与物的符合；康德将其经验性的、实在的真理描述为表象与现实客体的符合关系；面对将真理把握为真实的流俗的真理观以及将真理特征描述为符合的符合论，海德格尔走向了相对于传统真理观更为本源的探究真理本质的道路，并指出真理乃是存在者之为存在者的无蔽状态。然而在列维纳斯看来，上述关于真理问题的讨论，甚至整个西方哲学对真理的探讨都建立在同一与他者的结合之中，也就是建立在总体的范畴之中。与这些思想家不同的是，列维纳斯将真理问题的讨论置放在自我对他者的追寻与欲望中。这种对他者的欲望，不同于因贫乏而产生的需要，它并不建立在自我主义基础上，而是一个已经完满与幸福的存在者的欲望，是幸福的盈余，是只有通过与他者的对话才能形成的善，而真理也只能出现于此种与他者的对话和欲望中。因此，列维纳斯的真理问题也就转移到作为与他者关系的语言中，转移到与他者的伦理问题中。

列维纳斯认为，西方思想所谓的伦理认知，实则是进行认识的存在者让被认识的存在者显示自身，这本身就意味着一种自上而下的不公正关系。[①] 由认识者自身出发所得到的对伦理的认知，也必然需要

---

① ［法］伊曼纽尔·列维纳斯：《从存在到存在者》，吴蕙仪译，江苏教育出版社2006年版，第14页。

服从认识者自身利益，而与认识者自身利益相对的被认识者之他异性，则完全暴露于认识者的权威之下，随时遭受侵蚀甚至消失。因此，于列维纳斯而言，对伦理的关注应当从源头上肃清从认识者自身出发的伦理认知，使伦理问题重新回到其合理的层面上，也就是在对主体性的反思性捍卫中将伦理肯定为同一与他者之关系的模式，但这并不意味着反对理智主义，而是意味着确保理智主义的根本渴望，确保对照亮理智的存在的尊重，[①] 也就是通过多元的、伦理的话语表达克服本体论语言的同一与暴力，以寻求理性最初的教导——他者。

同一与他者、所说与言说的对话性是理解列维纳斯阐释语言的开放性所预设的伦理问题的重要环节。阐释语言自身的对话性，以及依据文本，阐释作为联结作者与读者而居间说话的解释行为、中介，与作者、读者、文本所建立的对话性对强制阐释的破除，确立了阐释的伦理性。阐释作为语言的阐释，一种所说的形式，在一开始便蕴含着言说的踪迹。“一切所说中已经假定了言说，言说构筑了所说可能的条件。”[②] 作为依靠他者、为了他者而存在的本源的甚至前—本源的言说，作为相对于所说而言永恒的过去，言说与所说之间形成了一道无法弥合的异时性差异，但正如列维纳斯所说，“语言关联以超越为前提，以彻底的分离为前提，以对话者的陌异性为前提，以他者向我的启示为前提”。[③] 言说与所说的异时性分离并不意味着二者的对立，而是意味着面对面的不对称的对话关系，也只有通过言说与所说的对话，理性的语言才能被说出。言说与所说的对话性，不仅要求言说的优先性，同样也要求所说对言说的亲近与回应，一种作为被他律所要求的最被动的被动性存在的回应，这也就确保了语言不消除他者也不消除自我的伦理意义上的公共性。但与此同时应注意的是，将真理转移到正义与善的伦理问题中，将他律所要求的最被动的被动性为伦理的公共性奠基，是否能走向真正的正义。

---

① ［法］伊曼纽尔·列维纳斯：《从存在到存在者》，吴蕙仪译，江苏教育出版社2006年版，第38页。

② 孙向晨：《面对他者：莱维纳斯哲学思想研究》，上海三联书店2015年版，第205页。

③ ［法］伊曼纽尔·列维纳斯：《从存在到存在者》，吴蕙仪译，江苏教育出版社2006年版，第49页。

依据文本，阐释作为联结作者与读者而居间说话的解释行为、作为中介，其自身所包含的与言说、与他者的伦理性也要求阐释成为负责的伦理层面的公共阐释。这不仅要求阐释对其自身负责，同时也要依据文本，在作者与读者间构建对话性，在作者、读者之间建立伦理关系，[①] 以克服强制阐释中的独断论特征，扩充阐释的真理意义。简要来说，对列维纳斯而言，阐释介入的主要目的就是构建对话关系，将更多的读者、更多的阐释引入到对文本的理解中，以丰富并相对准确地把握文本含义。将更多的读者与更多的阐释引入其中，并非是绝对的对作者主体地位的瓦解，它不似柏拉图在《理想国》中对诗人的完全驱逐，而是基于立足于无限观念中的主体性原则，在作者与读者之间构建面对面的对话关系，而不是单一的以作者或读者的角度解读文本。通过阐释的介入，更多的读者参与其中，不仅是关于原文本的读者，也包括阐释文本的读者，[②] 这不仅能够丰富原文本与他者对话的伦理意义，同时也能丰富阐释文本与他者对话的伦理意义。

综上所述，列维纳斯将真理问题转移到善的伦理问题，实际上也就将阐释的开放性、多元性问题转移到了与言说、与他者关联的伦理问题中。但是，在与他者的遭遇中阐述的伦理问题难道不是对阐释的普遍性的排除？他者如何能确证其自身的正义与合法性？阐释中他者的参与，阐释所面临的开放与多元问题如何能促使正义的共通理解的达成？或者说，对于作者、读者、阐释者来说，他们是否真的清楚他们的认识，是否能够真正的伦理的表达他们的认识，这尚不能被充分论证，因为他们从来都不是单独存在的，而是从属于公共领域的一部分。[③] 阐释的介入，尽管以中介的姿态调停并构建了作家——阐释者——读者的共同体关系，但是也为可能导致的意义的相对性埋下了伏笔。因此，对列维纳斯而言，阐释语言是否能担当一种普遍的公共

---

① Levinas, Emmanuel. Hermeneutics, Ethics, and Art. *Journal of Literature and Art Studies*, 2015. p. 593.

② 王嘉军：《文学的言说与作为第三方的批评家：列维纳斯与文学批评之一》，《文学评论》2017 年第 3 期。

③ Levinas, Emmanuel, *The Levinas Reader*, Ed. Sean Hand, Oxford: Basil Blackwell Ltd, 1989, pp. 130 – 131.

义务，是否能在社会领域达成公共的理解，甚至阐释语言能否在一开始便具有普遍的公共意义是亟待考量的一个主要问题。

三　从言说到正义所说：基于第三方的公共性阐释

语言以交流为目的，它必须为常人所理解。[①] 但此种语言绝不是固执于自我的私人语言，一种单纯的自我主义层面的同一性语言，而是作为好客性的同一性语言，作为源于言说，并以言说的主题化方式所说为其呈现形式的语言，是可以为语言共同体所接受、遵守并达成交流、理解目的的语言。此种源于言说的所说语言，绝不同于同一性语言，而是通过在语言共同体中形成共通的认识以达到交流与理解的目的，但此种共通性并不以消灭他异性为维护自身合法地位的手段，而是在维护其共通理解的同时也维护了超逾它的、它所不能包含的他异性特征。以语言的双重层面，即言说与所说为内容和载体，阐释所切近的公共性、同一性，也因而绝不是取消多元理解的自我主义层面的阐释，更不是追求极端的无限多元阐释，而是在“阐释的公共性（共享性、同一性）本身，隐含了公共场域中各类阐释的多元共存”。[②] 以蕴含所说与言说双重层面的语言为载体和内容，阐释确立了立足于开放性中的澄明性。阐释是澄明性的阐释，它需要以同一化的理解作为内容，并以所说的方式向公众呈现出来。与此同时，澄明性的阐释也是立足于开放性的澄明性阐释，是好客的同一化理解过程，是在同一理解中反思他者的在场，也就是包含着对他者思想参考的我与他者对话的公共性阐释。

阐释基于我与他者对话的伦理性要求阐释成为对他者负责的伦理的阐释。但伦理之为伦理，绝不仅是在我与他者这一单层关系中便可确立的。阐释作为伦理的阐释，不仅表现在阐释要对其自身阐释的有效性和确当性负责，同时也要求阐释对其他阐释者、理解的主体负责。更重要的，则是通过阐释这一第三方他者的在场，揭示出除单一

① 张江：《公共阐释论纲》，《学术期刊》2017 年第 6 期。

② 张江：《公共阐释论纲》，《学术期刊》2017 年第 6 期。

阐释主体以及理解的主体存在之外，仍有无数阐释主体和理解的主体存在，使阐释承担起对其他阐释主体、理解主体的责任，从而使由阐释为中介所关联的阐释主体与理解主体这一单层关系纳入公共阐释的规则之中，使阐释从个人领域扩展至社会集体领域，使阐释在一开始便是承担普遍的公共义务的阐释。

第三方的在场，既不是作为我——他伦理关联的补充，也不是作为我——他伦理关联建构的必然结果，而是自我——他伦理关联建立之初便存在其中，作为他者面容的临显，作为打开人性的正义、作为人性整体存在其中。也就是说，第三方的到来并不是由于首先先有他者存在，而是“第三方就在他人的双眼中注视着我”，[①] 它以正义的言辞教导我与他者的对话，与他者的责任，并不可以忽略其他者的在场，而是起初就是要作为公共领域中与众他者的伦理关联，作为对正义的关切而存在。他者和第三方向我的同时揭示，也就将他者置放于了一个道德社会的基础中，这使得不排斥共性的多元性可以实现，也使得包含多元性的共性可以正义的存在。因为“他者与我不同，因此无法根据平等性来理解：第三方与他者同时被揭示给我，但与我是平等的。正如西蒙·克里奇利所解释的，‘群体有一种双重结构；它是平等者之间的一种共性，同时这种共性又是基于伦理关系的不平等要素’。对他者和第三方的同时揭示允许列维纳斯把非对称性和平等性结合进社会关系中。使多元不排斥共性和友爱”，[②] 使共性不排斥合法与正义。第三方的到来也源自于列维纳斯对社会关系中人之为人、伦理之为伦理的深刻思考。在列维纳斯看来，人的身份本身中蕴含着兄弟关系和人属的观念，这一观念从根本上对立于由相似性统一起来的人类的概念。人类的兄弟关系具有两面性：一方面，它包含着个体性，另一方面，人类的兄弟关系又包含着父亲所带来的共同性，正好像属的共同性还不够使人更加亲近一样。[③] 而社会正是如此兄弟般的

① ［法］伊曼纽尔·列维纳斯：《从存在到存在者》，吴蕙仪译，江苏教育出版社2006年版，第199页。

② ［英］柯林·戴维斯：《列维纳斯》，李瑞华译，江苏人民出版社2006年版，第57页。

③ ［法］伊曼纽尔·列维纳斯：《从存在到存在者》，吴蕙仪译，江苏教育出版社2006年版，第201页。

人类共同体，它既包含着平等个体间的共性，又包含着这种共性中我与他者的不对称性和差异性。作为社会中的人，也因而绝不仅仅是个体的，不仅仅是与他者的伦理的关联着，而是在公共领域中经由第三方这一社会正义之关键与众他者友爱着存在。与他者的伦理关系也不应该仅仅是建立在个人层面上，而且也应当是集体的和社会的，更应该是正义的。

阐释作为基于与他者对话的伦理的阐释行为，在一开始便注定不能是个体阐释，而是以第三方的身份不仅作为关联阐释主体与理解主体的中介存在，作为启示他者在场的他者存在，同样也是作为启示众他者在场的第三方他者而存在，作为在公共领域中能够达成理解的公共阐释而存在，作为在根本上承担起公共义务的第三方阐释而存在。阐释作为第三方他者存在，就是使阐释的所说成为正义的所说，使阐释的语言成为正义社会不可或缺的组成部分。公共阐释作为正义的所说，其正义性是什么，又是如何实现呢?

公共阐释是正义的所说，其正义性是必要的。正义是比较，也是共存、集合与秩序，是意向性，也是理智，是我对他者责任的有限性。[①] 按照前文所述，将言说引入其中的阐释是作为对他者负责的阐释，但看似矛盾的是，列维纳斯将回归正义所说的公共阐释建立在对他者的有限责任之中。然而这种有限性，不同于一般理解中的有限，而是对于我与他者之间不对称关系的修正，是在我对他者无端的责任中，发现我与他者再度回归的平等，因为在对他者的责任中我已然成为了他者。

公共阐释作为第三方他者存在，实际上也是从所说到言说再回归到所说的过程，它通过我对他者的替代而完成。由所说到言说，列维纳斯意图实现的是对本体论语言所蕴含的同一与暴力的破除，但无疑也将言说的不确定性引入到伦理语言之中，而阐释语言的介入则是对言说与所说之间裂缝的弥合，使言说的不确定性和意义的不稳定性能够通过阐释的所说有效的表达出来，但是这种所说的形式已绝非是自我主义层面的所说，也不是在与他者关系中所形成的伦理的所说，而

---

① Critchley, Simon. *The Ethics of Deconstruction: Derrida and Levinas*. Edinburgh: Edinburgh University Press, 2014, p. 231.

是成为正义的、公共性的所说。在其正义与公共性中，既不抹杀他者的存在，维持我与他者的不对称关系，而且也能将这种不对称关系维系在众他者的平等和共性之中。而实现如此可能性的，正是经由第三方他者所实现的我对他者替代的完成。替代，就是使我处于他者的位置上，使我为他者承担一切，甚至忍受他者对我的“迫害”，这种“迫害”正是他者对我的话语权力的约束，是他律，而这也正是我对他者责任的起源。[①] 因此，追求对他者的替代，实际上就已预设了我与他者地位的不平等，他者是高于我的，是我必须要负责以保证其地位的不可侵犯，也就确保了与他者的伦理关联。因而阐释，不再是自我层面的阐释，而是成为建立在与他者关系的伦理的阐释。与此同时，第三方他者的存在，使得我对他者的替代不再是个体意义上的替代，而是成为对包含众他者的公共领域的替代，成为对承载着全部人性的正义的替代。值得注意的是，阐释作为第三方他者所达成的向社会和集体领域的扩展和替代，要建立在阐释对文本和话语的理性批判基础之上，而阐释者也应作为公共生活中的理性批评家而存在。正如王嘉军所说，“从某种意义上说，批评家在文学公共生活中，承担的也是一种相近于法庭的评判任务；此时批评家同时承担了法官和律师的角色，他既要对作品作出评判，同时又要为这些评判进行解释和辩护。批评家掌握对作品进行解释和裁断的大权，但并不会走向独断，因为批评家的书写最终会流向公共空间，接受更多读者的评判和监督。也正是这种向公共空间的流向保证了批评自身的合法性，它本身也成了一种‘为他者’的书写，向众他者的暴露和敞开”。[②] 但是，列维纳斯以他律作为对自我约束的条件，使阐释以第三方他者的身份向公共领域的扩展究竟能不能实现真正的正义与公平，仍然有待进一步的讨论。

结　语

列维纳斯在提出所说是导致我们囿于本体论同一桎梏的基本问题

① 孙向晨：《面对他者：莱维纳斯哲学思想研究》，上海三联书店 2015 年版，第 217 页。

② 王嘉军：《文学的言说与作为第三方的批评家：列维纳斯与文学批评之一》，《文学评论》2017 年第 3 期。

之后，便致力于以先于所说的言说来实现其超越本体论语言而走向伦理语言的基本意图。列维纳斯以言说作为所说的条件，通过语言所蕴含的所说与言说的双重特性将我与他者的伦理关联置入语言之中，以达成在语言性意义上我与他者的伦理诉求。然而，建立在我与他者单一关系上的伦理诉求，却缺乏平等和正义的普遍性基础。因此，从言说回归异于本体论所说的正义性所说，回归一种具有公共性的阐释语言，成为列维纳斯伦理学走向正义伦理学的必然选择。综上所述，由言说再回归所说，由伦理再回归正义，是开启列维纳斯正义伦理学的关键所在。而开启列维纳斯正义伦理学的密钥，正是以第三方他者这一社会正义之关键而存在的、不断向公共领域扩展的第三方阐释语言。然而，以他律为条件而实现的如此正义，仍有待进一步论证。

公共阐释论视角下的“俄罗斯理念”演变研究

——兼论当代俄罗斯文艺政策的价值导向*

田刚健**

公共阐释论是在清理和反思西方文论长期存在的“脱离文学实践致使理论滥用”“自身理论膨胀造成偏执极端”和“固执恒定模式形成僵化教条”等一系列强制阐释问题基础上①，对当下西方理论阐释形态中反理性、反本质、反中心的价值基点和非理性、非实证、非确定性的话语特征的拨乱纠偏，是“强制阐释”论之后当代人文社会科学现实语境和核心问题前提下的本体论阐释学。公共阐释论着力建构当代中国文艺阐释学的关键概念、基本框架和通用规则，从而面向经济社会和思想文化变革的社会现实，面对当下火热的文艺实践场域，提供一种具有澄明性、公度性的文本解读机制，为构建中国特色社会主义文论话语体系的价值立场、思维方法、拓展路径和学术旨趣提供科学阐释的方法论支撑。

作为综合性的阐释理论体系，公共阐释论凭借公共理性的运行范式实现有效阐释，其内涵包含理性、澄明性、建构性、超越性、反思性等多重维度，其中有边界约束的可公度性的阐释原则特别值得关注，为我们在文本原意的基础上理解世界各民族具有典型价值的文艺理论乃至精神话语建构过程提供了重要的理论视角。本文拟以“俄罗斯理念”的诞生及其演变过程作为个案，分析“俄罗斯理念”作为俄罗斯民族精神和文化意识之经典表述的产生背景、核心要素、文本维度以及当代形态，同时

---

* 本文原刊于《社会科学辑刊》2018 年第 3 期。

** 作者单位：黑龙江大学文学院。

① 张江：《当代西方文论若干问题辨识——兼及中国文论重建》，《中国社会科学》2014 年第 5 期。

论述其作为普京时期俄罗斯文艺政策核心话语的现实意义和价值导向。

一　以历史前提为基点的公共诉求——“俄罗斯理念”的诞生背景

公共阐释论认为，阐释者应以普遍的历史前提为基点，以文本为意义对象，以公共理性生产有边界约束且可公度做出有效阐释。这里的“普遍的历史前提”，是指阐释的规范先于阐释而养成，阐释的起点由传统和认知的前见所决定；“以文本为意义对象”，是指承认文本的自在意义，文本及其意义是阐释的确定标的；“公共理性”是指人类共同的理性规范及基本逻辑程序；“有边界约束”是指文本阐释意义为确当阈域内的有限多元；“可公度”是指阐释结果可能生产具有广泛共识的公共理解；“有效阐释”是指具有相对确定意义且为理解共同体所认可和接受，为深度反思和构建开拓广阔空间的确当阐释。可见，阐释的有效性应具备“以普遍的历史前提为基点，以文本为意义对象，以公共理性生产有边界约束，且可公度”等基本特征，任何阐释都是公共的并以历史前提为生成条件，是阐释者自觉的理论建构、反思和互动历程。以此为视角观察“俄罗斯理念”（Русская Идея，Russian Idea），我们发现正是历代俄罗斯知识分子在普遍历史前提下，在公共理性生产及文化自觉过程中和有边界约束的公共阐释语境里，逐步凝炼形成了这一俄罗斯精神财富的总括。其既是一个可公度的俄罗斯文化所指，也是具有强烈俄国本土特征和民族色彩的公共阐释的思想结晶，更是一种包蕴文学、美学、哲学、政治学等理论形态在内的俄罗斯思想共同体自我确认的有效阐释过程。[①] 其中，地

① “俄罗斯理念”（Русская Идея，Russian Idea）也译作“俄罗斯思想”“俄罗斯精神”“神圣罗斯理念”以及“弥赛亚意识”等，郭小丽曾在《俄罗斯的弥赛亚意识》（人民出版社 2009 年版）中将“神圣罗斯理念”“莫斯科—第三罗马”说、乌瓦洛夫的“东正教、君主专制、人民性”三位一体说（1833）以及别尔嘉耶夫的“第三国际是第三罗马”说视为“俄罗斯理念”的四种表述。在“俄罗斯理念”命名的早期，这个词散发的不是哲学式的思辨精神，而是暗示着“俄罗斯理念”神奇的力量源于上帝，具有明确的东正教色彩。故此，将 Русская Идея 翻译成偏宗教内蕴的“俄罗斯理念”比“俄罗斯思想”更为准确，具体辨析可参见郑永旺、林精华、张建华、马寅卯等相关论述。

理环境、宗教信仰和时代诉求即为促成“俄罗斯理念”诞生的三大基本要素或曰“普遍的历史前提”。

历史前提之一：横跨欧亚的地理环境。首先，俄罗斯广袤的土地、高寒的纬度、相对封闭的内陆特性对地区农业、牧业、工业等生产活动产生直接的影响，铸就了俄罗斯民族农耕、游牧、商业等特性相混合的文化基因，促成了俄国社会最具特色的“村社”社会组织形式。其主要特点就是强调公社成员对首领的崇拜和对公社的依赖，要求个人思想、意志和行为服从集体和社会，从而催生了在农业生产落后的村社组织和集权专制的部落公国政治中的集体主义与平均主义倾向。与此同时，地跨欧亚大陆的版图结构，又决定了俄罗斯兼具东方和西方文化的双头鹰特征，始终在欧洲强调个人及自由、自然权利的启蒙文化与亚洲强调社会、集体和国家主义的专制文化之间摇摆选择，出现了关于民族性及国家发展道路“西欧派”和“斯拉夫派”的二元性矛盾斗争。正如恰达耶夫所说：“俄罗斯是世界的完整部分，巨大的东方—西方，它将两个世界结合在一起。在俄罗斯精神中，东方与西方两种因素永远在相互角力。”①

历史前提之二：东正教的民族信仰。俄罗斯由文化立族，东正教精神是俄罗斯的民族意识、思想观念、文化理解和生活经验的重要维度，是“俄罗斯理念”的基本成分。1472 年，莫斯科大公伊凡三世迎娶君士坦丁十一世侄女索菲亚·帕列奥洛格公主，并将拜占庭帝国的文学、绘画、建筑、服饰、技艺等文化遗产全部移植到俄罗斯，从而极大改变了旧有多神教崇拜的原生态文化。拜占庭文化所蕴含的帝国崇拜心理、聚议共同思想和博爱道德主义不断渗透进俄罗斯民族的思想观念和日常生活中，形成了一种不可阻挡的弥散性存在。沙皇专制主义、村社集体生活方式、宗教“聚议性”认同等汇聚于政教合一的帝国统治中，演绎成了俄罗斯“大国小我”的民族集体精神和国家意识。

历史前提之三：实现现代化的时代诉求。18 世纪初期，深受欧

① ［俄］彼·雅·恰达耶夫：《俄罗斯理念文库·箴言集》，刘文飞译，云南人民出版社 1999 年版，第 6 页。

洲启蒙主义思想影响的彼得大帝为实现俄罗斯振兴，开启了自上而下的全面欧化改革运动，努力推进俄罗斯现代化进程。彼得大帝改革虽然没有触及俄罗斯社会的深层文化根基，但工业化大机器和科学技术革新等资本主义生产方式的引介推广，特别是法国哲理小说、德国古典哲学、英国宪政制度等西欧启蒙主义的文化成果的浸润影响，都为俄罗斯民族意识觉醒和民族精神独立奠定了基础。当时的俄罗斯努力使自己成为欧洲类型的现代化国家，全面西化的同时也带来与本土宗教世界观和传统文化的龃龉。19 世纪初，伴随 1812 年卫国战争胜利和十二月党人起义，俄罗斯民族精神自觉的急剧提升，国家和民众都亟待凝炼与推出具有感召力和影响力的能够代表俄罗斯民族独立意志和文化诉求的核心理念，在这一背景下，“俄罗斯理念”呼之欲出。

从 19 世纪末开始，陀思妥耶夫斯基、索洛维约夫、特鲁别茨科依等俄国哲学家和文学家，开始广泛使用“俄罗斯理念”来表达俄罗斯的自我意识、民族思想、基督教精神及对世界命运和人类未来的整体思考。1877 年，陀斯妥耶夫斯基提出，“斯拉夫主义除了要把斯拉夫人都联合在俄罗斯领导之下外，还意味着和包含着一种精神的联盟，就是把凡是相信我们伟大的俄罗斯是所有联合的斯拉夫人的首领，能对全世界、全欧洲的人及其文明，讲出自己新颖的、健全的和世人闻所未闻的话的人结成的联盟。为了有利于真正地把全人类联合成一个新的、友爱的、全世界的联盟”①，从而将俄罗斯民族思想定位于俄罗斯民族基础上的全世界人类共同联合的思想。学界一般将其视为“俄罗斯理念”的真正提出者。陀斯妥耶夫斯基坚信俄罗斯民族全部的综合性、包容性和全人类性，可以通过东正教实现对基督教其他教派的有机整合，最终实现全人类基督教的兄弟般的团结联合。这在他的《罪与罚》《白痴》《群魔》等文学创作中有关天定使命和末日论因素里得到充分彰显反映。

正如张江教授在《公共阐释论纲》中提出的：“集体经验是构造

① ［俄］陀思妥耶夫斯基：《作家日记》下，张羽、张有福译，河北教育出版社 2010 年版，第 795 页。

个体阐释的原初形态。公共经验与记忆，是阐释的必要准备。”在三大历史前提的共同推动下，伴随着“俄国与西方”问题的历史性大争论，在俄罗斯帝国如何超越自身局限、展示具有民族特色及世界影响的思想的强烈召唤下，具有独立意义的“俄罗斯理念”终于在19世纪中期诞生了。①

二 以文本为意义对象的公度性阐释延展——“俄罗斯理念”的演进历程

《公共阐释论纲》提出：“公共阐释是公度性阐释。……阐释的公度性立足于公共理性建构的公共视域。……公共视域是民族共同体基于历史传统和存在诉求的基本共识，是公共意见的协同与提升。阐释的公度性是有效阐释的前提。”俄罗斯民族共同体在超越阐释者的个体限囿的基础上，认可、接受并形成的关于本民族精神特质的广泛社会共识性，具有鲜明的建构性、超越性和反思性特征。作为开启俄罗斯民族自我认知、历史选择、自我实现之思想自觉和强国梦想需要的“俄罗斯理念”一经提出，就进入了俄罗斯思想界的公共视域之中，成为俄国贵族知识分子和平民知识分子共同探讨的时代主题，引发了以陀思妥耶夫斯基、霍米亚科夫、基列耶夫斯基、萨马林等为代表的“斯拉夫派”和以屠格涅夫、恰达耶夫、格拉诺夫斯基、齐切林、安年科夫等为代表的“西欧派”之间关于俄罗斯精神问题的矛盾冲突和激烈争论。进入19世纪30—40年代，两派在公共理性生产边界约束与主体构建下，基于俄罗斯历史传统和现实诉求，以文本形式形成了各自对俄罗斯民族精神的阐释主张，展开了关于“俄罗斯该往何处去”的公度性阐释，最终形成了“俄罗斯理念”这一民族精神话语的概念内涵与外延。

① 虽然“俄罗斯理念”雏形滥觞可上溯到11世纪伊拉利昂主教的《法与神赐说》，以及涅斯托尔和费洛菲修士等人的天定救世论的历史学说，但那仅仅反映了俄罗斯民族是上帝的选民、在世界历史中负有实现最高基督救世使命的信念以及“莫斯科—第三罗马”概念，而并非“俄罗斯理念”的完整概念。

在论争中，斯拉夫派对俄国文化的特征给予极端评价，认为“俄罗斯负有用东正教和俄国社会理想的精神使西欧得以健康成长的使命，它同样将依照基督教原则帮助欧洲解决其内部和外部的政治问题”①。在东正教思想体系中，斯拉夫派强调俄罗斯历史道路的特殊性，以聚议性对抗西方的个体主义，主张维护村社制度对抗欧洲资本主义制度，实现东正教、沙皇专制和民族性的统一，走俄罗斯独特发展道路。西欧派则梦想着一个近邻的、理想的西方，认为俄罗斯民族并非比其他民族特殊，甚至在社会发展阶段和民族性角度而言是相当落后的，应主动学习并接受西方先进的文化理论与科学技术。两派的论争虽然分歧较大但实际都是围绕俄国的命运及民族理想之路展开，也都呼唤着在公度性维度上实现公共意见的协同与提升。斯拉夫派与西方派的论战并没有达成引导俄罗斯国家现代化进程的一致理论，但客观上开启了以本土东斯拉夫精神资源应对西方现代性思想挑战的文化模式，从而推动了俄罗斯精神核心话语——“俄罗斯理念”的内涵的不断丰富发展。

在这一激烈讨论中，斯拉夫派代表人物弗拉基米尔·索洛维约夫关于“俄罗斯理念”的论述尤为引人注目。他于1888年用法语写成的《俄罗斯理念》在陀思妥耶夫斯基用文学叙述这个概念的基础上比较系统地论述了“俄罗斯理念”。在他看来，“一千年来，俄国受苦受难，奋斗不息，圣弗拉基米尔使之成为基督教国家，彼得大帝使之成为欧洲国家，但它那时经常处于东西方之间的特殊地位，……俄罗斯民族是信仰基督教的民族，要想认识真正的俄罗斯理念，就不能提这样的问题，即俄罗斯通过自己和为了自己能做什么，而应该问，为了他所承认的基督教原则，为了他作为其中一个部分的整个基督教世界的幸福，应做什么，而且这种思想具有伟大目标，在人间恢复神的三位一体的真正形象，这就是俄罗斯理念”②。索洛维约夫深刻把握历史潮流，前瞻性地提出了适应社会发展趋势的“俄罗斯理念”。

① ［俄］洛斯基：《俄国哲学史》，贾泽林等译，浙江人民出版社1999年版，第54页。

② ［俄］索洛维约夫等：《俄罗斯理念》，贾泽林、李树柏译，浙江人民出版社2000年版，第166—170页。

它不是学院式的，更不是用西方学术逻辑演绎的话题，而是在融合了此前著名思想家各种关于俄罗斯问题的叙述，根据俄国发展模式看到了欧洲理性主义发展观的局限以及俄国斯拉夫文化传统根基的方法论意义，发现了以“俄罗斯理念”去重建俄国社会进程具有重大意义。索洛维约夫既深入地阐释民族主义之于俄国的复杂意义和有限性，又深刻地指出俄罗斯使命是如何超越自身的斯拉夫人身份，从而走进了更宏大的世界。

索洛维约夫的思想很快得到了知识界和文学界的响应，其中的代表人物就是别尔嘉耶夫。他成功地综合了俄罗斯历史哲学意识中的许多活的因素，在第一次世界大战正酣和十月革命发生不久的紧张局势中出版了《俄罗斯灵魂》（1918），提出俄罗斯文化非西方亦非东方的基本判断，直陈当时西方文化面临的工具理性、利己主义、价值虚无等精神危机，表明俄罗斯文化的独特价值和世界使命，提出有必要“理解俄罗斯理念、确定俄国在世界上的任务和地位。在今天的世界上，人人都感到俄国面临伟大的和世界性的任务……很早人们就有预感，俄罗斯负有某种伟大的使命，俄罗斯是一个独特国家，不同于世界上的任何一个国家。俄罗斯民族思想中有这样的情感，即俄罗斯是神选中的，并且心怀神明的民族。这种感觉来自古老的莫斯科—第三罗马观念，经过斯拉夫派过渡到陀思妥耶夫斯基和索洛维约夫，直到现代的斯拉夫派”①。至此，兼具俄国民族特征和世界主义理想的、与崛起大国诉求相称的“俄罗斯理念”基本成型。

公共阐释将公众难以理解和接受的晦暗文本，尤其是区别于文学的历史文本，加以观照、解释、说明，使文本向公众敞开，渐次释放文本的自在性，即作者形诸文本、使文本得以存在的基本意图及其可能的意义。这种文本形态与阐释空间的内在张力关系启示我们从俄罗斯文艺的文本性特征来透视“俄罗斯理念”的形成发展过程。由于俄罗斯长期处于“亚细亚生产方式”下的“东方社会”形态，加之深受蒙古封建王公专制统治影响，因而形成了少数社会精英代表国家管理人民的自上而下的社会治理方式和类东方的重视情感、想象、感

① Н. Бердяев, Русская Душа, Л.: Наука, 1990, С. 3.

悟的思维方式，因而“俄罗斯理念”首先诉诸感性世界，通过文艺浓烈深郁的审美形象塑造，传达出俄罗斯人面对困惑不断的现代化进程时的经验认识、哲学思考、生存体悟，以及关于现代性、民族性和全球化等核心话题的独特感受，从而使文艺替代哲学成为了建构和承担现代俄罗斯民族精神的主要形态。因此，俄罗斯思想家往往以文学文本为意义单元阐释“俄罗斯理念”的深层结构和精神地图，呈现出公共阐释论所指出的文本澄明性特征。

19 世纪与 20 世纪之交，垄断资本主义发展迅速，国家间矛盾日益激烈，世界及俄罗斯政局均处于风雨动荡之中，俄罗斯思想家、哲学家、文学家等知识分子精英在这一局势下更加深刻地忧虑和思索国家的发展前途，对“俄罗斯理念”这一民族道路的探索又一次得到文学界的强烈响应。白银时代的文学家从诗歌开始掀起了涉及文学艺术各领域的俄罗斯思想文化复兴运动，象征主义、阿克梅主义、未来主义等文学流派层出，《唯心主义》《路标》《在深处》等思想力作轰动一时，马克思主义、保守主义、自由主义、现代主义等社会思潮风起云涌。以文学探索来诠释和深化“俄罗斯理念”已经成为当时俄罗斯文学界的共鸣。正如伊万诺夫所说：“被忘却的词语和好像被吃透了的观点的这种复活说明了什么？说明任何‘新词语’和新思想的提出者——作家和艺术家——在对自己狂妄地背叛祖国传统的做法感到后悔时，据说都会回到俄国文学自古就有的传统上来，因为俄国文学老早就被用于社会教育，用于宣扬善和教导人们建功立业，难道不是吗？”① 赫尔岑的小说《谁之罪》以别里托夫的新型多余人形象、车尔尼雪夫斯基的小说《怎么办》以拉赫美托夫的圣徒式人物，回应了黄金时代前辈的创造与思索，更在社会民主主义思潮中执著地寻求着民族前途，经历着一次又一次宗教炼狱式的自我拷问和泣血解答。此外，皮萨列夫、别林斯基和杜勃罗留波夫等人对《卡拉玛佐夫兄弟》里的“宗教大法官”一章、果戈理的《狄康卡近乡夜话》中的道德伦理说教、托尔斯泰的《安娜·卡列妮娜》的列文反思等的

---

① ［俄］索洛维约夫等：《俄罗斯理念》，贾泽林、李树柏译，浙江人民出版社 2000 年版，第 218 页。

文本分析和文学批评也都从民族性、宗教性等维度参与了“俄罗斯理念”的内涵阐释。在诸多俄罗斯知识分子关于“俄罗斯理念”的公共阐释中，其内涵被逐步概括为下列思想的合体：天定救世论（天赋使命弥赛亚说、末日论思想）；落后民族历史优势思想，即落后民族没有染上先进民族的发达病；历史进步思想，即其中一个民族——作为历史前景的拥有者和体现者——替代另一个民族；全人类兄弟般团结思想（全人类基督教统一）。[①] 自此，东正教、君主专制和民族性三位一体的思想综合体成为了对“俄罗斯理念”的经典阐释。[②]

一是“东正教”即宗教性。从“俄罗斯理念”的诞生和发展考察，强烈的宗教意识历来都是其核心要素和不断推动其发展演化的内在动力，对于形成俄罗斯人道德价值观和整体精神风貌具有决定性作用。首先是“莫斯科—第三罗马”的政治和宗教理念。“第三罗马”理论奠定了“俄罗斯理念”作为基督教信仰的优越感、救赎性和神权观念。其次是“弥赛亚主义”。在东罗马帝国灭亡后，俄罗斯人认为自己有责任将东正教教义中的“基督救世”即“弥赛亚主义”传承下去，“天将降大任于俄国，俄国是世界上非同寻常的特殊国家。滋养俄罗斯民族思想的情感是：俄罗斯是上帝特选的民族，是体现上帝的民族。”[③] 俄罗斯人以国家强大为荣耀的强国意识、“第三罗马”理论连同东正教的“弥赛亚主义”、基督“感化天下、普济众生”等其他教义与千年王国说一起浸透于俄罗斯人的意识之中，成为俄罗斯国家自我意识的主导思想，肇始了俄罗斯的大国主义，共同铸就了其民族强烈的“救世”使命感。[④] 此外，俄罗斯民族性格中道德至上的悲悯情怀、崇尚互助的集体精神和信仰皈依的聚议观念等也与东正教有密切关联。

---

① 白晓红：《“俄罗斯理念”的演变社会政治生活试析》，《俄罗斯中亚东欧研究》2005 年第 1 期。

② ［俄］尼·别尔加耶夫：《俄罗斯理念》，雷永生、邱守娟译，三联书店 1995 年版，第 49 页。

③ ［俄］索洛维约夫等：《俄罗斯理念》，贾泽林、李树柏译，浙江人民出版社 2000 年版，第 259 页。

④ 白晓红：《俄罗斯文化的初始因素》，《中国社会科学院院报》2008 年 1 月 31 日第 6 版。

二是“君主专制”即国家性。“君主专制”及其以后发展形成的“国家观念”在“俄罗斯理念”中占据重要位置，实际可将其理解为以沙皇为象征的俄罗斯国家性。根据史学家克柳切夫斯基考证，俄语“专制制度” самодержавие 一词的词根源于 самодержец，指脱离蒙古统治的独立的君主，不太含有“独裁霸道”之义，是一种俄罗斯人民独创的不同于西欧立宪制度的政治体制，并从中派生出国家主义、国家至上、帝国意识等特有政治文化思想。“帝国思想是俄罗斯政治文化的政治恒量。”① 从基辅大公到伊凡雷帝，从彼得一世到斯大林，国家性作为沙皇专制主义的统治方式，以政教合一的绝对态度统治着俄罗斯人的现实世界和精神世界。这种专制主义、民族主义和宗教主义的混合体被彼得大帝演绎为俄罗斯的强国精神，即俄罗斯是第三罗马，理应成为世界中心和强大帝国。正是基于此，俄罗斯人逐渐形成了放弃个性自由和责任，服从集体、国家、政权及其代表者的倾向，在政教合一的集体主义中强大的国家观念得以巩固。

三是“民族性格”即民族性。别尔嘉耶夫在《俄罗斯理念》一书中对俄罗斯文化的二律背反或矛盾性、复杂性进行了解释：“在俄罗斯东西方两种世界历史潮流在进行激烈的冲突。俄罗斯民族既不是纯欧洲的也不是纯亚洲的民族，而是一个独立的世界，是一个巨大的东西方聚合体，它连接了两个世界。在俄罗斯内心深处东西方两种起源的斗争将永远进行斗争。”② 俄罗斯一直徘徊于东西方文化之间选择摇摆，在这种选择与摇摆中形成了俄罗斯文化兼容东西方文明的实质和存在于其中的矛盾性，这种民族性格使俄罗斯自身融合了极端对立的两极，即国家主义者和专制主义者、无政府主义和自由放纵、极端的民族主义和强烈的全人类思想、崇高的神圣性与可怕的低俗性并存。这种俄罗斯民族性格鲜明的两极性正是其国家行为和文化心理的重要动因之一。

---

① ［俄］伊万诺夫：《俄罗斯新外交：对外政策十年》，陈凤翔译，当代世界出版社2002年版，第82页。

② ［俄］尼·别尔加耶夫：《俄罗斯理念》，雷永生、邱守娟译，三联书店1995年版，第9页。

三 公共阐释的超越性与建构性跃迁——普京“新俄罗斯理念”暨当代俄罗斯文艺政策价值导向的政治生成

公共阐释论从集体经验构造个体阐释的原初形态角度，向我们揭示出，当被语言共同体和更广大公众所理解和接受的个体阐释上升为公共阐释后，一些有创造性意义的个体阐释又会成为丰富公共阐释的原生动力。在民族意识的形成与发展中，公共经验与记忆成为个人阐释的必要准备，成为新的公共阐释的前提，为理解共同体所认可和接受，为有效阐释的生成、深度反思的构建提供了可能，从而开拓广阔空间，使公共阐释成为确当阐释。“俄罗斯理念”作为俄罗斯民族为生存而奋斗的历程见证和文化心理态度的总结，在面对苏联解体、意识形态真空的历史语境和场域困境时，经由普京在公共经验和记忆基础上的个人阐释形成了新的内涵外延。这种个体阐释的理解与接受为公共理性所约束，又反作用于公共空间，于是在公共阐释的期待视域中、在面向当下文化问题后终于形成了新的经典民族意识，并经过主流意识形态认证后上升为国家意志，作用于文艺政策，从而在公共阐释的建构作用和超越品质下成为了当代俄罗斯国家文艺政策的核心理念和政治诉求。

后苏联时期，政治格局、社会体制和经济制度的激烈震荡造成民众思想意识和文化心理的深刻矛盾和困惑，美国的文化帝国主义严重瓦解着俄罗斯的民族文化认同。在文化安全危机面前，普京吸收利哈乔夫观点，激活“俄罗斯理念”并赋予其崭新的时代内涵，在历史积淀和现实诉求基础上，经由国家最高领导人这一独特的“个人阐释”形成了“新俄罗斯理念”（Новая РусскаяИдея）①，并将其作为

① “新俄罗斯理念”（Новая Русская Идея）国内学界也译为“新俄罗斯思想”“俄罗斯新思想”，具体参见《普京文集（2000—2002）》，中国社会科学出版社 2003 年版。汪宁：《普京的俄罗斯“新思想”》，上海外语教育出版社 2005 年版。郑永旺：《“俄罗斯思想”实际是“俄罗斯理念”》，《中国社会科学报》2012 年 6 月 6 日等相关内容。

国家文艺政策的核心理念来保障文化安全、凝聚民族精神、增进文化认同和提升国家形象。德米特里·利哈乔夫是苏联科学院、俄罗斯联邦科学院的知名院士之一，社会地位显赫，曾担任苏联国家文化委员会顾问和苏联总统的文化顾问。普京执政以来对利哈乔夫的论著观念极为推崇，多次在涉及国家文化发展战略的公开场合引用利哈乔夫的观点。利哈乔夫高度关注俄罗斯文化属性和当代发展道路问题，提出从文化学意义上回归俄罗斯古典文艺的本质和特征，重建俄罗斯宝贵的精神价值，即善良、和谐、严肃的生活态度和奉献精神，从而重塑国家意识形态，扭转当时价值混乱、信仰真空的俄罗斯社会面貌。[①]利哈乔夫 1999 年出版了《俄罗斯思考》（Раздумья о России）一书，阐释“俄罗斯理念”，焕发出当代魅力。利哈乔夫并不完全认同索洛维约夫和别尔嘉耶夫对“俄罗斯理念”的哲学本体论认识，而更倾向于将其视为俄罗斯民族记忆的日常生活化方式，他指出“俄罗斯理念”首先是一个民族的文化记忆的表达和集体无意识：“是任何一种存在（物质存在、精神存在、人的存在……）的十分重要的属性之一……借助记忆，过去可以融入现在，而通过现在，联系过去，仿佛也可以预测未来。”[②] 可见，利哈乔夫对“俄罗斯理念”的这一理解具有强烈的实用主义倾向，充分体现出公共阐释者在历史语境和当代问题中对公众理解及视域展开修正、统合与引申的阐释能力和建构特性。

普京在利哈乔夫的启迪下对“俄罗斯理念”进行了又一次基于公共约束理性和历史经验的个人阐释。在保留“俄罗斯理念”中原有的全人类性、指导全人类行动的普遍价值原则和浓烈的宗教色彩之外，突出“俄罗斯理念”的实用性和生活性，将其倾向理解为国家利益的现实诉求，将其改造为价值理性下可操作的治国纲领。因此，普京的“新俄罗斯理念”是在反思西方政治文化基础上提出的凝聚

---

① 吴晓都：《新俄国：还原还是更新——评利哈乔夫的〈解读俄罗斯〉》，《中国图书评论》2006 年第 2 期。

② ［俄］德·谢·利哈乔夫：《俄罗斯思考》下卷，杨晖等译，军事谊文出版社 2002 年版，第 121—122 页。

了“全人类共同的价值观与经过时间考验的俄罗斯传统价值观，尤其是与经过20世纪波澜壮阔100年考验的价值观有机地结合在一起”的思想合成体。[①] 普京将“俄罗斯理念”中原有的宗教性、国家性和民族性改造为“爱国主义、强国意识、国家观念和社会团结”四个组成部分。其中，“爱国主义”针对民族精神萎靡，强调俄罗斯民族自尊心、自信心和自豪感，弘扬历次卫国战争的光荣传统，恢复俄罗斯是历史上横跨欧亚的强国记忆，对抗历史虚无主义；“强国意识”针对综合国力式微，意在恢复自彼得大帝开始的俄罗斯现代化强国进程，经历国家解体阵痛后依托经济、地缘、军事、科技等优势建设新型世界强国；“国家观念”针对经济政策失控，在反思全盘西化的自由主义思潮基础上，凸显俄罗斯帝国传统，通过强化国家对市场经济的主导推动作用，实现社会发展和国家富强；“社会团结”针对社会道德滑坡，呼唤村社共识和宗教精神，抵制个人主义和民族分离主义，以培养个人道德感、社会责任心和创造性人格的思想体系，确保俄罗斯全民族道德发展，维护政治稳定和国家统一。可见，“新俄罗斯理念”作为新型意识形态话语，在重新阐释俄罗斯历史传统思想资源的过程中，赋予原有帝国基因、强国梦想和宗教情怀以强烈的现实感和针对性，是一种市场经济体制下以国家主权为立场、国家权威为本位、国家利益为中心的国家主义文化思想，是一种结合全人类共同价值观和俄罗斯民族性的“主权民主”思想，完成了一次标准的由个人阐释走向公共阐释再到有效阐释的演变过程。

普京在理论锤炼和政策实践的基础上将“新俄罗斯理念”熔铸于国家文化战略和文艺政策之中，在2014年底正式批准的总统令《俄罗斯国家文化政策基础》中将其上升为国家意志，从加强文艺法规政策建设角度保障公民文化权利，从凸显“俄罗斯人”自我认同角度巩固大国文化复兴的思想基础，从构建统一文化空间角度保障多民族国家文化独特性和完整性，从推广俄罗斯文艺经典角度塑造良好国际形象，从而形成了以“新俄罗斯理念”为指导的文艺和文化发展的

① ［俄］普京：《普京文集（2000—2002）》，中国社会科学出版社2003年版，第10页。

基本目标和方针。[1] 2016 年 2 月 29 日，俄罗斯联邦政府历经一年多的讨论和完善，颁布了《2030 年前俄罗斯联邦国家文化政策战略》（简称《战略》），堪称“新俄罗斯理念”在当代俄罗斯文艺政策中的理论实践的最新样态，全面开启了俄罗斯民族文化复兴计划的帷幕。《战略》详尽地阐述了俄罗斯国家文化政策的战略目标和规划部署，涵盖了人文、教育以及俄罗斯文化在国外的传播等社会公共生活的各个领域，在具体实施中主张实现七个现实目标：形成民众和谐统一的人格；促进俄罗斯文化价值观和人类福祉的一致；加强俄罗斯公民身份的养成；创造良好的公民教育条件；维护历史文化遗产；促使传统的社会价值观、规范、习俗代代相传；为公民获取知识、信息和文化提供条件，促进创造力的实现。[2] 总之，在“新俄罗斯理念”的指导下，当前俄罗斯文化法律法规和政策以实现重大国家利益为主要目的，在构建统一文化格局、保护民族文化遗产、传扬东正教爱国精神等方面统筹规范当代俄罗斯的各项文化事业活动，实施了具体的权利主张和制度规定，彰显出当代俄罗斯的国家意志、民族诉求和时代精神。“新俄罗斯理念”是普京继承了历代俄罗斯知识分子和思想精英在文艺创作、政治实践、哲学思考、历史检视等领域的成果，面对国家疲敝和挽救危机的现实政治诉求而形成的俄罗斯民族精神核心话语的政治形态，既是当代俄罗斯意识形态领域的主流观念，也是俄罗斯民族文化价值复兴的思想导向，是当代俄罗斯文艺政策的灵魂。值得特别强调的是，在普京阐释“俄罗斯理念”这一案例中，我们发现经由执政者个人阐释的公共话语与一般公共理性边界下的公共阐释行为不同。由于政治权力话语与生俱来的支配性、权威性、强制性和排他性以及所面对社会现实问题的强烈针对性，当执政者的个人阐释的公共话语上升为国家意志时，原有的公共阐释话语便超越并升华了个

---

① Указ Президента РФ от 24. 12. 2014 N 808 < Обутверждении Основгосударственной культурной политики > （24 декабря 2014 г.），http://www. consultant. ru/document/cons_doc_LAW_172706/，2015 年 1 月 2 日。

② Указ Президента РФ от 24. 12. 2014 N 808 < Обутверждении Основгосударственной культурной политики > （24 декабря 2014 г.），http://www. consultant. ru/document/cons_doc_LAW_172706/，2015 年 1 月 2 日。

体理解与视域而申明和构建为具有权威效力的公共政策，成为政府和民众共同依据、遵从的政治生活准则。其中，公共阐释的教化性和实践性得到凸显，并在进入权力话语机制后完成了政策学意义上的公共确当性的本质性转化。

“俄罗斯理念”是俄罗斯人民精神独立和自决的产物，它不仅是意识形态问题，归根结底是其民族思想和精神文化独特性的问题。通过公共阐释论视角对“俄罗斯理念”演变过程的考察，我们发现公共阐释的理性、澄明性、公度性、建构性的理论特性完全符合“俄罗斯理念”的基本特性和生成逻辑，因此，“俄罗斯理念”的诞生和演变过程也可视为一种典型的公共阐释行为，是俄罗斯历代思想家和文学家作为阐释者以普遍的历史前提为基点、以文本为意义对象、以公共理性生产有边界约束且可公度的有效阐释成果。特别是普京“新俄罗斯理念”对“俄罗斯理念”的个体阐释最大限度地融合于公共理性和公共视域，将民族意识上升为国家意志和文艺政策依据，更确认了公共阐释话语经由执政者的个人阐释后生成具有超越性的有效阐释，并最终进入意识形态建构体系成为公共政策形态的全过程。这些对于我们理解民族性视域下的文艺政策的核心理念形成机制，认识公共阐释论在构筑民族精神话语体系方面的普遍有效性，昭示人类在共同理性、共同普遍性和命运共同体中实现文明进步的科学路径均具有重要的理论启发意义。

论公共阐释的澄明性

——以海德格尔"Lichtung"一词的内涵分析为依据*

洪　旸**

一　阐释的澄明性

张江教授的《公共阐释论纲》完整地提出了"公共阐释"理论，为有边界的、澄明的阐释学作出了纲领性的论证。张江教授在《公共阐释论纲》中指出公共阐释应具有澄明属性，公共阐释的澄明性就在于："公共阐释将公众难以理解和接受的晦暗文本，尤其是区别于文学的历史文本，加以观照、解释、说明，使文本向公众敞开，渐次释放文本的自在性，即作者形诸文本、使文本得以存在的基本意图及其可能的意义。"① 澄明性的内涵就是"置入公共意义领域，为公众所理解的阐释"②。由此可知，澄明性是公共阐释最重要的属性，也是公共阐释的最终目标。在张江教授的公共阐释理论体系中，澄明性看似仅为公共阐释的六个属性之一。但是，澄明性这一属性是从公共阐释概念当中"有效阐释"的概念衍生出来的，是公共阐释概念内涵的核心与关键。张江教授认为"有效阐释"是指："具有相对确定意义，且为理解共同体所认可和接受，为深度反思和构建开拓广阔空间

* 本文原刊于《山东社会科学》2018 年第 10 期。

** 作者单位：清华大学中文系。

① 张江：《公共阐释论纲》，《学术研究》2017 年第 6 期。

② 张江：《公共阐释论纲》，《学术研究》2017 年第 6 期。

的确当阐释。”[①] 也由此可知，确定性蕴含在澄明性之中。这就是说，公共阐释的澄明性意味着，阐释借由公共检验而得到的最终结果是确定的和澄明的，而不是模棱两可和任意而为的。那么澄明性和确定性有什么区别呢？澄明的阐释是唯一的和永恒的吗？澄明性与公度性又有何种关系呢？解答这些问题对公共阐释理论建构有着至关重要的作用。

张江教授认为，澄明的对象是“文本的自在性”，也就是“作者形诸文本、使文本得以存在的基本意图及其可能的意义”[②]。这种文本的自在性和文本的“原义”不同，它在确认文本有其存在的基本意图的同时，也并不否认文本在历史的发展进程中，会产生不同于其基本意图的其他意义。文本的自在性使得阐释的澄明具有二重性，即确定性与变动性、封闭性与开放性。澄明的阐释并非就是确定不变的、唯一的阐释，而应是在公共领域受到评判和评价的变动的、历史的阐释。

“澄明”一词在汉语中具有很多含义。通过检索字典及语料库，可以得知“澄明”在汉语中大致有如下几种意思：其一，“澄明”用作修饰水或天空的词汇，如《水经注》中就有“水色澄明而清泠特异”[③]，《法苑珠林》有“是时天色澄明气和风静”[④]；澄明也被用来形容空气的通透，如南朝梁元帝《乌栖曲》：“月华似璧星如佩，流影澄明玉堂内”[⑤]。其二，“澄明”与“境界”连用，或组成短语“澄明之境”，意味一种和谐、宁静、了然的状态，在这个意义上，其与“混沌”“遮蔽”构成反义词。其三，“澄明”用作动词，指将液体静置，通过使其中不相溶的固体沉淀而使液体澄清，引申为清楚明白地解释。

---

① 张江：《公共阐释论纲》，《学术研究》2017 年第 6 期。

② 张江：《公共阐释论纲》，《学术研究》2017 年第 6 期。

③ （北魏）郦道元：《水经注》，陈桥驿译注，王东补注，中华书局 2016 年版，第 218 页。

④ （唐）释道世：《法苑珠林校注》，周叔迦、苏晋仁校注，中华书局 2003 年版，第 1281 页。

⑤ （梁）萧绎：《乌栖曲》，载《乐府诗集》，（宋）郭茂倩编撰，聂世美、仓阳卿校点，上海古籍出版社 2016 年版，第 612 页。

汉语“澄明”一词在阐释学中的使用，与国内学界对德国哲学家海德格尔著作中“Lichtung”一词的翻译有直接关系。海德格尔使用“Lichtung”一词表示黑暗之中由于外界光亮的介入而产生的明亮的空间，借由这个明亮的空间，其中的物才显现出来。“Lichtung”在海德格尔那里隐喻“此在”的存在状态，是一种处于光明与黑暗争执之中的二重状态，也是包含解蔽与遮蔽的复合状态。① 同汉语词汇“澄明”一样，“Lichtung”在德语中也具有具象的含义。《瓦里西德语词典》对“Lichtung”的解释为“von Bäumen freier Platz, ausgeholzte Stelle im Walde, Waldblöße（树木中间的空地，树林中被伐去树木的地方，林中空地）”②。而与其同源的动词 lichten，则有“使明亮”的含义。这一含义既可以是物理上的使某物明亮，也可以抽象地理解为使某事物面向理解的主体即人而“明亮”，即某物对主体来说是“可理解的”。海德格尔的“Lichtung”应是取德语“Lichtung”一词的如下含义，即在茂密森林中，没有树冠枝叶遮蔽，而且恰好因阳光投射到林木中所展现出来的明亮的空间，而进一步抽象成为“阐释”对“文本”的“澄明”。阐释就好比在文本森林中投射下来的光亮，从而照亮出晦暗文本中的澄明空间。张江教授提出阐释的澄明性，发展和延伸了海德格尔解释学。

二　“Lichtung”：此在的自身澄明

海德格尔之所以偏爱“Lichtung”一词，并赋予其复杂的双重含义，原因就在于其对人类阐释活动与人类生存本身之间关系的思考。海德格尔认为人类生存的本质就在于其阐释活动。海德格尔在《存在与时间》论著中对这一词语的使用，赋予“Lichtung”一词深刻的哲

① 关于“澄明”或“无蔽”具有“遮蔽”和“解蔽”的二重性，国内学者已有诸多论述。参见孙周兴：《’Αλη′θεια 与现象学的思想经验》，《现代哲学》2012 年第 1 期；王凯：《论海德格尔的澄明之境与庄子的性命之情》，《东方论坛》2014 年第 3 期；毛萍：《关于海德格尔艺术哲学几个术语的解读》，《佛山科学技术学院学报》（社会科学版）2004 年第 3 期。

② *Wahrig Deutsches Wörterbuch*, Gütersloh, Bertelsmann Lexikon-Verlag, 1968, S. 2283.

学内涵。从海德格尔使用该词的不同语境方面进行分析，体现出他是在三个互相区别而又联系的语意层面上使用这个词的。

首先，澄明（Lichtung）是海德格尔用于分析此在的工具。在《存在与时间》中，海德格尔论断“澄明”就是此在本身：

> 在存在者层次上用形象的语言说到在人之中的 Lumen naturale（自然之光），指的无非是这种存在者的生存论存在论结构：它以是它的此的方式存在。它是“已经澄明的”，这等于说：它作为在世的存在就其本身而言就是敞亮的——不是由其它存在者来照亮，而是：它本身就是明敞［Lichtung］。唯对于从生存论上如此这般已经敞亮的存在者，现成的东西才可能在光明中得以通达，在晦暗中有所掩蔽。①

美国肯塔基大学的 Theodore R. Schatzki 认为，在早期海德格尔的著作中，“澄明”就意味着人类的生存，因为构成澄明的光亮正是人类的理解力，即人类的“自然之光（lumen naturale）”。② 海德格尔在这里侧重取用了“Lichtung”作为“空场”的含义，借此阐明此在的自身澄明是他物面向此在得以澄明的先决条件。光亮的产生正是由于有了空白，光亮作为填补空白的一种情况而出现。由此可知，海德格尔在这里更多地强调的是此在的空间性特征。此在并非存在于某一空间之内，与之相反此在就是空间得以成为空间本身的根由。海德格尔在《筑·居·思》中说：“人与位置的关联，以及通过位置而达到的人与诸空间的关联，乃基于栖居之中。人与空间的关系无非就是从根本上得到思考的栖居。”③ 海德格尔在这里提到的栖居就是指此在存

---

①［德］海德格尔：《存在与时间》，陈嘉映、王庆节译，商务印书馆 2016 年版，第 191 页。

② Theodore R. Schatzki, “Early heidegger on being, the clearing, and realism”, in *Revue Internationale de Philosophie*, Vol. 43, No. 168 (1), Heidegger (1889—1989), Revue Internationale de Philosophie, 1989, p. 80.

③［德］海德格尔：《演讲与论文集》，孙周兴译，生活·读书·新知三联书店 2005 年版，第 166 页。

在的方式。海德格尔说："'我是'、'你是'意味着'我居住'、'你居住'。我是和你是的方式，即我们据以在大地上存在的方式，乃是Buan，即居住。"[①] 因此，此在的存在之中就带着"在那里"。这里的"在那里"，在海德格尔对荷尔德林颂诗《伊斯特河》的阐释中被更明确地命名为"处所性"[②]。也就是说，此在自身就是空间设定的条件。海德格尔认为，如果此在缺失了这个"那里"，就会导致此在自身的遮蔽，此在也就无法使得存在者敞开，无法看见和领会存在者。海德格尔说："在对领会以及'此'的一般展开状态进行分析之时，我们曾提起lumen nanurale［自然之光］；曾把'在之中'的展开状态称为此在的明敞。只有在明敞中，视见这样的事情才成为可能。我们曾着眼于一切此在式的开展活动的基本样式——领会，而把视理解为以天然方式据存在者为己有。"[③] 因此，"澄明"所讲的不是作为认识对象的某物以真的方式展现在认识主体的意识中，而是说人自身认识的开放性是人能"视"的前提。

其次，澄明（Lichtung）是海德格尔用以分析真理性的工具。澄明并非仅仅是物理上的空间区域，而必须同时是被光照亮的地方。海德格尔明确指出："但敞开域之澄明在光线之透视的通行中，即在'光'中，才变得最纯粹地可感知。"[④] 在1933—1934年间《存在与真理》的演讲中，海德格尔认为"光（Licht）"能够使作为自由的真理自行显现。[⑤] 而"光"正是此在的澄明所带来的真正的"视"。在1936年完成的《艺术作品的本源》中，海德格尔论述了澄明与真理之间的关系：

惟当存在者进入和出离这种澄明的光亮领域之际，存在者才

---

① ［德］海德格尔：《演讲与论文集》，孙周兴译，生活·读书·新知三联书店2015年版，第154页。

② 参见Heidegger, *Hölderling's Hymn "The Ister"*, trans. William McNeill and Julia Davis, Bloomington and Indianapolis, Indiana University Press, 1996, pp. 20－21.

③ ［德］海德格尔：《存在与时间》，陈嘉映、王庆节译，商务印书馆2016年版，第241页。

④ ［德］海德格尔：《荷尔德林诗的阐释》，孙周兴译，商务印书馆2014年版，第64页。

⑤ Heidegger, *Sein und Wahrheit*, Frankfurt am Main, Vittorio Klostermann, 2001, p. 160.

> 能作为存在者而存在。唯有这种澄明才允诺、并且保证我们人通达非人的存在者，走向我们本身所是的存在者。由于这种澄明，存在者才在确定的和不确定的程度上是无蔽的。①

对海德格尔来说，真理就是“存在者的无蔽”，而这种“无蔽”是通过此在的阐释实践才得以达成的。这些关于“真理”与“澄明”的论述，都可以看作海德格尔在1930年《论真理的本质》当中“真理的本质就是自由”的注脚。② 北京大学熊伟教授指出了此在的澄明与真理之间的勾连且认为：“海德格尔讲在就是我在，而且就是我在世。不仅有我而且有世的整个在这回事就是存在。海德格尔还把起这个存在作用的在称为此在，并说此在就是真理的原始现象，是这个真理的原始现象才使在者被发现这回事本身（去蔽、无蔽）成为可能。而整个这回事也就是此在之展开状态，也就是此在之在世。”③ “澄明”所包含的“照亮”的含义，为海德格尔论证真理问题提供了帮助。

其三，澄明（Lichtung）是海德格尔讨论实际性解释学的工具。海德格尔在《从关于语言的对话而来》中说，他最初使用解释学这个词语是在撰写《存在与时间》的草稿之时，并指出自己在使用这个词时完全是受到早期基督教神学训练的影响，且皆因解释学起源于对圣经典籍的解释。④ 不过，海德格尔在使用这一词的时候扩展了该词的意义，用他自己的话说就是在一个“更广的”意义上来使用这个词的，这个“更广的”意味着将解释学从“解释文本的技艺”变为“人类生存本身”。海德格尔将自己的解释学称为“实际性的解释学”，而“实际性”则用来指称“此在”的存在方式。⑤ 因而，海德

---

① ［德］海德格尔：《林中路》，孙周兴译，商务印书馆2015年版，第43页。

② 参见［德］海德格尔《路标》，孙周兴译，商务印书馆2014年版，第219—225页。

③ 熊伟：《“在”的澄明——谈谈海德格尔的〈存在与时间〉》，《读书》1987年第5期。

④ ［德］海德格尔：《在通向语言的途中》，孙周兴译，商务印书馆2015年版，第95页。

⑤ 孙周兴教授指出：“实际性”（Faktizität）是海德格尔在早期弗莱堡时期形成的一个重要概念，用以规定“此在”的存在性质。海德格尔曾经在1923年夏季学期做过题为《存在学（实际性的解释学）》的讲座，并在后来的《存在与时间》中明确地指出，此在生存的三个环节，即“实际性”、“生存（筹划）”和“沉沦”。而“实际性”标示的是，“此在总是已经在世界之中”。详见［德］海德格尔《路标》，第37页译者注。

格尔解释学的对象是实际生活着的此在而非文本，由此他超出了传统解释学将“解释学”作为一种解释文本的技艺的观点。对海德格尔来说，解释的本质就是此在的生存本身，就是此在向着存在所展开的认识、思维、表达等一系列活动的总称。海德格尔明确指出：“此在的现象学就是诠释学。”① 基于海德格尔这种原初的阐释观点，澄明既然是此在之存在的特征，也就是此在之阐释活动的特征，此在的澄明导致了澄明的解释，而澄明的解释也就是此在澄明的生存。海德格尔说：“这种在存在之澄明中的站立，我称之为人的绽出之实存。”②

三　澄明性与公度性

对海德格尔来说，人生存的本质就是阐释活动。那么阐释如何才能达到自身的澄明呢？一方面，海德格尔确实极为强调“畏惧”“良知”和“决断”的作用，人通过这些东西寻找“自身”、返回“自身”。但另一方面，海德格尔在对此在“在之中”属性的分析中，也十分强调人的社会性。

在《存在与时间》中，此在的存在是“在世界之中存在”，此在之存在是与世界共同存在之现象的整体。此在的“在世界之中”存在首先意味着，此在与物的关系并非是一种“在手状态（Vorhandenheit）”，而是一种“上手状态（Zuhandenheit）”。海德格尔将“水在杯子之中”的“在之中”与“此在在世界之中”的“在之中”相区别。认为前者意味着“在某个现成东西‘之中’现成存在”，是一种“范畴论上的（kategoriale）”在之中；而后者则具有“生存论上的（Existenzial）”含义，即后者的“在之中”指的并非是空间方位上的“之中”，而是指“居住（whohnen）”“栖居（habitare）”“逗留（sich aufhalten）”。③ 在这种意义上，此在和世界不仅仅有一种空间关系，还有一种生存上的关系，即此在是在世界中生存着、栖居着，且

---

① ［德］海德格尔：《存在与时间》，陈嘉映、王庆节译，商务印书馆2016年版，第53页。

② ［德］海德格尔：《路标》，孙周兴译，商务印书馆2014年版，第382—383页。

③ Heidegger, *Sein und Zeit*, Tübingen, Max Niemeyer Verlag, 1967, p. 54.

此在熟悉他所生活的世界。此在的“在世界之中”存在还意味着，此在与他人的关系并非是偶然的、分离的，而是必然的、联合的。海德格尔认为，此在与他人的“共在”（Miteinandersein）是此在存在的基本特性。海德格尔说：“‘他人’并不等于说在我之外的全体余数，而这个我则从这全部余数中兀然特立；他人倒是我们本身多半与之无别。我们也在其中的那些人。”① 海德格尔所强调的不是此在与他人的相异性，而恰恰是此在与他人的共通性。

“此在”与“他人”是如何遭遇的呢？海德格尔说：“此在并非先行把自己的主体和其他也摆在那里的诸主体加以区别从而掌握自己的切近现成的主体，也非首先观望自己本身，从而才确定下借以把他人区别开来的东西——此在不是通过上述方式得以使他人来照面的。他人是从操劳寻视的此在本质上停留于其中的那个世界方面来照面的。”② 也就是说，此在与他人之间的遭遇并不是直接的遭遇，而是通过此在所停留的那个世界以间接的方式相遭遇的。“此在首先在它所经营、所需用、所期待、所防备的东西中，在切近操劳着的从周围世界上到手头的东西中发现‘自己本身’。”③ 也是在这些东西中发现“他人”。他人对于此在并非是“作为现成的人称物来照面，而是我们‘在劳作之际’，也就是说，首先在他们的在世中碰到他们。”④ 甚至，“即使他人实际上不现成摆在那里，不被知觉，共在也在生存论上规定着此在。此在之独在也是在世界中共在。他人只能在一种共在中而且只能为一种共在而不在。独在是共在的一种残缺样式，独在的可能性恰是共在的证明。”⑤ “此在”的独在不是因

① ［德］海德格尔：《存在与时间》，陈嘉映、王庆节译，商务印书馆 2016 年版，第 171 页。

② ［德］海德格尔：《存在与时间》，陈嘉映、王庆节译，商务印书馆 2016 年版，第 171 页。

③ ［德］海德格尔：《存在与时间》，陈嘉映、王庆节译，商务印书馆 2016 年版，第 172 页。

④ ［德］海德格尔：《存在与时间》，陈嘉映、王庆节译，商务印书馆 2016 年版，第 173 页。

⑤ ［德］海德格尔：《存在与时间》，陈嘉映、王庆节译，商务印书馆 2016 年版，第 174 页。

为此在在某一空间内事实上是一个人，也不在于此在达到了一种使他人都对其来说是在手之物的状态，而意味着他人对于此在来说是“漠然和陌生的”。

海德格尔认为，人们对事物的解释总是依据人同事物打交道的经验，某物总是作为某个对人类“有用”的物而被人们所认识，而并非首先作为一个现成的存在自在着，而后被人“赋予”某种意义。由此，解释总是与人的“在世界中存在”息息相关。而理解一旦被表述出来，就成为陈述（die Aussage）。海德格尔提出陈述有三种含义，其三就是“陈述意味着传达（分享）（Mitteilung，Heraussage）”①。因此，如果说此在的存在就是本质上的“解释”，那么这种解释必然无法脱离“他人”。海德格尔说：“他人的共同此在的展开属于共在；这展开等于说：因为此在的存在是共同存在，所以在此在的存在之领会中已经有对他人的领会。”② 海德格尔又说：“自我识知以源始地有所领会的共在为基础。”③ 在海德格尔后来对荷尔德林的颂诗《伊斯特河》的阐释中，这种观点被扩展和丰富了，他用“家乡”与“异乡”作为“此在”与“他人”的象征，提出家乡的领会首先要通过抵达异乡来完成。④

海德格尔所提出的“此在”与“他人”遭遇的方式，正是阐释的公度性得以存在的方式。不同阐释之间之所以有可公度的部分，正是由于人总是以一种特殊的共有方式关切着世界。由此，张江教授在阐释澄明性的基础上，提出了阐释的公度性。

> 阐释的公度性是指，阐释与对象、对象与接受、接受与接受之间，是可共通的。阐释的公度性立足于公共理性建构的公共视域。认证公共视域的存在，及其对阐释传播的作用和意义，是阐

---

① Heidegger, *Sein und Zeit*, S. 155.

② ［德］海德格尔：《存在与时间》，陈嘉映、王庆节译，商务印书馆 2016 年版，第 178 页。

③ ［德］海德格尔：《存在与时间》，陈嘉映、王庆节译，商务印书馆 2016 年版，第 178 页。

④ 参见 Heidegger, *Hölderling's Hymn "The Ister"*, pp. 48 – 51.

> 释得以公度的基础。公共视域是民族共同体基于历史传统和存在诉求的基本共识，是公共意见的协同与提升。阐释的公度性是有效阐释的前提。①

这就是说，此在的澄明是个体化的，而联系化的澄明，即“共在”的澄明，才能成就更高层次的理解。美国学者 Hans-Herbert Kögler 认识到了海德格尔解释学的公共性。他说：“然而海德格尔的存在论转向仅仅在一种在先的伦理关联中预备了伦理的基础，这一在先的伦理关联先于任何有意识的主体的伦理。之所以如此，是因为自我被规定为本质上在世界之中存在的此在，并因此被规定为一种以社会、实践为基础的理解。理解并非意味着一种孤立主体的认识活动，而是一种有根基的、直觉的、社会性和实践性建构的、历史性的意义规范性谋划。”②

四　公共阐释与公共意见

然而，海德格尔的解释学虽然承认阐释的公共性的必然存在，但是在对待这种公共性的态度上却是徘徊、暧昧和犹疑的。在《存在与时间》中海德格尔尽管提出了共在对于此在的内在化意义，然而，却忽略了共在对解释的积极建构性。海德格尔认为，此在大多数情况下都是以“常人”的方式来生活。海德格尔说：

> 常人怎样享乐，我们就怎样享乐；常人对文学艺术怎样阅读怎样判断，我们就怎样阅读怎样判断；竟至常人怎样从“大众”中抽身，我们也就怎样抽身；常人对什么东西愤怒，我们就对什么东西“愤怒”。③

---

① 张江：《公共阐释论纲》，《学术研究》2017 年第 6 期。

② Hans-Herbert Kögler, “Ethics and community”, in *The Routledge Companion to Hermeneutics*, ed. Jeff Malpas and Hans-Helmuth Gander, New York, Routledge, 2015, p. 313.

③ ［德］海德格尔：《存在与时间》，陈嘉映、王庆节译，商务印书馆 2016 年版，第 182 页。

海德格尔指出，人们在日常生活中使用“他人”来指代除自己之外的“别人”，好像我们能够从“他人”之中脱离出来，却忽视了其实“他人”就是我们自己，我们自己也是同“他人”一样的“常人”。海德格尔说：“这个谁不是这个人，不是那个人，不是人本身，不是一些人，不是一切人的总数。这个‘谁’是个中性的东西：常人。”① “常人”不是某个特定的人，也不是人的全体，而是“大多数人”或者“大众”。“常人”对于此在有独裁的统治权，具体表现在此在往往按照“常人”的方式去思考、生活、理解、选择。海德格尔归纳出常人存在的方式为“庸庸碌碌、平均状态、平整作用”。“庸庸碌碌”就是此在总是意识到自己与“他人”的不同，“为与他人的区别而烦”；“平均状态”就是指常人生存的倾向就在于“为平均状态而烦忙”；“平整状态”就是对一切可能性的平整，就是对一切常人选择之外可能性的逃避。海德格尔认为，这几种存在方式组建了“公众意见”（dieÖffentlichkeit），公众意见“调整着对世界与此在的一切解释并始终保持为正确的”② “公众意见”在“闲言（das Gerede）”中表现出来。海德格尔说：“人们对所谈及的存在者不甚了了，而已经只在听闻话语之所云本身。所云得到领会，所及则只是浮皮潦草的差不离。人们的意思总是同样的，那是因为人们共同地在同样的平均性中领会所说的事情。”③ 海德格尔在《存在与时间》中对“常人”的论述，或许正是人们在讨论海德格尔的纳粹问题时认为海德格尔哲学本质上具有纳粹基因的一个缘故。克里斯蒂安·格拉夫·冯·克罗科夫在《决定：论恩斯特·云格尔、卡尔·施米特、马丁·海德格尔》一书中就以“决定主义”来命名云格尔、施密特和海德格尔的思想倾向，并认为这种“决定主义”是导致20世纪德国政治极端化的思想根由之一。

---

① ［德］海德格尔：《存在与时间》，陈嘉映、王庆节译，商务印书馆2016年版，第182页。

② ［德］海德格尔：《存在与时间》，陈嘉映、王庆节译，商务印书馆2016年版，第183页。

③ ［德］海德格尔：《存在与时间》，陈嘉映、王庆节译，商务印书馆2016年版，第238页。

然而，海德格尔在《存在与时间》中并非将“常人”作为此在存在的消极状态，在其后期思想中，海德格尔更是认为人与常人之间并非是对立的关系。海德格尔在《返乡——致亲人》中提出，“乡亲们”和“诗人”之间是一种合作关系，“乡亲们”是守护故乡的人们，海德格尔在解释诗歌结尾的“全无”一词时说道：

> 这个突兀的“全无”虽然免除了“他人”的诗意道说的忧心，但绝没有免除他们倾听作诗者在《返乡》中“沉思和歌唱”的东西时的忧心。这个“全无”乃是“向”祖国的他人发出的神秘召唤，要他们成为倾听者，使得他们首先学会知道故乡的本质。“他人”必须首先学会思索那有所隐匿的切近之神秘。……基于这种统一的对同一者的倾心，忧心忡忡地倾听的人就与道说者的忧心相亲近了，“他人”就成为诗人的“亲人”。①

对海德格尔来说，“共在就是生存论上的‘为他人之故’。”② 因此，“闲言”的平庸特性并非意味着“闲言”是需要被去除的东西，海德格尔的“闲言”不是通常意义上“无聊”的闲谈，而正是显示出交流的“为他人之故”。因为解释与阐发毕竟是出于交流的需要而产生的。

在此，张江教授所提出的阐释的“建构性”就具有极大意义。“共在”所导致的解释的“社会性”与“依附性”是一体两面，是矛盾的统一体。此在的实际性解释既可以走向公共性，也可能走向依附性。公众意见与个人解释之间构成一个解释学的循环，而海德格尔认为这种循环是不可避免的，也非绝对消极的，重要的是如何利用这个循环达到澄明的解释。他说：“在这一循环中包藏着最源始的认识的一种积极的可能性。当然，这种可能性只有在如下情况下才能得到真

---

① ［德］海德格尔：《荷尔德林诗的阐释》，孙周兴译，商务印书馆2014年版，第31—32页。

② ［德］海德格尔：《存在与时间》，陈嘉映、王庆节译，商务印书馆2016年版，第177页。

实的掌握。那就是：解释领会到它的首要的、不断的和最终的任务始终是不让向来就有的先行具有、先行视见与先行掌握以偶发奇想和流俗之见的方式出现，它的任务始终是从事情本身出来清理先行具有、先行视见与先行掌握，从而保障课题的科学性。”① 正如张江教授在论述公共阐释的“建构性”时所说：“公共阐释是阐释者对公众理解及视域展开修正、统合与引申的阐释。其要义不仅在寻求阐释的最大公度，而且重在于最大公度中提升公共理性，扩大公共视域。公共阐释超越并升华个体理解与视域，申明和构建公共理解，界定和扩大公共视域。”② 这也正是海德格尔所说的“清理先行具有、先行视见与先行掌握”的题中之义。

正如本文所论述，澄明（Lichtung）是海德格尔分析此在生存即广义的解释而使用的词汇，此在的澄明需要依赖真正的“在世界之中存在”与“共在”来达成，共在的“澄明”是公共阐释的核心内涵。由此可知，张江教授的公共阐释与海德格尔的公众意见是有差别的。首先，二者的情感色彩不同。公共阐释是从公共理性的正面意义出发，以一种具有公度性的阐释为阐释的首要目标；而公众意见虽然并非一种负面概念，但从一种大众的平庸性出发，具有否定性的倾向。其次，二者的目标不同。海德格尔认为此在要通过“畏（Angst）”从常人那里抽回自身，诚然他在后期的思想之中已经意识到自我与他人之间的辩证关系；而公共阐释要求个体努力通过理性淘洗个人的解释，以备公共解释的达成，阐释的澄明性不仅在于解释本身的确定性、明确性和自我彰显性，更在于从澄明方面来关照的公共性与交流性。

---

① ［德］海德格尔：《存在与时间》，陈嘉映、王庆节译，商务印书馆 2016 年版，第 219 页。

② 张江：《公共阐释论纲》，《学术研究》2017 年第 6 期。

丹托艺术定义中“阐释”概念的公共性*

罗俏鹃　秦明利**

引　言

阿瑟·丹托是美国著名的哲学家和艺术评论家。他基于对现当代前卫艺术实践的观察，汲取古典美学和现代分析美学的养分，针对“何为艺术”这一基本问题提出了自己的独到见解。丹托对当时盛行的维特根斯坦主义认为“艺术无法定义、无须定义”的观点表示质疑，致力于为“艺术”做本质主义定义。他首先提出了“艺术界”的概念，为艺术定义提供了可能性，最终将该理论进一步阐释与完善，将“意义”“表现”和“阐释”作为艺术的三个标准。“阐释”是丹托艺术定义中的重要概念，它是将普通物品建构为艺术品的决定性因素，可以说没有阐释就没有艺术。阐释不仅可以将普通物品转化为艺术品，而且不同的阐释也可以建构不同的艺术品。

阐释一般被视为一种公共行为，合理的阐释是以公共理性为基础的“公共阐释”，具有理性、澄明性、公度性、建构性、超越性和反思性。① 艺术阐释作为阐释的一种也理应如此，既不应是艺术家自说

* 本文原刊于《外语教育研究》2020 年第 2 期。

** 作者单位：大连外国语大学英语学院；大连理工大学外国语学院。

① 张江：《公共阐释论纲》，《学术研究》2017 年第 6 期。

自话的权威阐释，也不应是欣赏者随意而为的相对阐释。丹托的艺术阐释观不仅为现当代艺术提供了理论上的支持，而且为我们理解和研究现当代艺术提供了崭新的视角，其重要性不言而喻。与此同时，丹托的艺术阐释观也遭到部分美学界人士的批评，他们首先指出其艺术阐释观具有“作者意图论”的倾向，其次认为其艺术阐释观导致了艺术理解的“相对主义”。丹托艺术定义中的“阐释”究竟是艺术家的权威阐释，还是接受者的开放性阐释？这样的阐释在当今的艺术环境下是否具有公共阐释的特征？这些不仅是丹托自身要面对的问题，而且是艺术研究仍待解决的问题。

丹托艺术“阐释”的建构性

丹托艺术定义中的“阐释”概念具有公共阐释的建构性特征。张江曾指出：“公共阐释是阐释者对公共理解及视域展开修正、统合与引申。”① 在此意义上，丹托的艺术“阐释”观是通过对传统的艺术定义进行修正与整合，从而建构了对艺术概念的公共理解，界定并扩大了公共视域。

丹托的艺术定义是在挑战传统艺术定义的基础之上形成的。在西方艺术哲学史上，艺术长期被定义为感性形式和审美对象。柏拉图的“摹仿论”认为艺术是对外观的摹仿，是影子的影子，只提供情感上的愉悦，因而被排除在理念和现实世界之外。康德的“审美无功利说”和“审美距离说”看似赋予艺术至高地位，却也使艺术因为“无功利性”与“无目的性”被隔离在现实与实践领域之外。即使是强调艺术理性内核的黑格尔也认为“艺术是理性的感性显现”，然而感性形式相较于理念依然处于低级阶段，最终将被哲学取代。可见，艺术的审美特征与形式导致了艺术长期处于哲学的从属地位。然而，丹托在面对《布里洛盒子》《泉》等前卫艺术作品时，首度将艺术从“审美”的桎梏中解放出来，将“意义”和“阐释”视作艺术的本质。丹托的艺术定义不仅使前卫艺术合法化，更重要的是将艺术从哲

① 张江：《公共阐释论纲》，《学术研究》2017 年第 6 期。

学中解放出来，使艺术实现了真正的自由。

丹托的艺术定义经历了四个阶段的演变，最终形成了意义、表现与阐释三个标准。第一阶段是他在《艺术界》一文中提出的“艺术界”理论；第二阶段是他在《寻常物的嬗变》中提出的艺术品两个必要条件：一是关于某物，二是体现它的意义；第三阶段是他在《美的滥用》中将“美”排除在艺术定义之外；第四阶段是他在《何谓艺术》中提出的艺术定义的三个标准，即意义、表现与阐释。丹托的艺术定义与先前定义的显著区别在于丹托把“阐释”正式提升到了艺术定义的标准之中。丹托指出：“艺术品是一件实物，其中有些属性归属于意义，有些属性不属于。观赏者所必须做的，是阐释承载意义的属性，以抓住其表现出来的原初意义。”[①] “艺术与梦境之间有着耐人寻味的关系，……为丰富我早前对艺术的定义——表现的意义——我决定为艺术增添另一个条件。……我愿意将艺术定义为‘醒着的梦’。”[②]

换言之，被赋予意义并通过一定形式呈现出来的艺术作品需要阐释，因而既有主观性又有客观性，如同醒着的梦。丹托所谓的艺术定义不是要给艺术下一个命题式定义，而是要找出所有艺术品所共有的本质属性，亦即某物成为艺术品的充分必要条件。如其所言：“我的定义完全是本质主义的定义。我说的‘本质主义’是指它通过充分必要条件，采用经典的哲学方式成为一个定义。”[③] 从初始的“艺术界”单一标准到“两个必要条件”，及至最后的“三个标准”，丹托对艺术的定义是一个不断丰富与完善的过程，这既是一个修正传统艺术理念的过程，又是一个建构新艺术本体论的过程。

“阐释”在丹托的艺术定义中具有建构性意义，首先体现为阐释将普通物品转化为艺术品。阐释在艺术的三要素中，先于意义与表现而具有主导性。一个具有意义和表现形式的物品，只有经过阐释，才可能成为艺术品。丹托指出：“在阐释有结果之前，欣赏仍是悬而未

① Danto, A. C. *What Art Is*, New Haven: Yale University Press, 2013, p. 48.

② Danto, A. C. *What Art Is*, New Haven: Yale University Press, 2013, p. 48.

③ ［美］丹托：《艺术的终结之后》，王春辰译，江苏人民出版社2007年版，第211页。

决的问题。”① 如同杜尚的小便池，即使具有某些美学性质，在未经阐释前也只能是一个现成物品。然而，并非所有的阐释都能建构艺术品，它还必须符合两个“本质标准”：一是具有意义，二是通过某种形式或风格将意义表现出来。同时，意义与表现之间又存在着彼此间的互构，失去意义或表现形式（风格）的物品如复制品一样无法成为艺术品。当然，阐释并非天马行空，而是受制于“前见”，有其边界。阐释的主导性作用是指它在决定某物是否是艺术品中具有判决性。正如丹托所言：“阐释具有构成的力量，客体不是作品，直到它被构成为一件作品。”② 丹托对阐释主导性作用的强调，与伽达默尔的观点有着惊人的共识。伽达默尔认为，艺术作品只有当被表现、被理解和被解释的时候才具有意义。观点共识的背后实际上是两者方法论上的相通，即颠倒了以往形而上学关于本质与现象、实体与属性、原型与摹本的主从关系，原来被认为是附属的东西现在起了主导的作用。

其次，“阐释”的建构性还在于阐释能将同一件物品建构为不同的艺术作品。可以说，阐释是艺术作品的“意义建构”过程。“阐释一件作品，就是提供一种理论，用以说明作品所关心的东西是什么，什么是作品的主题。”③ “作品的结构，艺术中的识别系统，会随着解释的不同而产生彻底的转变。”④ 丹托甚至认为，在艺术中，每一个新的解释都是一次哥白尼革命，每个解释都建构了一个新的作品，即便被解释的对象仍然是同一个，就像天空在理论的转型中保持自身的不变一样。丹托总结说：“客体 O 成为一件艺术品，仅当有解释 I 对之进行解释，在这里，I 相当于某种函数，它能将 O 转变为一件作品：I（O）=W。即便 O 是一个知觉恒常体，只要函数 I 有了不同的变元，它也就跟着变成了不同的艺术作品。”⑤ 至此，丹托的经典问题——两件看似一模一样的东西，为何一件是艺术品，另一件则不

① ［美］丹托：《艺术的终结》，欧阳英译，江苏人民出版社 2001 年版，第 40 页。
② ［美］丹托：《寻常物的嬗变》，阵岸瑛译，江苏人民出版社 2012 年版，第 155 页。
③ ［美］丹托：《寻常物的嬗变》，陈岸瑛译，江苏人民出版社 2012 年版，第 148 页。
④ ［美］丹托：《寻常物的嬗变》，陈岸瑛译，江苏人民出版社 2012 年版，第 148 页。
⑤ ［美］丹托：《寻常物的嬗变》，陈岸瑛译，江苏人民出版社 2012 年版，第 154 页。

是？——也就有了明确答案：东西虽同，阐释不同，意义各异。最典型的例子就是丹托构想的红方块系列，即九副尺寸相同的画布涂满相同的红颜料，经过艺术阐释，前七副成为意义不同的艺术作品，而另外两副却并非艺术作品。九件红方块作品正是丹托所说的“难以分辨之物”，从外观上看虽然一模一样，但身份却各不相同，即使同为艺术作品，其意义也不尽相同，其中起判决作用的就是阐释。

在丹托的艺术定义中，“阐释”具有决定性的地位，是艺术品之所以为艺术品的灵魂。丹托这一建构性阐释观既有赞同声又有反对声。蒂尔曼曾从文学出发，做出评价：“丹托指出，我们对文本与其作者及其在文学史上的位置——即作品产生的环境——之间的关系的了解有助于我们理解和阐释文本，这是正确的。”[①] 然而，他同时又指出这类阐释并非文学作品本身的存在，丹托误把文学（艺术）批评当成了文学（艺术）的本体论。相比而言，丹托对阐释建构性的强调与伽达默尔的艺术品理解观更为契合。后者认为，艺术作品本身的存在方式就是游戏，而游戏并非游戏者的单纯主体自由行为，甚至游戏者并不就是游戏的主体。“对于语言来说，游戏的真正主体显然不是那个除其他活动外也进行游戏的东西的主体性，而是游戏本身。”[②] 与游戏的本质特征一样，艺术作品也不是一个与自为存在的主体相对峙的对象，艺术作品只有在它成为改变经验者的经验中才获得它的真实存在。“保持和坚持什么东西的艺术经验的‘主体’，不是经验艺术者的主体性，而是艺术作品本身。”[③] 所以，艺术并不是一个完全的存在，它永远要求理解和阐释的参与。艺术作品只有当被表现、被理解和被阐释的时候才具有意义。这一观点和丹托艺术“阐释”的建构性特征颇为相似。

综上所述，“阐释”是艺术的构成性因素之一，它将普通物品建

---

① Tilghman, B. R. Danto and Ontology of Literature. *The Journal of Aesthetics and Art Criticism*, Vol. 40, No. 3, 1982, pp. 293 –299.

② ［德］伽达默尔：《诠释学Ⅰ：真理与方法》，洪汉鼎译，商务印书馆 2010 年版，第 153 页。

③ ［德］伽达默尔：《诠释学Ⅰ：真理与方法》，洪汉鼎译，商务印书馆 2010 年版，第 151 页。

构成艺术品，不同的阐释也将外观相同的物品建构成不同的艺术品，或宣判为艺术品或非艺术品。然而，艺术阐释也并非随意而为，而是有其边界，并非所有的阐释都是艺术阐释。普通物品能否成为艺术品，同样需要符合其他两个标准，即“内容”与“形式”。正是阐释为现当代具有意义和形式的现成物、复制品、摹仿物等传统艺术概念所排斥的物品赋予了艺术的合法性。因此，丹托的艺术定义修正了公众对于艺术概念的理解，在现代与后现代各种艺术潮流出现之后，他尝试重新界定艺术，艺术的核心由审美转向阐释。丹托的艺术定义一方面挑战了艺术传统，另一方面试图涵盖所有艺术特征，超越了原有的艺术理解与视域，重新建构和提升了艺术阐释的公共理性。

丹托艺术“阐释”的澄明性

公共阐释认为阐释应具有澄明性，可以“将难以理解和接受的晦暗文本，尤其是区别于文学的历史文本，加以观照、解释、说明，使文本向公众敞开，渐次释放文本的自在性，即作者形诸文本、使文本得以存在的基本意图及其可能的意图”①。丹托也认为艺术阐释具有澄明性，具体表现在还原作者意图，即“表层阐释”上。学界曾指出，如果面对同一个艺术作品，不同的欣赏者赋予不同的解读，每一种解释都构成一件新的艺术作品，那么这样的艺术阐释必然引发“相对主义”危机。作为哲学上的本质主义者，丹托不允许出现这样的相对主义：艺术阐释必须具有澄明性，是基于作者原意的解读，即艺术阐释首先是“表层阐释”。一方面，在艺术品的意义上，他认为艺术阐释有其边界，须囿于作者的知识与信念；另一方面，在艺术品的表现风格上，“风格即其人”，艺术品体现了作者观看世界的方式，观者需通过艺术经验力图产生情感和意志上的共鸣。因此，丹托认为作者意图是有效艺术阐释的基础，依据作者意图进行阐释，公众才能获得澄明的意义。

艺术阐释有其边界，并非随意而为。丹托认为，艺术阐释的边界

① 张江：《公共阐释论纲》，《学术研究》2017 年第 6 期。

主要是由艺术家或作者的信念限制所致。“解释结构至少部分是受艺术家的信念集支配”“对于有待解释的作品，艺术家在创作时所持的信念——受制于他头脑中的观念以及他所处的时代——本身就隐含着对作品的解释。”[1] 由此可见，丹托认为艺术品有一个等待澄明的基本意义，而这个意义受到艺术家或作者的知识和前理解的限制。伽达默尔曾指出：“一切诠释学条件中最首要的条件总是前理解，……正是这种前理解规定了什么可以作为统一的意义被实现，并从而规定了对完全性的先把握的应用”“理解甚至根本不能被认为是一种主体性的行为，而要被认为是一种置自身于传统过程中的行动，在这过程中过去和现在经常地得以中介。”[2] 显然，丹托艺术定义中的阐释与前理解有着密不可分的联系。这不仅意味着艺术品的意义受制于作者的知识，而且意味着同一件艺术品，在不同的观看者那里会因阐释的不同而被视为不同的事物。丹托并不否认观看者的前理解，但他更加强调艺术阐释中的限制因素。

艺术阐释部分取决于作者意图，还体现在艺术品的表现风格上，所谓“风格即其人”。意义与表现是丹托艺术定义的两个要素，艺术家的意义表现方式体现出其看待世界的独特方式，即其“世界观”的具体表现。在这个意义上，艺术作品展现了艺术家和作者的世界。而风格对于艺术品之所以如此重要，是因为艺术作品具有“隐喻”的性质。理解一件艺术品，就是去把握一个隐喻。丹托认为，一个隐喻就是某种缺项的三段论，也即“省略三段论”的结论。按照亚里士多德的逻辑：“若 a 在隐喻意义上是 b，我们所做的就是去发现一个中项 t，使得 a 对于 t 和 t 对于 b 的意义是一致的。”[3] 正因如此，一个省略三段论的目的就不只是推出结论，而是包含了设置者与读者之间的某种复杂的相互关系：“后者必须亲自填补填充前者刻意留下的

---

① ［美］丹托：《寻常物的嬗变》，陈岸瑛译，江苏人民出版社 2012 年版，第 160 页。

② ［德］伽达默尔：《诠释学Ⅰ：真理与方法》，洪汉鼎译，商务印书馆 2010 年版，第 3 页。

③ ［古希腊］亚里士多德：《修辞学》，罗念生译，生活·读书·新知三联书店 1991 年版，第 1356a 页。

空白：他必须补上缺失的东西，并且得出自己的结论。”① 艺术品的结构类似于隐喻的结构：不仅呈现了它的主题，而且呈现了它呈现主题的方式。亚里士多德认为修辞用三种方式来达到劝说的效果：演说者的品格、听者的情感及演说自身的逻辑和理性②。同理，丹托认为观看者的艺术阐释必须建立在对修辞即“艺术家风格”的领悟之上，即“理解艺术品就是领会其中的修辞”③。艺术的本质不在于其审美性，而在于作品是对主题的一种再现，也即艺术家本人人格和精神的表现。艺术的特性还在于其修辞性，艺术既从理性上说服观者，又从情感和意志上打动、影响观者。丹托强调艺术具有观念特性，审美特性虽然重要，却要受制于艺术家要表达的意义。黑格尔曾指出，除了内容与形式，艺术另一个重要因素就是艺术家本人的主体性创造。艺术家的才能、构思、创作、精神与心情寓于作品之中，“凭这种个人才能，艺术家可以忠实地描绘尽管处在极端偶然状态而本身却具有实体性的自然生活和精神面貌，通过这种真实及奇妙的表现本领，使本身无意义的东西显得有意义。”④ 显然，艺术家的主观性和精神性是艺术作品意义的重要组成部分。这与狄尔泰的生命体验也不无相通之处。“个人所理解的生命表现对他来说通常不只是一个个别的表现，而是仿佛充满了一种对共同性的知识，充满了存在于该表现中的与一种内部的关系。”⑤ 可见，读者通达艺术品中作者意图和体验作者的世界不仅是必要的，而且是可能的。

就丹托艺术阐释观中的“作者意图”问题，卡罗尔曾指出其阐释观不仅具有明显的意图性，而且其有关意图的相关论述具有前后矛盾性。他将丹托存在的问题归结为三点：首先，根据《寻常物的嬗变》中的论述，意图与阐释密切关联，因而是确定艺术身份的重要条件之

① ［美］丹托：《寻常物的嬗变》，陈岸瑛译，江苏人民出版社 2012 年版，第 212 页。

② ［古希腊］亚里士多德：《修辞学》，罗念生译，生活·读书·新知三联书店 1991 年版，第 1357a 页。

③ Danto, A. C. *Beyond the Brillo Box*. New York: Farral Straus Giroux, 1986, p. 172.

④ ［德］黑格尔：《美学》第二卷，朱光潜译，商务印书馆 2015 年版，第 367 页。

⑤ ［德］狄尔泰：《狄尔泰全集》第 7 卷，洪汉鼎译，东方出版社 2001 年版，第 87—98 页。

一；其次，在《叙述与风格》一文中，丹托又根据历史叙述的特点指出艺术品所展现的个人风格对于作者而言是不可见的，无法通过作者意图得到解释，因而弱化了艺术作品的意图性和澄明性；最后，丹托在《艺术界》一文中提到的风格矩阵理论也与意图主义相左。他更倾向于认为丹托具有作者意图主义，并认为只有推翻其风格矩阵理论才能使其艺术哲学前后一致。① 从表面上看，丹托的阐释和意图确有矛盾之处，但是鉴于丹托在《深层阐释》一文中将阐释分为表层阐释和深层阐释，前者与作者意图有关，后者不拘泥于作者意图，后者需以前者为基础，这种对矛盾的质疑也就不存在了。

概而言之，丹托认为艺术作品对读者的重视不应以取消作者地位为代价，艺术阐释基于作者意图而得以澄明。事实上，否定作者意图也与艺术经验相悖。尽管20世纪以来的文艺理论都对作者权威提出了不同程度的质疑，但丹托仍然不否定作者意图对于艺术作品的重要作用，同时他也赞同艺术作品并非一经创作其意义就得以实现，相反，它的意义的澄明有待于读者或观者的阐释，因为无论是艺术资格的认定还是作品的意义都是通过阐释实现的。然而，丹托强调意图是艺术再现的要素之一，艺术作品既然是作者意图的产物，其意义必然受到作者意图的影响。观看者面对艺术作品时，作者意图并未敞开，而是需要观看者对其原有意义进行还原，由此构成艺术作品意义的阐释和澄明。伽达默尔也称："由于生命客观化物于意义构成中，因而对一切意义的理解，就是一种返回，即由生命的客观化物返回到他们由之产生的富有生气的生命性中。"② 因此，艺术作品的意义虽然不等同于作者的原意，但至少部分取决于后者。同时，作者意图既受制于其所处的较大的理论和文化语境，也与他个人的经历和心理结构相关。因此，作者此时不再是个体、狭义和具体的个人，而是具有社会性、历史性的广义的人，正如马克思所言："人的本质不是单个人所

① Carroll, N. Danto, Style and Intention. *The Journal of Aesthetics and Art Criticism*, Vol. 53, No. 3, 1995, pp. 251 – 257.

② ［德］伽达默尔：《诠释学Ⅰ：真理与方法》，洪汉鼎译，商务印书馆2010年版，第71页。

固有的抽象物，在其现实性上，他是一切社会关系的总和。”① 丹托指出：“不是任一时候都能意图任一事物”②，作者意图的历史性决定了艺术作品的历史性，作者的权威性是具有时代性、历史性和文化性的权威。当具有时代精神的历史性意图通过艺术家的理性说服和情感共通达至广大观者及读者，其结果必然具有澄明性乃至教化性，因此，丹托艺术阐释中的作者意图倾向依然不违背公共阐释的公共理性。

丹托艺术“阐释”的公度性

丹托将“阐释”分为表层阐释和深层阐释，一方面必须基于特定历史时期的作者原意实现，另一方面又必须在欣赏者的个体阐释中得以澄明，艺术家意图和欣赏者阐释基于“艺术界”语境而相互作用，形成了一种共同视域，因而具有阐释的公度性。“阐释的公度性是指，阐释与对象、对象与接受、接受与接受之间，是可以共通的。阐释的公度性立足于公共理性建构的公共视域。”③ 当代文艺理论的发展充分使阐释的多样性合理化，让欣赏者可以从不同的文化和理论出发，对艺术作品进行不同的解读。为了调和两种立场，丹托区分了两种不同的阐释，即“表层阐释”和“深层阐释”，既回应了作者独断论的质疑，又避免了相对主义的诟病。两者结合的有效阐释，实际上形成了作者权威阐释与读者个体阐释的公共视域，并在“艺术界”和艺术批评中实现了艺术阐释的公度性。

丹托认为，表层阐释和深层阐释在艺术阐释中缺一不可。构成艺术作品的是表层阐释，艺术作品是由正确的表层阐释决定的。表层阐释必须尽量还原作者意图，必须受到作者生平、经历等客观知识的限制。因此，表层阐释存在正误和边界。换言之，作者对于艺术品的表层阐释具有权威性。“参考权威的正是我也可以称之为表

① 《马克思恩格斯文集》第1卷，人民出版社2009年版，第501页。
② Danto, A. C. *Beyond the Brillo Box*. New York: Farrar Straus Giroux, 1986, p. 201.
③ 张江：《公共阐释论纲》，《学术研究》2017年第6期。

层阐释的一个概念特征。”① 相反，深层阐释不是艺术作品的构成要素，超出了作者意图和视域，不参考权威性，既无止境又无正误。后结构主义把对作品的阐释看作无尽的游戏，丹托显然将其归入深层阐释的范畴，并指出其存在的问题：“深层阐释者总是越过艺术品去关注别的东西。”② 因而，深层阐释必须建立在表层阐释的基础之上，艺术阐释才能合理有效。通过对表层阐释和深层阐释的区分，丹托在坚持本质主义的立场上避免了相对主义，又对阐释的开放性有所包容；既坚守了作者意图在作品意义中的权威地位，又允许读者在作者意图的基础上进行阐释。丹托对作者和读者两种不同阐释的调和与伽达默尔的艺术游戏理论不谋而合：“游戏本身却是由游戏者和观赏者所组成的整体”③，艺术品的意义是由艺术家和观赏者通过不断的“视域融合”而形成的。“在与文学艺术作品照面之时，理解者被卷入文本世界，与文本之间通过经验发生联系”④，尽管丹托这里的作者阐释先于读者阐释。

艺术阐释中表层阐释和深层阐释的共同语境是“艺术界”，阐释必须依托于一定的“艺术界”进行，正是“艺术界”使艺术品的意义共识性得以可能。在遭遇实验艺术作品《泉》和波普艺术作品《布里洛盒子》之后，丹托开始反思艺术的本质问题：究竟是什么使外观上毫无二致的“难以分辨之物”脱胎成为艺术作品的？据此，丹托提出了“艺术界”概念，断定艺术品资格的认定并非取决于物品的感性特质与物理属性，而是依赖于外在理论和艺术史语境：“把某物看作艺术需要某种肉眼无法识别的东西——一种艺术理论的氛围，一种艺术史的知识：一个艺术界”⑤。所谓“艺术界”，是指艺术作品生存的理论环境，也即“艺术理论、古往今来的绘画史”以及

---

① ［美］丹托：《艺术的终结》，欧阳英译，江苏人民出版社 2001 年版，第 57 页。

② ［美］丹托：《艺术的终结》，欧阳英译，江苏人民出版社 2001 年版，第 53 页。

③ ［德］伽达默尔：《诠释学Ⅰ：真理与方法》，洪汉鼎译，商务印书馆 2010 年版，第 161 页。

④ 隋晓荻、刘孟妍：《真理与文学经验诠释》，《中国诠释学》第 11 辑，2014 年。

⑤ Danto, A. C. The Artworld. *The Journal of Philosophy*, Vol. 61, No. 19, 1964, pp. 580.

“从自身作品提炼的要素”“三者混融而成的氛围”①。“艺术界”理论认为，一件事物是否为艺术品要由“艺术界”来宣判。丹托据此构造了一个“风格矩阵”，用以说明不同风格艺术作品在“艺术界”的可能位置。换言之，丹托认为艺术史上所有被接受的艺术属性与负属性共同构成了艺术的可能世界②。由此可见，“艺术界”并非一个实体的概念，也并非一个社会学的概念，而是一个抽象的形而上学的概念，是一种理论和历史的氛围，是一种观念性的构成。对艺术的阐释必须在艺术理论的参照下进行，不同的艺术门类有不同的规范和术语，艺术阐释与艺术批评只有依托于此类“艺术界”的语境才得以可能，否则所有阐释都将沦为自说自话的个人阐释而缺失公共理性。

“艺术界”理论不但协调了作者阐释和读者阐释，而且为传统艺术阐释和时代艺术阐释架起了桥梁。“艺术界”具有历史性，它是由不同的艺术理论及之前的整个艺术史知识构成的，这也决定了艺术的历史性和传承性。“艺术界”的决定性作用在于艺术的辨识和艺术阐释都与之相关，即历史上任何艺术品的阐释和意义都必须借助于“艺术界”的语境。其历史性表现在两个层面：第一，一个艺术品不是在历史上的任何时候都能被认定为艺术品，艺术品的出现必须以预定的艺术理论和艺术史为前提。只有艺术史发展到一定时期，艺术理论有了相应的准备，“艺术界”才有空间容纳这些艺术实践。到20世纪上半叶，艺术穷尽了所有的可能，艺术世界才有空间接纳《泉》和《布里洛盒子》等艺术作品。第二，不同历史时期的艺术品具有不同的意义。一个作品若处于艺术史上的不同时期，由于艺术理论的不同，作品所涉及的观念和意义也不同。可见，无论是对艺术品资格的授予还是对其意义与审美特性的阐释，都要受制于“艺术界”的历史性。例如，无论后人将梵高的《星空》摹仿得多么惟妙惟肖，都无法超越原创者所表现的意义，也无法获得与当时一样的艺术地位。丹托的“艺术界”具有历史的维度，因此并未否认传统，而旨在关

---

① Danto, A. C. The Artworld. *The Journal of Philosophy*, Vol. 61, No. 19, 1964, pp. 580.

② 陈岸瑛：《丹托艺术终结论中被遗忘的风格矩阵》，《装饰》2014年第3期。

注永恒。

由于“艺术界”理论强调了艺术的外部语境，它启发了分析美学界关于艺术的外在论。史蒂芬·戴维斯指出，丹托的“艺术界”理论“使注意力从艺术品的艺术性特征转移到使艺术品拥有和呈现这些特征的社会语境上来，从而为艺术定义的制度性论述奠定了基础”①。乔治·迪基毫不讳言他的“艺术体制论”来自丹托的“艺术界”理论。他将“艺术界”纳入社会学的语境中，认为“艺术界是由一堆体系组成的：剧场、绘画、雕刻、文学、音乐等，每个体系都配有一套制度背景”②，进而从外部对艺术进行了定义：艺术品就是被足以代表社会机构的某些人或某群人，赋予待鉴赏地位的创造物的一套观念。也就是说，为作品戴上艺术光环的是艺术界的权威，他们赋予事物“待鉴赏的资格”，给予其在艺术领域里的合法身份③。尽管丹托多次撰文辩驳迪基对其“艺术界”历史维度的误读，但他的“艺术界”概念在分析美学史上的重要意义及其对艺术的历史—社会维度研究的启发是不可否认的。这一概念与欧陆同一时期的艺术社会学概念，如布尔迪厄的“艺术场”概念也有共通之处。无论是丹托的“艺术界”，还是迪基的“艺术体制”，抑或是布尔迪厄的“艺术场”，都有赖于艺术存在的外部语境，因而都在不同程度上使艺术阐释的公共性与合法性得到了解释。

“艺术界”在艺术辨识和艺术阐释中的媒介作用不仅体现在艺术鉴赏方面，而且体现在艺术批评方面。艺术批评在作者和接受者之间起到中介作用，使有效的艺术阐释通过“艺术界”得以实现。艺术家创作艺术品，但其意义则有待于读者阐释，由于观赏者对于“艺术界”相关理论与知识的缺乏，它往往经由艺术批评家这一“中介”达至观者。正如丹托所言：“艺术批评的功能在于为读者或观者提供接受作品感染力所必需的信息，当观念发生变化时，作品可能会失去

① Davies, S. *Definitions of Art*. New York: Cornell University Press, 1991, p. 81.

② Wartenberg, T. E. *The Nature of Art*. Beijing: Peking University Press, 2002, p. 229.

③ ［美］乔治·迪基：《何为艺术？（II）》，载李普曼编，邓鹏译，《当代美学》，光明日报社 1986 年版，第 107 页。

它的感染力，而由于作品所存在的外部困难，既定的文化往往无法提供我们所需的全部装备，因此作品的感染力有可能对我们来说是不可通达的……这时就需要学者使之起死回生。艺术史或文学史学科的重要意义，就在于让这样的作品重新变得可以通达。”①艺术家、批评家和欣赏者之间的关系如图1所示，三者又统一于“艺术界”。丹托的艺术批评实质上是多元主义的艺术批评，它反对基于康德美学的形式主义艺术批评，不依赖任何一种排他性的历史叙事，而是从每个作品的自身情况来审视作品，考查其动机、意义和指称。“今天，批评家的任务是阐释、解释作品所试图表达的东西。阐释包括将作品的意义与传达意义的对象联系起来。批评家在帮助观者理解作品的时候，通过参照这些艺术家力图表达的东西，也帮助他们理解他们自己的世界。”② 显然，丹托反对以某种艺术理念看待所有的艺术，而主张把艺术放置在其自身的文化语境中去理解，使各要素之间达到彼此共通。

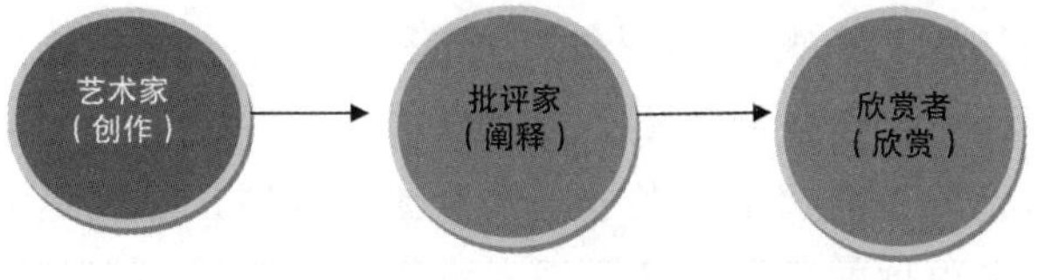

图1　艺术家、批评家和欣赏者之间的关系

总之，艺术阐释与欣赏是一种认知活动，艺术批评家在这种认知活动中起到了重要的中介作用。丹托把艺术批评家定位于阐释者，在很大程度上契合了当代艺术发展的现状；艺术越来越依赖观念和思想，因此不但需要艺术批评家的解读，而且有时艺术家本人也在作品旁边附上解释。有表层阐释作为参考、深层阐释作为补充，有“艺术界”语境作为限制，有艺术批评作为实现方法，合理有效的艺术阐释公度性便得以可能。

① ［美］丹托：《寻常物的嬗变》，陈岸瑛译，江苏人民出版社2012年版，第217页。
② ［美］丹托：《寻常物的嬗变》，陈岸瑛译，江苏人民出版社2012年版，第8页。

结　论

丹托艺术本体论中的“阐释”概念是面向后现代艺术现状针对传统艺术概念所做出的具有历史性的重新诠释，它在本质上具有建构性，同时也具有澄明性和公度性。它在质疑艺术摹仿论、表现论、不可定义论的同时，力图从本质主义出发对艺术史上所有的艺术概念进行包罗。丹托提出了“阐释”和“艺术界”概念，为包括后现代艺术在内的所有艺术寻求了合法性，树立了新权威，反对了旧权威，既挑战了传统，又包含了传统。

在丹托的艺术阐释中，艺术品的意义至少部分取决于作者意图。然而，艺术资格的认定和艺术作品的具体意义都是通过观者的阐释实现的，因此阐释是使艺术品从普通物品转化为艺术品的“点石金”，是艺术品的构成性要素。同时，此处的阐释并非任意而为，它必须基于作者的原意，即丹托所说的“表层阐释”。表层阐释的正确性依赖一定的客观知识，它必须与另外一种阐释，即“深层阐释”区分开来。深层阐释对于作品而言不是构成性的，它后在于表层阐释及其构成的艺术作品，往往超出作者本人的意图和视域，是无尽的。无论是作者关于艺术再现的意图，还是观者对作品的阐释，都受制于“艺术界”这个社会语境。丹托的“艺术界”概念强调了艺术阐释的文化相对性和历史性。由于没有“艺术界”就没有艺术，文化相对性和历史性也就内在于艺术本质之中。丹托认为，区分每个不同作品的根源在于阐释，即不同的阐释赋予每个艺术品不同的意义，但阐释必须依托艺术界的理论与知识。

基于“艺术界”对表层阐释和深层阐释的中介与限制作用，丹托针对“作者意图论”和“相对主义”的质疑进行了有效回应，试图在艺术阐释不确定的后现代寻找确定性，同时在传统的权威艺术阐释中寻找开放性，为艺术的公共阐释提供了部分的可能性。

第三编

公共阐释与当代文化思潮

阐释的世界视野：“公共阐释论”的对谈*

张　江　陈勋武　丁子江　金惠敏**等

［对话人简介］

张　江，中国社会科学院教授。

金惠敏，中国社会科学院文学所研究员。

陈勋武，美国德州大学圣安东尼奥校区哲学与古典系教授。

丁子江，美国加州州立科技大学哲学系教授。

安德明，中国社会科学院文学所研究员。

王秀臣，《文学评论》编辑部编审。

张海燕，中国社会科学院历史所研究员。

嗡　鸣，中国社会科学院农村发展研究所研究员。

杨　晶，北京青年政治学院北京青少年研究所副研究员。

金惠敏：在当前全球化、逆全球化语境中，中国作为一支重要力量正在崛起，中国学者如何基于文化自信，为人文科学研究提供一份中国方案？这需要我们在向世界开放、在与世界对话中发出中国声音，做出中国表达。张江教授最近发表了《公共阐释论纲》①，学术思路独特，视野极为宏观，可谓高屋建瓴。这是继“强制阐释论”

* 本文原刊于《社会科学战线》2018 年第 6 期。

** 作者单位：中国社会科学院；美国德州大学圣安东尼奥校区哲学与古典系；美国加州州立科技大学哲学系；中国社会科学院文学所。

① 张江：《公共阐释论纲》，《学术研究》2017 年第 6 期。

在国内和国外发生巨大影响后，张江教授发表的又一个思考多年的学术见解。强制阐释论是针对文学研究中理论强制阐释文本的现象提出批评，进一步，强制阐释论从文学理论扩展到中国现象的阐释问题，即用此方式如此阐释合不合适的问题。现在张江教授提出的“公共阐释论”既与文学解释学相关，又不限于文学，它更是一个社会理论、一个政治理论。《公共阐释论纲》发表之后，“公共阐释论”迅速引起学界的反应，与当前国际学术热点形成共鸣。“公共阐释论”与美国华裔学者濡染中西文化神韵而提出的“新比较主义”、文化理性、间性研究正在显示出对于错综复杂、风云变幻的当代世界的巨大解释功能和文化引导功能。在当今深度全球化的时代，孤立起来的文化与思想不复存在。如何实现阐释的公共性？如何达成公共阐释？如何在全球化框架下创建一个共享的公共空间？国际国内学者就此进行的协商对话本就是“公共阐释”的题中之意。今天，有幸邀请张江教授与美国德州大学的陈勋武教授、加州州立科技大学的丁子江教授、中国民俗学学会会长安德明研究员、《文学评论》编辑部主任王秀臣编审、中国社会科学院历史所张海燕研究员、农村发展研究所嗡鸣研究员、北京青年政治学院北京青少年研究所杨晶副研究员，从不同学科、不同领域、不同层面共话“公共阐释”。首先有请张江教授对“公共阐释论”进行阐发演讲。

张江：很高兴有机会与国内外学者一起研讨“公共阐释”，谈谈从“强制阐释论”到“公共阐释”理论演进的过程。

近十几年来，我对西方文艺理论感起兴趣。在研究西方文艺理论的过程中，我总的体会是：第一，当代西方文论有自身的长处，这些长处对中国当代文艺理论建设具有借鉴意义的同时，也表现出与中国文学实践的巨大隔阂。第二，从西方与中国文化传统来看，当代西方文论的表述方式和延伸方向，与中国传统文论不甚相同，进而表现出中西文化的相异性。改革开放以来，中国对西方文艺理论的引进、使用、阐发非常广泛深入，在大学课堂、各种论坛、各种杂志上，在研究文艺理论的时候，离开当代西方文艺理论的概念、范畴、命题、思维方式，是做不了事的。当代西方文艺理论很深地影响着中国的文艺研究领域，已经占据了主导地位。应该说，这对中国的文艺理论研究有很大的推动，但也有很大的冲击。特别是在思维方式的转变上，让我们觉得不是很从容。基于这些考虑，我觉得，对于当代西方文艺理论我们要有深入的研究和审慎的认识，在借鉴的同时，也要看到它所具有的理论缺陷。有人向我提问，这里说的西方文艺理论是"单数"的还是"复数"的？我认为，这里是指当代西方文艺理论的统称。因为其总倾向——去中心、去本质、反二元对立、破除逻各斯中心主义，在西方20世纪的哲学当中也有充分的体现，是一个总趋势、总潮流。当然当代西方文论中也有不同的意见，但是这个潮流是占主导地位的。

我们并没有想从意识形态上批判当代西方文艺理论，只是想从阐释学的意义上去讲，当代西方文艺理论在文本阐释上确实有一些明显的缺陷。我把它概括为一种特殊的阐释方式——强制阐释。那么究竟什么是"强制阐释"呢？从阐释现象上来说，就是理论脱离文本，甚至理论与文本毫不相关，强行文本为理论做注脚，用伊格尔顿的话说，就像在莎士比亚那里找原子弹、核战争。从阐释的方式上说，就是从阐释者的立场出发，强制文本服从理论。遇到文本与理论的不一致，就要强制文本、拆解文本、重释文本，依照理论扭曲文本、再造文本。从阐释的目的上说，强制阐释不是要阐发文本的意义，而是预设一个先在的理论立场，让文本来证明理论的正确性，其目标是理论，而非文本。这种阐释的强制，反映出的是西方当代文艺理论的立场问题，这是一种不讲文学、没有文学的文艺理论，我反对的、不赞成的正是这种没有文学的文艺理论。对于"强制阐释"，各方面也有一些不同意见。比如，有人依据伽达默尔的理论提出，人们认识文本的时候是有"前见"的，有"前见"就必然按自己的想法来解释文本。还有些学者说，必须进行对话，有了对话，就没有强制了。然而，凡是阐释者持一种理论立场去强加给文本的时候，他是不会改变自己的立场的，即其本意就不是想要与文本对话。在"强制阐释"中，立场是既定的，是刚性的。而如果不是"强制阐释"，当文本和"我"的前见不一致时，"我"就会修改前见，与文本对话。我曾经写过《前见是不是立场》[①] 的文章，来辨析伽达默尔、海德格尔（Martin Heidegger）的“前见”与立场的区别。我觉得，许多国内学者与一些国外学者，不区别“前见”和立场，不区别“对话”和“强制”，固执地认为，对话就可以解决强制问题，其实并非如此。我认为，对于文本而言，作者是不能“死”的，作者的意图也是灌注在文本当中的。在阐释文本的时候，特别是职业批评家，应该告诉人们，这个文本到底说了什么。把阐释的结果与文本的自在意义区分清楚，这是批评伦理的要求。围绕“强制阐释”问题，我也和国外的学者对话过、讨论过，比如俄罗斯、法国、德国、美国的学者，我还和希利斯·米勒（J·Hillis Miller）有过一段时间的争论。总的来说，“强制阐释”是对当代西方文艺理论的阐释方式的一种反思，那么就有一些问题提出来了。金惠敏就常常提出这样的问题：当代西方文论存在、发展 100 多年，现在能否一言以弃之？既然当代西方文论是“强制”的，那么我们能否拿出一个好的来？

在提出“强制阐释论”的同时，我也想过，我们能说什么？在人类命运共同体建设的关键时期，我们应该说什么？中国学术能为世界贡献什么？开始的时候，有位朋友提议，“本体阐释”可能符合我的意思，因为我反对“强制阐释”就是反对离开文本、从理论与立场出发去展开阐释。那么把文本当做本体，从文本出发阐释文本自身该有的东西，是不是就合理了呢？经过深思熟虑，我认为，这不是我的本意。我思考了好几年，时至 2017 年 4 月在和意大利学者、英国学者、法国学者一起开会的时候，我把我的想法提了出来——阐释是公共的，阐释行为本身是公共的，我就有了“公共阐释”这个概念。这个想法提出后，国外学者对“公共阐释”产生了极大的理论兴趣，邀请我去和他们讨论。为了去参加国外的讨论，我在有限的时间里把一些想法凝缩到一个文本里，即《公共阐释论纲》，仅有五六千字，发表以后，在学界引起了可以说不小的反响。哲学、历史、文论等领域对“公共阐释”这个概念都有讨论，我也继续进行了更深入细致的思考。

---

① 张江：《前见是不是立场》，《学术月刊》2016 年第 11 期。

现在，我是想从中国古代文论资源出发来论证"公共阐释"。"阐释"是公共的、开放的，《说文解字》《玉篇》《广韵》《增韵》等等，很多中国古代典籍资源都可以证明这一点。"阐释"的"阐"字，在《说文·门部》中是这样"解"的：

> 闡，開也。從門，單聲。《易》曰："闡幽"。

"开（開）"的"古文"是"閞"，是会意字，是双手对举打开门闩，意在开门。由此，"阐"的本义是"开"，"开门"之"开"。在《说文》中，与"阐"同为"开"义的字，还有比如"闿（闓），开也"；"問，大开也"；"辟（闢）"，许慎说"《虞书》曰：辟四门"，不仅是"开"，而且是"多开"，"辟四门"是要"开辟四方之门未开者，广致众贤"，"广视听于四方，使天下无雍塞"① 等等，这确证了"开"的本义是洞开、吸纳、通达、彰明。"阐"从"门""开"也从"门"，而古文字中"门（門）"有"闻"和"问"二义，因此，本义为"开"的"阐"因部首归"门"，又引申为"闻"和"问"。《说文》中说"阐"，"单"声。《说文》中解"单"为"大也"，与"阐"同义。《广韵》《玉篇》中也都说，"阐，大也"。还能找到与"单"声相关的很多字，都有"厚""广""众"的意思。由此可知，"阐"取"单"声，体现了"阐"的"大""广""众"等诸义。在"开"这个本义之外，"阐"还有诸多义项可以在语源上证明其公共性。《说文》中引用"《易》曰：'阐幽'"来解释"阐"，正是与"开（開）"相关的引申义。这些引申义有"明""启""通""扬"等，比如，《玉篇》里的解释："阐"，"明"也；与《说文》中的"阐幽"，都源自《易·系辞下》。② 综合以上，从"阐"字的中国古代语源讲，"阐"就是"开门""闻""问"于他人，"开门"于己来讲是"开放"自己于人，"开门"于"人"来说是实现沟通，结果是在"开门""闻""问"的活动中构建起"人"与"己"的对

① 参见《尚书正义》，载《十三经注疏》，中华书局1980年版，第130页。

② 出自《易·系辞下》："夫《易》彰往而察来，而微显阐幽"。

话，协商彼此的意见，寻求共享共识。

伽达默尔的“Die Hermeneutik”寻求“视域融合”，显然也是在寻求“共享”，海德格尔也有类似的说法。可以说，无论是从“阐”的中国古文字义语源分析，还是对照伽达默尔理解的“Die Hermeneutik”，我认为，“阐释”是公共的，或者“公共阐释论”，都是站得住脚的。这里有一个问题，自己能否对自己阐释？从“阐释”的古文字解释来看，这在道理上不通。因为“阐释”是“我”要推开“门”出去对话，此其一；其二，“阐释”的目的是形成对话，实现交流，与人共享，所以自己对自己“阐释”是没有意义的。这直接涉及阐释与理解的关系问题。伽达默尔有句话——理解就是阐释，阐释就是理解——我坚决不同意，我认为理解和阐释是可以分开认识的，它们的关系是先理解再阐释。当然，在理解过程当中，我们有说服自己的情况，但我不主张把对自己解释或者自己说服自己界定为“阐释”。因此，我认为，先是自己认知、理解，然后再把自己的理解输出、共享给别人，形成对话交流，这才是“阐释”。结合上面“阐”的古文字义分析，“阐”是“开门”与人沟通，而不是隔“门”说话，这表明：一是“门”的存在暗示“阐”之自有的障碍，阐释者需推开隔阻，才得“通达”“开放”，“阐”方能达成。二是“开门”的动作彰显出阐释者的主动性，“阐”是阐释者自己主动“开门”出去“闻”“问”与人，是主动寻求与人沟通对话。这一主动“开门”一方面意味着“阐”本身意向开放、澄明的公共追求，另一方面也意味着阐释者自身寻求公共承认、争取公共承认的认识和意愿。

“公共阐释”何以可能呢？这个问题伽达默尔阐述得很明白——共通感、语言、公共形象决定了“公共阐释”的公共性是可以实现的。那么，公共性、公共阐释从哪里来？个体阐释是公共阐释的源头和基础。个体阐释经过争取，被人们承认，上升为小范围的“公共”、大范围的“公共”、再大范围的“公共”，然后成为知识进入人类共享的知识体系。所以说，公共阐释是从个体阐释来的。个体阐释无论怎样具有特征、无论怎样怪诞、无论怎样具有创造性，一开始总是“自己”的，一旦把它作为公共行为阐释出来，然后征得公众的理解和同意，就使得此"个人阐释"在公共的范围上不断变大，最终成为为公众"承认"的"公共阐释"。比如，尼采（Friedrich Wilhelm Nietzsche）的哲学，开始不被人们理解，后来慢慢被理解，现在已经是"潮流"了。可以说，尼采的思想不正是由个体阐释逐渐获得公众承认，最终上升为公共阐释了吗？如果按照罗蒂（Richard Rorty）的说法，所有的阐释是自己说自己的，不一定非要说给别人听，或者永远不会有一个大家都认可的东西，那么文本的创作和传播本身的意义又何在？所以"阐释"从它的生成、传播和目的说，就是两个字——"公共"。当然，也有很多极有特征的、极有创造性的阐释，很多凸显个性的个体阐释，开始不被别人承认，不被公共承认，最终淹没掉了。

金惠敏：张江教授的发言让我们更加明确了"公共阐释"产生的背景及其理论内涵，这里涉及阐释学的一个重要问题——对话。在伽达默尔的"Die Hermeneutik"中有一个对话的冲动、对话的意愿。对话的意愿是都要"愿意"来对话，我们才能对话。如果是没有意愿来对话，是不能形成对话的。对话的意愿就是寻求共识。

张江："对话"的重要性没有谁不承认，罗蒂（Richard Rorty）也承认，关键是对话有没有共识，在这个问题上总有争论。

金惠敏：张江教授刚才讲到"阐"字的意思，不是被打开，被打开就有强制，而是主动打开，这就有伽达默尔所说的对话的意愿。在与德里达（Jacques Derrida）的论战中，伽达默尔强调的就是对话的意愿。这样看来，中国人不是引证了伽达默尔，而是早在伽达默尔之前，中国人就已经讲到了。

陈勋武：我讲的题目与张江教授相连，但不完全一样。第一，我赞成张江教授的说法——文本第一，方法第二，我接着强调这一点，事实上这也是伽达默尔一贯的观点。这一点他在《真理与方法》，特别是后期的 *Universality of Hermeneutics* 这个小册子中讲得很清楚。第二是把"Die Hermeneutik"翻译成"阐释"，我也很同意。其实，按照伽达默尔的说法，"Die Hermeneutik"是一个"opening to the new, the strange and the unknown"的过程，是对新来的、陌生的、还有未知的事物的开放，欢迎。这就链接到我现在谈的问题：世界主义的一些理念。当然，如何开门去欢迎他者，这是一个值得讨论的问题。

我就文化开放、交流、欢迎他者这一个相关问题，谈谈我最近一直在做的一个课题：世界主义。这是当前欧美学界中热烈争论的一个课题。我们处在一个——用德国社会学家贝克（Ulrich Beck）的话说——“世界化的时代”。“世界化”包含两个方面的含义：一方面，因为经济的全球化、移民等各种情况，造成了一种文化的移动、整合和混合。举个简单例子，国安足球俱乐部，有世界各地的球员，带来各国的、各族的文化，他们结成这种共同体，就叫“cosmopolitan”，是世界性的、世界主义的。因此世界化（cosmopolitanization）的一个含义是各种不同文化的融合、组合、重新整合成为一个新的共同体，一个文化实体的文化多元化与星丛化。世界化的另一个含义是全球范围内的人类实践与行为的规范化，即虽然世界上冲突不断，但也越来越有序与规范。文化之间的互相交流、理解、开放、包容越来越多，共同的规范、规则也得到越来越多的人认同——世界的趋势是越来越强调规范，而规范化又为文化多元化与星丛化保驾护航。虽然世界主义（cosmopolitanism）自古希腊就有，又在当前变成热点议题，但是人们对“世界主义”的理解有很多谬误或错误。比如说，有些人就把它理解为普遍主义；另外又有很多人把它理解为文化多元主义。在世界主义哲学中，文化之间是应该开放，寻求一种间性理性（“inter-subjective reason”），即哈贝马斯说的“intersubjectivity”，还是应该被强制，寻求一种普遍理性，然后达到普遍主义，又或者，文化之间各说各的，演变成文化多元主义？其实，这三者之间争论的焦点，就是刚才所说的，要不要“开门”的问题。世界主义是强调文化之间“开门”，包容与宽容，从文化差异性中寻求一种“间体性”。这里，文化理性、间性理性、普遍理性之间既有联系又有区别，但现在很多学者把这几大主义混合起来，没有在概念上区别开来。

世界主义所追求的不是一个普遍性的—或用贝克（Ulrich Beck）的话说：“霸道性”——的世界，或如张江教授所说的强制性的世界，而是一个既规范化，又宽容、包容文化差异性，文化之间相互开放的文化星丛世界，这中间最关键的问题是差异性与同异性、文化特性与文化间性（或共性）、民族性与人类共性，自主与共体这些概念之间的关系，这也是世界主义与普遍主义、多元文化主义的重大区别之一。

世界主义有几个显著特征。第一，世界主义追求规范化的宽容、包容、开放、文化星丛的世界。第二，在这个视野当中，世界主义强调差异性与同异性、文化特性与文化间性（或共性）、民族性与人类共性，独立与共体这些概念之间的关系是辩证的，强调将文化开放、包容与宽容准则作为一种行为准则。文化开放、包容与宽容这一行为处在拒绝和接受两极的中间。第三，世界主义的出发点是文化之间的间体性。对话的开始不一定从某些普遍性的东西开始，而是从那些共同点开始，这就是文化间性。这里的问题之一是我们如何区别文化理性、间性理性和普遍理性。间性理性指对话文化之间的共同理性，而普遍理性为所有文化之间的共同理性。两者既有联系，又有区别。在这里顺便提一下，在哈贝马斯的思想当中，普遍理性和间性理性共存；在伽达默尔的思想当中文化理性与间性理性同在，他们二者既看到那些区别，并且又都追求"间性"。

把世界主义与普遍主义、文化多元主义混合起来，这是非常错误的。世界主义与普遍主义既有联系又有区别。普遍主义强调"我们"有平等地对待文化他者的义务，但同时它的平等对待原则，不包含要求我们对使他者成为他者的文化差异性保持好奇或尊重。相反，在普遍主义中，正如贝克所指出，"我们"与他者的关系不是基于对它者差异性的尊重与包容，而是对他者与我们之间的同一性的认同。因此，普遍主义的工程是霸道性的：在其中，他者的声音只有在它自己成为同一性的声音——是他者自我认同集体、反思为集体的一员、并与集体同一"语气"时，才能被允许发声与被收听。而世界主义与此不同。世界主义对他者的认同与尊重包含着对他者差异性的尊重。例如对一个人的尊重。普遍主义只强调要尊重每个人是人，具有同样的人类尊严、同等的基本人权等。而世界主义不仅强调要尊重每个人是人，具有同样的人类尊严、同等的基本人权等，而且强调要尊重每个人是具体的人，是特殊文化、特殊共同体的人，如中国人、美国人、英国人、德国人、法国人、俄罗斯人，等等。这就是世界主义所谓的"开放"，也是世界主义与普遍主义的重大差别。因此，普遍主义是霸道的，从整体的角度和普遍的角度，强调众生平等；世界主义是民主的，从差异和宽容的角度，强调既是不同的个体又是一个共存的共同体。

普遍主义强调对话的基础在于遵守一些普遍真理、普遍原则、普遍意识，这就是张江教授所说的强制性的对话；世界主义不同，强调对话先从大家有共同兴趣的交叉点谈起。只要大家愿意谈，愿意从共同点、交叉点——就是我说的“间性点”——出发交谈就行。

张江：您理解的“间性”就是“主体间性”吗？是共同点、融合点？有融合的意思吗？

陈勋武：其实我讲的就是英语中的“intersubjectivity”。主体间性核心是“overlapping consensus”，就是交叉共同点。交叉共同点和“普遍性”的区别在哪里呢？其区别就如手与手之间相交叉和手与手之间的共同点的区别。交叉点是连接两个实体的共同点。“普遍性”是连接所有实体之间的一条共同直线。我觉得和张江教授讲的是同一个问题，只是我从英文的思维角度，这存在一个翻译问题。对话各方从一个共同的、认同的东西出发，然后开始对话，你不要强迫我，我也不强迫你。这共同认同的东西可以是对话各方共同认同的东西；不一定是普遍性的东西。如你我都对足球感兴趣，足球就是共同认同的东西。你我都认同社会和睦，社会和睦就是共同认同的东西。这是世界主义和普遍主义的一个巨大区别。可以说，世界主义是普遍主义加上差异性，普遍主义没有差异性，文化多元主义只有差异性，没有普遍性。

世界主义和文化多元主义同样也是既相互关联又有重大区别。第一，世界主义既强调尊重特殊性与差异性，也强调尊重普遍性与同一性，而文化多元主义则只强调尊重特殊性与差异性。世界主义与文化多元主义都强调对多元文化的开放与包容，都强调不同的文化、不同的生活模式、不同的生活历程。但正如贝克所指出的，文化多元主义缺乏世界主义的视野，比如文化多元主义认识不到世界的关联性。换句话说，世界主义与文化多元主义都强调要认识一片森林是有各式各样的树木组成的。但世界主义强调，我们要既要看见各式各样的树木，也要看到森林整体与树木共性，而文化多元主义只强调各式各样的树木的存在，不强调，甚至否认，森林整体的存在与树木共性的存在。从世界主义的视野来说，正如贝克所指出的，没有文化多元主义的世界主义是空洞的，而没有世界主义视野的文化多元主义是盲目的。在这点上，从世界主义的角度说，文化多元主义是盲目的。第二，世界主义既强调对文化多样性的开放、包容及其共存，又强调文化间的相互学习与交流，还强调文化间的共同规范与准则，而文化多元主义只是单方面地强调对文化多样性的开放、接受，单方面强调多样文化的共存。世界主义所追求的既是一个包容、宽容、共容、开放的文化星丛，又是一个法治的、规范化的世界社会；它追求的世界社会既是一个多元、多彩、多姿共容、开放的文化星丛世界社会，又是一个具有共同价值、共同理想、共同准则与规则的文明社会。而文化多元主义追求的是一个多元文化、多元价值观、多元生活方式的国家社会。这里，世界主义强调对话、理解、交流与互动是世界社会进步的源泉与动力；而文化间性既是人类文明的成果，又是世界社会进步的指导。因此，贝克指出，文化多元主义不仅会陷于试图用多民族的霸权与霸道取代民族的霸权与霸道这一矛盾的危险之中，而且文化多元道德主义还会陷于对种族暴力冲突的危害与现实视而不见的危险中。第三，世界主义强调每个人的权利与义务、自由与责任，强调人权、宽容、正义、世界和平等普遍价值与社会基本运行规则，而文化多元主义只强调尊重不同文化的权利。世界主义关注的最基本的道德单位是个体，是作为世界公民的每个人，而文化多元主义关注的最小道德个体是一种文化、一个文化共同体。世界著名哲学家哈贝马斯也指出，世界主义的精髓之一是直接给予每个个人作为世界公民的法律地位。世界主义的视野不仅强调所有人类都共属于一个共同的伦理道德共同体，而且强调每个个人在这一共同体中具有同等的价值、尊严、权利与地位，因此是道德考虑的最基本的对象。而文化多元主义则是关于文化权利、合法性与地位的哲学、文学理论与社会学理论，个人不是道德思考的主要对象。相反，正如贝克所指出，根据文化多元主义，所谓的“个人”并不存在。“个人”只是一种文化或一个文化实体的副现象（epiphenomena）。第四，世界主义强调以不同文化之间的文化间性作为文化互动的共同基础，而文化多元主义强调以某文化的主体性作为文化之间互动的基础。不同文化之间的文化间性是具体地参加文化对话的那些具体文化共同体之间的共性，它不一定是普遍性的东西，也不是某一文化体的主体理性，比如，不是美国理性、中国理性，或德国理性。“具体地参加文化对话的那些具体文化共同体”，顾名思义，就是参与具体讨论的具体文化共同体，比如有关国家参与“一带一路”的讨论与对话，它们就是参与“一带一路”的讨论与对话的具体文化共同体。

世界主义的出发点是文化间体性。当代世界主义的哲学家多多少少都受到哈贝马斯的影响，他们都强调交往理性，是要追求一个规范化，在法制基础上规范世界秩序，这个世界秩序为文化星丛的世界提供一个基础。如何达成这个世界秩序？世界主义的理念是从文化理性出发，借助一种文化间性理性，最后取得一种普遍理性。在一定意义上来说，这刚好证明了哈贝马斯对伽达默尔的一个批评，因为伽达默尔有一个著名论点——要通过文化理性上升到人道和普遍理性（“culture rising universality humanity”）。我简要强调一下普遍理性、间性理性和文化理性之间的区别，同时也涉及间体性理性和集体型理性的区别。

首先来说一下文化理性。文化理性，就是一个文化主体的理性，就是从一个文化主体角度上说的合理性、真理性、有效性、正统性等综合统一体。所以文化理性在性质上、本质上依然是哲学上说的主体性理性，不过它的主体是一个集体，所以我把它叫做集体型理性。间体性理性，是指两个或数个文化共同体之间的理性共识，这一点类似伽达默尔所说的“fusion of horizons”——通常译为“视域融合”，我是翻译为“境界融合”。所以间体性理性，即哈贝马斯所说的“inter-subjectivity”。

金惠敏：间体性理性，国内翻译为主体间性。

安德明：原来也翻译为互为主体性，或许这样从汉语的角度更容易理解。

张江：如果是互为主体性，据我原来的理解，并非是两个主体融合在一起，这与陈教授所讲的不同。

安德明：两个都是主体。

陈勋武：对，两个都是主体。间体性不是两个主体的融合，而是两个主体之间的交叉。

张江：过去，主体是相对客体而言，主体之间存在着一个关系——主体间性是我们人类主体之间的意思，而不是融合的意思，融合是与之相反的含义。主体间性确切说是什么意思？

金惠敏：主体间性，是强调主体之间、相互之间有交叉点。

安德明：主体相互之间应该构成一种平等、相互尊重的关系。

张江：我的理解是，主体之间是相互承认的，但是承认是有间距的，"你"是"你"，"我"是"我"，"我们"没有融合起来。主体之间先存在间距，再互相承认。

陈勋武：我们讲的都是同一个东西，即主体之间的交叉共识，但存在翻译的问题。我讲的用英文说是"overlapping consensus""inter-subjectivity"，或者哈贝马斯所讲的"intersubjectivity"。两个主体之间仍然保持距离，但两个主体不是中断的，两个"人"之间勾连着手，所以说主体之间有一个相互理解与共识。这里，视野之间的融合和交叉不是主体之间的融合或合二为一。

丁子江：主体间性其实就是主体 A、主体 B 的相互关系。

张江：这种相互关系首先是独立的关系，还是首先是连接的关系？

丁子江：既独立，又关联。

陈勋武：主体间性是一个认识论概念，不是本体论概念。主体间性其实就是主体 A、主体 B 之间认识上的交叉，不是本体上的交叉或融合。在本体关系上，两者是独立的，所谓认识主体，两者都是自主的。在所谓的"intersubjectivity"与"inter-cultural"中，"subjectivity"与"culture"不仅存在，并且其存在是"intersubjectivity"与"inter-cultural"的前提。这里我们不能混淆概念。

间体性理性是讲文化共同体之间的共识和"overlapping consensus"，用哈贝马斯的概念就是"intersubjectivity"，它只是两个文化共同体或数个文化共同体之间的共识，不一定是所有文化共同体之间的共识，所以才是间体性的。如果是所有文化共同体之间的共性，那就是普遍性，所以普遍理性就是所有理性共同体之间的共性，是柏拉图所讲的“universal commonalties”。从世界主义的角度，这三者之间，对话是文化主体之间的对话，是文化理性之间的对话，对话的基础和桥梁应该是间体性理性，对话寻求的共同目标之一应该是普遍理性。

丁子江：东西方关系的“比较”有四种定向范式：第一种是利益冲突论，或二元对立论，就是亨廷顿（Samuel Phillips Huntington）他们的观点；第二种是文明分立论，或者并行论、平行论，即使对话也是各谈各的；第三种是文明对话论；第四种是一种融合论。“比较”有两条最重要的轴线，一条强调同源性和类比性，一条强调历时性和共时性。一般地讲，传统比较主义是从“局部”的普遍性考察去彼性、同质性、异质性问题；新比较主义则是比较“全部”的、在文化大层面上思考同质性和异质性。两者不同。我的观点是，在四类比较主义中，比较的问题就是如何阐释的问题。

在文化问题上，多元文化（multi-culture）、跨文化（cross-culture）、互文化（inter-culture），这三个概念混淆不清的情况需加以厘清。多元文化（multi-culture），意思是多种文化互相独存，又互相隔绝排斥。跨文化（cross-culture），意思是存在一个主体的文化作为规范（normal），别的文化都是次要的。比如在美国，盎格鲁撒克逊文化，或英语文化，是主体文化，对于别的语言、文化，虽然可以容忍其存在，但永远不会与主体文化真正平等，可以获得生存机会，但永远不能取代主体文化的地位。互文化（inter-culture），就是说文化A、文化B、文化C……互相平等、交流、互动，甚至融合。再者，文化还有元文化、具体文化、微文化。元文化就是超越国家、超越民族，甚至超越时代、历史空间等等的文化；具体文化就是具体国家的文化，英国文化、印度文化、中国文化等；再往下就是亚文化，或者叫微文化。那么怎么来比较？在我看来，新比较主义，就是用新的、批判性的比较主义加上阐释学。在阐释（或比较）中，被阐释对象与阐释者的关系及造成的阐释后果，都是值得仔细研究的。被阐释对象是文本，或者话语，但是我不认为文本系统和话语系统是绝对一致的。阐释者可以运用不同的阐释方法，比如，我前段时间又访问了罗马教廷，它下面设有科学院，其中就雇佣了最优秀的科学家来论证和解释《圣经》文本。因此被阐释对象在不同的阐释者那里形成了不同的阐释结果，在这些结果中甚至存在意思互相矛盾的情况，这是由阐释的语境决定的。面对不同的文化、不同的语言，我同意其中有些东西不可通约、不可翻译。但是这些不可通约的或者不可翻译的东西，我们可以用解释的方法、阐述的方法、阐释的方法来让人理解。比如把中国的成语“阐释”给美国人，我们不用把成语典故的来龙去脉都讲出来，可以找一个相应的或者并不一一对应的翻译，其余的理解就行了。

不同的文化、不同的话语系统之间进行比较，进行对话，阐释理解一定要“澄明”，一定要概念化，不然，比较和对话是进行不下去的。这需要注意一个问题——人们经常把一些中性的概念、观念主观价值化，比如，“忠诚”“友谊”“智慧”“知识”等等。把中性的东西加以伦理界定，然后再使用它、运用它，这是所有的宗教、所有的传统伦理思想，包括儒家，全都存在这一问题。因此，如何确当处理阐释者与被阐释对象的关系？怎样从特性阐释到公共阐释？是通过否定特性阐释以达成公共阐释，还是按照黑格尔、哈贝马斯的观点，螺旋式上升？最终怎么解决这个问题，非常值得深入研究。

最后说一点“公共性”的问题。我理解的“公共性”具有社会性和历史性，又有冲突性、融合性和互动性。一个公共社会最主要的就是一个开放的、外向的、显性的公共空间。在我看来，公共性、公共领域、公共关系，一系列的词组，都是反强制性的、反隐秘性的。“公共性”还有语境性和阐释性。我讲的“阐释”一方面如张江教授所讲，是“理性”的阐释，另一方面又是一种“情境”中的阐释。一个人说话的“调”，甚至一个表情和身体语言，都会表达他的意思。我们所谓的“阐释情境”有文化语境，情绪语境，甚至有表情语境，其中文化语境是最根本的，最重要的。“公共阐释”应具有广泛性，不能狭隘，不然，就绝不会是公共的。“公共阐释”需以民主性、法制性作为保证，如若没有一定的民主性、一定的平等性和一定的自由性，同样不是公共的。撇开所有意识形态，就理论问题而言，我把“公共性”视为一种状态、发展和关系，因而不同于罗尔斯(John BordleyRawls)，他的“公共性”是一个统一的、有组织的、很分明的，甚至是由逻辑性支配着的世界秩序。

安德明：我觉得从“强制阐释”到“公共阐释”确实是一个很大的飞跃。结合我自己的专业来说，中国民间文化中有很多民众已关注到的形形色色的活动在某种意义上体现着一定的公共性，比如说庙会这样的一个场域，比如说故事讲述这样一种场合。

张江：史诗的生成和认可本身就是从个体阐释到公共阐释的过程。

安德明：对，如同刚才张江教授所讲，一种个体意见怎么进入一个公共的空间，怎么被“公共”接受，这中间的机制非常值得探讨。我要说的是，在民间已经有大量的现象存在，并且在民间文学和民俗学的研究过程当中，我们也不断倡导一种研究者和被研究者之间以一种主体间性的态度，或者说互为主体的态度来从事研究，即更好地以一种平等的态度来对待我们的研究对象，把原来客体化的对象当做和我们平等的一个主体来对待，这是我所说的互为主体的意思。结合两位美国学者的意见，像世界主义、比较的视野，我想对“公共阐释”这个概念进行一下发挥。我觉得，现在越来越多地强调对话、交流，或者阐释等等，在这样的一个背景之下，“公共阐释”的提出，一方面是对文学研究有价值，另外一方面在当今世界面临各种各样的难题和挑战的背景之下，也是促进文化之间更多交流、融合，解决各种问题的非常有意义的一个思路。如果进一步探讨，对未来解决国际关系问题，“公共阐释”其实也是一种很好的参考。再结合“强制阐释”，我认为它是以一个集中的概念批判学术领域、国际交往、文化间交往中出现的问题的一个非常有意思的武器，但是我不希望“强制阐释”具有持久的影响力，因为我们用“强制阐释”批判一种不合适的态度、观念、方法，但随着这样的批评，人人之间、民族之间、国家之间逐渐地相互理解、相互尊重，如此一来，强制阐释就会退出历史舞台，最后达成就像费孝通先生所说的“各美其美、美人之美、美美与共、天下大同”的局面。

金惠敏：“强制阐释论”主要是反对强制阐释，它的目标、它的理想是达到一种公共的共识，这时就不再是强制阐释了。公共阐释的理想也正好是批评这种东西。

张江：的确，从“强制阐释”到“公共阐释”就是这样一个理论演进的过程。我的最终目的不是批判，是建设。我认为，人类命运共同体的建设需要各种理论的支撑，“公共阐释”正是着眼于此。可以说，人类理性的共识是人类命运共同体的题中应有之意，也是其不可或缺的部分。

陈勋武：我顺便插一句，我觉得不可能谈“公共阐释”不谈公共空间。

张江：这是肯定的，公共阐释本身就是公共空间里的阐释。

陈勋武：对，从概念上讲，这里和伽达默尔有一个很好的区别。因为伽达默尔主要强调一种历史线性型的（“vertical”）视域融合（“fusion of horizons”），而“公共阐释”更强调“horizontal”，“地平线”上不同主体之间的融合。这是张江教授与伽达默尔最大的区别。并且讲到“公共空间”，哈贝马斯是必要的参考。

张海燕：听了张江教授和几位学者的对谈感受很多。一是“阐释”这个问题，“阐”字张江教授破解得很有意思，其实不仅要破解“阐”，还要破解“释”，两个字合在一起来考证更有意思。我理解“阐”是就作者本身来讲的，“释”是从读者角度来讲的，这正好是一个作者与读者之间的互动。二是“公共阐释”怎么形成，是一个非常复杂的文化传播学问题，可以借鉴如视域融合等各种理论。我觉得宋明理学“理一分殊”的命题，解决了这个问题。“理一分殊”讲“月印万川，处处皆圆”，天上只有一个月亮，这就是公共理性，每个人就像每个湖里都有月亮的影子，这就是个体阐释，所以宋明理学用“理一分殊”，已经表达出公共理性和个体阐释之间的一般与特殊、抽象与的具体关系。三是主体间性，“intersubjectivity”，这个概念实际是讲什么呢？它是针对主体性而言，即“我”是主体，在“我”眼里其他的都是客体，包括人自己。这种主体的霸权是不成立的，为什么呢？“我”不把他人当成主体，“我”这个主体是不成立的，因为他人不承认“我”，所以主体与主体之间是共认的，互相承认是主体间性的前提。拉康（Jaques Lacan）举过一个例子，狱卒看管犯人。一般的主体性观念认为狱卒是主体，犯人是罪奴，但是按主体间性理论，实际上他们是互为主体，狱卒的主体性不正是有一部分建立在犯人的主体的“承认”和存在的前提下吗？再说一下几个概念。比如逻各斯，很大意义上是逻辑，但是不能完全等同于逻辑，它跟逻辑是不能画等号的。再就是公共场域与公共空间。哈贝马斯把社会分为政府管理的领域和关起门来的私人领域，在两者之间的、社区的、群体的、党派的领域，就是公共空间，这跟张江教授提出的公共理性不是一致的，不要混淆在一起。最后，西方和东方在思维路径上有比较大的分歧。西方的是分析，把所有东西都分解，然后对立、矛盾；东方的是综合、统合在一起。所以张江教授这个理论我觉得是“东方”的现代版、一种现代表述。

陈勋武：我插一句，实际上哈贝马斯本人把“公共理性”理解为公共空间中的理性，在 *Between Naturalism and Religion*：*Philosophical Essays*① 这本书中也讲得很清楚。那里面对公共空间有两种解释，一种是指一类私人表演的空间，一种是大家共享交流的，比如媒体、报纸等这种公共领域，所以张海燕研究员刚才所说还是有点错误。哈贝马斯自己的交往理性本身就是公共空间里的理性。

张江：交往理性就是公共理性？

陈勋武：对，公共理性就是公共空间中的理性，英文就是“public reason”。哈贝马斯本人非常喜欢“public reason”，他用“public reason”去否定罗尔斯的“公共理性”，如果从哈贝马斯的角度去讲间体、“inter”，而不讲“public”，这是很难讲的。

喻鸣：最近几年我是搞 GDP、研究美国的贸易政策以及美国、西方文化对贸易政策的支撑，所以参加这个会，收获很大。从张江教授讲的这个“阐释”来看，我认为它有几个内涵，一是主动、平等、开放、对话、理解、共识和共享，这实际上对我们研究世界上很多的问题，包括全球化的问题，包括一带一路的问题，都很有启发。譬如，我们研究一带一路的贸易规则，这个贸易的规则，甚至国家的政策，一定要有很深厚的文化背景作为支撑。2005 年我到日本的农林水产省，包括到日本的一些大学，日本的学者把日本提出来的农业的

---

① Jürgen Habermas, *Between Naturalism and Religion*: *Philosophical Essays*, translated by Ciaran Cronin, Polity Press, 2008. 中译本参见［德］尤尔根·哈贝马斯《在自然主义与宗教之间》，郁喆隽译，上海人民出版社 2013 年版。

多功能性理念引以为豪，后来我就一直在研究，它的农业多功能性就是从日本的稻米文化演绎而来，并且与美国等农产品出口国的贸易自由化相抗衡。所以说，文化的支撑作用是非常重要的。在今天经济全球一体化的过程当中，我们要破解一些难题，面对多元文化和多种利益主体的矛盾和冲突，就是要通过交流、沟通、对话来达到一种理性的共识，那么在这个方面，中国文化比以美国文化为代表的西方文化有更大的包容性、互利性和合理性，这个就是参会的一些收获。我很希望张江教授能够更多地把不同学科、跨学科、交叉学科从虚到实地结合起来，解决一些党和国家关注的大问题。比如一带一路，它需要文化的支撑，怎么样让世界更多的国家、更多民族接受我们，这是文化自信的高层次追求，也是现实的需求。

王秀臣：“公共阐释”，据我的理解，其实就是讲阐释的公共性。从公共性的角度来说，我们可以从西方找到很多的阐释公共性话语，但是张江教授却以极大的理论勇气和魄力，回到中国传统文化资源，从中国古代文论中挖掘理据。我理解“阐”字，第一个意思就是“敞开”，“打开”，然后《增韵》里面讲，“阐，显也”，《玉篇》讲，“阐，明也”，“阐，大也”，还有一个讲“阐，广也”，不管是“显”，还是“明、“大”“广”，这所有一切其实都指向公共性。从“阐”角度，在“开”、“显”“明”“大”“广”这些概念里面，它们的共同特点是什么？可以说，“公共”这个概括到目前为止应该说是很恰当的。所以“公共阐释”这个概念没有问题。《周易》里讲，“阐”是宏广之言，又说，凡物之“大”有两种，一种是质量的“大”，还有一种是由人之“阐宏”的“大”，“阐”为什么是“大”呢？因为“阐”形成了公共空间，“公共的”就是“大”的。与“公共阐释”对立的是“个体阐释”。“个体阐释”与“公共阐释”的关系是，阐释的公共性应该通过个体才能实现，两者并不矛盾。还有，我觉得“私人阐释”这个概念不对。“私人”是占有的、是封闭的，它本身和“阐释”的公共性是矛盾对立、不能相容的。所以“公共阐释”这个概念，还有更大的空间去思考，还有更大的理论空间去开拓。

杨晶：我的理解，“公共阐释”主要是一个生成论的、产生于各种相关因素的相互交流和矛盾冲突之中的一个东西，而青年文化在中国本土是缺少公共阐释的。最早是英国文化研究者提出有关“青年文化”的术语，但它掩盖和压抑了许多差异，比如说中国本土的青年文化大部分是从音乐风格、休闲消费等一种更大的文化系统来考察和界定青年的，但缺乏阐释的力量，因为它掩盖了其中某些具有更地方化、更小、更有差异性的东西，还有代际冲突、性别差异以及其他的一些不仅仅是从年龄和消费来进行区分的大一统的青年文化。可以说，中国的青年亚文化有很多风格的异议和遗失的抵抗潜能，包括青年亚文化的一些风格仪式背后的革命性的能量，或能指，比如说像光头、飙车等等行为。青年文化的研究中缺少一个公共阐释的模式，在学科中找不到青年，在青年中找不到学科。当前的青年研究在不同关系的研究的互动交流中脱节，形成一种单行道模式，并没有真正体现青年问题或者接近青年问题。张江教授的“公共阐释”给我很大启发。从研究对象的本体出发，从真实的解释出发，真实地面对青年真问题，坚持主流文化和亚文化之间的互为主体性，推进解释与实证之间的交流。也就说青年文化研究需要有“公共阐释”的澄明性、反思性和建构性，来完成青年研究的自我建构。青年文化研究的中国化，涉及如何解释社会文化分层，或者提升研究者自身素质的问题。比如在网红、王宝强离婚案等现象上，青年文化中隐性的东西、社会文化的分层就需要我们进行一个公共性的阐释。

金惠敏：今天的跨学科对谈非常具有启发性，对于我们确认、理解、拓展“公共阐释”的理论内涵、价值及研究空间都有重要意义，尤其是“公共阐释”对人类命运共同体建设的意义。要回到中国的经典，用中国资源来与外国对话也是提高我们文化自信的一个方式，一个重要的路径。在对谈的过程中，丁子江教授提出建立公共空间，在公共空间内部的矛盾、斗争、冲突的基础上怎么寻找共识。陈勋武教授把几个概念讲得特别清楚，就是既不能是文化多元主义，也不能是文化普遍主义，我们觉得文化多元主义是挺好的东西，但在加拿大，政府的文化多元主义（multiculturism）的政策已经在魁北克引起反弹，魁北克正以文化间主义（interculturism）反抗文化多元主义，因为文化多元主义是互不相干的，你是你的，我是我的，大家走不到一起，没法整合。没有民族主义的世界主义是空的，仅仅有民族主义，这个世界就是分散的、零散的，统一不起来。没有世界主义，只有民族主义，那就没有世界；而仅有世界主义没有民族主义，那么世界主义也是空的。因此最关键的问题与张江教授的“公共阐释”相一致，是都承认我们共在一个空间里面，有各种各样的声音，因此要包容、共生、容忍，才能连接为一个统一世界。怎么去重新界定公共性？怎么理解世界性、界定宇宙（cosmos）性？怎么理解世界文学？这都需要进一步的探讨。

走向当代的文本阐释诗学*

——公共阐释论与中国当代文本阐释诗学的理论建构

段吉方**

汤一介先生曾于2000年始先后撰写《再论创建中国解释学问题》《三论创建中国解释学问题》《论创建中国解释学问题》。[①] 而建立中国阐释学（解释学）就是中国当代阐释学理论研究中的核心问题之一。汤一介先生通过对郭象注《庄子》的方法的系统挖掘，整理中国传统哲学在注释经典传统上的“寄言出意”“辩名析理”“章句详解”“用‘纬’证‘经’”等独特的阐释方法，并在阐释方法论上强调“六经注我”和“我注六经”之不同。他认为：“如果能对中国历史上对经典注释的方法加以梳理，也许可以总结出一套中国解释学的方法和理论来，这样才可以形成并有利于与今日流行的西方之解释学（Hermeneutics）的平等对话和交流。”[②] 中国阐释学的研究与建设是一个长期的过程，若想真正达到汤一介先生当初的理论构想——总结中国阐释学的方法和理论，建立能够与西方阐释学平等对话的中国阐释学理论，无论是对阐释的方法论层面，还是对中国阐释学的哲学、思维和观念层面的总结和凝练，都需要更加深入和细致的工作。“中

---

* 本文系国家社会科学基金重大招标项目“马克思主义经典文艺思想中国化当代化研究”（项目编号：17ZDA269）的阶段性成果。本文原刊于《中国社会科学院研究生院学报》2019 年第 4 期。

** 作者单位：华南师范大学文学院。

① 参见汤一介《再论创建中国解释学问题》，《中国社会科学》2000 年第 1 期；汤一介《三论创建中国解释学问题》，《中国文化研究》2000 年第 2 期；汤一介《论创建中国解释学问题》，《学术界》2001 年第 4 期。

② 汤一介：《辩名析理：郭象注〈庄子〉的方法》，《中国社会科学》1998 年第 1 期。

国阐释学”不能简单等同于“中国传统哲学中的阐释方法”，中国阐释学的学派观念和理论宗旨观念的建设才是基础。本文从目前中国当代阐释学研究中受到较多关注的阐释的公共性问题以及公共阐释论出发，提出创建中国阐释学需要首先在文本阐释学的理论与实践等基本的阐释学目标与任务方面做出扎实的研究，然后再谈创建中国阐释学的路径与规划。目标是围绕中国当代文本阐释诗学的理论建构问题，对中国阐释学的研究与发展展开相关思考。

一　文本阐释与阐释学研究的哲学普遍性

在阐释学理论的发展过程中，文本阐释的问题是最早进入阐释学的理论核心问题的。西方的阐释学理论有一个复杂的发展过程，从施莱尔马赫、狄尔泰，到海德格尔、伽达默尔，西方阐释学理论经历了一般阐释学、作为人文科学普遍方法论的阐释学、作为本体的阐释学，最终推进到哲学阐释学。哲学阐释学充分展现了阐释学研究的哲学普遍性，将阐释的问题从一种理论、方法、观念上升为关于阐释的实践哲学。伽达默尔认为，这种阐释“并不是要为科学或生活实践制定规则，而是试图去纠正对这些东西究竟为何物的某种错误的思考”。[①] 西方阐释学理论发展的现实似乎也预示了，随着阐释学理论的不断向纵深发展，阐释的行动和哲学囊括了人类社会生活的整体。只要人类社会和人类文化发展存在理解、认识的行为，就离不开阐释。在这个过程中，阐释的对象、范围、论域以及行动实践本身也不断扩大，最初作为“赫耳墨斯之学”的《圣经》阐释的学问已经走向了更广泛的广义阐释学。阐释学理论的纵深发展中已经不见了《圣经》，似乎不需要文本了。这种阐释学理论发展的状况，既是一种基本的理论事实，但同时也是太过笼统的认识判断。如果深描阐释学理论的发展，我们会发现，支撑和促进其发展的基础性的理论研究并没有被忽视。其中如何对待文本，如何恰当地进行文本阐释，恰恰是阐

① ［德］伽达默尔：《真理与方法：哲学诠释学的基本特征》上卷，洪汉鼎译，上海译文出版社 2004 年版，第 20 页。

释学理论发展中不可逾越的理论起始工作。无论阐释学理论与阐释行为如何走向更丰富、更深刻的理论创造，其最初以及后来的理论研究都没有忽略文本以及文本的阐释。文本与文本阐释的传统与方法由来已久。文本、阐释、对话、融合、意义、真理、价值，这些关键概念与范畴的提出和论证不断出现在各种阐释学理论与阐释学批评之中，而且构成了阐释学理论体系中的基本问题。

在阐释学研究中，文本以及文本阐释是一个理论起源性的问题。可以说，阐释学理论的发展自文本开始，经过文本阐释的各种不同方向的理论发展，最终才走向阐释的哲学。西方阐释学理论曾经不同程度地重视文本和文本问题。在阐释学理论的起始阶段，施莱尔马赫的一般解释学曾强调解释学的普遍任务就是以文本为核心的对作者意图的揭示。他论述的“解释学的循环”“理解的艺术”等概念是阐释学研究的基本理论范畴，均是以文本为中介的。所以有的研究者说施莱尔马赫的一般解释学“关注的是文本”,① 这丝毫不为过。当然，施莱尔马赫把解释学的文本局限在《圣经》上，曾引发狄尔泰和伽达默尔的质疑。在施莱尔马赫之后，狄尔泰发展了施莱尔马赫的一般阐释学，强调作为方法论的阐释学，认为阐释学能够为其他的人文学科提供一个完整的方法论基础。为此，狄尔泰强调理解的方法，强调文本阐释中历史经验的重要性。在他的阐释学理论中，文本被扩大了，文本从施莱尔马赫的直觉和感觉的对象，变成了历史经验的阐释载体，并内化为人类生活客观化的体验形式。这种基于文本和文本阐释的阐释学研究思路一直影响了海德格尔和伽达默尔。他们也正是从如何正确对待《圣经》等的文本阐释、如何有效推动人的阐释和理解的角度，才把阐释学的研究推向深入的。可以说，在伽达默尔之前的阐释学理论中，文本的阐释与方法问题是阐释学的核心。西方阐释学的理论在经过了海德格尔的存在论的转换，特别是在海德格尔引入语言、存在问题的阐释研究之后，文本阐释的问题逐渐淡出了阐释学的核心。而在伽达默尔的阐释学理论中，文本被广义的语言、理解等哲

① ［美］帕特里夏·奥坦伯德·约翰逊：《伽达默尔》，何卫平译，中华书局2003年版，第14页。

学解释学的问题化约为隐形的阐释学研究的基础。但在《真理与方法：哲学诠释学的基本特征》中，伽达默尔仍然强调："理解文本和解释文本不仅是科学深为关切的事情，而且也显然属于人类的整个世界经验。"① 所以，伽达默尔的阐释学理论并没有忽略文本与文本阐释。他所强调的"视野融合"、阐释学的"效果历史"及其最终之理论的检验，其实都包含着一个隐形的文本的概念。他的哲学解释学不断谈论的艺术、游戏、语言哲学等问题的背后仍然有一个基础性的阐释学的文本的观念存在，只不过这种文本不是"一个"文本，就像他说的经验，也不是"一个"经验，而是作为整个哲学解释学的普遍性的文本与经验。

对于阐释学的研究而言，阐释学以及文本阐释诗学的问题也并不一定就仅限于施莱尔马赫、伽达默尔等的西方阐释学的理论传统。阐释学是当代哲学与思想发展中的重要问题，是广泛涵盖了中西文化与哲学发展历史的思想原生问题。阐释学研究中的文本与文本阐释问题也是如此。除了施莱尔马赫、伽达默尔之外，中国传统语言文化以及文论中某些重要的阐释学的观念与方法，如"文以载道""以意逆志"等，也广泛涉及了阐释学研究的文本和文本阐释的问题。相比西方阐释学理论，中国阐释学在系统化的理论表述上有不同的表达方式，在文本阐释的层面具有明显的理论表现。首先，从先秦时期对《诗经》的阐释，到汉代对楚辞的阐释，以及宋代文论对唐诗的阐释，其中均蕴含着深刻的文本阐释的观念。其次，中国阐释学中的文本阐释具有非常明显的美学和艺术特质。与伽达默尔等人的阐释学将艺术和美学问题作为阐释学的一般问题加以论析不同，中国古代的阐释学方法与观念在美学、艺术问题上的见解是在阐释行为的内部发生的，是就文本本身的阐释发散而出的。或者说，很多阐释行为是在文本的美学和艺术层面发生的。这一点可以从中国美学史中获得结论。如中国古典美学中的"意境"理论，强调的就是文本阐释的一种美学特征。对阐释而言，意境在哪里？如何体验？这要从具体的文本上

① ［德］伽达默尔：《真理与方法：哲学诠释学的基本特征》上卷，洪汉鼎译，上海译文出版社2004年版，第17页。

见出。这也正是文本阐释的结果与目的之所在。由于中西哲学、文化、美学在语境、背景、传统等理论生成上的差异，以及理论思维、理论判断与表达上的不同形式，二者关于阐释学的研究存在较为明显的差别，在阐释的方法、本体以及表达方面，走向了不同的阐释学研究的道路，并最终影响了作为一种理论和思想的阐释学基本问题的存在方式及其表达方式。这种理论差异自然也影响了阐释学中的文本阐释的不同方向与特征。但无论如何，在阐释学中，文本构成了阐释研究的理论基础和可靠性来源。无论是西方阐释学，还是中国阐释学，在理论发展的基本依据及其理论建构的层面上，都不能忽略文本与文本阐释的基本功能及其始源性价值。

二　阐释的公共性及其文本视野

阐释的公共性问题是张江教授在《公共阐释论纲》中着重提出并论述的。张江教授在《公共阐释论纲》中谈到："阐释是一种公共行为。阐释的公共性决定于人类理性的公共性，公共理性的目标是认知的真理性与阐释的确定性，公共理性的运行范式由人类基本认知规范给定，公共理性的同一理解符合随机过程的大数定律。"[①] 阐释是否为公共的以及在何种意义上是公共的？阐释的公共性对阐释学的研究以及阐释的意义与价值有什么影响？这是当代阐释学研究需要进一步探讨的问题。在《公共阐释论纲》中，张江教授着重从认识论的角度，论述阐释的公共性。他提出了公共阐释的六个特征："第一，公共阐释是理性阐释；第二，公共阐释是澄明性阐释；第三，公共阐释是公度性阐释；第四，公共阐释是建构性阐释；第五，公共阐释是超越性阐释；第六，公共阐释是反思性阐释。"[②] 这六个方面的特征可以说是阐释的公共性的认识属性的规定。在阐释学的意义上，由于阐释、理解与人的认识、实践乃至本体存在具有高度的一致性，从认识论的角度探究阐释的公共性其实也是在理性、价值等层面上对阐释活

① 张江：《公共阐释论纲》，《学术研究》2017 年第 6 期。
② 张江：《公共阐释论纲》，《学术研究》2017 年第 6 期。

动做出了明确的说明。因而，在阐释学的基本问题研究层面上，公共阐释论提出了当代阐释学研究中的一个核心的问题，那就是，阐释以及阐释的行为如何以其对人的认识行为、理性活动与哲学实践的系统观照，走向社会公共文化与公共领域。阐释是公共的，阐释是理性的，也就意味着阐释行为是公共的文化、公共的理性，是公共的文化创造的一部分。

在西方阐释学理论中，至少有两方面的重要因素与阐释的公共性问题相关。首先，在西方阐释学漫长的理论发展中，从施莱尔马赫、狄尔泰、海德格尔到伽达默尔，形成了一般阐释学、作为方法论的阐释学、本体阐释学、哲学阐释学的连贯而有明显理论呼应的学术传统。但平心而论，无论是施莱尔马赫、狄尔泰，还是海德格尔、伽达默尔，他们的阐释学研究都不是当代的“显学”。当代哲学以及美学、文论研究中最受关注的学者不一定是他们。那么，为什么在当代阐释学的研究能够不断引发新的讨论，不断走向理论研究的新进展呢？关键就在于阐释学是有学术传统积淀和思想传承的理论，用伽达默尔的话说就是：“它启发了人的创造、生产和构造活动对于其所受制的必要条件的现代态度。”① 伽达默尔面对阐释学研究，曾慷慨陈词：“当科学发展到全面的技术统治，并因而导致‘在的遗忘’的‘世界黑暗时期’这种尼采曾预言的虚无主义时，难道我们要目送黄昏落日那最后的余晖而不欣然转身去期望红日重升的第一道朝霞吗？”②，很显然，伽达默尔希望从阐释学中看到现代哲学的希望，所以他将阐释学上升到哲学的普遍性即实践哲学高度。而任何这样的学术研究都离不开公共性的哲学问题以及进入社会公共文化领域的问题的探讨。阐释学的学术积淀与思想传承更是让它以一种公共性、普遍性的哲学理论不断突入当代学术前沿。明确地说，阐释学本身就是公共的学术。其次，阐释的公共性问题在伽达默尔后期强调的阐释学的

① ［德］伽达默尔：《真理与方法：哲学诠释学的基本特征》上卷，洪汉鼎译，上海译文出版社2004年版，第14页。

② ［德］伽达默尔：《真理与方法：哲学诠释学的基本特征》上卷，洪汉鼎译，上海译文出版社2004年版，第14页。

一般性中有十分明显的理论呼应。伽达默尔曾经谈到，阐释学不仅仅是方法或本体，而且是追求阐释的哲学或阐释的一般性的，“方法论问题是完全由对象所规定的”①，而阐释学只有“被扩建成为一门关于本文理解和解释的一般理论时，它才获得其真正的规定性”②。在哲学上，阐释的一般性与阐释的公共性问题紧密相连，阐释的公共性既是阐释行为、阐释活动的公共性，也是阐释学研究的理论内部所涉及的问题普遍性。阐释活动的公共性与阐释学研究中的“效果历史”即阐释的有效性等问题有着理论上的互文性。在阐释学的意义上来讲，这也是历史的真实和阐释的真实的统一。这说明了无论是阐释的行为、阐释的过程，还是阐释的理论，都蕴含着公共性的问题。

阐释的公共性问题同样重视文本及其文本阐释，张江教授提出的公共阐释论具有开阔性的文本视野。在阐释的公共性角度上，文本的价值在于阐释的无限性和开放性。阐释有了开放性和公共性，对于文本阐释而言，同样是一种意义的再造过程，是一种新的视域融合。他强调：“公共阐释的内涵是：阐释者以普遍的历史前提为基点，以文本为意义对象，以公共理性生产有边界约束，且可公度的有效阐释。”③

“以文本为意义对象”是指“承认文本的自在意义，文本及其意义是阐释的确定标的”。④ 以文本为核心让公共阐释论具有了一个明确的理论立足点。在这个立足点上阐释的公共性问题不仅呼应了西方阐释学中的文本阐释观念，而且深入总结了中国传统哲学与文化中的阐释的文本问题。这也是张江教授在提出其公共阐释论之后着重探究的理论内容。在提出公共阐释论的过程中，张江教授沿着公共阐释论的基本思路，以文本阐释为核心，对阐释学研究的一般问题做出了知

① ［德］伽达默尔：《真理与方法：哲学诠释学的基本特征》上卷，洪汉鼎译，上海译文出版社 2004 年版，第 406 页。

② ［德］伽达默尔：《真理与方法：哲学诠释学的基本特征》上卷，洪汉鼎译，上海译文出版社 2004 年版，第 421 页。

③ 张江：《公共阐释论纲》，《学术研究》2017 年第 6 期。

④ 张江：《公共阐释论纲》，《学术研究》2017 年第 6 期。

识考据层面上的研究。在《“阐”“诠”辨——阐释的公共性讨论之一》中，张江教授从汉语言文字造字之法的特征出发，辨析“阐”“诠”的词源学和语义学特征，追溯“阐释”之“阐”与“诠释”之“诠”的各自深厚的哲学和历史渊源。他强调：“‘阐’之公开性、公共性，其向外、向显、向明，坚持对话、协商之基本诉求，闪耀着当代阐释学前沿之光。‘诠’之实、‘诠’之细、‘诠’之全与证，其面向事物本身，坚守由训而义与意，散发着民族求实精神之光。”① 他还强调了中国古代的阐释路线，即一条重训诂之“诠”，一条重意旨之“阐”的“两条理论路线”的差别与意义。《“理”“性”辨》则在文字与语义学的意义上，辨析中西“理”“性”各自的意义分野及其对阐释学研究的不同影响，强调“中国之理，是实践理性之理，乃实践智慧的直观表达；西方之理性，是理论理性之理，乃理论智慧的逻辑表达”。②《“阐”“诠”辨——阐释的公共性讨论之一》《“理”“性”辨》有效承袭了《公共阐释论纲》中关于阐释的公共性研究的理论思路，在文本阐释的具体性上做出了深入的理论辨析。这种研究思路和内容不但广泛涉及了公共阐释论在中国文化语境中的表现，而且本身就是文本阐释的有效例证。相比西方阐释学研究中的一些核心概念，如“前见”“解释的循环”“视域融合”等，阐释的公共性或是公共阐释论不是作为一个“概念”或“范畴”而提出的，抑或不是作为一个阐释学的“理论”而出现的，而是代表了一种阐释学的立场和观念。对于中国阐释学研究而言，这种阐释的立场和观念具有积极的意义。它不是对西方阐释学的一般问题作出解说或者注解，而是更注重从中国传统文化以及思想中找寻阐释的公共性理论依据或者观念佐证，追求的是“基于中国古代文化与哲学传统，借鉴西方哲学及理性方法，可为当代阐释学基本规则的重要根据”。③ 我们可以发现，这种阐释规则和理论不但有文本，而且发展了文本；不但强调文

① 张江：《“阐”“诠”辨——阐释的公共性讨论之一》，《哲学研究》2017 年第 12 期。

② 张江：《“理”“性”辨》，《中国社会科学》2018 年第 9 期。

③ 张江：《“理”“性”辨》，《中国社会科学》2018 年第 9 期。

本阐释，而且不拘泥于既定的文本阐释，同样从文本阐释走向了更加广泛的阐释学理论。这种阐释学理论的初衷与目标是：“以中国话语为主干，以古典阐释学为资源，以当代西方阐释学为借鉴，假以对照、选择、确义，由概念起，而范畴、而命题、而图式，以至体系，最终实现传统阐释学观点、学说之现代转义，可建立彰显中国概念、中国思维、中国理论的当代中国阐释学。”①

三　公共阐释与当代中国文本阐释诗学的理论构建

早在强制阐释论的研究中张江教授等就强调，面对当代西方文论的发展，实现与西方平等对话的途径，一定是在积极吸纳世界文艺理论发展经验的基础上，立足本土，坚持以我为主，坚持中国特色，积极打造彰显民族精神、散发民族气息的中国文艺理论体系。公共阐释论更明晰地展现出中国阐释学研究与建构的理论导向性在阐释的立场与观念上展现了当代中国阐释学理论的，内容与价值，具有了建立中国阐释学研究的理论视野与观念特征。中国阐释学的建设与发展如何考虑中西阐释学理论发展的不同特征，如何有效借鉴西方阐释学的理论成果，整合和发扬中国阐释学的资源与理论传统，特别是在中西阐释学的不同理论传统中如何找到能够相互融通促进的阐释学理论研究的支点，以推动中国阐释学的发展，在这些方面公共阐释论给我们提供的启示是积极而明显的。

公共阐释论给我们提供的启示首先在于，阐释学的理论研究若走向更丰富、更深刻的理论发展，需要从阐释学研究的基本概念、范畴和理论原则的清理，梳理及建构出发。建构中国当代阐释学需要扎实推进中国当代文本阐释诗学。因为文本是阐释的起点，文本阐释是阐释学研究首先要经历的理论关口。英国学者伊格尔顿曾认为，随着伽达默尔的重要论著《真理与方法》（1960 年）的出现，“我们需要对

① 张江：《“阐”“诠”辨——阐释的公共性讨论之一》，《哲学研究》2017 年第 12 期。

一直折磨现代文学理论的一些问题进行争论”,① 如“文学的文本是什么意思？作者的意图与这种意思怎样联系？我们是否有希望理解那些从文化上和历史上都与我们相异的作品？‘客观的’理解是否可能？或者是否一切理解都与我们自己的历史处境相关?”② 伊格尔顿所说的文本与阐释学中的文本概念有一定的差别。伊格尔顿是在美学和文论的层面上强调文本阐释的意义。这个文本概念区别于“作品”，强调的是符号学、叙事学、批评学意义上的“复数的作品”。就像法国符号学家罗兰·巴特曾经提出的，文本不是作品，文本“是一种方法论的领域”，是“对符号的接近”③ 这样的文本概念拒绝了作品—作者联系链条上的作品概念，突出了符号化，生产性的文本概念也，让文本阐释批评能够更多地围绕文本的生产与意义特性而展开。阐释学意义上的文本当然不能完全。重复美学或文论层面上的文本概念，但与其有明显的重合。在阐释学意义上，文本的概念不仅仅是符号化的，而且是对象性的。《圣经》的文本、神学的文本、文学的文本，这些文本既是阐释学的对象，同时又对阐释学理论具有反向建构的作用，即意味着没有文本的阐释的基本依托，阐释学就失去了理论上进一步展开的空间和依据，更失去了理论的承继关系。阐释学的意义上的文本是创造性的文本，是视域融合中的文本。文本被阐释，文本被理解，同时也在创造新的文本，产生文本对话，而且阐释学与其他学科的融合对话大多也是从文本出发的。所以，阐释学的意义生成与发展离不开文本，在文本的基础上建立的阐释的主体性与主体间性也是阐释学研究中的重要问题。张江教授提出的公共阐释论也强调：“阐释生成的确定语境要求个体阐释是可共享的阐释。阐释的目的是交流。交流的前提是理解，尤其是交流主体间的共享理解。在确定语境下，阐释不是任意的。无论对象词语包含多少衍生意义，确定语境规制语义的有限性。共同语境下的历史，主体理解的历史性，

① ［英］特里·伊格尔顿：《现象学，阐释学，接受理论：当代西方文艺理论》，王逢振译，江苏教育出版社 2006 年版，第 64 页。

② ［英］特里·伊格尔顿：《现象学，阐释学，接受理论：当代西方文艺理论》，王逢振译，江苏教育出版社 2006 年版，第 64—65 页。

③ ［法］罗兰·巴特：《从作品到文本》，杨扬译，《文艺理论研究》1988 年第 5 期。

不能脱离自在话语的本来意义，同一主体的不同理解，是不同语境下的不同，如此理解不被共享，则应归属私人理解而失去阐释意义。”①要做到这一点，在阐释的过程和实践上，围绕阐释的对象，不断创造阐释的视域融合是一个关键问题。在不断的视域融合中，文本意义的丰富性和不确定性以及文本的开放性获得极大的发展，文本阐释的过程与意义也日益彰显。在这个层面上，文本阐释的公共性本身也是文本形式的重塑，是阐释的主体性和主体间性的呈现。这恰恰是以文本为意义对象的公共阐释活动得以落实到阐释行为中的核心。

以阐释的公共性研究为切入点，以文本阐释为意义对象建立中国阐释学，还需要充分挖掘中国的阐释学的资源与方法。西方的阐释学曾被视为当代人文学科中最重要的学问，阐释学理论的发展和更新均围绕文本和读者的视域融合等核心问题而展开，其中涉及了许多阐释学的关键问题。西方阐释学理论经过了几个理论轮回的发展，到了伽达默尔那里走向了集大成的理论意义。相比西方阐释学，中国阐释学的建设与发展的历史更加悠久，但分歧尚多，特别是在理论建设的路径与方向上仍然有很多争论，走向中国阐释学的理论集大成仍然需要更多的努力。面对中国阐释学的研究，学者们给出的方案或者路径大多是在以西释中和化古通今的道路上踟蹰论争。毋庸置疑，在阐释学不同理论资源的选择和中国阐释学理论建构的路径上，中国古典的阐释学资源和西方阐释学理论均能发挥积极的作用，而如何有效吸收中国阐释学的资源和方法则是关键。这个关键不能最终停留在总结、梳理和个案挖掘上。重要的是形成关键概念、范畴、理论观念、体系建设上的理论标识，达成理论共识，并真正走向中国阐释学研究的理论内部，改变疲于跟进西方阐释学理论研究的发展路径，切实推动中国阐释学研究与理论建构的具体过程，进而落实重建中国阐释学的系统理论方案。对中国阐释学的建设而言，西方阐释学理论是一种重要的思想资源。中国当代的阐释学研究已经较为系统地关注了西方的阐释学理论。这里面有理论研究的合理选择，也存在阐释学研究的片面冲动。理性地认识西方阐释学资源之于中国当代阐释学研究与发展的启

---

① 张江：《公共阐释论纲》，《学术研究》2017年第6期。

发，在西方阐释学的理论反思中走向中国阐释学的理论建构，在此方面，公共阐释论的研究做出了很好的理论探索。一般说来，由于学术研究与学理判断的时效性影响，越接近当下理论发展与理论变革的观念越能引起人们的关注，公共阐释论的研究也是如此。公共阐释论的研究能够迅速进入当代学术界的视野，主要原因在于其对中国阐释学的学科体系、学术体系、话语体系的构建基础提出了积极的规划。在《公共阐释论纲》之后，张江教授就阐释学的研究与西方很多权威学者展开了对话交流。其目的是在对话中为中国阐释学寻找建设的有效路径和话语策略。张江教授通过与美国现代语言学会主席米勒、杜克大学教授哈派姆、欧洲科学院院士西奥·德汉、德国著名学者哈贝马斯的对话，在积极交流中，不断深入探讨中国阐释学研究与建设过程中的问题，并提出新的解决思路和构想，为中国阐释学的研究及其话语体系建设产生了积极的影响。在阐释的公共性研究打开中国阐释学研究的理论视野和空间的同时，这里仍然要重提中国当代的文本阐释诗学的建设。文本阐释诗学是一种扎实的基础性的阐释实践，是一种阐释学理论建设的准备和预期工作。什么是文本阐释诗学？文本阐释诗学强调阐释学的理论研究或是中国阐释学的理论建设首先要在文本层面上清理阐释学的有关问题，强化阐释学批评的文本实践，重视概念、范畴及理论基本规则层面上的原初发动，进而在文本阐释的基础上走向中国阐释学的理论体系建设。从这个层面上说，文本阐释诗学也可以看作是一种阐释的诗学或美学。这种阐释的诗学或美学不一定就要将中国阐释学的研究局限在文论或美学范围内，而是指文本阐释自带的一种美学和艺术特质。特别是对中国古代经典的阐释，如何深入挖掘这种美学和艺术的特质，中国阐释学的研究还没有系统性地完成这种工作。

此外，以公共阐释论的研究为标志，中国阐释学的研究仍然需要在阐释的公共性、哲学的普遍性上继续努力。伽达默尔最终强调阐释学走向实践哲学以及阐释学的普遍性，就是因为他认识到一般阐释学、普遍人文社会科学方法论的阐释学、存在论意义上的阐释学，最终都难以将阐释学上升到统摄人类所有认识活动和理解活动的高度，只有作为实践哲学的阐释学或哲学阐释学才具备这个可能。因为走向哲学的阐释学，才能够在哲学的普遍性上使阐释学在人类的精神生活领域发挥更有力的作用，才能化解“效果历史”的矛盾。中国阐释学研究也是如此，阐释的公共性、哲学的普遍性问题的研究仍然需要深化和推动。对阐释学而言，仅仅停留在知识论意义上的“理论”与“学问”的阐释学研究，就仍然没有破除阐释的“前理解”的困境。而就中国阐释学的建设路径而言，什么是中国阐释学的核心概念、范畴和基本的哲学问题等，仍然需要进一步加强明确。除此之外，中国阐释学研究的本土化和中国化的问题仍然值得进一步思考。在这方面，公共阐释论研究的意义与价值就在于，已经着眼于中国阐释学研究的现实，开始提出中国阐释学研究的核心概念、范畴，努力探讨中国阐释学建设的理论框架和理论范式，努力在西方阐释学与中国阐释学理论研究的观念与资源中做出理论自洽性的反思。这对于中国阐释学如何走出单向接受西方阐释学研究的困境，规避西方阐释学的理论旅行的弊端，进而深化中国本土的阐释学研究具有一定的现实意义。公共阐释论仍然是一门发展中的学问，也是值得深入探究的阐释学的基本问题。对于目前的公共阐释论研究以及中国阐释学的建设而言，充分的前期准备是必要的。有效总结西方阐释学研究的有益经验，系统观照中国阐释学理论发展的方法与观念，提出建设中国阐释学的合理路径，仍然是一个长期的过程。这需要包括公共阐释论在内的阐释学理论研究的不断加强与推动。

感性、理性和公共性：图像的阐释途径分析*

曹　晖**

张江教授在《公共阐释论》中构筑了“公共阐释”这一概念，并将公共阐释的内涵和特征进行了清晰的界定。他将阐释和公共性、超越性、理性等范畴联系起来，并将其定位在“共在”和“公共”的基础上，从而反对阐释的任意性、虚无性和不确定性，力图建立一种阐释的规范性框架，这对当下的文化阐释具有重要的意义。张江教授所提出的阐释问题不仅针对文学作品，毋宁说它是开放性的，是“对一切文本，包括对历史及实践文本在内的阐释”。事实上，阐释无处不在。我们身处世界之中，只要和客观事物发生关系，就是阐释的开始，即只要去直观，产生表象和经验，就带有对客观世界的阐释。正如雷蒙德·威廉斯所说：“我们必须从这一立场出发，即我们所经验的实在在这一意义上就是人类的创造，我们所有经验都是我们所栖居的世界的人文文本，这一文本有两个来源，一个是已经进化的大脑，另一个是由我们的文化对它所做的阐释。”①

公共阐释论也引发了我们对图像阐释的思考。张江教授在《公共阐释论》中提出：“公共阐释是理性阐释。阐释是理性行为。无论何种阐释均以理性为根据。阐释的生成、接受、流传，均以理性为主导。非理性精神行为可以参与阐释过程，精神性体验与情感意志是阐

* 本文原刊于《社会科学辑刊》2018 年第 3 期。

** 作者单位：广州大学美术与设计学院。

① Raymond Williams, *The Long Revolution*, London: Penguin Books, 1961, p. 34.

释生成的必要因素，但必须经由理性逻辑的选择、提纯、建构、表达而进入阐释。这是一切阐释之所以可能的必备前提和实现要件。公共阐释无论出自何人，无论以何人为代表，其生成、接受和流传，均为理性行为，是人类共通性认知的逻辑呈现。”从公共阐释的理性问题出发，本文也希望就图像阐释的感性、理性和公共性的关系，作一点思考和研究。

一　概念和理性是图像阐释中不可或缺的因素

图像生成的同时就伴随着阐释。西班牙阿尔塔米拉山洞中的动物图像，就是远古人对自然和周围世界的认知和理解，他们将大型动物的图像生动地绘于洞壁上，希冀借图像的魔力来禁咒猎物，达到成功狩猎的效果。在远古人眼中，图像并非体现情感、审美欣赏的对象，而是保证在世生存的媒介。而沃林格尔（Wilhelm Worringer）在《抽象与移情》中提出，原始人的图像创造表现出平面化和二维化的风格，这种抽象的风格体现出原始人对神秘莫测的三维空间的恐惧，以及对这种恐惧的克服，因为“抽象冲动是人由外在世界引起的巨大内心不安的产物”[①]。这种对图像的抽象化的处理也体现出早期人类世界感的变化。因此，图像与人类的关系恰如世界与人类的关系，对图像认识和阐释与人对世界的认识和阐释相平行。

图像是视觉的产物，是人眼接收外部世界在视网膜的投影所产生的映象。在图像的创造、欣赏、接受和阐释的历史中，图像到底是人眼“目之所见”的反映，即“纯真之眼”的纯粹经验性再现，还是荷载着概念和理性，是先验和经验相结合的产物，这是许多学者争论的问题。前者以19世纪的英国艺术理论家约翰·拉斯金（John Ruskin）为代表，后者以20世纪英国艺术心理学家贡布里希（E. H. Combrich）为代表。拉斯金曾提出“纯真之眼”（Innocence Eye）的命题，以表明艺术家在观看和再现客观对象时所持的中立态度。在

① ［德］W. 沃林格尔：《抽象与移情——艺术风格的心理学研究》，王才勇译，辽宁美术出版社1987年版，第16页。

《现代画家》（1843）中，拉斯金盛赞威廉·特纳（William Turner）的水彩画，认为它“是目前得到承认的艺术作品中和真实性最趋近一致的作品”[①]。拉斯金所言的真实性和伟大与进步的关系表现为艺术史的一个传统，即艺术史的发展被解释为向自然的不断趋近，艺术被阐释为自然的完美复现，同时也是纯净、感性、个体的画家视网膜的再现，这与社会条件和艺术共同体无关。拉斯金希望恢复画家的纯真之眼，这样才能保证视觉的真实性和画家真实感受的传达。“纯真之眼”这一命题引发了后世诸多艺术理论家的争论，即是否可以用“纯真之眼”即刺激性集中来解释艺术史或图像理论的发展？在图像的阐释中，感性、经验、理性如何发生作用，图像是否只是视网膜的复现？

拉斯金的这一论点引起了英国艺术史家贡布里希的明确反驳。贡布里希认为我们不可能拥有“纯真之眼”，视觉的观看不能等同于照相机镜头。所有视觉图像的解释都依靠观看（seeing）、看（look）、注意（attending）和读解（reading）。观看从一开始就是有意识和有选择的，眼睛对图像作出什么反应取决于许多因素。针对图像的创造和阐释，贡布里希创造性地提出了“概念性图式”的命题。它来源于康德的“图式”概念。图式之所以重要，是因为它将感性直观和知性范畴结合起来，而只有将直观和概念相结合，我们才能获得知识。但“概念性”图式还具有经验性的内容，既表示先验的图式概念，也意味着后天的经验所造就的规范。同时，在贡布里希看来，从艺术家创作的角度来说，概念性图式也指称模式和先例，也即我们所说的公式或共相。对此他说：“我所说的‘图式’指的是共相。”[②] 基于“概念性图式”，贡布里希在图像的制作和阐释时提出了“图像+矫正”的原则，即艺术家和观者都是在共有图式的基础上，对既有的规范和原则进行修正，这样就保证了图像在一个大的框架和原则基础

① John Ruskin, *Modern Painters*, volume I (eBook), New York, Chicago: Public Domain, 2009, p. 197.

② ［英］E. H. 贡布里希：《艺术与错觉》，林夕等译，浙江摄影出版社 1987 年版，第 184 页。

上，不断产生新的创造、理解和阐释，而这在促进创造和阐释不断向前发展的过程中，形成新的共有原则。从贡布里希的理论可以看到，图像的创造和阐释单纯依靠纯粹视网膜的还原是无法进行的，图像的观察、创造和阐释中都包含着概念性的因素，在先验图式的基础上，理性和经验的不断累积，才能达到真正的创造、理解和阐释。

贡布里希之后，美国的艺术评论家乔纳森·克拉里（Jonathan Crary）在《观察者的技术》中，考察了视觉及其历史构成。在对视觉的机制、透视理论的生理和文化因素以及视觉与现代性的关系进行深入研究后认为，视觉绝非一个单独的实体存在，它是在历史中经过理性、经验和实践建构生成的。克拉里也从生理学、光学、物理学、心理学、社会学等维度对拉斯金的“纯真之眼”的命题进行了分析，认为这是“纯粹的知觉”（Pure Perception）即现代主义的纯粹视觉注意的理想化设定，这反映了“19 世纪早期最有影响力的观察者形象是如何依赖主观视觉模型的优先性的，这与 17、18 世纪思想中普遍存在的对视觉主观性的压制形成鲜明对比”①。而这种主观视觉模式的优先性存在的前提是对历史文化因素的排除，但视觉终究处于历史和习俗之中，因此这一设定不可避免地会产生悖论。

从上可见，图像的阐释是在人类实践和文化进步过程中形成的理性和概念的公共性框架中进行的，只有这样，我们才能获得有效的阐释效果。

二　感性、理性和公共性的关系：感性和“感觉结构”在图像阐释中的作用

上文我们对图像的阐释作了初步的分析，得到的结论是，在对图像创造的解释中，图像的创造不是人眼的视网膜的复现，并非经验性的、“纯真之眼”的体现，而是在先验框架和历史文化发展的境遇内进行的；这既具有先验的因素，也是理性认知和感性经验沉积相结合

---

① Jonathan Crary, *Techniques of the Observer on Vision and Modernity in the Nineteenth Century*, Massachusetts: MIT Press, 1992, p. 9.

的结果，它是在人类的图式化或理性框架制约下发挥作用的。尽管任何阐释都无法到达与自然法则相等同的知性或概念的绝对普遍性，但在图像阐释中，理性是不可或缺的。概念性的图式作为一种框架，时刻规范着阐释者从图像的直观进入到具有普遍性的人类理性的规范之中，进入到公共性的领域之内。这正与公共阐释论提出的“公共阐释是理性阐释，阐释是理性行为。无论何种阐释均以理性为根据，阐释的生成、接受、流传均以理性为主导”相吻合。但尽管如此，对于图像阐释来说，我们还要注意感性经验在阐释中的价值。正如贡布里希所论证的，图像的认识和阐释需要在概念性图式的基础上进行。阐释容易产生误解，因此它需要理性。但是贡布里希强调指出，理性阐释有它的边界和局限，阐释带有历史性和时间性，它有时并非一次能够完成，它带有开放性的特征，所以他提出“对误解的余地进行这样的缩小以后，理性方法就必须引退”①。因此，阐释中的感性价值也是值得注意和研究的，因为在图像阐释中，存在着大量的感知、想象、美感、判断力和趣味等相关感性因素。感性是人类获得“直观”这种表象的能力的唯一方式，也是人类知识的来源之一。康德指出，“只有感性才给我们提供出直观，而直观通过知性而被思维，而从知性产生出概念”。② 尽管感性是人类和世界相联系的第一步，是产生知性和概念的基础，但它并非只具有接受和媒介的作用。在西文中，感性学（Aes thetics）与美学（Aesthetics）是同一词，因此康德在其论述“先验的审美判断是否可能和如何可能”的《判断力批判》中着重分析了我们个体的趣味、判断力、美感如何从一个个体性的、不具有逻辑真值的感性存在，转化为既有感性特质又具有普遍性和共性的存在。他说：“美是不依赖概念而被设想为一个普遍愉快的对象的东西。”③ 不依赖概念，美如何能够成为“普遍性”的存在呢？这里

① ［英］E. H. 贡布里希：《贡布里希论设计》，范景中选编，湖南科技出版社 2001 年版，第 283 页。

② ［德］康德：《纯粹理性批判》，邓晓芒译，杨祖陶校，人民出版社 2004 年版，第 26 页。

③ ［德］康德：《判断力批判》，《康德美学文集》，曹俊峰译，北京师范大学出版社 2003 年版，第 458 页。

就涉及到“审美共通感”的问题。从意大利启蒙思想家维柯起，“共通感”就是西方哲人探讨的对象，康德对此也十分重视，他说：“我们必须把共通的感觉理解为共有的感觉的观念。”[①] 鉴赏力必须基于共通感产生，但它又是主观的，是通过情感非概念获得的，却又具有普遍有效性。“鉴赏力被称为共通感要比被称为健全知性有更多的正当理由；审美判断比理智判断更有资格担当共通感之名。”[②] 因此，共通感使趣味、判断力、美感从个体的层面上升到普遍性层面，使图像的生成、接受、流传和阐释都获得了公共性。伽达默尔也认为，共通感“不仅是指那种存在于一切人之中的普遍能力，而且同时是指那种导致共同性的感觉。……那种给予人的意志以其方向的东西不是理性的抽象普遍性，而是表现一个集团、一个民族、一个国家或整个人类的共同性的具体普遍性”[③]。因此，对图像的阐释，毋宁说是对人类共有情感、智性、精神和文化的分有、叠加和互动，在阐释中，我们不是置于图像之外，而是一次次地进入图像之内，进入到历史和文化、情感和形式、精神和物质的共鸣之中，这是一种生命的体验和共鸣。19 世纪 80 年代，狄尔泰提出了“生命范畴”的概念，他认为，个体存在的时间连续体和人类文化的历史性是相互交织的过程。“精神生活的总体习得的网络对这一形成过程起着作用，它改变和塑造了这些知觉、表象和状态，注意力被直接聚焦其中，从而使我们的意识最为强烈。这一习得的精神生活的网络不仅包括我们的表象，而且还来自我们对目的的感受和思想的评价。……因此，自我与自我所处其中的外在现实环境之间存在着不断的相互作用，而我们的生活就是由互动而构成的。”[④] 这种生命范畴并非完全理性的，它是模糊、强烈、感受性的，是一种“感觉结构”。“感觉结构”（Structure of Feeling）

---

① ［德］康德：《判断力批判》，《康德美学文集》，曹俊峰译，北京师范大学出版社 2003 年版，第 544 页。

② ［德］康德：《判断力批判》，《康德美学文集》，曹俊峰译，北京师范大学出版社 2003 年版，第 546 页。

③ ［德］伽达默尔：《真理与方法：哲学诠释学的基本特征》上卷，洪汉鼎译，上海译文出版社 2004 年版，第 25 页。

④ Wilhelm Dilthey, *Poetry and Experience*, in his Selected Works, volume V, ed. by Rudolf A. Makkreel and Frit hj of Rodi, Princeton: Princeton University Press, 1985, p. 72.

这一概念是由20世纪英国著名文化学家莱蒙德·威廉斯（Raymond Williams）在对文化的阐释中提出的。在《漫长的革命》（*The Long Revolution*）中，威廉斯借用扬（Young）的话指出，无论是一个土冢还是一个大教堂，都是社会共同体的重要的建筑，它组织进而继续表达了一种生活其中的人们的共同意愿，因此它们组成了一种感觉结构。他说："正如结构这一术语的含义所表示的，它是一种坚实而确定的东西；但是它发挥作用的领域却是我们行动中最微妙的、最难以捉摸的部分。"[①] 威廉斯认为，对艺术的阐释最好从"经验的组织"这一术语入手进行。如果人们生活在一起，从而共同分享一种特定的组织方式，这种组织方式训练他们头脑的活动，我们将发现组织的过程实际上就是制度，艺术一般只是其中之一。[②] 因此，威廉斯承认，感觉结构并不属于个人和个体，是为一代人或一群人所共有。但是它通过经验而习得，而不能在正式的抽象的学习中获得。

因此，图像阐释是人类在"生命范畴"中"情感结构"的充分体现，它是理性、感性、判断力、审美趣味等多种因素所聚合而成的公共性范畴。这些都在西方的图像学中体现出来。

三 图像认知和阐释的深层结构：世界观与公共性的共同建构

对图像的阐释也来源于对图像结构的认知。一般来说，图像存在着从表层到深层的三层结构，通过图像认知的不断深入，我们可以看到感性、理性和公共性的紧密联系。

第一层是表层结构，这是视觉与现象发生关系后产生的视觉表象（Representation），也就是现象。用康德的话来说，"它是主体受到客体刺激并由此获得对客体的直接表象即直观的形式形状，因而仅仅作为外感官的一般形式，而在主体中占有自己的位置时，才得以可能。"[③] 在这一

① Raymond Williams, *The Long Revolution*, London: Penguin Books, 1961, p. 64.

② Raymond Williams, *The Long Revolution*, London: Penguin Books, 1961, p. 47.

③ ［德］康德：《纯粹理性批判》，邓晓芒译，杨祖陶校，人民出版社2004年版，第31页。

层中，感性起到主导作用，通过感性对外界刺激的接受而产生视觉表象。当然其中无法否认人类的认知图式在其中的规范作用。第二层是中层结构。如果说表层结构突出的是人的表象能力，那么中层阐释则是一种认识的能力，即通过表象对对象进行认知和阐释的能力。康德强调感性与知性的联合才产生认识，即知性主动作用于感性，对感性进行规范、组织和构造。而通过感性和知性的连接，人对图像有更深的认识。它基于人的心理图式，同时也是人类深层心理结构进行心智操作或建构的必然结果。中层阐释是主体和客体认知的中介，缺乏这一中介，主客体无法发生作用。另外，它还是从事实性陈述（现象）向文化象征（意义）转换的中间环节。这涉及到人类先验和经验的汇合和转换。第三层是深层阐释，它源于文化经验，它需要理解的前结构、效果历史，更需要表征和文化，包括社会历史构成及由社会实践决定的价值观念。这相当于荣格的“原型”和集体无意识理论，也相当于威廉斯的“情感结构”，但前者更注重在先验的结构之上的经验累积，而后者则更关注文化、感性和经验的意义。这种感觉结构“描述了文化中的独有的气氛和风味，以及人们在特定历史时期对这种气氛或风味的体验”①。而这一层次所具有的共通感和公共性价值则是人类的共同需要，因为正如罗纳德·贝纳尔（Ronald Beiner）在为汉娜·阿伦特的《康德政治哲学讲稿》所作的序言指出的：“（共通感帮助我们）从我们自己之中抽离出来，进而将我们自己嵌入一个有着共享的经验、共享的语汇、共享的景象的公共世界之中，这才是我们身为人类的最基本需要。”② 在图像阐释的构成中，阐释者必须进入到共享的知识、经验、宗教、隐喻、哲学和世界观之中，才能对图像进行有效的阐释。

对于深层文化心理结构的问题，19 世纪末 20 世纪初的德语国家的艺术史家们在对艺术进步的推动力进行研究时，往往将其和黑格尔的“绝对精神”连接起来，认为民族和时代精神是艺术发展的最根本推动力。德国图像学家潘诺夫斯基曾对图像的表征层次作过深入的

① ［英］菲利普·史密斯：《文化理论导论》，张琨译，商务印书馆 2008 年版，第 234 页。

② ［美］汉娜·阿伦特：《康德政治哲学讲稿》，［美］罗纳德·贝纳尔编，曹明等译，上海人民出版社 2013 年版，“前言”，第 3 页。

研究，他将图像学理论系统化和精密化，并将图像阐释方法归纳为三个层次，分别对应于艺术作品的三层意义，由此表明图像阐释的普遍化的生成过程。第一层为形式层，它由感性直观开始，表现的是对象的表象层面。第二层为主题或形象层，即对象从事实上识别为一个有名字的物体，使对象开始具有母题和内容，拥有了文化的约定俗成的或意识形态所构成的意义。第三层为象征层，表示图像所彰显的一种民族、社会以及教育的背景的“症候”。潘诺夫斯基认为，图像阐释的第三层即哲学阶段，从中可以解读个体所处的阶级、时代、种族的深层内涵等。这是谱像学世界，具有文化象征价值。潘诺夫斯基注重“意义”的阐释，即重视具有文化象征价值的图像哲学或图像生产的文化密码，认为艺术图像的阐释最终均指向世界观哲学。他在《作为符号形式的透视》（*Perspective as Symbolic Form*，1924—1925）中，对图像的透视进行研究，从其所制造的空间、对人感知的影响、与各时代的哲学观和世界观的关系、线性透视如何标示着现代性的到来等维度进行了深入的研究，指出：“对于线性透视的结构来说：结构本身仅可以理解为一个十分具体的、甚至非常现代的空间感，若你愿意的话，也可以理解为世界感。”① 伍德（Christopher S. Wood）在这本书的导言中指出：“艺术与哲学是经验现实的平行转换，二者在某种意义上都受到世界观的感觉控制。……这就是为什么艺术的特征可以交替地指向世界观和哲学的表述。”② 在潘氏另一本研究巨著《图像学研究》中，他对新柏拉图主义运动与米开朗琪罗的关系进行了研究，从形式、母题和图像学三个方面进行分析。从形式上（第一层次），米开朗琪罗利用一种体积系统创造出永无休止的内在张力：“用粗野的变形、不协调的比例和不完整的构图来表现人物时，雕像既有内在的张力，也不缺乏外在的方向感和秩序。”③ 从母题上（第二层次），

① Erwin Panofsky, *Perspective as Symbolic Form*, translated by Christopher S. Wood, New York: Zone Books, 1991, p. 34.

② Christopher S. Wood, “Introduction,” Erwin Panofsky, *Perspective as Symbolic Form*, translated by Christo. pher S. Wood, New York: Zone Books, 1991, pp. 16 – 17.

③ ［美］欧文·潘诺夫斯基：《图像学研究——文艺复兴时期艺术的人文主题》，戚印平、范景中译，上海三联书店 2011 年版，第 180 页。

米开朗琪罗的图像中的对象具有了名称和所指，如《卡西纳战役》中的士兵、《最后的审判》中的基督、圆形浮雕石棺上的酒神祭祀场面，并用这一场面来象征和暗示伽倪墨得斯、恩底弥昂、墨勒阿革洛斯和普罗米修斯等神话故事。而在图像学（第三层次）维度的研究中，潘诺夫斯基从埃及人和古希腊人对人生现世和来世的看法、对永恒的指向、中世纪新的人文主义和建筑雕塑的关系、动物的隐喻等方面，分析了米开朗琪罗之所以有这种风格和形式，采用这种母题和表现，最终指向的是什么。“米开朗琪罗是为了寻求它的经验的人类生活与命运的视觉象征而诉诸新柏拉图主义的。”① “持久的生理只能通过人类灵魂中的由衷至高无上的力量才能实现，这种力量绝不参与人世的争斗，它是启示而不是征服：知性或天使的智性的双重性不仅被行动生活与静思生活的拟人像所象征，而且为摩西和圣保罗所体现。”② 无疑，最后的层次具有哲学的共通性和人类普遍性。潘诺夫斯基在另一著述《哥特式建筑和经院哲学》（1951）中着重阐释了艺术风格和哲学观念的关系，揭示图像背后所隐含的文化和哲学内涵。他认为，中世纪盛期的哥特式建筑与同一时期的经院哲学相比，双方存在一种平行的关系，即都在一个共同的“精神习性”（Mental Habit）的构架下进行创造，因而形成了类似的风格。他借用托马斯·阿奎那的理论来阐释“精神习性”概念，就是“将过分复杂的陈词滥调化简为一条经院哲学意义上十分精确的‘规范行为秩序的原则’”③。而“中世纪的艺术历史使命是将曾经是多种多样的个体（无论它们之间有多么巧妙的联系）融合成一个真正的整体”④。建筑和哲学之间存在着令人惊异而又耳目一新的关系——其共有特征便是形式或结构层面上的“阐明”（Monifestatio），即自我分析和自我说明。

---

① ［美］欧文·潘诺夫斯基：《图像学研究——文艺复兴时期艺术的人文主题》，戚印平、范景中译，上海三联书店 2011 年版，第 186 页。

② ［美］欧文·潘诺夫斯基：《图像学研究——文艺复兴时期艺术的人文主题》，戚印平、范景中译，上海三联书店 2011 年版，第 200 页。

③ ［意］托玛斯·阿奎那：《神学大全》，转引自［美］潘诺夫斯基：《哥特式建筑与经院哲学》，陈平译，《新美术》2011 年第 4 期。

④ Christopher S. Wood, "Introduction," Erwin Panofsky, *Perspective as Symbolic Form*, translated by Christo. pher S. Wood, New York: Zone Books, 1991, p. 47.

建筑图景只不过从另一个维度对天主教教义进行论证。潘诺夫斯基用确凿的证据令人信服地比较了经院写作的术语和哥特式建筑的布局及其构件的关系。这种关系可以从下图充分显示出来。①

	经院哲学	哥特式建筑
第一原则	总体性（充分列举）	倾向于通过综合与排除，接近于一个完美的终极解决方案。盛期哥特式主教堂利用一切在场的、不在场的、被压抑的东西，体现出完整的基督教知识，神学的、伦理的、自然的、历史的知识。同样在结构设计中，也设法将不同渠道传承下来的所有重要母题加以综合，最终在巴西利卡式与集中式型制之间取得了空前的平衡。
第二原则	各部分安排成同一序列体系（充分分节）。 中世纪时期才真正形成了根据理论次序（secun dum ordinem disciplinae）的总体框架来组织而成的论文，包括论文中的小节（a）、节（1）、章（I）和卷（A），这些与小节（b）、节（5）、章（Iv）和卷（e）具有同样的从属关系。	人们习惯于将整个建筑结构划分为三大部分，即中堂、耳堂和后堂（这后堂又由前唱诗堂和唱诗堂本体组成）。中堂再划分为中央大堂和侧堂，后堂划分为半圆形后堂、后堂回廊和半圆形小礼拜堂。
第三原则	清晰且推论具有说服力（充分关联）。	根据古典哥特式的标准，单个构件在组成不可分割的整体的同时，还必须相互明显地区别开来，保持自己的身份。墙柱要与墙壁或墩柱主体区别开，所有垂直构件要与它们所承接的拱券区分开；但它们相互之间又必须具有毫不含糊的关联性。

图像的深层普遍性的指向也在艺术史家巴克桑德尔（Michael Baxandall）的成名作《十五世纪意大利的绘画与经验》（*Painting and Experience in Fifteenth-Century Italy*，1972）中体现出来。在这本书中，他提出了“时代之眼”（*the Period Eye*）的分析架构，用以阐释艺术

① 图表中文字参见［美］潘诺夫斯基《哥特式建筑与经院哲学》，陈平译，《新美术》2011 年第 4 期。

图像与时代及世界观的联系。巴克森德尔并未刻意颂扬文艺复兴时期作品的美学特质，而是将重点放在探索当时有经济能力赞助及有知识能力要求绘画风格的人如何理解当时不同画家及画派的作品。与“赞助型”研究不同，巴克森德尔并未框定特定的赞助个人或群体，而是在当时社会的各式文化与知识养成中，抽出与理解艺术形式相关的部分，如戏剧表演的视觉形式，数学订立对于几何形状的测量等，这些视觉因素共同形成了“时代之眼”[①]。这里体现了巴克森德尔受到黑格尔唯心史目的论和绝对精神的影响，以及德语国家形式研究与精神史与文化史研究之间的关系的传统。在这里，民族和时代的精神落实到具体的社会构成中，将个体艺术家与社会的集体视觉文化密切连结。

事实上，对视觉图像的阐释进行研究，旨在反思其认识范式和客观世界及其人类社会“真实性”的关联。从德语国家形式主义的代表李格尔、沃尔夫林到图像学研究的开创者阿比·瓦尔堡、欧文·潘诺夫斯基直到贡布里希，都对人类的知觉与世界的关系进行了阐释。艺术史家阿比·瓦尔堡在对文艺复兴画家波提切利的作品《春》和《维纳斯的诞生》的研究中提出了“悲怆形式”或“激情公式”（Pathos Form）的观念。这一概念旨在从理论上把握关于艺术中的社会记忆和政治记忆的观念。因此瓦尔堡借助当时生理学和心理学的概念试图解释人类获得的感知如何印入记忆，并如何能代代相传，持续有效。由此他研究了艺术作品如何表现了人类的记忆，并在图像印迹中传达出人类情绪。如瓦尔堡对阿尔布莱希特·丢勒作于1494年的素描《俄狄浦斯之死》进行的研究。这幅画中，人类的恐惧已经镌刻在单个人的中央神经系统之中，并试图将记忆图像加以客体化，艺术作品缘此发挥了“疏离化”和“防御化”的作用。而人类的情绪传达（怨忿、悲哀、伤感或失望）被纳入到单纯的图像之中，这些图像的刻印被瓦尔堡称为“激情公式”，它们被砌入艺术的记忆之中，使图像阐释成为哲学和历史文化的一部分，具有哲学和文化的共通性

① 王正华：《艺术史与文化史的交界：关于视觉文化研究》，《近代中国史研究通讯》第32期，台北：“中央研究院”近代史研究所2001年版，第85页。

特征，成为一种公共性阐释。

综上所述，我们认为，图像阐释是公共阐释的一部分，它也具有澄明性、超越性和公度性的特征。在图像阐释的过程中，理性、感性和文化历史经验在塑造人的心理结构和文化结构时发挥了重大的作用。卡西尔认为，人的心智往往追求一种普遍的人性理想，而这种人类理想使得各门学科虽然差异很大，但却能“通过它们共同基础的关系而连接和融贯在一起。这个基础，在《判断力批判》中被称为‘明了的人性根基’……这使所有不同的人类心智力量可以参照并在其中获得其统一和谐的思想”①。人类对图像的阐释，事实上是对人和世界关系的阐释，图像的认知和阐释最终也是指向人的共通性问题。艺术、文学、科学等作为一个个扇面，分享着一种共在。在其中，我们才能对人类文化进行有效的阐释。

① ［德］卡西尔：《符号·神话·文化》，李小兵译，东方出版集团1988年版，第39页。

作为一种阐释的美学的公共阐释论*

赵　丹　段吉方**

公共阐释论是中国当代文论与文本批评中的重要理论。张江教授在《公共阐释论纲》中提出："阐释是一种公共行为。阐释的公共性决定于人类理性的公共性，公共理性的目标是认知的真理性与阐释的确定性，公共理性的运行范式由人类基本认知规范给定，公共理性的同一理解符合随机过程的大数定律。"① 他还强调公共阐释的内涵是"阐释者以普遍的历史前提为基点，以文本为意义对象，以公共理性生产有边界约束，且可公度的有效阐释"②。文本阐释曾是阐释学理论及其批评实践的核心，阐释的具体过程与展开主要依托意义与真理之蕴含或载托的文本来进行，阐释学理论的代表施莱尔马赫等人早就提出阐释行为是以文本为核心的对作者本意的了解。公共阐释论再次明确提出并推动了文本阐释与批评的基本原则与理论要义，对文本阐释行为的哲学基础、理论前提与公共空间做出了精约细微的理论概括与提升。在公共阐释论的基本内涵上，文本不仅是开放的，阐释是文本的阐释，而且以文本为核心的阐释还必须具有公共性的特征。文本阐释必须在公共阐释的基点上有效处理阐释的私人性、个体性与公共性的关系，最终走向阐释的理性和澄明。公共阐释论强调阐释的理性

* 本文系国家社会科学基金重大项目"马克思主义经典文艺思想中国化当代化研究"（项目编号：17ZDA269）的阶级性成果。本文原刊于《学习与探索》2018 年第 5 期。

** 作者单位：安徽农业大学人文社会科学学院；华南师范大学文学院。

① 张江：《公共阐释论纲》，《学术研究》2017 年第 6 期。

② 张江：《公共阐释论纲》，《学术研究》2017 年第 6 期。

特征、澄明性、公度性、建构性、超越性、反思性等理论特征蕴含了深刻的美学思想，这种阐释的美学在公共阐释论的理论视野中追求文本阐释与批评的多元共存与交流理解，是当代文论在文本阐释研究层面上值得重视的方向。

一　文本自律与公共阐释论视野中的文本问题

作为一种本土化的阐释理论与批评理论，公共阐释论进入当代文论的研究视野，其中一个可以衡量及观察实践的入口就是文本理论与文本阐释批评。在《公共阐释论纲》中，张江教授的论述主要围绕公共阐释的基本内涵与特征展开，其中有针对性地涉及了文本阐释问题，在当代文本阐释批评方面展现出鲜明的理论建构意识。同时值得关注的是，张江教授的公共阐释观点又是在不同于现代西方阐释学文论的意义上来理解文本阐释问题的。公共阐释论提出："阐释的公共性本身隐含了公共场域中各类阐释的多元共存，但是，个体阐释绝非私人的，个体阐释的理解与接受为公共理性所约束。这是因为：人类的共在决定个体阐释的公共基础，集体经验构造个体阐释的原初形态，语言的公共性确立个体阐释的开放意义，阐释生成的确定语境要求个体阐释是可共享的阐释。"[①] 文本是阐释意义得以具体生成的语境与载体，是阐释的确定性和历史性的基本生成要素，也是一种主体间性意义得以存在的客观之物。

"文本"（Text）也译作"本文"，是当代西方文论中经常使用的概念。从词源学上讲，"文本"一词有"编织""构造"之意，在引申含义上，就如同一个手工编织艺人将一些散乱藤条或者柳枝按照一定的结构编造成一个完整的物品，或者将毛线编织成一件图案、色彩、款式兼备的毛衣一样。所以，"文本"一词就包含了创造所依据的某种结构性规范、秩序和原则，这也是"文本"一词进入文学语言创造的基本含义。文本理论的兴起是当代西方文论发生理论转向的重要标志之一，英美新批评、结构主义、符号学以及后结构主义、解

① 张江：《公共阐释论纲》，《学术研究》2017 年第 6 期。

释学、读者反应批评等理论思潮都有较为丰富的文本理论观念，在这些理论观念的影响下，文本阐释中的“文本”概念也渐渐代替了传统文论中的“作品”（Words）。“文本”与“作品”的概念互换与更新是当代文论接受乃至受西方文论影响的最集中的表现之一，文本阐释的规则、方法与视野等，也成了重要的文学理论问题。有研究者提出：“‘作品理论’与‘文本理论’的嬗变，直接参与当代文学理论的话语革命。”① 的确，正由于“文本”概念在“编造”“构造”的引申含义上隐含着某种结构、规则的实施及规范、整体和系统的创造，所以相比于更多地处于静止状况和意涵的“作品”，“文本”更多了些结构化和符码化的意指性特征，这也是当代文本批评能够更深入地介入文学阐释基本问题的原因之一。

在当代文论中，曾经有一种极为明显的文本理论研究倾向，即认为文本是自律的；特别是 20 世纪前半叶，俄国形式主义、英美新批评和结构主义文论的文学观念基本上都承续了这种自律论的文本观。自律论的文本观影响深远，却引发了一个严重的文本阐释倾向，即文本阐释的核心工作是围绕一个封闭的语言系统展开，并由此提出文本阐释批评的理论逻辑——“文本细读”，从而打破了以往关于文学研究的外部观念，文学与批评也变成了“关于词语的词语的词语”②。典型的批评案例如法国著名结构主义文学批评家罗兰·巴特对莎士比亚小说《萨拉辛》的分析，他让我们看到了文本阐释是如何在文本自律的方法原则上展开的。当然，文本自律论在批评研究中也并非毫无建树，它使批评面对文学文本有了更加微观的认识，在文本自律的基础上，文本阐释衍生出多种文本阐释概念，让文本阐释变得更加精彩丰富。但综合来看，文本自律论留给文本阐释的精细化操作不利于文本阐释拓展更为丰富的社会历史文化视野，也不利于强化和彰显文本阐释的审美批判功能。所以，最终自律论的文本阐释仍然不过是一

① 周启超：《“作品理论”/“文本理论”与当代文论的话语革命》，《中国社会科学院研究生院学报》2015 年第 4 期。

② ［美］莫瑞·克里克：《批评旅途：六十年代之后》，李自修等译，中国社会科学出版社 1998 年版，第 183 页。

种文本理论研究的思潮化的存在，随着文学“内部研究”的偃旗息鼓，自律论的文本阐释也在社会历史批评的重生中走向了更为逼仄的发展空间。

在文本阐释层面，公共阐释论的第一要义即是走出了“自律论”的文本阐释观念。《公共阐释论纲》提出：

> 阐释本身是一种公共行为。阐释的生成和存在，是人类相互理解与交流的需要。阐释是在文本和话语不能被理解和交流时而居间说话的。阐释意义上的“理解”是指，通过解释和说明，构建以他人为对象而展开的理性活动；阐释意义上的“交流”是指，通过对话和倾听，在自我与他人之间开辟可共享的精神场域，阐释由此而实现价值。准此，当人们面对充满疏异性文本企图获得理解时，确当的阐释能够给予清晰且有说服力的解释和说明，文本意义得到正确判断和理解，阐释获取合法身份。①

其中，隐含着对文本概念以及文本阐释的更为开放性的理解，即在阐释和文本之间强调理解和交流的交互特征，这也是一种新的文本间性。

公共阐释论对文本概念和文本阐释的理解切合文本理论在当代文论中的发展演化趋势。随着各种文化理论的兴起，对文本自身的研究已经逐渐被消费、身体、意识形态等新兴文化体验所代替，出现了伊格尔顿所说的“文本肉身化”或“文本身体化”② 的趋势，文本以及文本阐释已经被功利化和消费化了。在这个意义上，无论是传统文论的作者（意图）研究，还是文本和读者研究，在理论层面都缺乏固定的问题领域和理论疆界，那种文本自律论的观念也逐渐消融在文论的“‘大文化’文本”转向之中。但对具体的文学阐释实践而言，无论是文本自律论，还是“‘大文化’文本”转向，都难以替代较为明确的文本阐释问题；文学阐释也好，文学批评也好，仍然要面对具体

---

① 张江：《公共阐释论纲》，《学术研究》2017 年第 6 期。

② ［英］特里·伊格尔顿：《理论之后》，商正译，商务印书馆 2009 年版，第 4 页。

的意义生成、读解与有效剖析。公共阐释论的提出，正是在这个理论层面上将文本阐释问题重新拉回到意义生成与剖析的具体过程与特性研究上，在文本自律论和"'大文化'文本"转向的割裂中提升了文本阐释的理论内涵，在阐释的理性与公共性的问题上深化了文本阐释的基本问题。

首先，在公共阐释论的理论视野内，作者意图和文本关系问题有了新的理解。早在提出强制阐释论的过程中，张江教授就坚持作者意图与文本阐释有密切的关系，他反对现代西方文论中的"不仅作者死了，文本死了，读者也死了"[①] 的观念，认为"批判阐释是对'处于交流中'的文本进行翻译。这一交流不会停止，总是有空白处，总是有不同的地方，解读的过程似乎从不可能停止"。而"文本是一个动态场，作者与读者在这里进行互动，而作者与已经存在的文本之间也有互动。研究应该向两个方向开放：文本的接受（作者与读者之间的动态关系）与互文性（文本与其他已经存在的文本之间的关系）"[②]。公共阐释论强调阐释是公共的、理性的，公共阐释是文本在"居间说话"，其理论要义就是"关注文本，试图回到文本，努力从文本出发破除当代西方文论的阐释弊端以及有效建构一种当代的文本阐释观念，是强制阐释论研究中凸显出来的重要问题，也是对西方文论中的文本阐释有较为明显的理论呼应的内容"[③]。公共阐释不但延续了以往关于文本的强制阐释研究提出的观点，还从文本阐释的公共性角度厘清了作者与文本的关系问题；其次，公共阐释论还对文本与读者之间的关系做出了明确的理论说明。现代语言学的崛起以及新近各种读者理论的层出不穷，让文本与读者的问题变得更加复杂。公共阐释论提出的阐释的公共理性和共度性问题，在私人阐释、个体阐释和公共阐释的理论关系研究上为读者与文本理论提出了建设性路径，也对文本与读者的关系问题做出了充分的理论说明。其中较为明显的理论路

① 张江、［意］伊拉莎白·梅内迪等：《文本的角色——关于强制阐释的对话》，《文艺研究》2017 年第 6 期。

② 张江、［意］伊拉莎白·梅内迪等：《文本的角色——关于强制阐释的对话》，《文艺研究》2017 年第 6 期。

③ 段吉方：《阐释的超越与回归》，《学术研究》2016 年第 12 期。

向是拒绝以往那种作品—文本—读者单向联系链条上的文本概念，突出公共性、共度性的阐释的文本概念，这也让文本阐释摆脱了一味强调读者反应的批评范式，使文本阐释的读者意识更加立体。正是由于阐释的公共性与共度性等特征，文本阐释强化了文本与读者的立体关系，这与罗兰·巴特曾经提出的文本阐释要“在音乐意义上‘演奏’（Play）文本”[①] 以及他所提出的“可写的文本”观念，沃尔夫冈·伊瑟尔强调的文本是一种现象学意义上的“意向性存在”、文本“空白”和“不确定性”召唤读者的阅读和填充等思想一样，都蕴含着文本阐释与读者反应的丰富的理论阐释，这也使当代文本阐释学有了更为广阔的理论空间。

二　公共阐释与文本的开放性

文本的开放性与文本自律论构成了明显的理论张力。文本的开放性以及开放的文本的概念的提出者首先是意大利文学理论家艾柯。在艾柯看来，所谓“开放”是为了确定作品和演绎者之间的新关系，“探讨的是艺术作品的‘确定性’和‘开放性’”[②]。艾柯提出，开放的作品是指一种语法、句法和文字的组合意义上具有可变动性和开放性的作品。他以法国象征主义诗人马拉美的作品《书》为例，指出这部作品思想宽泛、意义丰富，语言、句法和结构充满变动性，甚至页码都不是按固定顺序排列，而是一些按照排列规律的不同顺序组成的独立的小册子，这些小册子之内，纸页可以随意挪动，但无论怎么挪动，纸页上的文字组合起来的意思都是完整的，因此这是一部“运动中的作品”，也是一个开放的文本。艾柯指出：“显然，诗人并不想从每一种排列组合中都得到明确的句法含义和语义上的明确意思，而是追求，句子的组合和每个单独的词的组合——每一种这样的组合都能具有‘启示’作用，都能同其他词和句子形成启示性的关系——使每一种排列顺序都可能有价值，这样就有可能形成新的联系和新的

① ［法］罗兰·巴特：《从作品到文本》，《文艺理论研究》1988 年第 5 期。
② ［意］安伯托·艾柯：《开放的作品》，刘儒庭译，中信出版社 2015 年版。

境界，进而形成新的启示。”[①]

艾柯开放的作品的观念曾盛极一时，但也充满争议。在艾柯的观念中，开放的作品不是无条件的开放，开放性还是要回到文本形式、符号、句法的形式价值上来。这种形式化美学不同于文本自律，而是强调文本自律存在着多种理解的可能性和阐释空间。“从本质上说，一种形式可以按照很多不同的方式来看待和理解时，它在美学上才是有价值的，它表现出各种各样的面貌，引起各种各样的共鸣。”[②] 所以，艾柯的开放的文本观念在本质上还是一种形式化美学。

除了艾柯之外，当代文论中坚持文本的开放性的理论还有很多，如强调“在封闭中开放”的观点。“在封闭中开放”是文本的自律与自足研究的溢出形式，从形式主义、新批评、结构主义一直到现象学、接受美学、读者反应批评，都存在着这种观念。在这些理论批评的内部，文本看似封闭，实则具有开放性的空间，文本的细读批评看似是对语言核心功能的强调，但语言的敏感性也指向文本外在的意义，正如伊格尔顿所说的，作为一个批评家，“如果在语言的问题上不敏感，那么对社会和政治问题不可能敏感”[③]。同样，语言的“陌生化”首先必须把握语言之外的社会、历史、文化等，这样才能领会某种语言在什么场合是“陌生的”。美国文学理论家卡勒也有类似的判断，他在《文学理论》中谈到文学理论研究是一种区别“杂草”的工作：“杂草”与有用的植物之间并未存在一种明确的界限，所以“文学是什么”的问题从一开始就是一种虚空的问题[④]，关键在于在何种意义上区别文学与非文学，所以那种所谓的文本自律性其实也是不周延的。除此之外，法国学者克里斯蒂娃提出的“互文性”概念也存在着文本的开放意识，她在1966年发表的《词语、对话、小说》中，通过对巴赫金文本的分析，提出：“每一个语词（文本）都是语词与语词（文本与文本）的交汇，至少有一个他语词（他文本）在

① ［意］安伯托·艾柯：《开放的作品》，刘儒庭译，中信出版社2015年版。
② ［意］安伯托·艾柯：《开放的作品》，刘儒庭译，中信出版社2015年版。
③ ［英］特里·伊格尔顿：《如何读诗》，陈太胜译，北京大学出版社2016年版，第3页。
④ ［美］乔纳森·卡勒：《文学理论》，李平译，辽宁教育出版社1994年版，第23页。

交汇处被读出”[①]。对于文学文本来说，互文性影响的是词语与词语、文本与文本之间的意义关系。正是有了文本的“互文性”，文本的意义来源与呈现才是一种关联属性，这个关联属性使文本意义来源问题再度处于一种语境化的阐释境况之中。上述这些文本阐释理论的提出都离不开现代语言学的发展，特别是在结构主义、符号学、后结构主义、解释学等理论观念的影响和推动，在这些理论的重新阐发之下，“文本”的概念与现代语言批评的成果进一步相联系，语言学、符号学、媒介学等跨学科的研究更加赋予了文本这一概念丰富的和复杂的内涵，也让文本阐释问题变成了更多的理论批评绕不开的问题。在这些理论批评的范围内，文本阐释不同于传统的文学批评，文本阐释比文学批评具有更多的阐释学的理论支撑，也是一个存在较大理论开掘空间的领域。

文本究竟是自律的还是开放的，这似乎没有一个正解。但正因为此，才凸显了文本阐释的公共性问题。在文本阐释中，文本的封闭与开放应该是一种张力的存在，既不是非此即彼的，也不是绝对封闭与开放的。文本的封闭使阐释行为可以发挥现代语言学批评的方法论优势，见微知著地获得文本意义的复杂性；文本的开放则给意义的共享理解及阐释的公共性行为提供了契机。在文本意义的确定语境下，阐释活动其实面对的就是一个封闭与开放互为辩证存在的文本。这种辩证的文本也是公共阐释的对象，在公共阐释的含义上，也可以很好地调节文本的封闭与开放的问题。公共阐释论其中蕴含的一个重要的思想就是以文本为核心的阐释，这离不开在封闭与开放的辩证关系中的文本意义的存在。例如，《公共阐释论纲》中提出：

> 阐释作为人的存在和社会存在的一种方式，必须从客观事实出发，从文本对象自在的意义出发，以概括和总结出我们关于社会的确切、恰当的理解和认识，即基本符合事物发展本来面目的理解和认识。而且，更为重要的是，如果个人关于社会的阐释要能够说服人，就必须有公共的承认，提升为公共阐释。实际上，

① ［法］茱莉娅·克里斯蒂娃：《词语、对话和小说》，《当代修辞学》2012 年第 4 期。

> 阐释本身就是一种公共行为，因为阐释的目的就在于把对象的真相或事物的本来面目告诉别人。借用伽达默尔的话来说就是，当我们面对一个意识性文本的时候，当我们很难理解和认识这个对象的时候，阐释居间说话。也就是说，阐释是人类观察和认识世界的不可或缺的中介。①

作为公共阐释对象的文本，无论是封闭的还是开放的，传达出来的意义都不是任意的。无论一个文本包含多少衍生意义，都可以根据既定语境来确定语义的有限性，从而产生共同语境下的阐释主体，"同一主体的不同理解，是不同语境下的不同，如此理解不被共享，则应归属私人理解而失去阐释意义"②。所以，文本的封闭与开放的辩证张力形式其实意味着无论文本是自律论的还是开放的，当文本及其意义属性被阐释主体所认知，那就意味着文本意义的呈现就会以不同方式被把握与呈现，这也恰恰说明了文本的阐释其实正是一种公共阐释行为，这种公共阐释行为是阐释主体和对象的"居间说话"，是在阐释的公共性、共度性等层面上的文本意义的修辞呈现与意义的多元展开。这也意味着公共阐释其实也强调一种开放的语境，这种开放的语境决定文本的意义之源及其展开。文本的封闭隐含着文本意义的预设，文本的开放强调的是文本意义的读解呈现，但当这两种文本读解过程统一到阐释的公共性与共度性时，作为理解与交流的阐释的共享就发生了。在这个意义上，阐释的公共性也是一种阐释的美学，这种阐释的美学强调在文本的封闭与开放的辩证存在中展现文本阐释的价值与意义，公共阐释论的阐释原则也使文本理论研究有了不同的美学蕴含。

三　公共阐释论：作为一种阐释的美学的理论创新

公共阐释论既强调阐释本身的特征，同时也在文本层面上重视阐

---

① 张江、［英］迈克·费瑟斯通：《作为一种公共行为的阐释——张江与迈克·费瑟斯通的对话》，《学术研究》2017 年第 11 期。

② 张江：《公共阐释论纲》，《学术研究》2017 年第 6 期。

释的批评与实践，在阐释学基本理论层面有明显的理论创新，体现了一种具有鲜明理论建构导向的阐释的美学。这种创新性体现为对公共理性基本内涵的深入挖掘、对公共阐释的六大特征的精约细微的理论概括以及对个体阐释的公共约束的理论分析。以这三方面理论建构为基础，建立了系统的公共阐释的理论框架。在对公共理性基本内涵的挖掘中，张江教授从公共理性的主体要素、目标、运行范式、同一理解四个方面深入分析了公共理性的生成和存在，提出基于人类相互理解与交流需要的阐释学基本问题，既对海德格尔、伽达默尔、德里达、罗蒂等人的阐释学以及相关理论有所呼应，同时又较为深入地触及了“诸多有关阐释的元理论问题”[①]，可以说是对当代阐释学重要的理论丰富。在对公共阐释的六大特征分析中，强调的是“阐释者以普遍的历史前提为基点，以文本为意义对象，以公共理性生产有边界约束，且可公度的有效阐释”[②] 的概念，“普遍的历史前提”与“以文本为意义对象”既彰显了公共阐释论的哲学基础和理论前提，同时也强调了文本阐释的意义和目标，对当代文本阐释的批评实践有明显的理论推动。

西方阐释学理论同样重视文本阐释的问题，在施莱尔马赫、狄尔泰以及伽达默尔的理论中，文本阐释不断从阐释学的理论元问题中凸显出来。例如，“施莱尔马赫关注的是文本”[③]，伽达默尔则提出：“艺术家作为解释者，并不比普通的接受者有更大的权威性。就他反思他自己的作品而言，他就是他自己的读者。他作为反思者所具有的看法并不具有权威性。解释的唯一标准就是他的作品的意蕴（Sinngehalt），即作品所‘意指’的东西。”[④] 伽达默尔等西方阐释学理论提出的“前见”“视阈融合”“解释的循环”等概念是基于文本出发的，这是当代西方解释学理论最具美学要素的内容。在这方面，公共阐释论有

① 张江：《公共阐释论纲》，《学术研究》2017 年第 6 期。

② 张江：《公共阐释论纲》，《学术研究》2017 年第 6 期。

③ ［美］帕特里夏·奥坦伯德·约翰逊：《伽达默尔》，何卫平译，中华书局 2003 年版，第 14 页。

④ ［德］伽达默尔：《真理与方法：哲学诠释学的基本特征》上卷，洪汉鼎译，上海译文出版社 2004 年版，第 255 页。

明显的理论发展，公共阐释论提出的公共阐释具有理性、澄明性、公度性、建构性、超越性、反思性特征，不但切合阐释学的理论发展脉络，而且在学理层面自成一体，是对当代阐释学理论融会贯通所得出的理论见识，在阐释学美学的层面极大地推动了阐释学元问题的研究。

此外，对个体阐释的公共约束的阐述是公共阐释论最具理论思辨性的内容。从理论上阐释公共阐释论的基本原则与理论方略，要面对的一个重要问题就是个体阐释与公共阐释、私人阐释与公共阐释的关系问题；在这方面，公共阐释论提出的是从语言的公共性角度破解私人阐释、个体阐释与公共阐释的关系，公共阐释论强调阐释语言的公共性，以阐释语言的公共性阐明、修正和发展了个体阐释、私人阐释和公共阐释的复杂关系：

> 语言的公共性确立个体阐释的开放意义。语言是公共思维活动的存在方式。生活共同体就是语言共同体。语言的规则必须统一，为语言共同体所遵守。没有规则的语言不成其为语言。语言是交流的。不能交流的音响和符号不是语言。以交流为目的的语言，必须为常人所理解。只有“公共语言”，没有“私人语言”。所谓“私人语言”，已经被历史和实践所否证。阐释是语言的阐释。有效的理解和阐释，以公共语言为载体和内容。阐释的合法性，以词语和规则的确定性为前提。文本的确定语境规定了阐释的确定维度，为语言共同体所接受。[1]

语言的公共性确定了文本意义生成的公共语境，它使共享、交流与可理解的阐释成为可能。在这个层面上，个体阐释成为可共享的阐释，也成了基于交流和理解的阐释。公共阐释论通过语言的公共性确立了阐释的历史性，也使阐释的主体成为历史的主体，从而避免了个体阐释、私人阐释与公共阐释之间的矛盾。在一次访谈中，张江教授提出，阐释首先是一种权力，但有了这个权力还不等于实现了这个权力，而是必须让越来越多的人接受自己的阐释，在相互对话交流中不

---

① 张江：《公共阐释论纲》，《学术研究》2017 年第 6 期。

断修正自己的阐释，“让自己的个体阐释变成公共阐释，即一种有理性、有倾向、目标大致一致的阐释”①。这也正是公共阐释所要追求的目标，公共阐释的反思性、建构性以及澄明性等理论特征在此意义上具有了美学层面上的价值。

作为一种阐释的美学，公共阐释论强调阐释活动和阐释行为的公共语境和公共空间，在解决了私人阐释、个体阐释与公共阐释的理论复杂性的同时，也给当代文本阐释学的理论建构提供了一种新的理论方案，那就是无论阐释是在何种意义上进行和展开，阐释的宗旨和最终目的都要回到阐释的文本的合理性及其限度上来。这也是作为一种阐释的美学的核心问题。在当代文学理论的发展过程中，各种理论思潮和理论流派只要是冠以文学理论和文学的阐释行为，都面临着文本阐释的合理性和限度问题。在这方面，西方学者曾经做出了深入的理论探讨，如美国学者保罗·德曼的《洞视与盲见》借对德国诗人里尔克诗歌的解读提出了阅读的修辞与寓言观念，认为文本意义阐释的过程是意义的不可见和遮蔽的过程，在这个立场上，文本阐释的洞见与盲视并存。其他学者如约翰·斯道雷（John Storey）、彼得·巴里（Barry P）、法国当代文化理论家安托万·孔帕尼翁（Antoine Compagnon）、美国学者杰弗里·J. 威廉斯（Jeffrey J. Williams）等，也都在晚近的文学理论探究中对文本阐释活动做出了较为深入的理论探讨，这也使阐释的有效性问题成为文本阐释的关键问题走向文学理论的前台。但综合来看，这些学者提出的文本阐释问题还没有走出“西方文本阐释理论在中国”的框架；在这种情况下，中国学者自身的阐释学理论建构尤其重要，我们需要的是一种对西方阐释学理论在借鉴、接受中融会贯通的创造意识，需要的是在面向当代中国文本批评实践中“有效把握‘中国经验’，恰当表达‘中国经验’，合理言说‘中国经验’”②。公共阐释论对阐释学基本问题的研究，其真正着力

① 张江、[英] 约翰·汤普森：《公共阐释还是社会阐释——张江与约翰·汤普森的对话》，《学术研究》2017 年第 11 期。

② 段吉方：《“中国经验”与当代中国文论话语体系构建》，《探索与争鸣》2016 年第 12 期。

处不是对西方阐释学理论和基本问题的一般概述，也不是对西方阐释学理论的单纯的反思批判，而突出的正是学理层面上的系统创造和思想层面上的体系建构，其独特的理论视角与鲜明的本位立场是这种阐释的美学的独具一格的理论创见，也是它吸引学界的地方。

公共阐释的新媒介表达*

陈　海**

随着中国经济的崛起，在文化领域构建中国特色话语体系成为中国学术界必须承担的历史使命。学院派和民间知识界已经前所未有地达成了共识，即话语的他者化不利于中国文化的发展和繁荣。国内人文社科领域近年来频繁组织学术讨论，开始对自身的理论资源进行反思，以期构建本学科具有中国特色的新话语体系。然而如何真正摆脱他者话语的桎梏，创构出独特的话语概念和逻辑，进而形成自己的话语系统，至今还没有取得重大理论突破。值得注意的是，张江教授于2014年底提出的强制阐释论①，对西方话语“强制阐释”中国经验的问题进行了深入揭示，引发了学术界对自身理论资源合法性问题的大讨论。2017年，张江教授又提出了公共阐释论，提出阐释应具有公共性，试图“建立具有中国特色的‘公共阐释’理论”②。从“强制阐释”到“公共阐释”，张江教授先破后立，希望通过对“阐释”的思考来构建中国话语体系的理论旨趣。他认为，要建构中国话语体系，首先要扫清旧话语体系的弊端，夯实共同的话语基础，进而提出

---

* 陕西省社会科学基金项目“陕西网络文学的产业研究”（项目编号：2017J038）；陕西省社科界重大理论与现实问题研究项目“陕西网络文学产业发展策略研究”（项目编号：2017Z038）；国家社会科学基金艺术学重点项目“网络文艺发展研究”（项目编号：16AA002）；中国文艺评论（西北大学）基地项目。本文原刊于《学习与探索》2018年第5期。

** 作者单位：西北大学文学院。

① 张江：《强制阐释论》，《文学评论》2014年第6期。

② 张江：《公共阐释论纲》，《学术研究》2017年第6期。

具有普遍性的话语概念。共同话语来自对于共同对象的阐释实践，因此公共阐释能够作为构建公共话语的基础。由此可见，张江教授提出的公共阐释论试图明确阐释的公共性，提倡生产并应用公共话语对文本进行合乎公共理性的阐释，对构建中国话语具有重大的理论意义。

然而遗憾的是，张江教授似乎并没有对当下话语生产和阐释活动的最重要场域——新媒介场加以关注。他有关公共阐释的讨论淡化了阐释活动的新媒介背景，或者说其讨论完全基于传统媒介场，是一套建构于传统媒介运动规律之上的话语实践活动。而公共阐释作为试图对当下话语实践进行理性反思又期望面向未来的理论构见，其思辨的生发与展开无法脱离当下话语实践的新媒介场域。当代新媒介环境由新的媒介生产、传播和消费技术构成，前所未有地深入个体的话语实践，必然直接影响个体和公共的阐释活动。因此，思考话语的公共阐释问题就必须界定它在新媒介语境下的具体表达。

一　“新媒介”的界定

1967年，美国CBS（哥伦比亚广播电视网）技术研究所所长，同时也是NTSC电视制式的发明者P. 戈尔德马克（P. Goldmark）发表了一份关于开发电子录像（EVR）商品的计划，其中第一次提出了“新媒介”一词[①]。1969年，美国传播政策总统特别委员会E. 罗斯托（E. Rostow）在向尼克松总统提交的报告书中，也多处使用“新媒介”一词。由此，“新媒介”这一提法开始在美国社会流行，并且在不久以后扩展到了全世界[②]。当前国内外研究者一般认为，“从传播史的角度来看，新媒介与‘旧媒介’也可以说是世事沧桑必然的推陈出新的相对概念”[③]。从内涵来看，新媒介指的是20世纪60年代数字技术兴起后，基于数字技术出现的互联网及其他数字化产品，尤

① 吴小坤：《中外“新媒介”研究综述》，《“全球化时代的电子媒体发展趋势”国际研讨会论文集》第1辑，中国国际广播出版社2008年版。

② 蒋宏、徐剑：《新媒体导论》，上海交通大学出版社2006年版，第12页。

③ 吴信训：《世界大众传播新潮》，四川人民出版社1994年版，第29页。

其是指万物互联、人机互联、走向人工智能的各类技术及产品。这些新数字媒介继承了之前媒介的一般属性，但却因自身的数字性而具有不同于以往的强大力量。

从外延来看，新媒介包括新传播媒介、生产媒介和消费媒介。新传播媒介是通过数字技术进行人际和公共传播的媒介，包括 QQ、微博、微信等；新生产媒介则指进行数字生产活动的媒介，主要指超大规模集成电路在各生产领域的使用，如数控机床、非线性编辑设备等；新消费媒介是指支持社会消费行为数字化实现的媒介，包括各类虚拟购物平台和相关 APP，如京东、天猫等。当然，传播、生产和消费行为并不是截然分开的，他们之间不仅存在着内在循环，而且存在着通过数字技术进行链接的必然。尤其是在消费社会语境下，传播和生产对消费的屈服，构成了以数字消费为核心的数字传播和生产格局。

很明显，我们这里指出的“新媒介”已经从人类几万年来生产生活赖以进行的“工具”这一意义中独立了出来。它不仅是一个“中介”，而且前所未有地为我们的生产生活构成了一个新“生态”；最重要的是，它已经成为当下生产的内在力量。因此，归根结底要受制于生产及生活的作为上层建筑的公共阐释理论就绝不能忽视当下的新媒介现实，也必须思考“公共阐释”如何在新媒介生态中切实展开。这不仅不是不证自明的，而且还存在着一些困难。具体表现在新媒介环境变迁、新媒介文本差异和新媒介主体重塑等三个方面。

二　人的心理结构与阐释公共性的形成

（一）新媒介环境的四大变迁

第一是媒介自身的变化。从模仿自然表象创造自然工具到利用自然规律创造出机械工具，再到基于现代数字技术制造出大量数字媒介，人类的媒介发展史就是人类对世界规律的认识史和对世界的改造史。这一变迁的根本原因在于社会生产的需要。变迁的逻辑路线是：社会生产刺激技术推陈出新，新技术不断衍化出新的媒介工具，新媒介工具制造我们生活世界中的各种器具及装置，它们又反过来影响我们的精神世界。

第二是媒介传播方式的变化。媒介自身的变化导致了其传播方式的变化。从传播史的角度来看，人类几万年的传播方式发生了远超动物传播方式的巨变。从最早使用简单符号到使用作为文字雏形的象征物，再到使用文字；从口语到书面语，再到印刷术提供的大量书籍；从电报到电话，再到电影、广播、电视直到今天的互联网，这些共同构成了人类令人惊叹的传播史。① 这一历史向我们昭示了媒介的力量：不同的介质不仅作为手段使传播更加便捷、更加广泛，而且更加有力地塑造着人类世界和人类自身。

第三是媒介效力的变化。媒介效力指媒介使用过程中所产生的各种影响我们生产与生活的力量。当代新媒介前所未有地改变了人际关系、人与自然的关系以及人与自我的关系。② 简单来说，新生产媒介正在改变人与自然的生产关系，新传播媒介正在重塑人际关系，而这些改变又对人的精神反思活动提供了新的具身性内在体验，改变了人的自我认知行为和结果。

第四是媒介效果的变化。媒介效果基于强大的媒介效力。当下新媒介的强大效力有可能颠覆作为反思活动顶峰的哲学、作为认识活动顶峰的科学乃至作为精神活动顶峰的宗教自文明时代以来的思维模式及其理论定位。自现代以后，哲学界、科学界及宗教领域十分重视技术问题，作为能够涵盖当代技术问题的新媒介问题，已经引起了广大研究者的关注。除了对媒介自身的生产、传播、仪式性等问题进行讨论外，媒介学者超媒介的研究主要集中在对媒介的政治经济学③、媒介与生态及文明（媒介生态学派）、媒介与大众流行文化④等方面。这些研究不断向我们强调的是媒介效果已经弥漫至整个人类活动的领域。

上述四个方面的变迁要求我们对个体阐释及基于个体阐释的公共

---

① ［加］戴维·克劳利、［加］保罗·海尔：《传播的历史》，董璐等译，北京大学出版社 2011 年版。

② 陈海：《当代美学的技术挑战及出路》，《中国文艺评论》2017 年第 12 期。

③ ［加］文森特·莫斯可：《传播政治经济学》，胡春阳等译，上海译文出版社 2013 年版。

④ ［美］劳伦斯·格罗斯伯格：《媒介建构：流行文化中的大众媒介》，祁林译，南京大学出版社 2014 年版。

阐释理论进行回应。遗憾的是，张江教授并没有对此进行讨论。

（二）“公共阐释”在新媒介环境中的表达

第一，“普遍的历史前提”的内容需要考虑新媒介生产活动。公共阐释是“阐释者以普遍的历史前提为基点”，而“普遍的历史前提”是指“阐释的规范先于阐释而养成，阐释的起点由传统和认知的前见所决定”①。阐释的这一“前见”从何而来？按照马克思的观点，阐释活动中属于意识形态的“前见”来自于人的生产，来自于人的劳动实践。那么再进一步，应该讨论这一生产的历史性。也就是说，并不存在一个抽象的“生产”，存在的是一个个具体的历史条件下的具体生产。如前所述，既然新数字生产媒介已经进入当代生产，那么它就应该被作为“前见”所由产生的重要根基性原因。如果不涉及新的数字生产方式，那么就不能真正理解当代生产，更不能理解生产中的人及他们的生活，也不能理解他们的精神世界，那么对他们“前见”的预设也就只能是脱离现实的、空洞无物的假设。

第二，“公共理性”的产生需要考虑新媒介的力量。张江教授指出，“公共理性”是“人类共同的理性规范及基本逻辑程序”②，是“呈现人类理性的主体要素，是个体理性的共识重叠与规范集合，是阐释及接受群体展开理解和表达的基本场域”③。也即是说，公共阐释的基础是“公共理性”，“公共理性”又是“人类理性”的主体要素，受到人类理性的规制。然而更进一步，“人类理性”（包括“个人理性”及建筑在个人理性之上的“公共理性”）又是从何而来呢？众所周知，“理性”一词有其自身的概念史演进，不同语言在对理性进行言说时会产生必然的内涵差异。即便不考虑理性一词本身的问题，仅从具体运用层面看，古希腊人、罗马人、中世纪的欧洲人、近代启蒙者乃至现代人，在使用理性一词时都各有所好，各有偏重。因此在一个严肃的哲学讨论中，如果笼统使用某一个理性内涵作为阐释

---

① 张江：《公共阐释论纲》，《学术研究》2017 年第 6 期。

② 张江：《公共阐释论纲》，《学术研究》2017 年第 6 期。

③ 张江：《公共阐释论纲》，《学术研究》2017 年第 6 期。

公共性存在的哲学基础，风险巨大。那么具体而言，当代的个人理性从何而来？从信息论和认识论角度考察，概念、判断、推理是否越来越依赖各种新媒介？麦克卢汉曾指出，“媒介即信息”①，他认为媒介不仅是承载着内容的载体，而且其自身也是内容。这种内容会变为我们理解世界的“新的尺度”：“任何媒介（即人的任何延伸）对个人和社会的任何影响，都是由于新的尺度产生的；我们的任何一种延伸（或曰任何一种新的技术），都要在我们的事务中引进一种新的尺度。”② 这一“新的尺度”③ 不仅具有审美内涵，而且通过审美方式造就了理解世界的新概念、新判断和新的推理形式，最终造就了新的“理性”。主体“理性”就这样在新媒介时代生成了。其内容当然与传统媒介环境下的“理性”不同。比如，阅读书籍和观赏影视作品在塑造主体理性方面也有巨大差异。这一点已经被众多学者所指出。同样，作为新传播媒介的代表，微信朋友圈具有新的媒介表现形式，带给用户交流、认识和理解的新标准，其结果是造成了主体理解世界的碎片化。因此我们可以确认，对于新媒介生态环境下的“公共理性”能否呈现传统媒介所没有的新内容不能一概而论。第三，“有边界约束”的实施需要考虑新媒介对“边界”的重塑。“有边界约束”指“文本阐释意义为确当阈域内的有限多元”④。很明显，“有边界约束”是对公共阐释进行范围性的界定。这当然是必要的。因为所有阐释活动，或更广义一点，所有人类活动都应该反思其“边界”问题。众所周知，新数字媒介正在打破原有各种活动的边界，而正在生成一个变化的边界或无边界的世界，这也正是后现代实践活动的典型特征。利奥塔曾指出：“‘现代’一词指称这种依靠元话语使自身合法化的科学。……我们可以把对元叙事的怀疑看作是‘后现代’。”⑤

① ［加］麦克卢汉：《理解媒介》，何道宽译，译林出版社 2011 年版，第 18 页。

② ［加］麦克卢汉：《理解媒介》，何道宽译，译林出版社 2011 年版，第 18 页。

③ 陈海、周艳艳：《麦克卢汉“新的尺度”论的审美内涵》，《廊坊师范学院学报》（社会科学版）2017 年第 1 期。

④ 张江：《公共阐释论纲》，《学术研究》2017 年第 6 期。

⑤ ［法］让－弗朗索瓦·利奥塔尔：《后现代状态》，车槿山译，南京大学出版社 2011 年版，第 4 页。

“边界”依赖元叙事建构起来，它的叙事实质上是现代思维的结果，而对“元叙事”的怀疑或者说对“边界”的否定性叙事才是当代话语实践的特征。因此，公共阐释所依赖的一个明确的“边界”是值得怀疑的。如果过分强调“边界”的明晰化，可能会引起外在力量对界内活动的强大规范，甚至造成现代意义上的话语霸权生成。

第四，可公度性的实现应该考虑新媒介对理解有效性的消解。“可公度”是指“阐释结果可能生产具有广泛共识的公共理解”①。公共阐释的公共性在于“广泛共识”。然而考察当代新媒介生态，尤其是新传播媒介产品，个体之间达成共识到底是更容易还是更困难了呢？答案恐怕是后者。如上文所言，新的传播媒介造成了大众对世界的碎片化理解。在依托互联网的各种大众交流平台，看起来每个人都可以平等自由的交流，然而每个个体的话语背景不同，交流平台不可能显示每一个特殊的话语背景，因此交流更容易造成误解，产生更多的分歧，更难达成共识。实际上，这样看似自由的交流平台并不自由，或者说，它并不比现实更自由。因为一个交互界面只是对人的完整交往的抽取，而并不是完整再现。另外一个证据可以从图像审美的角度发现：传播平台上美图的泛滥造成个体对现实图像审美阈值的上升，反过来压抑了个体对现实图像的审美认同，扩大了审美差异，更不利于现实审美认同。

三　新媒介文本的差异及公共阐释的表达

所谓“新媒介文本”，是指在新媒介平台上出现的各种文本组织形态，以网络文学为典型代表。新媒介文本最初并没有引起学界重视。后来学界逐步改变了新媒介文本“非文本”的定位，致力于发掘其符合传统文本的价值。以网络文学为例，学术界最初并不承认网络文学是文学，如今不仅普遍承认，而且还有较多学者进行研究。网络作家最初十分边缘化，现在各地文联和作协都成立了网络文学机构，部分知名的网络作家已经成了体制内人员。这当然是进步。不

① 张江：《公共阐释论纲》，《学术研究》2017 年第 6 期。

过，虽然上述做法有利于确立网络文学的合法性，但另一方面却可能是一种削足适履的行为：用传统文学的评价标准、人事组织关系来“套”网络文学，对其是否合适？这是一个值得讨论的问题。当然我们不能夸大网络文本与传统文本的差异，不能设置它们之间非此即彼的对立关系，要充分理解网络文本的复杂性①。但新媒介文本与传统文本的区别确实存在。从最初的欧阳友权、陈定家、黄鸣奋，再到吴长青、周志雄、周冰、许苗苗等，新媒介研究者普遍认同新媒介文本具有数字化、超文本、多媒介等②基本特征，这些基本特征构成了新媒介文本在阐释活动中的基本语境。既然作为个体阐释素材的文本已经发生了如此变化，那么从个体阐释到公共阐释就应该考虑新媒介文本带来的挑战。具体包括：

首先是数字化带来的挑战。新媒介文本基于数字技术进行生产、传播和消费。数字技术（Digital Technology）与之前模拟技术不同的是，它将各种信息转换为电子计算机能识别的二进制数字“0”和“1”后进行运算、加工、存储、传送、传播和还原，具有可集成化、精度高、易于储存、保密性好和通用性强等特点。正因如此，数字技术才可能迅速扩散为新媒介工具，成为新媒介实现的技术基础。新媒介文本实质上就是数字技术的产物，是数字技术生产、传播和消费的产物。就“阐释”而言，阐释活动面对的不再是一个存在于纸质媒介，基于视觉模拟信号的文本，而是一个存在于数字平台，基于数字信号的文本。从接受层面看，模拟信号文本与数字信号文本并没有实质上的区别。但是从生产和传播层面来看，基于数字信号的文本生产逻辑和传播逻辑与模拟信号文本截然不同。从生产来看，数字文本直接在数字平台生成，充分利用了数字平台的数字化生产和传播条件，因此对其“阐释”要考虑不同数字平台的特征；从传播来看，数字的可无限复制性为数字文本的传播提供了模拟信号无法达到的传播能力，因此对数字文本的阐释要面向考虑原本之外的无限摹本。这些摹本具有与原本相同的文本内容，基于“数字复制”而非本雅明所指

① 陈海：《媒介美学视野下的网络玄幻小说》，《中州学刊》2017年第10期。
② 欧阳友权：《网络文学概论》，北京大学出版社2008年版。

出的“机械复制”。这些都是传统的文本阐释没有遇到的新情况。

其次是超文本带来的挑战。所谓“超文本”（Hypertext）是指“一种非顺序地访问信息的方法，他通过‘超链接’的网络技术使读者可以在文本间任意跳跃和选择，使一个文本变成许多个文本”①。新媒介文本的“超文本”特征实质上取消了单个文本，形成了一个文本链。每个文本都是整体文本的一部分，“整体文本”由无数个别文本构成，成为阐释的大背景。然而所谓的“整体文本”具体包含的个别文本也是不确定的，只是依靠“阐释者”按自己的兴趣加工而成。因此“超文本”对公共阐释的挑战是，“阐释”意图面对的一个固定对象不存在了，对象存在于一个随意的“文本间性”之中。如果说阐释的公共性依赖阐释者在阅读中生成较为相似的“整体文本”，那么这种情况在超文本语境下将很难实现。

最后是多媒介带来的挑战。“多媒介”（Multimedia）可能实现的基础是数字技术编制的各种表达媒介（声、光、文等）之间具有强大的兼容性，因为它们都建筑在“0”“1”的数字运算之上。在技术上表现为各种多媒体插件的广泛使用。从感受结果上来看，各种表达媒介的混合造就了多媒介文本具有远超传统文本的“浸入性”和“交互性”。“浸入性”直接影响主体“浸入”对象的美感效果。公共阐释意图对文本进行阐释，就必须面对多媒介参与所造成的主体浸入式审美体验。交互性则扩大了阐释对象，因为交互不仅是主体与作为主体把握的某种语言对象的交互，而且包括文、图、声、像，需要动用人的视觉、嗅觉、触觉、味觉等各种感官能力。因此，新媒介文本的多媒介特征实际上消除了传统以语言为核心的文本意义构成方式，迫使阐释活动超越具体语言的界限。

四　新媒介主体的重塑及公共阐释的表达

“阐释”必然要预设一个阐释的主体，那么新媒介时代的主体到底是什么状态？借用张江教授指出的公共阐释六大特征：理性、澄明

① 欧阳友权：《网络文学概论》，北京大学出版社2008年版，第83—84页。

性、公度性、建构性、超越性和反思性[①]，我们提出以下围绕新媒介主体的问题，借以思考公共阐释的主体表达。

第一，新媒介主体会更理性吗？周宪教授曾在《技术导向型社会的批判理性建构》一文中，从装置范式的角度对主体建构问题进行了探讨。他首先采引伯格曼描述的装置在生活中泛滥的案例[②]，提出技术导向型社会的主体性问题。接着他回顾了海德尔格、法兰克福学派、韦伯、伯格曼等人提倡从技术之外（审美和艺术），以及斯蒂格勒从技术内部寻求解决的思路。周宪教授最后指出："在我看来，在一个技术宰制越来越强势的社会，在一个工具理性日益居于支配地位的文化中，重建并坚持韦伯所提出的价值理性也许显得更为重要。因为抵御技术的工具理性最有效的莫过于价值理性了。依照韦伯的界定，价值理性就是某种伦理的、美学的、宗教的'无条件的固有价值的纯粹信仰，不管是否取得成就'。"[③] 在笔者看来，周宪和韦伯提出的解决方案都是颇为无奈的：就如同康德用上帝存在来保证道德一样，他们对抗工具理性的方法也只能依靠一个并不可证明其坚实存在的信仰。尤其是新媒介时代的主体，一方面受到技术力量越来越强的宰制，另一方面被媒介平台摧毁了本来具有的、前现代的、地方性的信仰，直接被抛入没有信仰之基的技术世界，他们所谓精明、精致的理性就只能是工具理性了。因此，对于新媒介主体是否还有理性的问题，只能说新媒介主体确实有理性，但这个理性却不能支持阐释的"公共性"。

第二，新媒介主体能够更容易地对文本进行澄明性阐释吗？这个问题分两种情况，第一是新媒介主体对新媒介文本的阐释，第二是新媒介主体对传统文本的阐释。就前者而言，如上文所指出的那样，新媒介文本具有数字化、超文本和多媒介特征，因此对它的"自在性，即作者形诸文本、使文本得以存在的基本意图及其可能的意义"[④] 的

① 张江：《公共阐释论纲》，《学术研究》2017 年第 6 期。

② Albert Borgmann, *Technology and the Character of Contemporary Life*, The University of Chicago Press Year of Publication, 1985.

③ 周宪：《技术导向型社会的批判理性建构》，《南海学刊》2016 年第 3 期。

④ 张江：《公共阐释论纲》，《学术研究》2017 年第 6 期。

追寻将远比传统文本困难；而对于后者来说，新媒介主体在后现代文化影响下，善于标榜个性，惯于解构正统价值，因此对传统文本的阐释更不那么容易达到“澄明”。流行文化对《西游记》的各种解构就是一例。

第三，新媒介主体之间的“可共通性”如何实现？新媒介主体的阐释活动依赖新媒介环境，新媒介环境表面上似乎让大家都进入了一个共同的平台，可以平等地交流。然而当代媒介工具提供的交流并不能促进主体对世界的全面化理解，而是相反。各种媒介形式所塑形的信息造成主体对信息的碎片化（信息的不全面）和断裂化（信息之间的相互冲突）的理解。因此，新媒介主体的“阐释”与“接受”及“接受”与“接受”之间，反而因为巨量信息的碎片化和断裂化，因为生产流行信息的目的制约，主体虽然摆脱了非电子媒介的身体局限所带来的认知局限，却陷入新的认知混乱状态中。主体的“共通性”变得更加困难。

第四，新媒介主体建构公共视域更容易了吗？新媒介主体的个体视域属于“前见”。如上所述，它归根结底来自劳动实践。在当代则表现为新的媒介生产环境。由于生产环境的相似性，大量的新媒介对象因此存在大量趋同属性。这样一来，主体的个体视域也会较为趋同。趋同的个体视域为阐释文本提供相似的范式，结果可能获得较为一致的阐释结果。在此意义上，公共视域更加容易生成。然而这样形成的公共视域并不能够容纳一种有效的多元性，非常容易导致基于媒介生产控制的话语垄断，对文本阐释的真理性实现并不是值得庆幸之事。因此，新媒介主体从个体视域似乎更加容易获得公共视域，但媒介控制的风险不得不重视。

第五，新媒介主体的“超越”活动被推进了还是被阻碍了？张江教授公共阐释论的“超越性”是指“个体阐释最大限度地融合于公共理性和公共视域，在公共理性和公共视域的规约中，实现对自身的扬弃和超越，升华为公共阐释”①，那么在新媒介环境中，媒介是否推进了个体阐释的“扬弃和超越”，抑或阻碍了这一进程？笔者认

① 张江：《公共阐释论纲》，《学术研究》2017年第6期。

为，新生产、传播和消费媒介在这一进程中所起的作用各不相同。就生产媒介而言，因为距离阐释活动较远，所以它对个体阐释活动的超越只是较远地发生影响。但因为生产方式是理解活动的基础，所以新生产媒介也制约着超越可能的方式。

就传播媒介而言，它直接影响个体阐释的内容，对超越的影响也最为直接。新传播媒介有力地推动了个体阐释向公共阐释的超越。因为首先它提供了无数个体和个体进行阐释交换的可能。之前个体阐释的牢固性基础因此被动摇了。只要主体愿意，很容易就能够融入他者的阐释内容，获得对自我的升华。其次，它具有匿名性。匿名性解决了个体和他者进行阐释交换时阐释内容的产权问题。因此乐观地说，新传播媒介将有利于公共阐释的超越性获得。就消费媒介而言，它直接支持阐释的超越性获得。表面上看，所有的消费媒介都披着反对超越性的外衣，强调消费的个性。但实际上，大众消费从来都没有真正的个性。作为面对无数个体的消费媒介，它的内容恰恰需要超越个体需要，面向更加广大的整体。也就是说，无论传统消费媒介还是数字消费媒介，追求“超越性”都是其行为的内在逻辑。这就是消费媒介文本的悖论：表面个性与内在共性并存。因此推广至阐释活动，从个体阐释成为公共阐释在消费媒介中也体现了这一矛盾状态。一方面，每个个体的阐释都被暗示为个体化的；另一方面，每个个体都“不约而同”地获得了相同的阐释结果（购买行为）。这就是消费媒介的超越性展开。

第六，新媒介主体的反思活动如何进行？“反思性”是指“公共阐释不是纯粹的自我伸张，不强制对象以己意，而是在交流中不断省思和修正自身，构成新的阐释共同体。公共阐释与个体阐释对话交流，在个体阐释的质询中反思自身，校准和增补自身，实现个体阐释的公共性转换，生成新的公共阐释”①。新媒介主体的反思活动如何进行实际上可以分为两个问题。第一，新媒介环境会更有利于交流活动吗？第二，新媒介环境会有利于已经完成的公共阐释结果反思、校准和增补自身？毫无疑问的是，新媒介交流平台确实有利于主体之间

① 张江：《公共阐释论纲》，《学术研究》2017年第6期。

的交流活动。但对第二个问题，就不能简单肯定。因为交流活动的便利并不能自然而然地促进已有的公共阐释结果反思、校准和增补自身。凡是符号必有持存的本能，已有的公共阐释符号系统也有其存在惰性。因此，已经获得一定普遍性的公共阐释结果并不是那么容易改变自身。所以不能轻易认定交流必然会促进公共阐释内容的更新。

康德在《答复这个问题："什么是启蒙运动"》里寄希望于言论自由，否定通过暴力革命获得共同体思想进步之路。他强调，"通过一场革命或许很可以实现推翻个人专制以及贪婪心和权势欲的压迫，但却绝不能实现思想方式的真正改革；而新的偏见也正如旧的一样，将会成为驾驭缺少思想的广大人群的圈套"①。其实不仅是暴力革命，言论自由本身也并不能保证思想的进步，这就是康德启蒙思想在网络提供的更加言论自由的今天遇到的新挑战。康德启蒙的延宕不仅因为启蒙自身的复杂性，其根源在于作为印刷时代的意识形态，它具有视觉性局限、世俗性悖论和技术性困难。通过对麦克卢汉所述电子时代文化的听觉性、神圣性和技艺性的分析，它们或可成为电子时代启蒙的希望。这样，媒介学家麦克卢汉将进入启蒙问题，实现对康德启蒙的麦克卢汉延伸②。上述研究展示了一套话语符号系统艰难的反思之路。

在一个基于互联网技术，指向虚拟现实及人工智能的新媒介技术时代，公共阐释必须充分考虑新媒介及其造就的整个生产生活场。新旧媒介环境、文本及主体的差异充分提醒我们，公共阐释实现的可能性在于充分立足于新媒介生态，思考并实现公共阐释的新媒介表达。

---

① ［德］康德：《历史理性批判文集》，何兆武译，商务印书馆1997年版，第24页。

② 陈海：《康德启蒙的麦克卢汉延伸》，《西北大学学报》（哲学社会科学版）2015年第1期。

“公共阐释”论与现代视觉批评的审美逻辑*

张　伟**

经久以来，语言一直是构建文艺批评的主要符号，无论是西方文论体大虑周的高头讲章，抑或中国古代文论随性感发的诗词曲论，莫不如此。正是因为语言表征的普泛奠定了文艺批评场域中语言主导的通行模式，在某种程度上也遮蔽了诸如图像等其他表征符号参与文艺批评、构建有别于常态批评范式的事实。严格来讲，任何一种图像表征的背后无不隐含着图像创作者选择、分析、判断、加工的思维意识，体现出一定的批评性征。在以图像表征语言文本，实现语言文本的视觉转化时，图像不仅是语言文本的视觉再现，同时也构建了语言文本的视觉批评形态。随着当代文化的发视觉化程度不断加深，海德格尔“世界被把握为图像”① 的预言日渐成为现实，当图像表征成为现代文化生活的普泛景观时，视觉批评作为当下文艺批评场域的新兴样态愈趋常态，图像学对视觉性“象征价值”及其文化表征的发掘嫁接了视觉理论与视觉文化两个领域②。诚如王宁教授所言：“后现代主义之后的时代，批评的主要方式不再会是文字的批评，而更有可能的是图像批评，因为图像的普及预示了一种既体现于创作同时又体

---

* 本文为国家社科基金重大项目“马克思主义经典文艺思想中国化当代化研究”（项目编号：17ZDA269）的阶段性成果。本文原刊于《内蒙古社会科学》2018 年第 6 期。

** 作者单位：安徽农业大学人文社会科学学院。

① 孙周兴编：《海德格尔选集》，生活·读书·新知三联书店 1996 年版，第 899 页。

② 王艳华：《视觉文化的“视觉性”概念及其艺术史溯源》，《求是学刊》2017 年第 5 期。

现于理论批评的‘语像时代’的来临。”① 作为建构中国当代阐释学元话语的核心范畴，“公共阐释”论的提出既是对“强制阐释”的深度反思与批判，更是对“强制”之后文论建构理论真空的有效弥补，而视觉批评作为当下愈趋典范的阐释样式无疑是“公共阐释”多元意指中不可忽视的一环。换言之，建构以“公共阐释”为主体范畴的当代中国阐释学理论体系，自然不能忽视现代视觉批评与“公共阐释”之间的通约性机制，而考察现代视觉批评所隐含的“公共阐释”性征，无论是对佐证“公共阐释”这一核心范畴的现实生命力，抑或是深化对现代视觉批评的理性认知，都具有积极意义。

一 “公共阐释”论缘起以及图像参与“公共阐释”之可能

作为对当代中国阐释学元话语的创造性建构，“公共阐释”论的提出缘于对现代文论建构中“强制阐释”现象的深度反思与理论回应。严格来讲，张江先生提出的“强制阐释”论在中国文论发展史上并非首创，1990 年代热议的中国文论“失语”症乃至鲁迅先生早期提出的“拿来主义”等，从某种意义上也表达了大致相同的意旨，所不同的是“强制阐释”所指涉的范围更为具体与完整罢了。“公共阐释”论的提出一改以往学界“只破不立”的理论羁绊，从深度意义上切入建构中国当代文论话语的阐释机制问题。在张江先生看来，海德格尔、伽达默尔、德里达、罗蒂等西方学者所创立的现代西方阐释学理论体系追求一种反理性、反基础、反逻各斯中心主义的审美基调，倡导一种以非理性、非实证、非确定性为总目标的理论风格，而正是西方文论话语中的这一理论特质以及本土不切实际的盲目“拿来”造成了中国本土文论中“强制阐释”的核心痼疾。出于对中国现代文论体系“失语”的理论救赎，“公共阐释”论的提出正是以切入中国当代阐释学元问题、建构中国当代阐释学元话语为主要目标，

① 王宁：《当代文化批评语境中的“图像转折”》，《厦门大学学报》（哲学社会科学版）2007 年第 1 期。

基于本土化、主体性建构的理论立场来思考种探索当下文论建设的阐释机制及其理论生成问题。

就“公共阐释”的理论内涵而言，阐释之所以生成意义并形成社会效应首先在于它是一种公共行为，作为一种居间说话的方式，阐释成为贯通文本生产者与接受者意识重叠与思想交流的通道。诚如张江先生所言：“在理解和交流过程中，理解的主体、被理解的对象，以及阐释者的存在，构成一个相互融合的多方共同体，多元丰富的公共理性活动由此而展开，阐释成为中心和枢纽。”① 其次，阐释之所以被认可或接受还在于它是一种理性活动，阐释行为的生成、传播、接纳均需要理性的制约甚至主导，“在理性的主导下，主体间的理解与对话成为可能，阐释因此而发生作用，承载并实现理解和对话的公共职能。离开公共理性的约束与规范，全部理解和阐释都将失去可能”②。诚然，高扬阐释活动自身的理性特质并不是要抹杀感性因素在阐释过程中的积极作用，甚至可以说，启迪阐释行为的最初思维机制更多的是由感性意识所触发，而感性意识所积聚的思想观念必须经理性逻辑的判断、筛选、整合以及表达，使得对文本意义的感悟提升到阐释这一层面，就这一过程而言，理性自然是阐释活动不可或缺的组成部分。再次，“公共阐释”高度重视阐释结果的可公度性。所谓阐释结果的“公度性”是指阐释应基于公共理性建构的公共视域，生成一种具有广泛共识的公共理解，当然这种共识不仅仅是共时性的，同时还是历时性的，而后者是保证阐释具有艺术生命力的基础。无论是刘勰的《文心雕龙》抑或是司空图的《二十四诗品》，如果仅在作者创作的时代达成一定的共识，那么这种阐释样式仍然难以划归“公共阐释”的行列，其衍生的艺术影响力也将大打折扣。作为致力于建构中国当代阐释学原生话语的核心范畴，公共、理性与可公度无疑成为衡量一种阐释能否归入“公共阐释”的主要指标，或者说，任何一种阐释如果具备了公共性、理性以及可公度性，那么在很大程度上就可以将其视为一种公共阐释形态。

---

① 张江：《公共阐释论纲》，《学术研究》2017 年第 6 期。

② 张江：《公共阐释论纲》，《学术研究》2017 年第 6 期。

诚然，无论是指斥西方文论话语核心痼疾的“强制阐释”抑或是致力于建构本土化阐释话语的“公共阐释”，语言都成为其通行的基本表意符号，或者说，无论是“强制阐释”抑或是“公共阐释”，其话语表意的基本方式毫无例外的是语言阐释。作为人类表征世界的主要方式，图像凭依直观可感的形式书写与情真意切的在场体验一度占据着阐释世界的重要地位，或许是语言符号在阐释世界的过于主流，在某种程度上遮蔽了图像本有的阐释机制，使得阐释活动在一定意义上约定俗成地成就了语言符号的霸权，同时也使得图像有别于语言，而呈现的阐释性征被忽视。严格来讲，由于图像本身的直观性，其意义表征更接近“公共阐释”的指涉范畴，其建构的阐释机制更能体现出明确的公共性征。试想倘若没有佛教壁画的直观描绘，怎能如此深入地强化观者对佛教教义的理解？同理，如果不是小说插图、戏曲舞台演出的兴盛，又怎么能造就诸多文学作品走向经典、为广大受众普泛接受的事实？可以断言，视觉图像凭依自身的叙事优势建构了一定程度上语言符号无法比肩的阐释格局。

随着当代文化的愈益视觉化，图像表征凭依难以抵御的视像技术手段以及极其丰富的话语表现方式形构着当下文化生活颇为普泛的审美景观，从而也使得视觉阐释及其构建的批评形态成为当下文艺批评不可忽视的表现样式。倡导以“公共阐释”为核心范畴建构中国当代阐释学理论体系，自然不能忽视视觉图像在当下阐释实践中的客观存在，而考察视觉阐释本身所蕴含的“公共阐释”性征，贯通两者之间审美内涵的可通约性，自然成为“公共阐释”论审美指涉以及内涵拓展绕不开的理论话题。

二　现代视觉批评的“公共性”指向及其审美维度

作为一种居间说话的方式，“公共性”是阐释活动的基本要义，尽管阐释形态源于个体，以个体阐释的样式生发，但如果只局限于个体阈限而不为公众所理解或接受，那么这种阐释最终也只能沦为私人理解、私人话语，难以发挥阐释本有的价值职能。相对以语言为主导的阐释形态，现代视觉批评凭依电子、数字媒介的技术驱遣，从阐释文本的话语生产与接受两个层面强化了阐释本身的“公共性”维度，形构着语言阐释所不能企及的公共空间，从而创造了与传统语言阐释迥然有别的叙事机制与阐释效应。

一方面，现代视觉批评的文本生产遵循着集体创作机制与共识性的话语生成模式。作为对文本意义的理解与发掘，阐释活动离不开阐释者自身的思维生产与能动创造，阐释者的主体性征决定着批评文本意义延宕的审美走向。就语言阐释而言，无论是西方文论博大精深的话语体系，抑或是中国古典文论随性感发的审美范畴，其理论衍发的基本模式多为“一己之见”，亦即理论的生产者多为个人创作，个体意识成为批评文本意义生产的决定因素。张江先生认为，阐释活动的基本理路是从个体或私人阐释上升到公共阐释，亦即阐释的起点仍然是私人化的行为，阐释文本的生产也是个体创作的结果。今天看来，个人化的文本生产机制依然是语言阐释的通行模式，任何一种理论话语的文本创建其引发者多为个体批评者，即便是在批评文本的理论架构中不乏对他者理论观点的征引，但其文本的最终生成仍然取决于阐释者自身的主观意识。

与语言阐释的文本生成机制不同，现代视觉批评依托电子、数字传媒的技术支撑，以图像符号作为批评文本的主要媒介，其文本的生产已然超越了单一个体的实践阈限，集体合成取代个体独创成为现代视觉批评文本的主要生产方式。以当下热衷的文学改编影视作品为例，影视改编的背后无不隐含着以图像符号阐释文学文本的内在机制，可以说，文学作品改编为影视艺术的过程不仅是文学文本的视觉转化过程，同时也是文学作品的视觉批评过程，而影视作品本身无疑标示着视觉转化与批评的双重身份。就视觉批评的文本生成而言，任何一部影视作品的文本生产岂能是单一个体所能承载的？无论是导演、编剧、制片人，抑或是演员中的主角与配角，都是这一文本意义生产不可或缺的组成部分，每一生产个体凭借对文学作品的解读与思考，将其文本理解、审美体验以及主体观念投入到其所掌控的视觉文本生产场域中，而视觉批评文本的最终形成则取决于众多创作者的集体协商以及诸多批评意识的视点“整合”，并以一种共识性的话语加以呈现。就这一层面而言，现代视觉批评契合了“公共阐释”的

“公共”性征，集体性生产替代了个体的独立创作，而个体的审美实践又直接影响着批评文本的意义生产，“阐释活动的主体不是单独的人，而是‘集体意义上的人’，是一个深深植入公共理解系统的‘阐释群体’，这个群体而不是个人制约着文本意义的生成”①。这一集体性、集约化的意义生产机制及其所呈现的“公共”色彩已然成为现代视觉批评有别于传统语言批评的审美特征所在。

另一方面，现代视觉批评创构了更为普泛的传播空间与“公共”接纳。作为对文本意义的理性认知，阐释行为的成功与否取决于阐释文本在多大程度上为公众所接纳与认可，“阐释是经典形成过程中整合性的一部分。文本能否被保存下来取决于一个不变的文本和不断变化着的评论之间的结合”②。然而在传统社会的文化语境中，阐释文本的接受受制于社会生产力以及特定的文化权力关系的双重制约。限于知识层次的拘囿，语言阐释文本的传播与接受大多将普通民众排除在外，更多时候，语言阐释文本成为文人士大夫彼此之间文学唱和的底本，其与普通民众之间存在着一种天然隔阂。“文学作为社会一种较为普泛的表意形式，其所代表的符号资本仍然表现出一定的稀缺性，文学文本的创作和拥有被垄断在少数掌握文学创作技能的知识精英手中，这些知识精英凭依自身所拥有的文化资本与社会资本，在社会空间借助舆论或清议的方式来实现自身的话语权力，施加社会影响力。”③ 文人士大夫凭依对语言符号的独占性，享有控制社会空间的话语权力，同样，语言阐释文本也正是因为这一独占性而丧失了更为普泛的传播空间。不仅如此，相对于图像表征而言，语言符号本身体现出更为明显的地域特征和民族属性，不同文化场域、不同民族身份的人在一般情况下对他者语言的接受是相当困难的，例如一个不懂德语的人对康德、黑格尔理论体系的把握要困难得多。这就意味着语言阐释文本创造的接受空间是有限的，它受制于接受层面的知识修养、

① 张江：《公共阐释论纲》，《学术研究》2017 年第 6 期。

② ［荷］佛克马、［荷］蚁布思：《文学研究与文化参与》，北京大学出版社 1996 年版，第 22 页。

③ 张伟：《从“技术驱遣”到“体制建构”——现代视觉传媒艺术的权力运作与叙事策略》，《现代传播》2016 年第 5 期。

文化资本、民族身份以及自身所属的文化属性等多重因素的规约，进而直接影响着语言阐释文本的公共传播。

相对语言而言，图像本身的直观可感造就了图像接纳的相对便捷，语言接受的多重制约因素在图像感知中的影响力在某种程度上是有限的。帕诺夫斯基将“图像阐释”的过程划分为三个层级，第一层级是图像的“初级的或自然的主题”，第二层级是“从属的或俗成的主题”，第三层级是“内在的意义和内容”。[①] 尽管图像表意因自身的主题与形式特征可能产生不同的接受效应，并非所有的图像都为大众所接纳，但就帕诺夫斯基所言的第一层级而言，“初级的或自然的主题”仅仅涉及图像最基本的视觉事实，更多地体现为图像本身的形式要素，人们通常凭依“形式直觉”在一定程度上是可以了解图像本身所指涉的意义。就这一点而言，图像带来的认知空间要比语言自由广泛得多。当然，形式上的直观可感并不意味着图像表意的天然普泛，与文学一样，传统社会由于生产技术的相对落后，图像一度成为相对稀缺的文化资源，尤其是那些带有仪式崇拜特征的图像多为少数文化精英独享，普通民众对图像资源的接受同样存在着经济与社会阶层的限制。

视觉阐释“公共空间”的开启在很大程度上得益于机械复制技术的广泛运用。“现代复制方式所做的事情就是摧毁艺术的权威性，解放它——或更准确地说，就是将其所复制的图像与其任何收藏分离开来。因为这是在历史上首次使艺术形象成为短暂的、无处不在、非本质性的、可接近的、无价值的和不受限制的了。”[②] 随着电子、数字媒介的发展，图像阐释及其构建的视觉批评样式愈发普泛，技术复制手段的便捷降低了视觉接纳的准入门槛，被视为文化资本的图像资源愈发成为现代主体唾手可得的审美对象，图像日渐成为当下社会生活中大众日常文化消费的常态符号。而现代视觉传播的技术优势又使得图像传播更具真切感与说服力，从而使得现代视觉批评的“公共”

① Erwin Panofsky. *Meaning in the Visual Arts*, *Garden City*. New York: Doubleday Anchor Books, 1955, p. 33.

② JohnBerger. *Ways of Seeing*. New York: Penguin, 1972, p. 32.

影响力更为强盛，产生的审美效应更易被接纳。

三　现代视觉批评的感性在场及其潜在的理性规约

如果说“公共性”是私人阐释通向社会阐释乃至公共阐释的必要环节，那么理性则是确保这一阐释最终成为有效阐释的先在前提。作为阐释活动的主体，理性是人类个体普遍存在的基本属性，个体之间的信息传递与交流在很大程度上依赖于理性意识的主导作用，可以说，失去理性意识的介入与规约，个体之间的交流与理解将变得不再可能。当然，公共阐释论中的理性并非是个体理性的简单指涉，而是个体理性在与外在世界的互动联系中对某类阐释对象所形成的一种理性共识，是个体理性的通约化交集。

作为传统阐释的通行符号，文学批评及其征用的语言符号一度比文学创作及其使用的语言更富有理性色彩。不可否认，任何一个文学批评家进行文学批评的首要前提是对文学作品展开审美体验，亦即以文学的方式阅读文学作品，以审美的态度观照与体验文学作品创建的形象世界，只有在获取真切的审美体验之后，批评家方才获得批评作品的权利。如果批评家止步于此，那么他只能算做文学作品的欣赏者，文学批评家只有跳出对作品艺术形象的一般性感知，抛弃个人偏爱与情感倾向在批评过程中的侵扰，并将对作品的感性欣赏与体验上升到理性的分析与评判层面，从而得出一种客观、公允的理性结论，方才真正构成文学的批评样式。诚如普希金所言：“批评是科学，批评是揭示文学艺术作品的美和缺点的科学，它是以充分理解艺术家或作家在自己的作品中所遵循的规则、深刻研究典范的作用和积极观察当代突出的现象为基础的。”①

相对语言而言，图像凭依其直观可感的意义书写和情感表达降低了文本接纳的准入门槛，形构了一种比语言更具接受性与便捷性的叙

① ［俄］普希金：《论批评》，《古典文艺理论译丛》，人民文学出版社1961年版，第153页。

事符号。语言接受过程中的推理、想象、涵咏、联想等思维意识在图像叙事的平铺直叙中似乎荡然无存，很多时候对图像意义的接纳仿佛由感官接触便可完成。更为关键的是，现代图像叙事的本体建构通常是以声音元素的加盟为基本特征，声音“是区别于视觉影像的另一种影像，而它们是可被听到的，是一种视觉影像的新维度，一个新构成元素”①。作为一种直观形象以及情感化的叙事元素，声音表意本身所代表的就是一种在场的直接关注、一种情感的直接抒写，由“图—声”构建的现代图像叙事自然强化了表意效应的感性力量。周宪教授曾用“静观”与“震惊”两个概念来描述传统视觉范式与现代视觉范式之间的差异，在他看来，以观画为代表的传统视觉范式强调的是“静观”的审美体验，这是一种沉思默想或凝视状态带有理性特征，主体与所看对象之间保持着某种距离，主体始终处于一种平静的、沉思的思维状态。而“震惊”更多地发生于以现代影视为代表的现代视觉范式的接受过程中，主体与所看对象之间是一种即刻性的、转瞬即逝的动感状态，连续的现代影像不断以后面的形象消解着前面的形象，很多时候主体在对影像的接受过程中迷失在所观对象之中，几乎容不得片刻的思考与反省。② 现代影像的动感直观与情感在场的确佐证了现代视觉艺术的感性立场，从而也造成了对图像表征在批评场域适切性的质疑——感性元素是否成为现代图像叙事的主导机制？饱含感性色彩的图像叙事能否适切于文艺批评场域客观、公允的理性诉求？严格来讲，现代图像叙事的表意机制的确强化着感性主导的审美特征，然而对感性的张扬并不是以牺牲图像叙事的理性为代价的，换言之，现代图像叙事仍然规约于理性的潜在逻辑，崇尚感性的审美诉求无法遮蔽现代图像叙事内在的理性本质。

其一，现代图像文本的意义生产潜隐着创作者多重化的思维意识与文化权力关系。尽管现代视觉图像倾向于以激发快感和释放欲望作为自身常态的审美特征与叙事策略，但就视觉文本的意义生产而言，

---

① ［美］汤姆林森·霍尔曼：《电影电视声音：录音技术与艺术创作》，姚国强译，华夏出版社 2004 年版，第 4 页。

② 周宪：《视觉文化的转向》，北京大学出版社 2008 年版，第 55 页。

任何一种图像的创作无疑都凝聚着图像创作者的思维意识与审美观念，将什么或不将什么纳入到图像的表征体系取决于图像创作者的主观意志、价值判断和理性选择。贡布里希在谈及绘画时指出：“绘画是一种活动，所以艺术家的倾向是看他要画的东西，而不是画他看到的东西。”① 与以绘画为代表的传统视觉范式相比，现代视觉艺术的主流符号多是视觉影像，拍什么、怎么拍不仅受制于表征内容的需要，更取决于摄录者镜头的调制，摄录者总是依据自己的审美判断与价值取向将他认为不需要的视像信息排除在镜头的画框之外，而保留他所认可的可以体现表征主题的视觉信息，而这一遴选与保留的背后无疑溢动着摄录者依据个人的主体观念、价值取向、审美旨趣所作出的判断、分析、比较、推理等理性思维。不仅如此，影像摄录者还可以凭依多种技术元素来隐性规制视觉信息的审美呈现，镜头的景别选择、取景视角、画面快慢镜头的处理以及蒙太奇的剪接加工等技巧都是影像创作者切入图像意义生产理性思维的多元体现。例如在球赛直播过程中，对球员进球动作的重复播放、慢镜头回放、定格化处理、特写镜头的运用等无疑都隐含着影像制作者基于主体情感的理性处理手段。作为依托于图像的批评样式，现代视觉批评相对于语言批评更富有精神表征和情感张力，但批评文本的意义生产绝非感性因素所能主导的，理性同样是规约图像文本叙事的核心力量。1987 版与 2010 版电视剧《红楼梦》的不同编排体例在某种程度上就表明了两个剧组对《红楼梦》情节结局的认同性差异，这一认同性差异代表着影像制作者亦即批评者对小说情节结构不同的理性判断与价值思考。

其二，现代图像文本形构了多元化的形式修辞与隐性的意义指涉。以语言为主导符号的文学作品建构了多元化的修辞形态，从而创构了字面意义之外的深层意指。现代图像文本基于线条、色彩、光线、块面等形式元素，协同语言、声音等媒介符号，在现代科技媒介的技术支撑下创立了多元意指的形式关系，这是不同于语言修辞的另类修辞，是一种形式修辞，抑或罗兰·巴特所谓的“图像的修辞”。这一形式修

① ［英］贡布里希：《艺术与错觉》，浙江摄影出版社 1987 年版，第 101 页。

辞的主要目标是关注“图像如何以修辞的方式作用于观看者”①，亦即承认依赖于图像元素之间的关系可以建构一种潜藏于图像文本表层、指涉系统之外的含蓄意指。毋容置疑的是，这种形式层面的修辞手段普泛存在于现代图像文本的叙事中。尽管观看的视线在接触视觉对象的刹那就可以捕捉到视觉对象粗略的结构特征，但如果需要破解图像形式层面形构的修辞意指，单凭视知觉的初步接受与判断是难以实现的。正如阿恩海姆所证实的那样，“视知觉”与“思维”不是分立的、平行的，而是由视觉意象建立了对接关系，正是基于视觉意象的生产性认知潜力，“视知觉具有了思维力”②，正是凭依着思维理性的作用，视觉主体方才实现对图像形式含蓄意指的深层解读。就现代视觉批评而言，图像主导的批评形态脱离不了形式元素的修辞指涉与意指建构，无论是否为图像创作者有意植入，图像文本本身形式元素的多元组合无疑强化了形式修辞及其图像歧义的可能，破解图像文本形式组合所构建的意义符码、切入图像文本深度层面的含蓄意指、充分发挥视知觉的理性职能自然是图像解码绕不开的环节。

其三，现代图像文本的意义接纳受制于文化语境的隐性规约。作为对外界事物常态的认知与接纳方式，视觉接受不是一种消极、被动的信息接纳行为，而是一种目的性很强的形式感知，“它不仅对那些能够吸引它的事物进行选择，而且对看到的任何一种事物进行选择”③。在现代社会，视觉行为已然弱化了人的自然生理本能，看、看什么、看到什么不再是一种自然行为，而是有着复杂内容的社会文化行为，换言之，现实的文化体系总是以各种方式支配着日常的视看行为及其所见对象。费斯克指出：“看制造意义，它因此成了一种进入社会关系的方式，一种将自己嵌入总的社会秩序的手段，一种控制

---

① Helmers M., Hill C. A.. *Defining VisualRhetoric*, *Mahwah*. NJ.: Lawrence Erlbaum Associates, Inc., 2004, p. 1.

② ［美］鲁道夫·阿恩海姆：《视觉思维》，滕守尧译，四川人民出版社 2005 年版，第 47 页。

③ ［美］鲁道夫·阿恩海姆：《艺术与视知觉》，滕守尧译，四川人民出版社 2001 年版，第 49 页。

个人眼下的个别社会关系的手段。”① 正是因为视觉与文化语境之间的紧密关联，任何图像文本的意义接受自然脱离不了特定文化语境的隐性规制。严格来讲，任何一种传播实践客观上都需要传播者与接受者在一个相对稳定的接受语境中展开信息传递活动，视觉符号同样如此。由于现代图像符号表意的不确定性，结合一定的文化语境进行图像接受可以形成对图像意义的“锚定”效应。换句话说，语境的出场有助于意义的区分与识别，强化对图像符号意义阐释的引导与限定，使视觉接受能够遵循某种共享的认知框架与领悟样式，实现文本接受层面的意义重构。从某种程度上说，只有将图像符号置于特定的文化语境关系中，才能避免图像意义阐释过程中的意义滑动与漂移。结合特定的文化语境展开图像文本的意义阐释，其内在的理性主导机制不可言喻，图像文本的多元意义体现与现实文化语境的比照与对应及其两者逻辑关联的有效构建绝非简单的感性思维所能完成的。

诚然，尽管凭依现代传媒的技术支撑，视觉图像的感性直观更为凸显，但毋容置疑的是，理性思维依然成为现代图像表征不可忽视的重要元素，尤其是对图像含蓄意指的植入与解读，更非直观感性的审美机制所能掌控，正是因为理性因素的隐性规约，使得现代视觉批评拥有了语言批评本有的深度，从而成就了现代视觉批评切入公共阐释指涉范畴的可行性。

四　现代视觉批评的“可公度性”及其理性反思

经久以来，语言符号主导的文学批评因其话语生成的地域性征、文化观念以及审美偏好衍生出不同的表现形态，不同的批评形态构筑了自身通行的传播场域，任何一种批评话语的异域接纳都非简单的语言引介所能完成，很多时候，批评话语的征用因语言思维、文化观念以及主观理解的差异而产生背离文本原意的解读，这也是引发“强制阐释”现象的重要根源。追逐一种广泛意义上的共识性理解，亦即形

① ［美］约翰·费斯克：《理解大众文化》，陆道夫译，中央编译出版社 2001 年版，第 223 页。

成阐释的“可公度性”遂成为衡量一种阐释形态是否具有生命力的标志性符号。正因为如此，公共阐释将阐释行为的“可公度性”列为评价阐释效应的有效指标，也正是这一“可公度性”成为现代视觉批评列属公共阐释指涉范畴最为鲜明的审美表征之一。

认同阐释的“可公度性”其前提是认证公共视域的存在，这是阐释得以产生公度的基础。而公共视域则是民族共同体在历史传统与存在诉求基础上所达成的基本共识，是公众意见的整合与提升。相对于语言符号，图像表意所形成的公共视域无疑要广泛得多，如果说民族性是语言阐释的基本表征，也是语言阐释难以逾越的传播障碍，那么图像阐释在很大程度上则属于一种跨民族、跨文化的传播符号，这种跨民族、跨文化的传播不仅是共时性的，也是历时性的，即便不在同一个时空维度，图像符号的意义指涉几乎保持不变，现代接受主体解读明清小说、戏曲的插图即是如此，对西方中世纪宗教壁画的审美接受亦是如此。正是这一接受层面的无壁垒属性造就了图像叙事共识效应的广泛性，从而形成了比语言表征更为普泛的公共视域与审美共识。

不仅如此，以图像表征为主导的现代视觉批评在缔结“公度性”特征上比传统的图像走得更远。一方面，现代视觉传播通常是图—声协同叙事的产物，声音的情感在场极大地提升了图像表征的叙事效应，视听一体的审美体验弥合了单纯图像表意所欠缺的意义深度。近百年前，本雅明针对艺术摄影就产生过这样的反思。他指出：“照相机记录了人的相貌，却没有把他的眼神反馈给他。”① 静态的图像尽管直观可感，却在机械复制中抛弃了本应具有的“韵味”，而这一最易契合接受主体灵魂深度的特征在现代图—声的组合叙事中得以再现。试想，有什么能比感发个体情感更能产生共鸣的事物呢？另一方面，现代视觉图像的先入为主形成了审美意象的定格化，进而以通行符号的方式进行广泛传播。如果说对语言文本的阐释离不开接受个体的涵咏、想象、联想乃至推理，进而形成一种主观性的审美意象，限

① ［德］本雅明：《发达资本主义时代的抒情诗人》，江苏人民出版社 2005 年版，第 154 页。

于个体本身的主观意识与审美体验，即便对语言文本的阐释能够在某一程度上达成共识，但其内在的审美接受仍然存在着差异，换言之，“一千个读者就有一千个哈姆雷特”在语言阐释过程中始终存在。视觉批评则不然，它在语言文本的视觉转化中将语言文本的意象进行定格，以一种先入为主的影像设计强行推介特定的审美意象，并以一种共识性存在进行传播。例如，由陈晓旭饰演的林黛玉、由六小龄童饰演的孙悟空等形象可谓家喻户晓，成为难以颠覆的视觉经典，这种视觉的定格化更有利于接受层面共识话语的形成，其产生的“可公度性”自然不言而喻。

百余年前，王国维先生就慨叹，“凡一时代有一时代之文学”①。文学发展如此，文艺批评亦如此。从 1990 年代对中国文论“失语”的理论思考到近几年“强制阐释”的多元批判，再到“公共阐释”理论的孕育与生长，其间不无国内学界有识之士对建构本土阐释话语的迫切意愿。然而，无论建构怎样的阐释理论体系，现实性与时代性始终是文艺批评不可忽视的理论基点。随着当下文化的愈发视觉化，视觉批评日渐成长为一种显性的批评形态，推动语言批评研究向视觉批评考察的有限转向，不仅是对文艺批评现实性与时代性的有效回应，也是建构当代中国阐释学理论体系不可回避的现实话题。

---

① 王国维：《宋元戏曲考》，中国戏剧出版社 1999 年版，第 1 页。

何以达成大众批评的公共阐释性

——批评言论信用体系建立初探*

贾　洁**

如何保持大众传媒社会的多元和理性发声，是当下研究的重要话题。笔者将借助张江教授的“公共阐释”理论来对该问题进行尝试解决。公共阐释命题是张江教授在《学术研究》2017 年第 6 期所发《公共阐释论纲》一文中率先提出的，张江指出：“公共阐释的内涵是，阐释者以普遍的历史前提为基点，以文本为意义对象，以公共理性生产有边界约束，且可公度的有效阐释。”随后在该刊同年第 11 期又刊发《作为一种公共行为的阐释——张江与迈克·费瑟斯通的对话》与《公共阐释还是社会阐释——张江与约翰·汤普森的对话》的访谈，明确了公共阐释的几个根本性特征：公共阐释是理性阐释，是整体性阐释，是公度性阐释，是反思性阐释，是建构性阐释。

特别是这两篇访谈，引发了笔者希望解决的社会大众话语的情绪性、偏激性与专业话语的客观性、科学性之间的协调问题。在访谈中，费瑟斯通强调阐释的开放性，认为要让知识取得进步，就要有竞争和冲突，更好的论点才会胜出，因此，阐释需要批判和怀疑的态度。汤普森则强调阐释的冲突性和社会性，认为公共阐释本质上就是社会阐释。张江回应指出，他赞成阐释的开放性，亦了解阐释中的冲突是一种普遍现象，但他所说的公共阐释不等同于社会阐释，而是经由公共理性淘洗过滤后的阐释，即“从多元的、碎片化的、矛盾的、

---

* 本文原刊于《南京社会科学》2018 年第 5 期。

** 作者单位：中国社会科学院文学研究所。

冲突的、无序的（社会）阐释，逐渐形成或上升为相对统一的、相对稳定的、可分享的、可达成共识哪怕是妥协性共识的那种社会整体的（公共）阐释”①。

随着以智能手机为代表的移动传媒发展的日新月盛，新闻类、社交类等手机应用客户端正在发展成为“社会阐释”的重镇。《中国移动互联网发展状况及其安全报告（2017）》指出，2016 年中国境内活跃的手机上网号码数量达 12.47 亿，较 2015 年增长 59.9%。打开手机上的微博、微信或者任何一家新闻、视频 APP，都可看到来自五湖四海的随时在线的数目庞大的言论群体。某些时候，他们的批评话语能够左右事件的进展和影响社会的信任度。笔者暂将此类公众言论领域中的社会阐释统称为“大众批评”，本文即以这种广泛意义上的“大众批评”为例论述其上升为自觉的公共阐释需要面对的问题以及须采用的方法。

一　“共识”之分歧与“理性”的暧昧

公共阐释最核心的话题是在社会阐释的多元和冲突中寻求共识和理性，在社会阐释基础上进行公共理性建构。细读张江教授与西方学者的对话，不难发现，对“共识”和“理性”问题的探讨占据了大部分的篇幅。由“社会阐释”上升为“公共阐释”需要首先直面这两大问题。

汤普森较为反感所谓的共识，尽管他承认某些信条可能有广泛共享的基础，但社会空间终究是“由不同程度的共识和分歧组成的”②。张江在共识问题上立场相对强硬，但描述的措辞是“相对统一”“妥协性共识”等，可见，他并未否认分歧。笔者的疑问在于，共识是否只能是对某一问题的单一解答？“在某些问题中分歧必然存在”是否

① 张江、［美］约翰·汤普森：《公共阐释还是社会阐释——张江与约翰·汤普森的对话》，《学术研究》2017 年第 11 期。

② 张江、［美］约翰·汤普森：《公共阐释还是社会阐释——张江与约翰·汤普森的对话》，《学术研究》2017 年第 11 期。

也可成为共识呢？以《三国演义》“街亭失守，司马懿大军兵临城下，诸葛亮以空城计退敌”故事为例，通过检索查阅，我们可发现大众批评话语至少存在三种主要阐释：其一，诸葛亮足智多谋，利用司马懿多疑的性格而稳操胜券；其二，此计纯属诸葛亮的投机行为，是一场军事赌博，完全不值得褒赞；其三，司马懿并非没有看穿空城计，他选择退军是因为他深谙“敌国破、功臣亡”的道理，而诸葛亮敢用此计，也是因为他知道司马懿是个聪明人，故此乃两位军事奇才的惺惺相惜。可见，大众批评对“空城计”的阐释并未达成共识，无论通过文献考证或文本分析得出哪一种观点偏真，抑或无法判断，似乎都无伤大雅。对于某些问题的共识，打个不恰当比方，就好比对待一个患有多重人格障碍（DID）的人，如在治疗中执着于引导保留某一种主导人格而消灭其他人格，那么轻则激化冲突，重则导致形神俱灭。只有鼓励各分离人格进行交流，才可能达到整合的目的。

据此，笔者认为，“共识”不止于单一的、终极的认识，还应包括对分歧必定存在的共识。张江提出公共阐释中的共识问题，是有着鲜明现实用意的，那就是试图在消费文化极度膨胀、伦理失范、众声喧哗的当下重新寻找到某种规范。他强调共识，根本原因在于对理性的信任或者说信心，对“理性”的见解是他与两位西方学者相持不下的第二个问题。

自古希腊以来，强调“理性”的力量的哲学家不胜枚举。柏拉图在一系列哲学对话录中详尽地阐明了，一种完美的、明晰的秩序隐藏在杂乱无章的日常世界的背后。亚里士多德随后以本体论的方式强化了柏拉图的理性主义，在他那里，理性被看作人类品格的最高部分，认为人的真正本质就是他的理性智慧，科学、哲学、形而上学等成了理性的代名词。黑格尔则把西方的理性主义发展到自己的极限和顶峰。谢林也曾经分外看重理性，他在《世界时代》的导言中表达过希望通过理性思索而确定不容置疑的真理的想法。[①] 卢卡奇在其《理性的毁灭》中可谓以彻底的理性精神批判非理性主义，斥责德国非理

① ［德］谢林：《世界时代》，载《自由的深渊》，王俊译，上海译文出版社 2013 年版，第 125 页。

性主义催生了法西斯主义。又如，马克斯·韦伯的二元范畴“工具理性”和“价值理性”名满学界，工具理性是指人的社会行为以能够计算和预测后果为条件来达到目的；价值理性是指人的社会行为以不计后果地遵从某些价值信念而行事。① 但我们应当注意到，作为“理性”对立面的“非理性”从未俯首称臣。

韦伯同时指出，在工具理性和价值理性之外，还存在着两种非理性行为，即自觉或不自觉地遵从风俗、习惯的传统行为，以及受感情影响的情绪化行为。行文至此，笔者不禁想问：“理性与非理性的界定果真如此泾渭分明吗”？如以电影《嘉年华》为例，其中一个受害儿童的父母被加害人用金钱收买，准备放弃诉诸法律手段，其理由是：加害人进监狱，我们孩子什么都得不到，还不如让他赔偿，把孩子送去学费昂贵的私立学校，他们认为这是在为孩子着想。这对父母的行为典型地受到工具理性支配。但放弃法律手段追究罪犯责任，在一般人看来则是非理性行为，是无法被容忍的。翻阅优酷视频该影片评论区的大众批评，可看到如下留言：“我建议对那些强奸未成年的处以死刑”，“（给罪犯）身上绑定位器和证明自己是强奸犯的手环”，“在脸上刻字”，“死刑太仁慈了，千刀万剐才好”；“支持凌迟”……② 我们不禁想问，这些愤怒的话语，到底是非理性的，还是站在正义角度遵循了价值理性？又比如 2013 年 9 月 24 日，云南省大关县法院对郭玉驰强奸幼女案做出一审判决，判处郭玉驰有期徒刑 5 年，不承担民事赔偿责任，这有如《嘉年华》现实版的量刑，法律到底是理性判决还是遵循了习惯的非理性判决？

可见，理性与非理性的划分在很多情况下具有含混性，是无法一望而知的。不仅如此，理性与非理性之间还有转化的可能。费瑟斯通在与张江的对话中讲到韦伯的新教伦理概念，韦伯认为，主张控制自身欲望的新教伦理催生了资本主义，反讽的是，资本主义发展起来后却吞噬了新教伦理。也就是说，理性的目标带来了非理性的后果。而

---

① ［德］马克斯·韦伯：《经济与社会》上卷，林荣远译，商务印书馆 1997 年版，第 57 页。

② http://v.youku.com/v_show/id_XMzIyODQ3NjE3Mg==.html.

在另外情形下，某些看似非理性的行动回过头去看时其实又是理性的。如对深受非理性主义思潮影响的现代主义与后现代主义文学的评价，美国伊哈布·哈桑教授在1971年所著《奥菲斯的肢解：通向后现代主义的文学》中，认为后现代主义乃现代主义的继续。1979年，哈桑改变了自己的观点，认为后现代主义已成为与现代主义对立的思潮。据1990年艾斯顿逊所著《现代主义的概念》，哈桑“如今把通常归诸于现实主义的特色，归诸于现代主义了”。[①] 换句话说，哈桑认为现代主义作品非理性表现的背后存在着深层的理性。爱尔兰剧作大师塞缪尔·贝克特的《等待戈多》，1953年1月该剧在巴黎首演时遭遇滑铁卢，演出尚未结束，观众便成群结队离场，并嘲笑它的荒唐。直到后来，人们才感受到它的魅力，认为它揭示了人生和世界的痛苦，用卢卡奇的话说就是，“使那些不能也不愿意超越其个人的此在的体验转而面向客观性，探讨其自身的社会历史原因的人们，认识到战后帝国主义的现实”[②]。

可见，理性也有自身的局限。不过，张江在不断完善自己的公共阐释命题。他指出，公共阐释是理性阐释，同时还是整体性阐释和反思性阐释。为此，张江举了盲人摸象的故事加以说明：“大象不是大象的耳朵，不是大象的尾巴，不是大象的腿，也不仅仅是它的躯干，而是一个综合体，是一个整体。所以，为公共所接受的，或者说能够比较准确地说明对象的全部要素和整个结构的阐释，一定是整体性的阐释。”[③] 对于反思性阐释，张江解释道：“只要你坚持平等的态度，就要允许别人怀疑你、质询你。其实，无论来自公众还是个体、个人，怀疑、质询本身就是一种反思。”[④] 如果说“理性”这个概念有些抽象，那么“整体性”和“反思性”就如同“理性”的左膀右臂，

---

① Astradur Eysteinsson, *The Concept of Modernism*, Ithaca: Cornell University Press, 1990, p. 129.

② ［匈］卢卡奇：《理性的毁灭：非理性主义的道路——从谢林到希特勒》，王玖兴等译，江苏教育出版社2005年版，第320页。

③ 张江、［英］迈克·费瑟斯通：《作为一种公共行为的阐释——张江与迈克·费瑟斯通的对话》，《学术研究》2017年第11期。

④ 张江、［英］迈克·费瑟斯通：《作为一种公共行为的阐释——张江与迈克·费瑟斯通的对话》，《学术研究》2017年第11期。

使得从无序的社会阐释上升为相对稳定的公共阐释具备了可操作性。

比较而言，“反思性阐释”比“整体性阐释”更易理解和把握。上文笔者对于影片《嘉年华》的分析即是围绕理性界定问题做出的反思性阐释。虽说反思性阐释通常出现在对于问题更为全面（整体性）把握的情况下，但实际上，要做到整体性阐释是有一定难度的。举例来说，自从微博、微信、新闻客户端这类手机应用变得与人们日常生活息息相关之后，人们有事没事就都喜欢打开来看看“热搜”“群聊”“头条”话题，留言发表意见，热情的大众都有着一颗或望仲裁他人或盼启蒙他人的心，但他们其实都不是当事人，对话题事件的了解很难全面，因此，他们很难做出整体性阐释，而片面又容易导致偏激，引发信任危机。面对大众批评中的如是乱象，我们该如何应对，才能使之从社会阐释上升为公共阐释呢？

二　“良好的常识”与自由地“言说”

这个问题的解答实属于常识哲学的范围。著名不可知论哲学家休谟否认我们的理性有足够的依据作出任何知识断言，但他却声称，倘若哲学家“把人类的常识陈述在较美妙动人的观点中，那他纵然偶尔陷于错误，也不至于错得太远。他只要重新求诉于常识和人心的自然情趣，那他就会复返于正途，使自己免于危险的幻想”①。休谟在这里提出了一个重要的“常识哲学”立场。常识原则是人类一切理性活动依凭的最终依据，休谟同时代的哲学家托马斯·里德指出，“常识”是基本、寻常而又重要的东西，对常识应该给出一些描述性的规定，这些规定是任何一个具备正常理解和判断力的人一望而能认可的。②

马克思主义批评家葛兰西亦看重“常识”。传统马克思主义为了成为最深刻的意识形态和知识宝典，大多贬低常识，但葛兰西却试着利用常识，将它作为无产阶级可以运用日常生活经验以削弱资产阶级意识形态的一块领地。“常识”在葛兰西的思想中指代的是大众哲

---

① ［英］休谟：《人类理解研究》，关文运译，商务印书馆1997年版，第11页。

② 张晓梅：《托马斯·里德的常识哲学研究》，上海人民出版社2007年版，第5页。

学，葛兰西强调知识分子的使命并不是建立与大众哲学相对立的知识分子哲学，而是应该精心推敲和提升常识，使之成为“健全的识见（good sense）”或者说“良好的常识”，“它可以在政治上使得大众的而不只是知识分子小群体的知识进步成为可能”[①]。特里·伊格尔顿在其声名卓著的《理论之后》一书中作出示范，为一些不再时新的常识概念恢复名誉：真理、客观性、道德等等，旨在使它们成为“良好的常识”。

“良好的常识”是我们一切思维活动的最初出发和最终归依，亚里士多德称之为实践智慧，应该说，遵循“良好的常识”是对传统的实践理性的承继。笔者认为，如若要使大众批评上升为公共阐释，实现理性的“整体性阐释”的目标，倒不妨借鉴这一实践智慧。大众中的“个人”同时知、行、爱、憎、喜、悲、疑、信，“个人”该如何知道自己的知识结论是有效的、正当的呢？严格说来，是不能的，因为我们的知识结论总是受限于特定的历史时空，在特定的历史时空内，我们难以全面地接受信息，做出“整体性阐释”。但我们总不能像《等待戈多》的主角那样，一直等待上帝般“整体性”的来临吧，那样的话我们将永远沉默，一无所知。我们所能做的，就是依据特定时空内所能掌握到的全部信息去求知。面对这样的实际情形，有效的思维、话语方式对于提升大众批评而言就显得举足轻重了，特别是在涉及真相探讨、律法裁决、道德判断、政策评价这样的批评事件上，我们必须牢记一点，我们抛出的每一个观点，都必须涉及一次完整的论证：论点清晰明确、论据真实充分、论证符合逻辑。

完整的论证是大众批评从无序的社会阐释上升为相对稳定的公共阐释所必须遵循的“良好的常识”。在大众批评话语中，诚如汤普森所言，“在这个世界里，似乎每个人都试图将自己对世界的看法强加于人，希望别人与自己的看法一致。”[②] 当双方观点相持不下时，沦

---

① Antonio Gramsci “*Culture and ideological hegemony*” Alexander and S. Seidman ed., Culture and Society, Cambridge: Cambridge University Press, 1990, p. 52.

② 张江、［美］约翰·汤普森：《公共阐释还是社会阐释——张江与约翰·汤普森的对话》，《学术研究》2017 年第 11 期。

为粗俗的口水战这样的事情屡见不鲜。“自由地言说”到底是重在“自由”还是重在“言说”，这是一个值得探讨的问题。“我不同意你的观点，但我誓死捍卫你说话的权利!”这句话到底是不是出自伏尔泰之口，没什么人关心，人们最常做的是用它来为言论“自由”做辩护，现在这句话已然被奉为言论自由的护身符。然而，德国马克思主义思想家罗莎·卢森堡也有句名言：“自由是以不同方式思考者的自由”①。这似乎说不加思考者是不配享有言论自由的。可见，“自由”与“言说”二者不可偏废，最好的状态是相得益彰。

只不过，在义务教育成熟化、继续教育完善化以及信息时代的大背景下，知识唾手可得，谁会承认自己说话前没有思考呢？得有一个判断标准，这个标准就是方才提到的“完整的论证”。但凡看法不同，不能仅仅限于观点之争，而应该分析判断论据是否真实充分、论证是否符合逻辑。比如，由某人曾经说过不得人心的话而判断此人所有话皆不可信，或者由某人曾经说过得人心的话而断定此人所有话皆在理，这样的情况就属于论据既不充分、论证也不合理的情况。

台湾著名诗人余光中《乡愁》入选大陆小学语文课本，此举奠定了其在大陆文坛的至高地位。并且，他反对台独，反对台湾相关部门删减教科书中文言文的言行，也深受大陆读者拥戴。诗人于2017年12月14日离世，在微博、微信上引发了大规模的追悼。与此同时，也出现了相悖的声音。台湾作家蓝博洲于当日下午4点29分发微信评价余光中称，“当年，血滴子在岛屿漫天飘飞……诗人享受着这样的错位却一直不曾真诚面对自己的历史。两岸有识之士如果不能客观看待这个现象，那么两岸中国人的心还是走不到一起的。”这样的评价乍一看让人无所适从，也就是说，蓝博洲虽然摆出自己的观点，但论据明显单薄。不过他在其言论后附上了知乎网的链接：“台湾民众如何看待余光中”②。搜索相关大众批评言论，会发现博客、知乎网、人人网等地方确为蓝博洲的观点提供了不少佐证。比如，人人网的一篇日志这样写道：“在九大卷300余万言的《余光中集》中，余光中

---

① SlavojŽižek, Iraq: The Borrowed Kettle, 2004, p. 116.

② https://www. zhihu. com/question/39719373.

的确是十分干净和荣耀的，因为他将那些成为他的历史污点的文章全部砍去了，这其中包括那篇最为臭名昭著的被称为‘血滴子’的反共杀人利器《狼来了》。”[①] 而在相关链接中，还有人全文转载了其于1977年8月20日发表在《联合报》副刊上的《狼来了》一文，该文影射台湾乡土文学是大陆的“工农兵文艺”。反对余光中的批评者一致认为，余光中这篇文章在当时台湾白色恐怖戒严时期起到了恶劣的政治迫害作用，只是今天大陆读者很难理解而已。不得不说，批评者们完成了一次完整的论证，观点明确、论据真实、论证合理。

从“论点之争”转而重视“论据、论证之争”，这就为大陆读者能够较之从前更为全面、客观、整体性地阐释余光中提供了可能。《澎湃新闻》移动客户端于2017年12月15日推送了《余光中——不合时宜的错位者》，文中将余光中一生功过逐条列出，然后评价道：“年轻的知识分子还能理解余光中以及他的那个时代吗？纵然他确实曾经为政党站台，为保守派背书，但今日回溯他的一生，一篇《狼来了》就全盘否定他的文化成就，一句‘御用文人’把他打入文学傀儡阵营，抹去他的一生思辨与奔走，也让理解那个时代看起来越发的不可能。”[②] 这个评价或许不会成为对余光中的盖棺定论，但它显然是本文作者在综合材料后做出的一次反思性阐释。此例可见，“整体性阐释”与“反思性阐释”互为表里，是理性的公共阐释的根基。

三　“完整的论证”原则与“言论信用”体系的建立

众所周知，学者写作议论批评文章，都当严格遵守“完整的论证”这项写作规则：论点清晰明确、论据真实充分、论证符合逻辑。比如就论据来说，其所引用的内容须一律注明出处来源，注释格式要求也非常严格，这不仅让文章更为缜密和有说服力，而且如有人表示异议，持异议者也可以对这些论据予以核实和剖析。这种严肃性和严

---

① http://blog.renren.com/share/360085839/12095818290/0.

② http://www.thepaper.cn/newsDetail_forward_1907292.

格性，正是当下承载大众批评的移动传媒最为忽视的地方。“完整的论证”是写作学术论文的常识性准则，并不高深，完全可以向大众批评进行普及性推广。特别是在涉及真相探讨、法律裁决、道德判断、政策评价这样的批评事件上，大众言论有时候会影响公正甚至左右人的生死，对此类言论也应有适当约束和规范的必要。

提倡以专业和科学批评介入大众批评，使其逐渐熟悉和遵循“完整的论证”原则，至少具有两方面的效用：一是遏制打着自由旗号却极端不负责任的言论，抵制以娱乐心态评判严肃社会事件的消极影响。大众批评，如果缺乏专业科学批评规范的理性约束，容易导致语词暴力的狂欢，并可能导致实际的暴力产生。这就像安徒生笔下的《红舞鞋》，红舞鞋代表着主人公跳舞的欲望，这种欲望不可抵制，可一旦穿上它，就无法停止跳舞，最后只能用斧子把跳舞的双脚砍掉。因此，以专业科学的批评规范约束大众批评的失控，就是为了防止这样的灾难性后果。二是制定言论规范不同于运用权力禁言，言论规范可以有效缓解权力禁言所带来的对立情绪。这就如《国语·召公谏厉王弭谤》中所警告的不要“防民之口，甚于防川”，而应当是“为川者，决之使导；为民者，宣之使言”。[①] 因此，对于大众批评，不宜用权力禁止，而应是提倡以科学专业的批评规范介入和引导，提升大众批评的言说主体性，逐渐实现一种常识性的“完整的论证”原则的自觉。

当然，笔者提出在大众批评领域推广“完整的论证”原则，还需要研究摸索出一套可行性的方案，助力大众批评由社会阐释提升为公共阐释。2014 年 6 月，国务院印发《社会信用体系建设规划纲要（2014—2020 年）》，要求推动社会信用体系建设，指出“社会信用体系是社会主义市场经济体制和社会治理体制的重要组成部分。它以法律、法规、标准和契约为依据，以健全覆盖社会成员的信用记录和信用基础设施网络为基础，以信用信息合规应用和信用服务体系为支撑，以树立诚信文化理念、弘扬诚信传统美德为内在要求，以守信激励和失信约束为奖惩机制，目的是提高全社会的诚信意识和信

① 邬国义、胡果文、李晓路撰：《国语译注》，上海古籍出版社 1994 年版，第 6 页。

用水平”。[①] 社会信用体系建设的主要内容为“政务诚信、商务诚信、社会诚信和司法公信建设”[②]，那么，是否能够以“完整的论证”为基本准则，建立起适用于大众批评领域的“言论信用”体系？就像信用卡消费有信用记录，批评言论是否也可以有言论信用值呢？

四　批评言论信用关系与信用评级

在人类思想史上，信用思想长期以来是空白的。20 世纪下半叶，经济层面的信用实践得以大规模展开，以经济为轴心的信用思想逐步发展。人们逐渐清晰认识到信用和诚信对于整个社会经济和社会活动而言的重要性，如此才有了近年国务院要求全面推动社会信用体系建设的重大举措，这标志着国内社会正式迈入了以信用关系运动规律为主导的信用社会发展阶段。本文所提出的建构批评言论信用体系的设想也是对这一国家政策的积极响应，就是希望以学术领域的“完整的论证”原则来推进大众批评领域的言论信用问题的解决。

我们知道经济信用关系指涉由债权人与债务人构成的借贷关系，那么批评言论信用关系又涉及哪两方呢？一般来说，批评言论信用关系应该指涉发言人与接受者之间构成的影响或者说浸染关系，不过，倘若笔者如此界定，可能很容易引发某种言论恐慌以及声讨。为什么这么说呢？借用张江教授公共阐释论中的两个概念“个体阐释”和“私人阐释”来予以分析，就一目了然了。张江指出，“个体阐释最大限度地融合于公共理性和公共视域，在公共理性和公共视域的规约中，实现对自身的扬弃和超越，升华为公共阐释”[③]，个体阐释绝非私人的，因为“私人阐释无公共效果”[④]。无论是个体阐释还是私人阐释，均都具备发言人与接受者之间构成的浸染关系，不过，私人阐

---

① 《社会信用体系建设规划纲要（2014—2020 年）》，人民出版社 2014 年版，第 3、3—4 页。

② 《社会信用体系建设规划纲要（2014—2020 年）》，人民出版社 2014 年版，第 3、3—4 页。

③ 张江：《公共阐释论纲》，《学术研究》2017 年第 6 期。

④ 张江：《公共阐释论纲》，《学术研究》2017 年第 6 期。

释比如亲朋好友间的闲话聊天，它虽然占据了日常生活言论的绝大比例，但其本身不会直接进入公共领域，不会对公众言论产生影响。因此我们在确立批评言论信用体系的信用关系时，就有必要将私人阐释排除出该体系的信用管理范围。

建立批评言论信用体系的目的只有一个，就是要全面敦促公众言论中的大众批评严谨化、公共阐释化，特别是在涉及真相探讨、律法裁决、道德判断、政策评价这样的批评事件上。而绝非是要一种导致体系无效的大而泛之言论信用体系。据此，笔者认为，我们在界定言论信用关系时，仍应扣住“个体”与“公众”这对范畴，也就是说，批评言论信用关系应该指涉且仅是指涉，批评阐释个体与公众言论领域之间构成的浸染关系。

批评言论信用体系是批评言论信用关系的集合，信用关系的构建规律及其状态决定着信用体系的稳固性。批评阐释个体利用公众言论领域生产批评言论信用关系，那么客观上与之相配套的，则需要建立一种能够揭示批评阐释个体言论信用风险信息的专业的评级制度。信用关系与信用评级之间是对立统一的关系，专业评级是言论信用关系公共化与社会化的自然选择，而“完整的论证”则为这种评级提供了可操作性的标准。比如，针对某些依赖社交 APP 的自媒体，他们为了吸睛刷流量，在不触及法律的情况下，用一些不标明出处和拍摄时间地点的图片、小视频等制造虚假评论信息，对于这种伪造论据、明显违背“完整的论证”准则的行径，难以从律法层面进行惩戒，那么就理应损耗其言论信用值，以便让不明真相的群众不至于一开始就被完全蒙蔽。

关于批评言论信用评级，目前其实已有萌芽，在某些 APP 上已经初见端倪。拿微博举例，在用户基本资料中有一项名为“阳光信用”，信用分值的考量涵括 5 个方面：内容贡献、身份特征、信用历史、社交关系、消费偏好。其中“信用历史”是指“综合考量用户在微博上的长期发言历史，言论健康程度。站方默认用户发言阳光健康，初始本项满分。当用户发布的内容涉及不良因素，而被网友举报或站方关注，最终判定有效的将按照严重程度被扣分”。[1] 这正是一项专门针对言论本身的信用值评分项。笔者想说，既然关于言论信用的需求已经崭露头角，那么就有发展下去的必要，我们研究者接下来要做的是进一步精细化、专业化的工作。当然，笔者关注的批评言论信用评级比之其他领域的信用评级在难度上要大得多，这是因为言论表达带有强烈的主观性，因此对论点、论据、论证的全方位考察与甄别，困难可想而知。它必定需要有相通领域的专家或权威机构介入，让相关专业的科学性和学术性评级向大众批评领域渗透，以促进大众批评言论信用制度的试点与推广。结合国内如火如荼的大规模机器学习与大数据技术，笔者乐观地相信，假以时日，该难点必定能找出妥善有效的解决办法。

五　结语

社会领域的公共理性建构，就是释放普通大众各种相互对立的观点、意见、想法、质疑，而后让事件真相呈现或达成妥协的过程。虽然，社会大众层面的谬误或极端观点、意见比较常见，但以专业科学的批评规范介入大众评论，建立批评言论信用评级系统，推进各领域以“完整的论证”原则为指导的评价标准，则或许是有意义的。笔者相信，系统信用理论的思想，借助公共阐释的公共理性建构，将有效推动大众批评舆论良好秩序的形成，这也将是中国学者的重要理论创新与实践创造。

---

① https://weibo.com/yangguangxinyong? refer flag = 1001030101_&is_all = 1#_rnd1522506295628.

君子文化的大众走向：公共阐释作为一种选择*

师永伟**

张江教授继提出“强制阐释论”后，又在《公共阐释论纲》中提出了一个全新的学术命题，即“公共阐释”，他认为公共阐释就是：“阐释者以普遍的历史前提为基点，以文本为意义对象，以公共理性生产有边界约束，且可公度的有效阐释。”① 这一理论一经出现就引起了学界的广泛关注，与各个方面的结合也越来越紧密，成为哲学社会科学领域新的学术热点。而由儒家思想浸润和涵养的君子文化在本质上体现了中华民族忠、义、礼、智、信、仁等传统道德追求和价值取向，是中华优秀传统文化的集中体现，同时也揭示了中华传统道德的具体运用与规范。传承与创新君子文化是当代社会的一个重要课题，它在促进新时代社会和谐、健康、有序、可持续地发展进程中发挥着越来越重要的作用，而发挥君子文化作用的一个重要路径就是使其走向大众，为大众所接受，最终实现内化于心、外化于行。大众与君子文化结合的过程中，公共阐释是可供选择之一。实现公共阐释与君子文化的结合，无疑是一个新的有益尝试，也是历史现实化的巨大理论动力，本文拟就这一问题进行相关讨论，以就教于方家。

---

* 本文为2016年度河南省哲学社会科学规划项目（2016BLS005）；2016年度河南省政府决策研究课题（2016B067）；河南省社会科学院重大研究专项“河南专门史”阶段性成果。本文原刊于《地域文化研究》2019年第2期。

** 作者单位：河南省社会科学院历史与考古研究所。

① 张江：《公共阐释论纲》，《学术研究》2017年第6期。

一　君子文化及其大众走向

君子一词渊源既深，由来已久，是中华传统文化的重要组成部分，它在《周易》中出现21次，在《易传》中出现104次，在《论语》中出现107次，在《孟子》中出现82次，在《荀子》中出现304次，虽其名称一直沿用至今，但其内涵和文化构成却跟随历史的演变而不断发生变化。

它早在西周时期就已出现，传统经典《尚书》中即已出现相关之语，如“君子所其无逸”“庶士有正越庶伯君子，其尔典听朕教”等，但此时所言及的“君子”是一个专有名词，是“君”与“子”的合称，本义源自“君”代指当时社会中的贵族和执政者，是与“小人”“庶人”“野人”相对的称呼。到了《周易》中所言的君子，其内涵就不仅仅是指统治者了，更增添了些许“德行”之意蕴，君子也逐渐由“天命君子”向“事业君子”转化①，如“谦谦君子，用涉大川，吉”等。

至春秋战国时期，伴随着社会的转型与发展，尤其是在“礼崩乐坏”的影响下，各派思想家纷纷著书立说以阐明“君临天下之术”，君子成为社会关注的焦点之一，君子的含义也在此时发生了本质上的转变，其所指代的范围也扩展至卿大夫中具有高尚道德的这一类群体。这一时期，对君子一语做出较大贡献是以孔子为代表的儒家，他（们）将君子从原始的身份指向改造为道德指向，而且这种道德是可以通过自身的努力形成的，“圣人，吾不得而见之矣，得见君子者，斯可矣”（《论语·述而》。），这也就是说圣人并非一般人能企及的，而君子却是可以经过后天奋斗实现的。此时所言的君子内涵丰富，有相应的标准及要求，且多用对比的方式进行说明，如“君子喻于义，小人喻于利”“君子和而不同，小人同而不和”“君子坦荡荡，小人长戚戚”“君子求诸己，小人求诸人”“君子泰而不骄，小人骄而不泰”等。除此之外，道家学派也是对君子关注较多的学派之一，它从

① 傅荣昌:《“君子”历史演变刍议》,《贵州社会科学》1999年第2期。

诸多维度指出了君子所应具备的道德标准和行为准则，如“君子之交淡如水，小人之交甘若醴”“天行健，君子以自强不息，地势坤，君子以厚德载物”等。由此，君子被赋予了更多的有关道德、人格、行为方面的意义，君子也成为众人追捧的对象。

唐宋以后，君子一方面继续保持着其对人格、信仰、道德等方面的传统追求，另一方面在佛教等外来思想的刺激下，君子也从中汲取了慈悲、悯人等人文思想，君子内涵的丰富性得以进一步提升。君子文化也成为社会文化的重要构成，得到了上至统治者，下至黎民百姓的支持与认同，并积淀为中华文化的深层次特征，这可以从历代遗留下来的浩如烟海的典籍、著述、家风家训中觅得其踪迹。

近代以来，谋求民族独立、富国强兵成为时代最强音，无数仁人志士为此不懈奋斗，他们彰显了传统的君子之道和君子之风，从民族大义的角度升华了君子文化，爱国为民、坚贞不屈、矢志不渝、维新变法成为君子文化的新注脚，历史将他们亲切地称之为“君子”，如“戊戌六君子”等。当代时期，君子文化（君子人格、君子之道、君子之风、君子教育）又重现其光彩，它走进校园、走进企业[①]、走进社区、走向社会、走向国家，以崭新的姿态出现在人们面前。由此也可以看出，君子文化是历久弥新、与时俱进、兼容并包的文化，对中华民族传统文化、民族性格的形成与发展起到极其重要的作用。

由君子文化的发展历程可以看出：不论是其内涵变化，还是文化传播者、接受者，抑或是文化的社会意义，无一不凸显着其走向大众的趋势，且这种趋势越来越明显，尤其是近来中华优秀传统文化受到了前所未有的重视与挖掘，君子文化在其中的地位也逐渐受到关注，从次中心走向中心，君子文化的当代意义与践行成为热点[②]。为了适应君子文化的大众走向，对其进行公共阐释是必然之举。

---

① ［美］杰里米·里夫金：《第三次工业革命与中国儒家学说》，《社会科学报》2013年4月4日。

② 张述存：《论君子文化及其当代意义》，《贵州社会科学》2016年第6期。

二　君子文化公共阐释的趋势

君子文化公共阐释是公共阐释发展的必然要求。公共阐释是在对西方阐释学理论批判与继承基础上形成的新理论，目的是建立属于当代中国的公共阐释理论。公共阐释出现后，就如石入水，激起千层浪，学界展开了相当的探讨与研究，公共阐释也逐渐由单纯的理论建构走向了多学科交叉运用的阶段，与历史、文艺、哲学、马克思主义、教育学等领域的结合愈来愈紧密，同时也与各个学科内部的具体相关内容也表现出了很强的兼容性。随着公共阐释理论的不断深入，其结合范围也不断扩大，与文化领域相融合，形成文化公共阐释是必然趋势，君子文化公共阐释只是作一尝试而已，以起到抛砖引玉之作用。进而，在君子文化公共阐释之上实现文化范围的扩大，由地域文化转向中华文化，建设文化公共阐释理论，为增强当代中国话语权提供有力支撑。

在大文化观视域下，整个社会活动皆是文化的一部分，所有人都在参与文化创造活动，每个人的生活和事业都是文化的，“共同体的历史文化是个体历史意识外在表现的总和”①，文化价值与文化空间是共享的和开放的，这样，文化自然地也就过渡为了公共文化，具有非排他性，公共性是文化的本质特征也就不难理解了。从人的社会属性来说，“人的本质不是单个人所固有的抽象物，在其现实性上，它是一切社会关系的总和”②，它所创造出的文化也具有显著的公共性。公共阐释以“公共”为唯一限定词，着重强调和突出阐释活动的普遍性和公共有效性，这与文化的公共属性之间存在着较高的耦合度，君子文化也是如此。

君子文化公共阐释就是要对一切文本，特别是艰涩、晦暗的文本进行转化，在理解的主体与客体之间架起沟通的桥梁，在公共领域开

① 孟钟捷：《公共阐释理论视域下的公共历史文化机制建设》《历史研究》2018 年第 1 期。

② 《马克思恩格斯文集》第 1 卷，人民出版社 1999 年版，第 501 页。

辟一个公共的文化场域，进而塑造更大范围的文化认同以及构成一个积极互动的多方共同体，这对满足新时代人民需求以及对社会治理有莫大的裨益。

文化自信作为“四个自信”之一，且是其中“更基础、更广泛、更深厚的自信”①，其重要性可想而知。文化自信的重要源头就是历经数千年积淀而成的中华优秀传统文化，而君子文化作为中华传统文化的融汇点和落脚点②，彰显的是中国传统文化的精神标识。文化自信的形成需要汇聚全民族的磅礴力量，在这一进程中必须保证力量的统一性和正向性，而这正是发挥君子文化所倡导的积极、向上、向善、和合、忧国的情怀和人格信仰，引导着人们心往一处想、劲往一处使，筑牢道德的根基作用的时候，实现君子文化的传承与创新是关键一步，而公共阐释就是一个强有力的理论工具。

“君子”一词从西周出现，而后它从身份地位的概念取得道德品质的内涵，这一历史性转变在孔子手里完成③。后又历经时代的填充，君子文化日益丰满，在历代典籍、百姓日用以及家风家训中均可见其身影，君子成为人人追求的人文境界，君子文化也成为中华民族独特的文化基因，代代相传。随着时间的变迁，君子文化表现出了明显的现代转向，它不再拘泥于文化本身，转而走向普罗大众，以求在文化与公众之间取得最大公约数，发挥文化的社会功效。在文化现代转向过程中，创造性转化和创新性发展是主旋律，这就首先要求在理论和实践上取得新的突破，而公共阐释以公共理性为标准，以期探求真理和服务公众，君子文化正可以以此为契机，实现文化在时间维度上的现代延伸以及在空间维度上的现代拓展，进一步凸显其“观乎人文，以化成天下”的效能，更好地推进文化的现代转向，从而实现其更高水平的发展和构建更为完善的话语体系。

① 《习近平谈治国理政》第二卷，外文出版社 2017 年版，第 349 页。

② 钱念孙：《君子文化在传统文化中的地位和影响》，《学术界》2017 年第 1 期。

③ 余英时：《现代儒学的回顾与展望》，生活·读书·新知三联书店 2004 年版，第 278 页。

三　君子文化公共阐释的实践基础与挑战

君子文化走向大众，与他们进行“交流”与“理解”的活动早已开展，只是没有冠之以“公共阐释”其名而已。此处所谓的“交流”是指一种互动过程，既包括君子文化对公众的熏陶与教化，也涵盖公众对君子文化的系统梳理与升华；所谓的“理解”是指君子文化得以升华，通过文化认同而内化为公众的行为规范与准则，由不确定性转变为确定性。从实际来说，君子文化公共阐释已经具备了一定的实践基础。

一是有关君子文化的通俗读物编纂，如《中国古代的君子文化》《君子文化读本》《中华君子文化读本》《君子之道》《君子之学：养成圣贤的教育传统》《君子格言选释》等著述的出版，它们基于事实，把深奥、不易理解的君子文化，如个体道德、社会关系和家国情怀等，转变为了通俗易懂的文本，很好地连接起了君子历史文化与现实关照，并最大限度地为多种话语共同体所理解和接受，实现了雅俗共赏。

二是系列理论文章与文化论坛的开展。如 2014 年，安徽省社科院钱念孙在《光明日报》刊发《君子文化与社会主义核心价值观》一文，对君子文化与社会主义核心价值观的关系进行了鞭辟入里的分析，此文一经发表即在社会上引起强烈反响，直接推动了君子文化的研究与发展，相关文章迅速出现。2015 年，首届君子文化论坛举行，其主题是“君子文化与当代社会”；2016 年，第二届君子文化论坛举行，其主题为“君子文化的当代价值”；2017 年，第三届君子文化论坛举行，其主题为“君子文化・当代实践”；2018 年，第四届君子文化论坛举行，其主题为“新时代・新君子・新使命”。由上可见，理论文章与文化论坛关注的焦点是君子文化的当代阐释，如何把君子文化更好地融入现代社会与生活之中是出现频率较高的关键话语，这也为君子文化的公共阐释夯实了根基。

三是君子文化研究重镇的出现。较早关注君子文化的安徽省社科院最先成立了君子文化研究中心，并且安徽省也成立君子文化研究会。其后，浙江大学和江苏省社科院也先后成立了君子文化研究中心。近来，湖南省也成立了君子文化研究会。另外，其他高校、科研机构以及民间学者对君子文化的关注也越来越多，形成了一批研究重镇，相关成果如雨后春笋般涌现出来。这些机构与个人不断进行学术交流与实践指导，君子文化的大众走向进一步凸显出来，君子文化研究正从星星之火转向燎原之势。

四是君子文化的地方实践。在优秀传统文化全面复兴的背景下，各个地方都深入挖掘地域文化资源，其中君子文化资源的开发与利用就是热点之一。如安徽将桐城和蒙城两座文化古城确定为君子文化推广试点县，山东威海举办了“君子之风·美德威海”的活动，辽宁大连、河南长垣也开展了以君子文化为主题的实践。除此之外，君子文化进校园也是实践的重要方面，如汝城思源学校、蓝山县博爱学校以及一些高等院校均举行了相关活动。

五是君子文化已嵌入百姓日常生活之中，如“君子动口不动手”“以小人之心，度君子之腹”“君子一言，驷马难追”“君子爱财，取之有道”“君子成人之美”“有恩不报非君子”等①已家喻户晓的口头禅，它们成为人们为人处世的信条和规范，潜移默化地熏陶着人们的价值追求和理想信念，以习用而不察、日用而不觉的方式调整着人们的态度、思维和取向。

尽管君子文化公共阐释已经有了一定的实践基础，但在其走向深入过程中也面临着诸多挑战，存在些许隐忧：

一是就公共阐释本身而言，阐释不仅仅是属于哲学家的艰涩难懂的哲学范畴，更是属于平常民众的日常生活的实践范畴，就此而言存在三个方面的问题，首先是如何把阐释学本身实现公共阐释，也即是阐释学的公共阐释，让公众理解其发展历程和学科体系，获得日后进行阐释的基本理论，这是最基础的要求；其次是个体阐释与公共阐释之间的转化与沟通，每个个体根据自身的经历和教育背景都有权利且都会对殊异的文本进行个体阐释，由此而产生的个体阐释无非有两种结果：一是个体阐释得以升华，融入公共阐释之中；二是个体阐释囿

① 钱念孙等选著：《君子格言选释》，黄山书社2016年版，第351—355页。

于局限而未被公共阐释接受与容纳，最终沦为私人阐释而被淘汰，这其中必须要注意部分被接纳、部分未被接纳的情况的存在。但现实是由于某些原因，实现二者转化的机制尚不健全与完善，公共阐释与个体阐释之间出现了断裂，如社会阶层的存在，导致阶层阐释存在差异，阶层之间及阶层个体间能否形成公共阐释是一个很大的挑战。最后是公共阐释何以可能与何以可以，在超越个体阐释形成公共阐释后，公共阐释如何给身处不同公共领域的人们以启示，对他们的精神世界和现实世界做出改变。

二是就错误的社会思潮而言，公共阐释易受其影响，在现代资本力量的推动下，历史虚无主义、文化虚无主义、政治虚无主义以及西方崇拜论等社会思潮及其变种不断侵蚀着中华民族的优秀传统文化，对文本进行歪曲理解与阐释，公共历史文化的面貌越来越多样化且模糊，这就影响了社会风气与公共舆论，使文化偏离原有的本真，与其价值初衷相去甚远，且这些社会思潮在互联网的掩饰下，已经形成了一个新的文化场，他们打着科学或专家的名号大行其事，有意或无意地对原始文本和作者意图做出误解或曲解，对公共领域内的舆论起着错误的引导，“有些时候，公共领域说到底就是公共舆论的领域”①，它所造成的影响不容小觑，要旗帜鲜明地加以批驳与反对。

三是就君子文化系统研究而言，君子文化是修身哲学、知行体系、理想化的人格体系、道德体系的统一体，甚至有学者认为孔子的全部哲学体系和道德教诲就是“君子之道”，② 对它的研究既包括经典文献的分析、君子文化的学理分析③、精神层面的解读，也应该涵盖实践层面的指导，而后者更具急迫性。但实际情况是与此不相平衡的，学术研究与实践需求存在一定差距。这就要求君子文化公共阐释需要进一步加强，注重在实践维度的价值考量，在公众理解、传播与认同中增强其时代活力和生命力，把它转化为净化社会风气、助推社

① ［德］哈贝马斯：《公共领域的结构转型》，曹卫东、王晓珏等译，学林出版社1999年版，第2页。

② 辜鸿铭：《中国人的精神》，海南出版社1996年版，第50页。

③ 周兰桂：《论君子文化的本土语境与学理特征》，《湖南人文科技学院学报》2018年第3期。

会前进的巨大动力。

四　君子文化公共阐释的基本原则

君子文化公共阐释是公共阐释理论的具体运用，使君子文化“飞入寻常百姓家”，其定义可以大致概括为：是阐释者以君子文化形成过程中普遍的历史前提为立足点，以大文化观的范围为阐释对象，以公共理性为边界约束，且是可公度的有效阐释。从以上这个定义可以看出，君子文化公共阐释应遵循的基本原则：

一是理性原则。无论任何阐释都要以理性为根据和约束，阐释在生成、流传、演化过程中都要保持理性，这是阐释最基本的要求，也是阐释科学性的基本保证。阐释过程中可以有非理性因子参与，二者并非水火不容，而且这些非理性因子也是必要的，他们以想象力、激情而为理性阐释提供动力和灵感，非理性因子只要经过去粗取精、去伪存真、由此及彼、由表及里的甄别、提纯程序就可以与理性阐释很好地共在。理性也是君子文化公共阐释过程中的基石和指南，在任何时候都不能拍脑袋做事，如此出现的阐释才具有可信度和说服力；另外，也鼓励头脑风暴式的创新阐释，积极地把灵感性的阐释升华为公共理性阐释。

二是澄明性原则。阐释的目的就是要实现“澄明”，使公众难以理解和接受的文本加以转化，向公众敞开，建构一个可以共享的精神场域，实现文本存在的价值和意义，这一过程主要是关照公众关心的话题。君子文化公共阐释就是要把君子文化中的优秀文化置入公共视野，为公众所理解，以本土化的资源重新阐释文本，重点是以君子文化中的特色文化为核心，如“君子终日乾乾，与时偕行”的与时俱进品质、“义以为上”“见利思义”“君子喻于义”的义利观、“君子不争”“矜而不争”“为而不争”的争让观、“穷不失义”“富贵不能淫，贫贱不能移，威武不能屈”“穷则独善其身，达则兼济天下”的穷达观、“天下为公”“平天下”的天下观等，以人们惯用的语言风格、表达方式来加以阐释，形成通俗易懂的新文本，满足不同层次人们的需求。

三是超越性原则。所谓超越性阐释，主要是针对公共阐释和个体阐释而言的，就是要在个体阐释的基础上实现超越，无你、我、他个体之别，形成公共阐释。个体阐释是出现公共阐释的原动力和根基，在最大限度上与公共阐释耦合是个体阐释的最终归宿，不能与公共阐释相结合的个体阐释最终难逃被湮没难现的命运。君子文化内容驳杂，每个个体都对其进行着不同程度的阐释，由此就产生了为数众多的且参差不齐的个体阐释，只有不断寻求超越与扬弃的个体阐释，才能变为公共阐释，如尊崇人的价值、注重人的品性、追求人的精神、实现人的发展等君子文化的个体阐释就不断上升为公共阐释。

四是建构性原则。公共阐释的形成不仅是个体阐释的升华过程，还是对个体阐释的逐渐修正，其要义就是要在阐释中找到最大公约数，并提升公共理性，在公共领域中构建公共阐释，达到阐释的教化与实践价值。君子文化公共阐释的凝练就是在公众中升华个人阐释，构建公共理性，提升公共文化水平和公共视域。也就是说，君子文化公共阐释就是要建构自身的公共理解，实现其中蕴含的教化意义，既重视沟通昨天、今天与明天的历时性阐释，也关注连接此处与彼处的共时性阐释。

五是反思性原则。公共阐释是与文本之间的对话与交流，在阐释文本意义的过程中不是纯粹的以自我为中心，不强制对象以己意，而是不断反求诸己，反思正己，也即是要“吾日三省吾身”，此外还要汲取个体阐释中的合理成分，积极与之对话，不断增补自身，以此形成新的公共阐释。君子文化公共阐释不是一成不变的，它需要在交流与理解中反省过往，查找其中的不足，对随意裁剪阐释对象的做法及时制动；在驳杂的个体阐释中进行筛选，实现个体阐释的公共性转化，补充业已形成的公共阐释。

六是辩证性原则。人类历史本身就处于辩证发展之中，世界是辩证的世界，由对世界进行阐释而升华的公共阐释自然也是辩证的阐释，这在本质上要求阐释必须是革命的和批判的，对社会发展以辩证的眼光待之。从辩证法出发可以看出君子文化处于不断的发展、变化之中，经历了由低级到高级的阶段，其中也充满着各种各样的矛盾。在君子文化公共阐释中要以联系的、发展的、运动的、矛盾的辩证观点为指导，基于历史事实和发展趋势对其进行理性阐释，这是保证公共阐释沿着正确轨道前进的机制之一。

五 君子文化公共阐释的深入推进

君子文化公共阐释不仅是一种理论，更大程度上是一种“行动哲学”，在一定程度上重塑着人们的道德精神与道德规范。在具体的实践进程中，要做到超越文本自身，把文本作为进入现实的廊道，既不简单的进行文本阐释，也不对当下生活进行直接阐释，而是做到二者之间的相互映照，最终达到超越实践本身的更高层次，“一切实践的最终含义就是超越实践本身”①；认识和承认个体间存在的差异，利用自媒体技术超越个体与公共间的鸿沟，这就既要避免公共对个体的抹杀，也要避免个体对公共空间的挤压，在二者之间找到平衡点，也即是要“执中”。自上而下或自下而上都不是唯一渠道，多主体的配合才是最佳机制，最理想的状态是实现个体、学界、国家三者间的互动与融合，也即是要不断增强个体进行理性阐释的能动性与自觉性，提升学界向公众普及专业知识的责任意识，增强国家培育现代公共阐释的能力，唯如此，君子文化公共阐释才能更好、更快地实现。

具体来说，君子文化公共阐释的深入推进可以从以下三个方面入手：

首先是从时空维度来讲。一方面是时间维度，共时与历时并存的状态对阐释固然十分重要，但同时也必须注意阐释对象、阐释手段都是历史不断发展的结果，存在着普遍的共时与历时不同步的现象，这就要求在阐释中辩证地把握二者的关系。君子文化是历史演进的产物，随着时间变迁而变得厚重、淳朴，散发着诱人的“老酒气息”。从西周初年开始，君子文化逐渐积淀并成形，此后历经数千年时间而不断，最终形成了完整的文化体系，为全民族树立了道德典范。君子文化公共阐释的首要任务就是要对其历史文化进行阐释，从中汲取智

① ［德］伽达默尔：《赞美理论——伽达默尔选集》，夏镇平译，生活·读书·新知三联书店1988年版，第46页。

慧力量，科学分析与概括不同阶段的文化特征与科学内涵，梳理出共时性发展和历时性挑战的主脉络，同时也必须注意这一阐释过程是动态的，辩证对待传统与现代之间的关系，凝聚社会文化共识，探寻出一条适合更具普遍意义的文化公共阐释之道。

另一方面是空间维度，君子文化是一个整体，但地域性的君子文化又具有浓郁的地方特色，如君子文化在河南长垣就突出地体现为“饿死不要饭”以及一个棉签起家的卫材产业、一把锤子起家的起重产业、一把勺子起家的烹饪产业、一把刷子起家的防腐产业等，这就需要考虑公共阐释理论的适用范围，能否从地域君子文化公共阐释转向更大范围的适应，适用对象也升级为更大的主体单元，这就要求君子文化公共阐释既做到文化范围内阐释对象的资源整合，又要注意阐释理论在空间适应主体上的不断拓宽，体现君子文化的共享性。

其次是从理用关系来讲。理即是学理建构，用即是具有运用，理与用是统一于事物发展过程中的两个方面，密不可分。君子文化公共阐释是在公共阐释理论的基础上出现的一种新结合，这也就是说既要把握公共阐释理论，也要注重君子文化理论体系的建构，就前者而言，公共阐释是一种新理论，对它的研究尚不成熟，还需要学界从各方面对其进行综合研究；就后者而言，君子文化作为一种古老厚重而又生机勃勃的文化形态，它的理论体系需要不断完善及更新，在此二者之上的君子文化公共阐释理论建设任重而道远。君子文化公共阐释的生成基础、历史逻辑、面对的挑战、理论适应性以及实现机制等都是需要重新构建的，在这个过程中需要着力解决好个体与公共、理性与感性、批判与建构的关系，重点是处理好其中存在的二元对立倾向，尤其是要注意“后真相”时代的影响，因为“后真相”也是一种记忆，它属于某类偏见的再现。① 公共阐释要把追求真相、追求真理作为其不懈奋斗的目标。

在君子文化公共阐释学理逐渐建构并完善的基础上，下一步需要探讨的就是它的实践问题，这既是对学理的检验，也是对学理反思、修正的过程。中国哲学素来强调致用，所谓“礼者，履也”，就是说

---

① 孟钟捷：《后真相与历史书写》，《探索与争鸣》2017 年第 4 期。

明传统礼仪道德不仅是说教哲学，而且其重在实践。君子文化公共阐释的用可以从以下三个方面加以说明：一是从用的范围来说，首先是威海、长垣等地域，然后是更大的地理空间，甚至超越民族国家，达到更高级别的共同体；二是从用的时间来说，它最直接的作用对象就是当代社会，养成理想人格，涵养社会主义核心价值，提升文明程度，但它同时也具有极强的延伸性，对今后一段时间来说也会产生重大影响；三是从用的主体来说，个人、社会、国家都是其接受与传播对象。简而言之，君子文化公共阐释的用就是在各方共同努力下，展示君子文化的时代魅力和现代价值，发挥文化的涵养与教化功能，进一步扩展至其他文化领域，为文化公共阐释的世界转向提供可能，把中华思想活水向外“输出”，增强文化自信，最终达到实现人的全面发展这一目标。

最后是从推进主体来讲。君子文化公共阐释是一项系统的复杂工程，需要多方参与，从一般主体来说，主要包括个体、学界、国家三者。

个体是社会的基本构成，个体阐释无时无刻地在发生和进行着，这是公共阐释的来源和基础。君子文化内容磅礴，每个人依据自身的世界观与价值观，对其都有自己的看法，都有权力进行阐释，由此就形成了大量的个体阐释，毕竟“理性的自我意识通过其自身的活动而实现”①。在君子文化公共阐释实现的过程中需要个体积极参与，激发他们的阐释热情，形成大量的个体阐释成果，为实现公共阐释夯实根基，所谓“合抱之木，生于毫末；九层之台，起于累土；千里之行，始于足下”就是此意。需要说明的是，在这一阶段需要特别注意“修身”的重要性。

学界是公共阐释过程中的重要参与者，承担着学理建设与运用指导的重要职责。学界是由大量高层次知识分子组成的，他们拥有思辨的思维、科学的方法、成熟的逻辑、理性的态度和开阔的眼界，是公共阐释形成过程中不可或缺的一环。上述论及的是学界的“被需要”，另外还需要发挥学界的“主动作为”意识，增强其责任感与积

---

① ［德］黑格尔：《精神现象学》，商务印书馆2009年版，第268页。

极性，为公共阐释做出贡献。此外，学界还要为这一工作的开展储备必要的知识和人才，提高阐释能力，以专业知识增强文化的可触及性和可传承性，更好地发挥君子文化“以文化人”以及对民族文化与民族性格的哺育与涵养的作用。

国家是更高意义上的推进主体，它的决定更具有影响力和执行力。

对待传统文化，冯友兰先生提出了“照着讲”和“接着讲”两种方法，“照着讲”就是追本溯源，领悟文化真谛，照着文化本来面目，继续传承；“接着讲”就是在揭示文化本真的基础上，结合现代社会需求，实现二者的有机融合，以体现经世致用的文化传统，文化与公共阐释的结合就是“照着讲”与“接着讲”的有机融合，无论是主流文化，抑或是地域文化无不如此，在强调文化差异性、多元化的同时，也要对文化的统一性、一体化有清醒的认识。由此，在公共阐释理论视域下，从文化个体走向文化整体过程中，君子文化公共阐释只是一个开端和尝试，也就是说君子文化公共阐释具有一定的症候学意义，这既为君子文化的创造性发展提供了理论基础，也为公共阐释理论提供了实践检验与反思的空间。

实用主义与中国当代阐释学*

——以“强制阐释”和“公共阐释”为中心

赖　锐**

构建具有中国特色的阐释学①，既要有高屋建瓴的理论见地，又要有切实可行的经验总结。廓清“强制阐释论”和“公共阐释论”这类本土范例的学理至关重要。张江先生的创见在于将西学强势和本土失语的二元冲突降解成了纯粹的阐释学问题，在理论自信的背景下对本土与西方的不对等关系进行了重新调适，为文论界撷得了辽阔纵深的探讨空间。就其理论生成路径看，西方资源不同以往地呈现出一种“反面”的参照价值，原本被国人大肆追捧的西方大家——诸如海德格尔、伽达默尔和罗兰·巴特——竟“一落千丈”地沦为被声讨的对象。以杜威为首的美国经典实用主义和以罗蒂、舒斯特曼为代表的新实用主义扮演了更为复杂和多面的角色，因而具有突出的研究价值。本文尝试对本土阐释学视域中的实用主义进行多角度、多方面的渐次呈现，以期廓清中国当代阐释学在“他者”中逐步确立“自我”的本土生成经验，为中国阐释学派的学理建构提供具有反思意义的参考个案。

---

* 本文为国家社科基金重大项目“中国特色文学理论建构的历史经验研究”（项目编号：18ZDA278）的阶段性成果。本文原刊于《内蒙古社会科学》2020 年第 2 期。

** 作者单位：中山大学马克思主义学院。

① 早在 20 世纪末，汤一介先生就提出了“创建中国解释学”的倡议，并主张在中国经学阐释传统中搭建本土的阐释学理论框架，后来景海峰、傅伟勋、成中英、黄俊杰皆有相关论著出版。近年，自张江先生提出“强制阐释论”之后，“中国阐释学派”再次成为热门话题。2018 年和 2019 年，深圳大学美学与文艺批评研究院和中国社会科学院大学相继举办了“中国阐释学高级研修班”，在学界产生了广泛影响。

一　实用主义“实用化”与“强制阐释”的发生

从实用主义的角度重释“强制阐释”，不难发现，二者在思维源头上的高度契合。“强制阐释”现象的病源在于文学理论对文学场外资源的大量征用，造成了文学理论与文学现象之间的抵牾或割裂；而阐释的“实用化”则意味着场外资源被“实用性”地调入场内，致使阐释者对文学文本作出符合自身目的的实用性解读，从而将文学本体异化为证明场外理论合法性的注脚，最终导致“强制阐释”的发生。

要真正在学理上厘清“强制阐释”与实用主义的内在关联，有必要对实用主义哲学和“实用化”的实用主义思维进行细致区分，即使前者自肇生之初就不得不面对浅薄化、庸俗化的曲解。被誉为实用主义创始人的皮尔士在提出实用主义（Pragmatism）时，就曾担心这一词汇会与日常的非哲学理解混同起来。苏珊·哈克亦明言，有一种倾向“把皮尔士在特殊的、哲学涵义上实用的‘实用主义’，混同于更为日常的意义上实用的‘实用主义’，而后者所关心的是权宜之计而不是原则”①。换言之，作为哲学的实用主义与日常意义上的实用主义有着本质区别，如果我们能够自觉地在美国哲学史乃至西方哲学史的脉络中理解“有用即是真理”这类实用主义信条，实用主义似乎就能够自然而然地避免那些污名化的曲解。

问题的复杂性在于，实用主义作为一种注重语境、强调实践的哲学主张，必定要从抽象空洞的形上世界渗入到具体可见的经验空间。在杜威那里，实用主义就曾以两种面目出现。一方面，它是纲目并举的元哲学改造方案，借助对黑格尔和达尔文主义的精心勾兑，杜威重构了形而上学对本源、实在和真理的看法②；另一方面，杜威又将这种改良方案外化到了现实层面，让哲学与社会学、政治学、伦理学、

① ［英］苏珊·哈克：《意义、真理与行动——实用主义经典文选》，陈波等译，东方出版社2007年版，第2页。

② 陈亚军：《哲学的改造》，中国社会科学出版社1998年版，第27页。

美学、心理学等各个学科充分接触，使得实用主义的精神全方位地渗入到美国社会的各个领域、各个阶层。用江怡的话来说，“实用主义在珀斯（皮尔士）那里仅仅是一种科学研究方法，到了杜威那里就成了美国人生活的基本态度和准则”①。

即便大多数研究者都拥有较为自觉的学术意识，但实用主义仍然难以摆脱被“实用化”的命运。这种情况在国内更为复杂。“五四”时期，由于胡适等人的大力引进，加之实用主义本身所强调的科学民主、注重实践的进步观念，与处在现代焦虑、迫切需要以实际行动来改变蒙昧落后状态的国人心态达成了某种契合，因而迅速被接受，并一度成为“影响的领域最广、程度最深，甚至时间最长”② 的西方哲学流派。20 世纪 50 至 70 年代，在极“左”思想的导向下，国人一度将实用主义界定为“帝国主义的御用哲学”，并贴上“反动哲学”“市侩哲学”等污名化的标签。③ 吊诡的是，即使我们对实用主义的误解如此之深，但“被实用化的实用主义”思维仍然能够在中国当代思想史的进程中或隐或显地发生影响。

张江先生所言的“强制阐释”现象，即可视作“实用化”的实用主义思维与具体文本阐释行为的合谋。对此，高楠先生有过敏锐的判断。他认为，拒斥宏大体系、注重行为实践的美国实用主义哲学本应是纠正“强制阐释”的良药，但“强调行动的实用一旦被远离实践地运用于观念思辨时，它具有的行动性质就被消解，而其工具主义的方法也就成为观念运作的方法”。④ 一旦将这种只注重后果和成效的观念移植到阐释学领域，张江先生所批判的“强制阐释”现象便有了滋生的土壤。新时期以来，刘放桐先生也曾致力于清理这种庸俗实用主义的深层学理⑤，以期达到实事求是、正本清源的效果；张江

---

① 江怡：《当代美国实用主义哲学》，《实用主义研究》2017 年第 9 期。

② 刘放桐：《刘放桐自选集》，重庆出版社 1999 年版，第 276 页。

③ 王伟：《罗蒂与关系主义文论》，博士学位论文，福建师范大学，2011 年。

④ 高楠：《理论批判机制与强制阐释的病源性探视》，《文学评论》2015 年第 3 期。

⑤ 参见刘放桐《重新评价实用主义》（《现代外国哲学》1987 年第 10 辑）、《实用主义及其在中国的命运——再论重新评价实用主义》（《时代与思潮》1989 年第 1 期）、《再论重新评价实用主义——兼论杜威哲学与马克思主义哲学的同一和差异》等系列文章，载《实用主义哲学研究》第一辑。

先生以西方文论为镜、反向探视中国当代文论内在症结的“强制阐释论”，亦可视为针对庸俗实用主义阐释学的学理清扫。

“强制阐释”本是对西方文论之根本弊病的凝练表达，张江先生富于创造性地将其抽绎为一个阐释学问题，并对“强制阐释”现象作了通透归纳。他说：“强制阐释是指，背离文本话语，消解文学指征，以前在立场和模式，对文学和文本作符合论者主观意图和结论的阐释。”① 从“强制阐释”的定义看，西方文论至少存在场外征用、主观预设、非逻辑证明和混乱认识论路径四大缺憾。其中，“场外征用”② 作为强制阐释的核心表征，与庸俗实用主义思维有着最为密切的关联。“场外征用”意味着场外资源被“实用性”地调入场内，致使阐释者对文学文本作出符合自身目的的实用性解读。换言之，“场外征用”的实质是文学理论的高度“实用化”，意指阐释者以“拿来主义”的方式征用场外理论，对文本进行管窥式解读。实用主义的阐释路径虽然能够促进文学批评理论的大幅扩容，但同样会因为极端的工具主义倾向，导致“强制阐释”的发生。正如周宪所言：“在这样一个充满角力、争议和抵牾的文化战场，实用主义、工具主义地对待理论的态度潜在地影响着文学理论家们。任何场外理论只要有助于在这场战争中获胜，便拿来使用一番。文学性在如此这般的过度政治阐释中被边缘化了。”③

依周宪之见，文论的“实用化”首先表现为场外理论的实用化，即哲学、心理学、社会学、语言学等场外资源被实用性地调入文学场内，对文学的本体属性构成了侵扰，这既是“场外征用”的核心所

① 张江：《强制阐释论》，《文学评论》2014 年第 6 期。

② 《强制阐释论》发表以后，张江、朱立元、周宪、王宁等学者还在《文艺研究》、《探索与争鸣》、《清华大学学报》（哲学社会科学版）、《学术研究》等杂志发表了多组通信笔谈。其中，发表在《清华大学学报》（哲学社会科学版）2015 年第 2 期的一组文章，就“场外征用”问题进行了专门探讨。参见张江《关于场外征用概念的解释——致王宁、周宪、朱立元先生》、王宁《场外征用与文学的跨学科再识——答张江先生》、周宪《文学理论的来源与用法——关于“场外征用”概念的一个讨论》，载《清华大学学报》（哲学社会科学版）2015 年第 2 期。

③ 周宪：《文学理论的来源与用法——关于“场外征用”概念的一个讨论》，《清华大学学报》（哲学社会科学版）2015 年第 2 期。

指，亦是“强制阐释”的首要表现。

回顾已逾百年的西方文论东渐史——包括近代以来国人与西方文论的三次大规模遭遇，即“五四”前后对欧美文论的早期译介、1949—1966 年对苏俄文论的接受以及 1978 年至今对西方文论的全盘吸纳①，场外征用的弊病表现得尤为明显。针对外来思想的接受问题，鲁迅先生早就提出了“拿来主义”② 的著名论断。然而鲜有人关注的是，鲁迅先生的“拿来主义”绝非毫无由来地“照单全收”，而是依据自身语境和需求的变化，有选择性地汲取外来思想的精华。因而鲁迅强调，他的“拿来”与“送来”③ 有着实质性的区别——前者是主动的选择和索取，而后者则是被动的需要与接受。考察之后的西风东渐史——无论是新中国成立以后对苏俄文论的全盘接受，还是新时期以来对西方文论的大幅引进——都或多或少地偏离了“拿来主义”的初衷。20 世纪 80 年代开始的新一轮“西学东渐”，在某种意义上给中国当代文论造成了摧枯拉朽、改头换面的巨大影响，但对西方文论的实用主义征用及其催生的强制阐释现象也越发令人担忧。异域理论不远万里来到中国，其原初语境和真正所指被架空或被抽离的现象屡见不鲜；实用性地套用西方理论图解中国现象的举动更是不胜枚举。对此，党圣元先生就将古代文论研究中的强制阐释现象归结为“援西入中、以西解中、以西律中”④ 三种模式，如今利用西方理论强行攀附本土经验的举动更是愈演愈烈。因而，“强制阐释论”颇有几分醉翁之意不在酒的意味，其矛头看似指向西方文论的内部生成机制，实际目标却在于走出本土文论话语中的西方中心主义窠臼，以期纠正“以西释中”“以西解中”这类畸形的阐释学理，一举突破“失语症”⑤ 的发展瓶颈。

---

① 胡疆锋：《西风东渐 30 年——西方文论与新时期中国文论建设》，《当代文坛》2018 年第 3 期。

② 《鲁迅全集》第 6 卷，人民文学出版社 1981 年版，第 36 页。

③ 《鲁迅全集》第 6 卷，人民文学出版社 1981 年版，第 36 页。

④ 党圣元：《二十世纪早期中国文学批评史中的“强制阐释”略谈》，《文艺争鸣》2015 年第 1 期。

⑤ 曹顺庆：《文论失语症与文化病态》，《文艺争鸣》1996 年第 2 期。

当然，学者们对此也提出过颇多质疑。朱立元、周宪、王宁等人认为将“场外征用”视为“强制阐释”的核心表征，着实有待商榷。文学理论对文学场外资源的征用，一方面的确容易引发“强制阐释”现象，但另一方面却也成就了西方文论的大幅扩容——20 世纪西方文论正是凭借哲学、心理学、社会学等场外资源创造了一个又一个的理论增长点。[①] 对此，张江如是回应，“强制阐释论”并不抹煞场外理论和跨学科研究的创造性贡献，但其具体应用应该得到更为细致的厘清。场外理论的征用必须指向文学、以文学为旨归，而非借文学强化场外理论的合法性。张江主张，应该针对“征用文学阐释场外理论”和“征用场外理论阐释文学”两种现象进行明确区分。后者是以破解文本意义为目的的文学批评实践，只要文本当中确实存在理论中所指向的现象，那么这种批评就具有合法性；而前者则注重征用具体的文学经验去证明抽象的场外理论，导致理论在先、实践在后的本末颠倒，是典型的强制阐释。[②]

张江先生的回应提示我们，在强制阐释的发生机制下，不仅场外理论被“实用化”了，文学也相应地丧失了自身的本体属性，而被异化成印证场外理论合法性的注脚。换言之，如果文学不被当作文学，而被当作达成某些外在目标的工具，亦会造成另一种形式的“强制阐释”。张江通过列举西方文论中的实例——诸如弗洛伊德的心理分析批评，其意义不在于破解莎士比亚文本的原初意涵，而在于印证其无意识理论的科学性[③]；又如解构主义批评的目的不在于剖析文本，而志在通过剪裁文本完成其颠覆性的政治实践[④]——对以上问题作出了更进一步的说明，即来自于文学场外的理论必须服务于文学，并以文学为目标、以文学为归宿。

---

① 参见王宁《场外征用与文学的跨学科再识——答张江先生》，载《清华大学学报》（哲学社会科学版）2015 年第 2 期；周宪《文学理论的来源与用法——关于“场外征用”概念的一个讨论》，载《清华大学学报》（哲学社会科学版）2015 年第 2 期。

② 张江：《场外理论的文学化问题》，《探索与争鸣》2015 年第 1 期。

③ 张江：《当代西方文论若干问题辨识——兼及中国文论重建》《中国社会科学》2014 年第 5 期。

④ 张江：《场外理论的文学化问题》，《探索与争鸣》2015 年第 1 期。

相较于场外理论的实用化，文学本体的实用化将给文学带来更为沉重的打击。20 世纪 50 至 70 年代，中国文论就曾一度陷入庸俗工具主义的泥淖之中。“这种‘工具主义’的论调将文学艺术认定为政治和意识形态的附庸，导致中国当代文论扩容的方法、路径和资源被全面堵塞。”[①] 文论的泛政治化倾向源于当代文学在特定社会语境之下的发展和变迁，但从学理的角度看，文学沦为传达政治观念的工具应该被视作“强制阐释”的另一种极端形式，即强悍的政治学势力侵入了文学场域的内部，迫使文学沦为装点政治思想的工具，意即文学被政治“实用化”了。

以上两种情况，无论是场外理论被实用化地征用，还是文学本身被当成实用性工具，但凡发生一种，具体的文本阐释活动就难以按照正常的轨道运行。文本阐释活动不是以破解文学意涵为最高目标，而是为了外在的工具主义目的将文本打造成符合该目的的形状，或遵循场外理论的原则、方法和路径，强行附会、机械剪裁，以达到文本与场外理论之间的符合。而“强制阐释论”正是借助对上述庸俗实用主义的病源省察——20 世纪 50 至 70 年代及新时期以来的中国当代文论无非是将上述两种实用主义分别演绎了一遍，以致文学理论不同程度地偏离了文学本体——完成了本土阐释学理论的初步搭建。

二　理查德·罗蒂与“公共阐释论”的出场

“强制阐释论”对西方文论的根本性展开了批判，彰显了建构中国当代阐释学派的勃勃雄心。然而，理论体系的建立必将经历“破而后立”的曲折进程。正如张江先生所言：“我的最终目的不是批判，是建设。”[②] “公共阐释论”就是作为“强制阐释”的解决方案出现的。它通过重提理性、确定性和公共性的阐释伦理，试图克服主观主

① 王坤、喻言：《符号的本体意义与文论扩容——兼谈“强制阐释”与“本体阐释”》，《学术研究》2015 年第 9 期。

② 张江等：《阐释的世界视野——“公共阐释”的对谈》，《社会科学战线》2018 年第 6 期。

义、相对主义和虚无主义的阐释学难题。当然，“公共阐释论”并非凭空产生，它一方面汲取了中国传统阐释学的经典资源[①]，另一方面又延续了“以西为镜”的理论生成路径，在与他者的“相同”和“不同”之中，获得了一个更加坚实可靠的言说立场。

“公共阐释论”的西方参照系极为驳杂，尼采、海德格尔、伽达默尔、罗兰·巴特、德里达等秉承“反理性”“反逻各斯”“反基础主义”的西方后现代大家均是其批判的对象。在阐释学领域，伽达默尔和罗兰·巴特是重要的代表人物。伽达默尔主张，阐释行为的实质不是读者在文本之中发现一个确定无疑的“原义”，而是文本视域与读者视域的碰撞融合，我们总是带着“成见”进入文本，总是凭借着既有的观念，重构属于作品本身的那个“问题”视野。因而，一切理解都是“别有所解”，理解和阐释也即成为一种持续不断的意义创造和话语更新。而高呼“作者已死”的法国理论家罗兰·巴特，更是将阐释学的“自由主义”推向了极端，认为文本本身就是一堆滑动游移、捉摸不定的能指符号，不论是作者还是读者都不能完全确知作品的原义，所谓的阐释，无非是能指与所指之间的偶然组合和自由拼贴。自此之后，西方阐释学逐渐演变成一场充满活力和变数的言语狂舞，其重心开始一发不可收拾地从确定性向创造性转移、从客观性向生成性跃迁、从作者中心倒向读者中心。与此同时，张江反复谈及的虚无主义、相对主义和极端自由主义的阐释学困境也随之应运而生。

理查德·罗蒂作为美国新实用主义的代表，缘于其一贯的实用主义私人阐释学主张，成了“公共阐释论”的主要标靶。在中国学者的印象中，一向以“新实用主义者”自居、又经常被责为“后现代分子”的罗蒂，选择的是一条比尼采、海德格尔和杜威都更为激进的反形而上学之路。罗蒂生于1931年，成名于20世纪60年代，他所倡导的新实用主义虽然与杜威等人的经典实用主义多有契合，却不是对杜威思想的简单重复。杜威的实用主义往往被视为一种不同于欧陆

---

① 参见张江《“阐”“诠”辩——阐释的公共性讨论之一》，载《哲学研究》2017年第12期、《“理”“性”辩》，载《中国社会科学》2018年第9期等系列文章。

传统的元哲学改良方案，是试图以“经验”弥合主客对立难题的哲学尝试；而罗蒂的新实用主义则抛弃“经验”转向了“语言”，旨在用语言哲学的视角重新看待世界、实体和形而上学，从而将反本质主义、反表象主义、反基础主义的实用哲学推向了极致，一举实现了美国本土实用主义与欧洲解构主义的完美会师。罗蒂的激进论调招致了多方讨伐，M. C. 米勒指责其彻头彻尾的唯名论引发了“世界的失落”①；苏珊·哈克更痛批罗蒂为“粗俗的实用主义者”，认为其激进的语言论使一切有价值的东西都丧失了意义。②

国内学者对罗蒂的批评也大抵类似③，张江对罗蒂的印象同样如此，以至于《公共阐释论纲》的开篇就将罗蒂的阐释学定义为“反理性、反基础、反逻各斯”“非理性、非实证、非确定性的”④ 理论话语。在张江看来，罗蒂是与尼采、海德格尔、德里达一脉相承的西方理论家。用罗蒂自己的话来说，“这条思想路线的特征就是越来越激进地拒斥柏拉图主义”⑤。而这种反形而上的哲学思维一旦与阐释学产生杂糅，就容易招致“无政府主义”⑥ 的责难。陈定家认为，罗蒂的实用主义阐释学一向注重“将文本捶打成符合自己目的的形状”⑦，从而导致了读者权力的无限伸张。罗蒂自然不会认领“怎么样都行”的“无政府主义”名号，但其秉承的新实用主义阐释学却与之有着难以撇清的关联，毕竟罗蒂一向不关心文本是否存在一个确

---

① ［美］M. C. 米勒：《倘若我们有足够的世界与时间？——美国新实用主义述评》，张庆熊、陈涯倩译，《复旦学报》（社会科学版）1997 年第 2 期。

② ［美］海尔曼·J. 萨特康普：《罗蒂和实用主义》，张国清译，商务印书馆 2003 年版，第 173 页。

③ 对此，陈亚军指出：“罗蒂不仅在美国哲学界成为讨伐的对象，在中国哲学界，形象甚至更加糟糕。”参见陈亚军《形而上学与社会希望——罗蒂哲学研究》，江苏人民出版社 2009 年版，第 1 页。

④ 张江：《公共阐释论纲》，《学术研究》2017 年第 6 期。

⑤ 陈亚军：《哲学的改造》，中国社会科学出版社 1998 年版，第 98 页。

⑥ 何卫平先生将阐释学分为三种，第一种是阐释学的法西斯主义，第二种是阐释学的无政府主义，第三种是阐释学的民主主义。阐释学的无政府主义意指那种“怎么解释都行”的相对主义和虚无主义阐释学倾向，西方后现代的激进阐释学即为典型的无政府主义。参见何卫平《从哲学解释学的角度看公共阐释》，载《江海学刊》2018 年第 2 期。

⑦ ［美］理查德·罗蒂：《后哲学文化》，黄勇译，上海译文出版社 1992 年版。

定性的意义实体，而只关注阐释背后的目的和需要，以致在某种程度上取消了文本的“原义”，将阐释打造成了一种完全开放的意义生成活动。

这种趋于无限开放的阐释学，显然难以被“公共阐释论”所接纳。在《公共阐释论纲》中，张江开宗明义地表达了对公共性和确定性的学理诉求。他说：“阐释的公共性决定于人类理性的公共性，公共理性的目标是认知的真理性和阐释的确定性。”[①] 罗蒂作为“反基础”的典型，自然受到张江的“重点照顾”。在一次与哈贝马斯的交谈中，张江多次将矛头指向罗蒂。他说：“到了当代，撰写《哲学与自然之镜》的理查德·罗蒂就彻底放弃了对文本确定性的探究。用西方的话语来说，罗蒂等人主张有一千个读者，就有一千个哈姆雷特，而这一千个读者和一千个哈姆雷特是没有共识的。在我看来，这是违背阐释学基本原理，也是违背阐释学规律的。”[②]

张江和罗蒂的根本冲突在于是否承认存在一个确定性的“原义”。罗蒂认为，理解永远是即时的、当下的，理解的目的不是为了发现一个确定的、历史性的原义，而是为了形成和创造一套全新的话语，以实现阐释的循环与更新。而张江则认为，我们不反对理解的当下性，但是当下的理解必须以历史为前提。今人对历史文本的重构必须建立在历史原义的基础之上，而非抛开这个“本源”进行完全自由的翻新，“存在在先，理解在后；存有发生理解，理解依附存有；失去存有就失去理解”[③]。从哲学渊源上说，罗蒂的阐释学依附于反本质主义、反基础主义的新实用主义唯名论，彻底消解和否定了“实体”，将阐释的自由限度推向了极致；张江则通过肯定实体、接纳原义，将阐释学重新纳入实在论的轨道之中，让阐释者获得一个坚实、可靠的言说立场。“公共阐释论”试图通过对罗蒂的批判性观照，将陷入“虚无主义”“取消主义”的西方现代阐释学重新拉回到一个更为坚

---

① 张江：《公共阐释论纲》，《学术研究》2017 年第 6 期。

② 陈定家：《文本意图与阐释限度——兼论“强制阐释”的文化症候和逻辑缺失》，《文艺争鸣》2015 年第 3 期。

③ 张江：《强制阐释论》，《文学评论》2014 年第 6 期。

实的基础之上，从而树立起“确定性”与“客观性”的本土阐释学主张。

除了对“确定性”的坚守，“公共阐释论”还蕴藏着极为强烈的公共诉求。“公共”和“理性”好比“公共阐释论”内部架构中的双轨列车，二者以一体两面的态势平行而行，共同驶向意义确定性的彼岸。

有趣的是，“公共阐释论”的公共性诉求，与罗蒂同样有着极其微妙的关联。在张江的视域中，罗蒂是主张私人阐释、强调阐释不可公度性的后现代典型，与“公共阐释论”构成了互为观照又针锋相对的学理应和，即罗蒂既是张江着力批判的主要标靶，又是其确证自我的他者镜像，其充分的文本依据在于，张江在谈及阐释的公共性时，曾先后 7 次提及罗蒂，几乎形成了言“公共性”必谈罗蒂的局面。[①] 总体而言，张江对罗蒂的评述可大致分为两类。一类侧重批驳罗蒂的私人阐释学，指责“以罗蒂为代表的后现代主义观点，否认阐释是一种公共行为”[②]；另一类则对罗蒂强调阐释之“不可公度性”的观点予以否认，重申“公共阐释论”对“可公度性”话语的坚守。当然，张江无意对罗蒂的阐释学思想作系统清理，更多的是以“拿来主义”的方式对之进行印象式的述评，以便完成其自身的理论建构。因而，纵使张江对罗蒂曾有过多次评述，却很难见出其观点的确切来源，而罗蒂则以喑哑的形象存在于张江的言说之中，意即作为实用主义者的罗蒂也被不可避免地“实用化”了。

张江的观点大致源于罗蒂的《偶然、反讽与团结》（1989）和《哲学和自然之镜》（1979），而这两部著作在中国流传最广、影响最大。在《偶然、反讽与团结》中，罗蒂对私人领域和公共领域作出了意义上的区隔，主张在私人领域做一个拒斥终极语汇的反讽者，而

---

① 参见张江《公共阐释论纲》（1 次），载《学术研究》2017 年第 6 期；张江、［德］哈贝马斯《关于公共阐释的对话》（3 次），载《学术月刊》2018 年第 5 期；张江、［英］迈克·费瑟斯通《作为一种公共行为的阐释——张江与迈克·费瑟斯通的对话》（2 次），载《学术研究》2017 年第 11 期；张江等人《阐释的世界视野——“公共阐释”的对谈》（1 次），载《社会科学战线》2018 年第 6 期。

② 张江、［德］哈贝马斯：《关于公共阐释的对话》，《学术月刊》2018 年第 5 期。

在公共领域则成为一个避免残酷的自由主义者，二者截然分开，互不干涉。他认为，一旦私人与公共发生混淆，言说者就不可避免地掉入形而上学的怪圈，尼采、海德格尔和福柯在反形而上学的途中，又反复落入形而上学的窠臼，症结在于他们始终无法拒斥“公共言说”的诱惑。[①] 对此，张江评述到：“如果按照罗蒂（Richard Rorty）的说法，所有的阐释是自己说自己的，不一定非要说给别人听，或者永远不会有一个大家都认可的东西，那么文本的创作和传播本身的意义又何在？”[②] 实际上，罗蒂的话语重心并非落在“自己说自己的”，而是试图探讨在纯粹私人化的言说中，何以彻底抵制形而上的诱惑，以达致完全意义的私人完美。显然，张江先生将一个关涉私人伦理和主体建构的问题转换到了阐释学维度，从而造成了明显的观点错位。

而张江对罗蒂不可公度话语的批评同样存在类似现象。罗蒂在《哲学和自然之镜》的第七章，通过对库恩著作《科学革命的结构》的解读，阐明了其对公度和不可公度的看法。库恩指出，科学史的推进必须借助两种话语形态的对抗和转换，一种是可公度的（commensurable），另一种是不可公度的（incommensurable）。[③] 在罗蒂看来，前者是认识论的产物，是一种“正常话语”；而后者则是阐释学的结果，是一种“非正常话语”。[④] 罗蒂认为，人类要突破既有的认识论架构，必须借助“不可公度”话语的创造性和先锋性，颠覆既有的等级秩序和话语格局，从而实现意义的生成和拓新。因而，罗蒂并非张江所说的“坚定地反对公度”[⑤]，而是旨在通过对“不可公度性”

---

① ［美］理查德·罗蒂：《偶然、反讽与团结》，徐文瑞译，商务印书馆 2006 年版，第 106—134 页。

② 张江等：《阐释的世界视野——“公共阐释”的对谈》，《社会科学战线》2018 年第 6 期。

③ ［美］托马斯·库恩：《科学革命的结构》，金吾伦、胡新和译，北京大学出版社 2003 年版，第 4 页。

④ 罗蒂指出，所谓可公度的，即那些能够在既定的认识论框架中轻易获得“合理”解释、达成和解或形成协议的话语；所谓不可公度的，即那些超出既定认识框架，或不能在现有认识论框架之内获得“合理”解释的话语。参见［美］理查德·罗蒂《哲学和自然之镜》，李幼蒸译，商务印书馆 2003 年版，第 336 页。

⑤ 张江、［英］迈克·费瑟斯通：《作为一种公共行为的阐释——张江与迈克·费瑟斯通的对话》，《学术研究》2017 年第 11 期。

的追寻，突破西方既有的认识论传统及其衍生的真理表象困境。加之罗蒂对“不可公度性”的强调最终亦须落实到对“可公度性”的探寻之中，这就好比，不可公度的“日心说”经历时间的洗礼之后才能落实成为“可公度”的真知，并最终为公共理性所接纳。因而笔者认为，罗蒂对“不可公度性”的强调非但没有与“公共阐释”产生抵牾，反而为其提供了一个具有反思价值和参照意义的“他者镜像”。

“公共阐释论”与新实用主义阐释学的错综关系导致一个更为关键的问题浮出了水面，即在构建本土理论的过程中，我们应该以何种姿态面向西方？一味奉西学为圭臬肯定是行不通的，但在对“强制阐释”和“私人阐释”进行学理纠偏的过程中，我们是否应该对另一个极端倾向有所警惕？在本土“失语”的焦灼态势之下，难免不对西学做出简单化、平面化抑或实用化的理解，罗蒂与“公共阐释论”的错综关系业已对此做出了充分说明。

三　舒斯特曼与中国当代阐释学学理省察

通过对中国当代阐释学视域下实用主义资源的全盘清理，本土与西方的错综关系得到了更为清晰的呈现，即本土对西方的多重“想象”似乎同时存在。既有被经典化、神圣化的西方，又有被庸俗化、实用化的西方，两种极端化的倾向在中国当代文论的发展进程中不断复现，造成了不同程度的负面影响。甚至，对此进行学理纠偏的“强制阐释论”和“公共阐释论”也不可避免地陷入了二元对立的泥淖之中。“强制阐释论”对西方文论有效性的彻底否认就曾招致张玉能先生的反驳。张玉能先生指出，“强制阐释论”表征着一种“形而上学的世界观和方法论”，而从“后形而上学”到“形而上学”的理论倒退同样有可能给中国特色文论的建设造成阻碍。[①] 王侃也提出，在“本土与西方”的夹缝之中，“强制阐释论”在克服“西方中心主义”

① 张玉能：《西方文论的有效性不应该被否定——与张江教授商榷》，《青岛科技大学学报》2016 年第 2 期。

的同时，不可避免地掉入了“民族主义”的陷阱。[①] 那么，在“后形而上与形而上”的理论怪圈中，是否有望觅得超越上述困境的“第三条路”？笔者通过舒斯特曼与中国当代阐释学之间的横向对话，对此作尝试性的回答。

作为新实用主义阵营中的另一主将，理查德·舒斯特曼的学术轨迹与其前辈学人罗蒂颇为接近。二者在学术生涯初期皆以分析哲人的面目示人，而后又纷纷宣告与其决裂，从此义无反顾地转向实用主义。当然，即便二者都奉杜威为正朔，且在诸多方面存有共识，但两者对实用主义的理解却极为不同。前者在“语言学转向”的大潮中走出了一条更为激进的语言实用主义之路，试图借助语言哲学的思路彻底消解传统欧陆形而上学的难题；而后者则更为忠实地继承了杜威的经验主义遗产，主张在可见的有机经验中调和西方传统哲学所引致的主客二分困境。舒斯特曼对现代文化结构中的“‘恶性区隔’有着一种与生俱来的悖逆倾向，因而怀着一种填平这些沟沟豁豁的强烈意向”[②]。舒斯特曼亦明言，自己所做的是一种“桥梁性工作”，即把“艺术与生活，审美与实践，高雅艺术与通俗艺术，分析哲学和大陆哲学，等等，联系起来”。[③]

舒斯特曼的“桥梁性工作”并非如他所说的那般浅显。从哲学渊源上说，它既是杜威等经典实用主义哲人的独家遗产，更是解决欧陆哲学二元论困境的当代实用主义方案。早在 1917 年，杜威就在《复兴哲学的需要》中申明了对二元论的反感。他说：“现代哲学的主要区分：唯心主义的诸变种、实在论的各种名目、所谓的常识的二元论、不可知论、相对主义、现象主义等等，无不围绕主客之间一般关系的认识论问题而成长起来。”[④] 在《确定性的寻求》中，杜威更加

---

① 王侃曾对此作出了犀利评判，认为“张江的偏激确乎折射了‘一种民族国家的意识形态’，而如果对这种意识形态缺乏一种审慎的判断，再往前一步，我们就能迎面触摸到文学的义和团精神”。参见王侃《理论霸权、阐释焦虑与文化民族主义》，载《文艺争鸣》2005 年第 5 期。

② 毛崇杰：《实用主义的三副面孔——杜威、罗蒂和舒斯特曼的哲学、美学与文化政治学》，社会科学文献出版社 2009 年版，第 139 页。

③ 高建平：《实用主义与桥梁——访理查德·舒斯特曼》，《哲学动态》2003 年第 9 期。

④ ［美］康乃尔·韦斯特：《美国人对哲学的逃避：实用主义的谱系》，董山民译，南京大学出版社 2016 年版，第 125 页。

明确地道出了传统哲学的内在症结，“确定性的寻求已经支配者我们的根本的形而上学”①，意即哲学出于对绝对理性的追求，人为地划定了主体与客体、意识与存在，从而造成了理论与实践、知识与意见、意志与理性的二元割裂。杜威强调，传统的分裂型哲学亟待改良，我们需要运用一种全新的哲学观念实现真理与信仰的统一。

舒斯特曼在《实用主义美学》一书中，将杜威的元哲学改造方案推行到了切实可见的经验世界。他将实用主义的思维立场概括为“包括性‘析取立场’的多元论”，与主张“析取立场”的传统二元论思维进行了严格区分。舒斯特曼指出，秉持“析取立场”的二元论思维往往强调二元选项中的绝对排他性，从而将世界化约成“非此即彼”的单选题；而实用主义者所倡导的“析取立场”的多元论则认为“非此即彼”的观念“可以被多元论地理解为包括或者一个或者二者的选择”②，因而主张用“亦此亦彼”的思维调和经验世界中的二元困境。也就是说，只要我们愿意，大多时候都能够在经验世界中找到一个更趋多元的解决方案。

“强制阐释论”和“公共阐释论”恰恰面临着类似的二元论困境。在否认西方后形而上学的同时，不可避免地导致了旧式形而上学思维的复归；在阐释学上对意义确定性的强调，却又有可能触发本质主义和威权主义的危机。对此，周宪先生指出，强制阐释论秉承的是西方本质主义的思维传统，而被其批判的西方主流阐释学则受惠于后现代主义思潮。前者伸张文本意义的确定性，认为无差别读者的最起码共识是一切阐释活动展开的前提；而后者则高声宣告意义本质的不复存在，将阐释打造成了纯粹偶然的语言游戏。③ 二者在阐释的目的、路径及深层学理上的根本差异导致了确定性与创造性、客观性与多样性、公共性与私人性、作者权力与读者权力的阐释学分歧。既然我们

---

① ［美］约翰·杜威：《确定性的寻求——关于知行关系的研究》，傅统先译，上海人民出版社 2004 年版，第 19 页。

② ［美］理查德·舒斯特曼：《实用主义美学——生活之美，艺术之思》，商务印书馆 2002 年版，第 22 页。

③ 周宪：《也说强制阐释——一个延伸性的回应，并答张江先生》，《文艺研究》2015 年第 1 期。

不能像后现代主义者那样将阐释当作一种纯粹偶然的语言游戏，同样也不能一味地固守在文学文本的内部，执着于发掘一个确定的、唯一的原义。前者缺乏的是最起码的阐释限度，使得阐释沦为读者的语言狂欢；而后者则容易囿于唯一的和确定的阐释结果，从而滋生阐释学的权威主义和专制主义，引发一家独大的话语霸权。对于这两种极端的倾向，我们都应该加以警惕。“如果说唯一意义的阐释模式是一种对文本的暴力，那么，无限可能性和多样性的阐释则可能是另一种暴力。”①

在舒斯特曼看来，当代西方阐释学同样难以摆脱二元对立的思维困局。在分析哲学和解构主义两大主流哲学的牵引下，阐释学面临着严重的观念分化，“在分析和解构的解释理论之间的许多论争，可以被视为关于真理的首要性和创造的生产之间的论争”②。前者指责后者将世界描述成了语言的空词，导致了实在论的坍塌；后者则讥讽前者反复陷入形而上学的窠臼却不自知，在“寻求真理”的途中耗尽了精力。二者反复撕扯、互相指责，导致当代阐释学重心在作者和读者的两端彷徨游走，举棋不定。

舒斯特曼提出，无论是分析式的解释策略还是解构式的阐释游戏都无法令实用主义者满意。前者执着于确立一个固定不变的解释对象，致力于发掘与对象同一的客观真理；后者则将解释对象和解释行为完全交托于语言，从而彻底摧毁了一成不变的“意义实体”。面对壁垒森严的二元结构，实用主义者宁可在两极之间斡旋调和，也不愿做出极端的、绝对的价值选择。因而，舒斯特曼既反对那种苛求同一性的主客符合论，也拒斥那种过分追逐新异的唯名论，主张在具体的历史实践之中超越这些既定范型，将阐释学打造成足以适用多元语境的创造性活动。“我们解释的目标，不是为了挖掘和描述已经被作者仔细埋入作品中的客观意义，而是发展和传送对作品的一种富有意义

---

① 周宪：《也说强制阐释——一个延伸性的回应，并答张江先生》，《文艺研究》2015年第1期。

② ［美］理查德·舒斯特曼：《实用主义美学——生活之美，艺术之思》，商务印书馆2002年版，第121页。

的反应。这种方案不是描述作品被给予的和确定的意义，而是去搞清作品的意义。”[①] 舒斯特曼的方案显然带有浓厚的实用主义色彩，他主张放弃对“客观意义”的孜孜探寻，志在观照作品和文本所创造的实际效应，从而让作者与读者、确定性与创造性的二元难题在具体的、历史的社会实践之中达成实用主义的和解。

那么，实用主义如何在保证阐释自由度的同时，又不落入相对主义的陷阱？舒斯特曼指出，实用主义解释学采取的是“指涉性认同”而非“实体性的认同”，即承认我们解释的是同一个确定的对象，但又认可对象因语境流变而产生的意义变迁。“认识到这一点，我们就能够容易理解一个作品的性质和意义的实体性同一可以怎样有意义地随着时间的变化而变化，即使作品已经被它的作者写出或者‘完成’，即使我们持续认同它为同一个作品。”[②] 由此可见，舒斯特曼勾勒的阐释学秉承着经典实用主义式的思维方法，摒弃了非此即彼的思维模式，选取更为灵活的“包括性‘析取立场’的多元论”，对确定性与创造性阐释学矛盾做出了理论化的解决，即给予文本阐释以最大自由度的同时，也不放弃一个最起码的、确定的阐释对象。

舒斯特曼的新实用主义与杜威的思想有着异曲同工之妙，后者正是通过对经验论的改造，达成了对主体与客体、意志与理性、观念与实践的实用主义调和。布尔迪厄评价到：“通过对杜威广泛而富有灵气的重新解释，理查德·舒斯特曼建立了一种崭新的美学理论，既摆脱了传统的二元论，又能调和艺术与政治之间的传统冲突。”[③] 诚然，文章探讨的两大难题——中国当代阐释学意义上的确定性和创造性冲突、中国文论和西方文论的观念分野——也有望在实用主义的视域中得到不言自明的冷却和缓冲。

---

① ［美］理查德·舒斯特曼：《实用主义美学——生活之美，艺术之思》，商务印书馆2002年版，第130页。

② ［美］理查德·舒斯特曼：《实用主义美学——生活之美，艺术之思》，商务印书馆2002年版，第133页。

③ ［美］理查德·舒斯特曼：《实用主义美学——生活之美，艺术之思》，商务印书馆2002年版，封底页。

结　语

从实用主义的角度，对“强制阐释论”和“公共阐释论”的发生语境进行再度澄清，有益于让纯粹的阐释学问题和艰深复杂的学理困境得到更为清晰的呈现。从阐释学层面而言，实用主义哲学提供的中庸主义方案有望让身处确定性和创造性的中国当代阐释学获得喘息良机；对实用主义与中国当代阐释学错综关系的细致清理则让“强制阐释论”背后的学理生成路径及其牵涉的本土与西方的二元悖论有了实用主义的回音。西方文论不应在“失语”的本土背景下被神圣化、权威化，也不应在民族主义的情绪中被简单化、平面化，一如实用主义不应被实用化、庸俗化一样。就当代文论的学理建构而言，西方文论的有效性不应该被完全否认，对诸如“河东河西论”这种二元对立思维的清理实有必要，且仍须将西方当作西方，并力争以差异互鉴、平行互视的姿态与其进行正面对话和平等交流。